Fundamentos de Direito Penal Ambiental

Alex Fernandes Santiago

Mestre em Direito Penal pela Universidade de Buenos Aires.
Especialista em Direito Ambiental pela Universidade de Buenos Aires.
Membro do Ministério Público do Estado de Minas Gerais.
Coordenador Geral das Promotorias de Justiça de Defesa do Meio Ambiente da Bacia Hidrográfica do Rio São Francisco em Minas Gerais de 2005 a 2009
Representante do Brasil no Conselho da Rede Latino-americana de Ministério Público Ambiental em 2012 e 2013.

FUNDAMENTOS DE DIREITO PENAL AMBIENTAL

Del Rey
EDITORA

Belo Horizonte
2015

Impresso no Brasil | *Printed in Brazil*

EDITORA DEL REY LTDA.
www.livrariadelrey.com.br

Editor: Arnaldo Oliveira

Editor Adjunto: Ricardo A. Malheiros Fiuza

Editora Assistente: Waneska Diniz

Coordenação Editorial: Wendell Campos Borges

Projeto Gráfico: Dilex Editoração Ltda.

Editoração: Dilex Editoração Ltda.

Revisão: RESPONSABILIDADE DO AUTOR

Capa: CYB Comunicação

Foto Capa: Heron Sanglard

Editora / MG
Rua dos Goitacazes, 71 – Sala 709-C – Centro
Belo Horizonte – MG – CEP 30190-050
Tel: (31) 3284-5845
editora@delreyonline.com.br

Santiago, Alex Fernandes

S235f Fundamentos de Direito Penal Ambiental. / Alex Fernandes Santiago. Belo Horizonte: Del Rey, 2015.

xxii + 434 p.

ISBN: 978-85-384-0403-3

1. Brasil. [Lei de crimes ambientais (1998)] 2. Direito penal ambiental, Brasil. 3. Crime ambiental, Brasil. 4. Proteção ambiental, Brasil. I. Título.

CDU: 343.2:504

Nilcéia Lage de Medeiros
Bibliotecária
CRB6: 1545

Dedico este livro a meus pais, Nicomedes Santiago e Rosa Genoveva Fernandes Santiago.

Sumário

Prólogo

Tenemos el honor, por cierto sin mengua del placer, de presentar la tesis con la cual, Alex Fernandes Santiago obtuvo en la Facultad de Derecho de la Universidad de Buenos Aires el título correspondiente a la Maestría de Derecho penal del Mercosur. Es un trabajo que enorgullece tanto a su autor como a quienes tuvimos el gusto de dirigirlo, por el esfuerzo que revela y la profundidad de los planteos que realiza.

No abundaremos sobre el contenido de la tesis de Fernandes Santiago, tarea que dejamos al lector. El libro aborda uno de los temas actuales más álgidos para el Derecho Penal: su relación con el medio ambiente y la posibilidad de que sea tutelado por aquél, cuestión que no se limita a una contestación positiva o negativa, sino que exige desarrollos ulteriores, pues la respuesta afirmativa implica resolver diversos asuntos: concepción del bien jurídico, técnica legislativa (delito de daño; de peligro, abstracto o concreto), responsabilidad de las personas físicas y jurídicas, entre otros.

Queremos destacar las virtudes que exhibe la obra, que el lector comprobará con facilidad: en primer lugar, originalmente fue redactado en un lenguaje ajeno al autor, quien realizó el enorme esfuerzo de escribir el texto en un idioma diferente a su lengua materna, obstáculo que superó con holgura, pues el trabajo realizado resultó claro y ameno para quien lo lea en habla hispana, a tal punto que recibió la máxima calificación posible ante el Tribunal académico que evaluó la tesis.

En segundo término, resaltamos la profundidad y el amplio dominio del tema elegido, pues, como dijimos al inicio, se examinan con minuciosidad todos los aspectos implicados en el objeto de estudio. Alex Fernandes Santiago no se limita a un análisis dogmático penal, sino que abarca diferentes aspectos: cuestiones sociológicas, antropológicas, económicas, políticas e incluso filosóficas, con cita de una amplia bibliografía, en español, en portugués y en inglés. De la mano de Fernandes Santiago, el lector conoce todos los problemas jurídicos implicados en la tutela penal del medio ambiente: la responsabilidad civil, administrativa, las dificultades penales para regular el delito ambiental, las distintas concepciones sobre el bien jurídico, la sociedad del riesgo, los delitos de peligro, además del derecho vigente en Brasil, con su génesis y desarrollo, incluso con referencias a otros sistemas jurídicos (Argentina, España, Estados Unidos, Alemania). El resultado no podía ser mejor: se nos ofrece un trabajo brillante, llamado a cubrir un espacio importante en la literatura jurídico penal brasileña y latinoamericana sobre el medio ambiente, pues brinda una visión integral y profunda del tema elegido.

Al aludir a dicha profundidad es menester recalcar que, de un lado, Fernandes Santiago elabora sus fundamentadas opiniones comprendiendo de modo cabal la problemática generada a partir de la moderna crisis ambiental y en ello toma ventaja respecto de obras afines, al tiempo que, del otro, no se restringe al abordaje dogmático jurídico, atento que lo completa con propuestas tendentes al logro de soluciones en una materia tan acuciante.

Sólo nos resta felicitar, una vez más, al autor por su esfuerzo y compartir su alegría porque el trabajo realizado por fin ve la luz.

Buenos Aires y Tierra del Fuego, primavera de 2014.

Mario Gustavo Costa
Profesor Regular Adjunto del Departamento de Derecho Penal y Criminología de la Universidad de Buenos Aires, responsable desde 1990 por la materia Política criminal y protección del ambiente.
Juez de Cámara en lo Criminal Federal (jubilado, 2006).

Eugenio C. Sarrabayrouse
Doctor en Derecho Penal por la Universidad de Buenos Aires - premio Facultad.
Profesor titular de Derecho Penal de la Universidad de Ciencias Empresariales y Sociales.
Juez de la Cámara de Casación en lo Criminal y Correccional de la Capital Federal

Nota do Autor

Pequenino na escola, em Niterói, veio a pergunta clássica:

– O que você vai ser quando crescer?

Respondi, para surpresa do professor:

– Escritor!

Não imaginava que anos depois ingressaria em uma carreira onde o que mais se faz é escrever. Denúncias, alegações finais, recursos, ações civis públicas, compromissos de ajustamento de conduta... Aqui também se contam muitas histórias, em geral dramas.

Já atuando como Coordenador de Promotorias por Bacia Hidrográfica durante seis anos, comecei a publicar alguns artigos sobre o tema ambiental em revistas especializadas. Contudo, a dedicação profissional não me permitia empreitada de maior fôlego. O tempo é um bem escasso, finito e não renovável, e há que aproveitá-lo como corresponde.

Motivado pela pretensão de fazer a interlocução doutrinária entre os conhecimentos ambientais e penais, em boa parte fruto da experiência profissional; inspirado ainda pela criação da Rede Latino-Americana de Ministério Público Ambiental, da qual tive a alegria de ser um dos fundadores, convidado pelo Promotor de Justiça Luciano Furtado Loubet, idealizador de algo até então impensável e a quem muito agradeço, fui viver na Argentina. Dois anos neste belo país me permitiram conviver com excelentes pessoas, que muito bem me acolheram, e espero algum dia haver suficientemente retribuído: agradeço, neste sentido a Maria Eugenia e a *Doña* Isabel.

Realizar este projeto somente foi possível em virtude da licença concedida pelo Ministério Público do Estado de Minas Gerais para frequentar o mestrado em Direito Penal da Universidade de Buenos Aires. As ideias em estado bruto que surgem da prática ministerial ambiental podem ser melhor desenvolvidas quando, uma vez concedida a licença, são modeladas pelo cinzel da academia, e enriquecidas pelo intercâmbio com a melhor doutrina internacional. Neste sentido, além de agradecer à minha querida instituição, agradeço especialmente aos Procuradores de Justiça que mais proximamente tornaram a licença possível, os Doutores Afonso Henriques Miranda Teixeira, Nelson Rosenwald e Jarbas Soares Júnior, e àqueles que fiscalizaram o cumprimento da licença, Procuradores Almir Moreira e Henrique da Cruz German.

Já na Universidade de Buenos Aires, tive a oportunidade de conviver com magníficos seres humanos, destacando meus queridos amigos/*directores de tesis*, na ordem em que tive o prazer de conhecê-los, os doutores, professores e magistrados Mario Gustavo Costa e Eugenio Sarrabayrouse, que, com seu profundo conhecimento de Direito Penal e experiência profissional, iluminaram o caminho de um estudante. Imperioso agradecer também à Professora Silvana Terzi, que com compreensão e amabilidade, permitiu-me conciliar os horários do mestrado com os da Especialização em Direito Ambiental, curso também concluído durante minha estadia na Argentina, em *plus* muito especial, sempre no objetivo da interlocução entre o saber penal e o saber ambiental.

Agradeço, por fim, ao colega Marcos Paulo de Souza Miranda, referência na atuação ambiental ministerial brasileira, com quem tive o prazer de trabalhar conjuntamente, e muito aprender, durante minha permanência na Coordenadoria das Promotorias de Defesa do Rio São Francisco, enquanto este se ocupava com brilhantismo da Regional relativa à Bacia dos Rios das Velhas e Paraopeba; agradeço-lhe por haver estabelecido o contato com a prestigiosa Editora Del Rey, originando esta publicação.

Esperando não haver traído o sonho de criança, submeto a presente obra à apreciação de todos.

Juiz de Fora, janeiro de 2015.
Alex Fernandes Santiago

Introdução

Os riscos que acompanharam as conquistas da Ciência e as novas tecnologias, consequência de decisões conscientes na aplicação do saber técnico e na busca de vantagens econômicas, geram uma sensação de insegurança, em uma sociedade etiquetada como sociedade do risco.

Frente aos problemas gerados pelos riscos manufaturados nessa sociedade que mantém um elevado cursor quanto a sua preocupação com a segurança, a Política se encontra demandada a atuar preventivamente na proteção do ambiente, sob a lógica de argumentação de que seria melhor impedir o que origina os danos que repará-los posteriormente, em especial porque em muitos casos não haverá como reparar. As diversas áreas do conhecimento humano são então revisitadas, na busca de possíveis contribuições.

Nesse ponto, se se considera que o sistema jurídico cumpre uma função para a sociedade e que este sistema jurídico participa na construção da realidade que vive a sociedade[1], e, mais além, se se considera que esta mesma sociedade apresenta o discurso de que se deve fazer algo pelo meio ambiente, é

---

1 LUHMANN, Niklas. *El derecho como sistema social*. Em: *Teoría de sistemas y Derecho Penal. Fundamentos y posibilidad de aplicación*. Organizador Carlos Gómez-Jara Díez. Lima: Ara Editores, 2007, p. 104.

compreensível que se busquem contribuições também no Direito, mormente no Direito Penal, instrumento de proteção de bens especialmente importantes.

É necessário estabelecer as razões para essa demanda crescente de segurança, assim como é necessário que o Direito, e em especial o Direito Penal, quando procure dar respostas a esta problemática, o faça com conhecimento de causa, e não atropelado pelas circunstâncias.

No âmbito do Direito existe a possibilidade de manejar diversos instrumentos. O primeiro é sem dúvida o Direito Administrativo. A especificação do que se pode fazer, se é possível poluir e quanto é possível, a atividade da administração pública ambiental, o sistema de licenciamento, que é a pedra de toque da proteção jurídica ao meio ambiente, enfim, a fixação de fronteiras e a fiscalização em geral, tudo isso é função do Direito Administrativo.

Pari passu à atividade do Direito Administrativo está o papel do Direito Civil na proteção do meio ambiente, em especial através do instituto da reparação do dano ambiental, as respectivas sanções e o emprego de técnicas para sua prevenção. É da conjugação da contribuição do Direito Administrativo e do Direito Civil à proteção do meio ambiente que se desprenderá um novo ramo do Direito, o Direito Ambiental, com princípios e método próprios, onde assumem especial relevância a prevenção e a reparação do dano ambiental, verdadeiros pilares deste novo Direito.

Considerando que em cada situação histórica e social de um grupo humano os requisitos imprescindíveis para uma existência em comum se manifestam em uma série de condições valiosas, que são os bens jurídicos[2]; considerando ainda que o bem meio ambiente, que sempre existiu, experimenta agora um aumento de valor junto à sociedade, sobretudo se se

---

2 ROXIN, Claus. *Fundamentos político-criminales del Derecho Penal*. Buenos Aires: Hammurabi, 2008, p. 65.

atenta para a degradação de recursos tradicionalmente abundantes que começam a apresentar-se como bens escassos, aos quais atualmente se assinala um valor que anteriormente não lhes era reconhecido[3], vale a pena perguntar-se se o Direito Penal pode contribuir à proteção do meio ambiente, em especial quanto a seus dois grandes pilares, que são a prevenção e a reparação do dano ambiental. Indo além, vale a pena examinar cuidadosamente os instrumentos que o Direito Penal emprega para a prevenção e reparação do dano ambiental.

A doutrina se encontra profundamente dividida quanto ao papel desempenhado pelo Direito Penal na proteção do ambiente. As respostas começam pela negativa extrema; em outro vértice, situam-se aqueles que, apesar de reconhecer uma função do Direito Penal na defesa do meio ambiente, dissentem até onde possa chegar e em que medida pode contribuir para ser uma ferramenta eficiente, em discussões que refletem a própria crise do Direito Penal e traduzem a dificuldade deste, ou melhor, da doutrina penal em conviver com uma nova sociedade, denominada pós-industrial. Muitas das críticas que lhe são direcionadas são as mesmas críticas que são feitas ao Direito Penal moderno: dificuldade na aplicação das regras de imputação clássicas, vaga formulação do bem jurídico, emprego da técnica de perigo abstrato, acentuado indeterminismo ...

O que de fato se verifica é um verdadeiro divórcio entre a doutrina penal e a legislação ambiental. Já foi dito que a lei penal se evadiu do controle da doutrina[4], e o Direito Penal ambiental é um típico caso.

Não há registro de uma abordagem jurídico-científica do Direito Penal Ambiental que analise seu papel específica e simultaneamente quanto à prevenção e reparação do dano, ainda

---

[3] SILVA SÁNCHEZ, Jesús-María. *La expansión del Derecho penal. Aspectos de la política criminal en las sociedades postindustriales.* 2 ed., ampliada. Buenos Aires: B de f, 2008, p. 11.

[4] LUHMANN, Niklas. *El derecho como sistema social...*, p. 116.

que já existam aproximações no que pertine à sua reparação[5]. Portanto, é necessário avançar nestes questionamentos.

Para empreender uma tarefa de tamanha envergadura será indispensável – e a doutrina penalista em geral parece que ainda não o percebeu - promover a interlocução entre o Direito Ambiental e o Direito Penal. Antes de mais nada, é necessário entender o que é o dano ambiental, e como dele se ocupam os princípios da prevenção e da reparação integral, para, em seguida, indagar se estes se projetaram sobre o Direito Penal.

Já se anteveem dificuldades. Vários conceitos específicos do Direito Ambiental não são bem dominados pelos estudiosos do Direito Penal. E o oposto também se dá: é comum que os expertos do Direito Ambiental desconheçam o Direito Penal e suas especificidades, querendo transpor raciocínios inaplicáveis no estreito campo da mais grave das sanções, no afã de aplicar sanções mais severas.

Constata-se da análise da doutrina pátria existente sobre Direito Penal Ambiental que parte desta é constituída de manuais de comento à Lei 9.605/98, que pouco promovem esta interlocução. E, não fazendo os manuais o necessário diálogo com a esfera civil, não poderão aqueles que os consultam, advogados, membros do Ministério Público e juízes criminais, tomar conhecimento de importantes conceitos de Direito Ambiental, e assim aplicar adequadamente a lei.

A curto prazo, observa-se a pouca efetividade da legislação penal ambiental; a médio e longo prazo, a inexata aplicação desta, com isolamento do Direito Penal por parte de seus operadores, utilizando os instrumentos e raciocínios tradicionais do Direito Penal comum, sem cuidar da necessária interpenetração com o Direito Ambiental.

---

[5] Como FREITAS, Gilberto Passos de. *Ilícito penal ambiental e reparação do dano*. São Paulo: Revista dos Tribunais, 2005.

Atenta a estas questões, a presente obra examina, já em seu primeiro capítulo, desde um olhar criminológico, porque razão a expansão do Direito Penal à proteção do meio ambiente encerra controvérsias tão acaloradas, em que tudo é questionado, a começar por aquela que é a primeira grande polêmica do Direito Penal Ambiental, se este deve ou não proteger o ambiente. Debate-se, ainda, a opção legislativa de diretamente permitir algumas atividades que, apesar de excessivamente poluidoras ou perigosas, contribuem ao crescimento econômico, ou a proibição destas com auxílio de normas penais em branco. Neste exame se conclui que a expansão do Direito Penal à proteção do meio ambiente deve ser compreendida em um contexto muito mais amplo, em que joga um rol fundamental a fórmula do desenvolvimento sustentável, deliberadamente vaga, imprecisa e não questionada quanto a sua validez. Tal fórmula busca superar o impasse gerado na Conferência celebrada em Estocolmo em 1972, quando se debateu o antagonismo suscitado entre crescimento econômico e proteção do ambiente, e nasce no marco da complexa estratégia de institucionalização da problemática ambiental.

Não obstante, a fórmula do desenvolvimento sustentável, tal como vem sendo hoje praticada, privilegia o crescimento econômico, implicando diversas contradições, que também virão a lume no Direito Penal, o que esclarecerá sua modesta ou pouca eficácia na defesa do meio ambiente. Da mesma maneira que a racionalidade econômica não assimila facilmente os princípios de uma racionalidade ambiental, a racionalidade jurídica tem dificuldade em assimilar a proteção do meio ambiente. O discurso oficial do desenvolvimento sustentável penetra em várias áreas, entre elas a legislativa, e mascara os interesses diversos, privilegiando o crescimento econômico.

As contendas existentes no Direito Penal Ambiental nada mais fazem que refletir esta controvérsia mais profunda, que é a discussão sobre o antagonismo entre o crescimento econômico e a preservação do ambiente, acomodada sob a fórmula internacional do conceito de desenvolvimento sustentável, marco no qual combatem os preservacionistas e crescimentistas pela sua interpretação, disputa que se projeta nos mais distintos níveis, entre eles o jurídico-penal, como se verificou da análise da criação de lei de crimes ambientais brasileira, a Lei 9.605/98.

No segundo capítulo se analisa a demanda social de maior proteção, fruto do sentimento de insegurança contemporâneo frente aos riscos derivados das vitórias da modernidade, fundamento para a reação do Direito Penal em forma de um Direito Penal preventivo que afronte os novos riscos tecnológicos, o Direito Penal do Risco. O capítulo dedica especial atenção às críticas dirigidas à proteção penal do ambiente, que se originam de sua equivocada compreensão, quanto à missão e bem jurídico protegido.

O capítulo 3 estuda o dano ambiental, situado no centro de qualquer discussão sobre meio ambiente. Investiga como o princípio de prevenção do dano ambiental se projeta sobre o Direito Penal. Estabelece pressupostos para que o Direito Penal possa contribuir, considerando a influência do conceito de desenvolvimento sustentável, em especial a definição de dano ambiental relevante, como no artigo 54 da Lei 9.605/98. Também investiga outros fatores, além dos políticos e econômicos, que por vezes se sobrepõem à proteção ambiental, como o militar, no exemplo do crime de guerra previsto no artigo 8, (2), (b), (iv) do Estatuto da Corte Penal Internacional. Também examina o capítulo 3 a relação entre o princípio da precaução e o Direito Penal Ambiental, examinando tipos penais ambientais correlatos.

O capítulo 4 aborda, de forma bastante inovadora para a doutrina nacional, um dos instrumentos empregados pelo Direito Penal na prevenção do dano ambiental: a criminalização de condutas omissivas. Com isto se espera que aqueles que lidam com fontes de perigo atuem adequadamente, atendendo-se à expectativa social de não se causar danos ao meio ambiente. Em uma sociedade do risco, a prevenção por meio dos crimes omissivos pode configurar-se pela ampliação dos casos de omissão própria, com a previsão expressa e detalhada de condutas esperadas na evitação de danos ao ambiente, como no artículo 54, parágrafo terceiro da Lei 9.605 de 1998, ou combatendo a irresponsabilidade organizada, pela previsão de uma responsabilidade penal para cima, para os órgãos superiores de uma empresa, quanto aos crimes cometidos por seus subordinados, tal como na responsabilidade de dirigentes tratada no artigo 2º da lei em comento. A obra, neste ponto, aprofunda questões ainda não discutidas com maior vigor pela doutrina, como, por exemplo, se a posição de garante neste caso reflete um caso de autoria ou participação.

Já o capítulo 5 discute outro mecanismo de gestão dos riscos adotado pela sociedade moderna na prevenção do dano ambiental: os crimes de perigo, em essencial os crimes de perigo abstrato. Examina, para tanto, diversos tipos de perigo brasileiros, com soluções inovadoras. Também investiga várias situações de risco admitidas como consequência da definição de desenvolvimento sutentável, o que esvazia em parte as profundas discussões teóricas, especialmente nos crimes de poluição.

O capítulo 6 analisa o protagonismo da reparação do dano nos crimes ambientais, investigando os diversos estágios em que possível na legislação processual penal brasileira.

Por fim, expõem-se diversas conclusões.

Em resumo, a obra apresenta uma visão que busca conciliar os conhecimentos ambientais com o sistema penal, bem como, a par de aprofundar-se na teoria penal ambiental, permitir que a comunidade jurídica atuante (membros do Ministério Público, magistrados, advogados) possa consultá-la durante as investigações e processos penais ambientais.

1. O Direito Penal Ambiental e o Desenvolvimento Sustentável

1.1 INTRODUÇÃO

Incidit in Scylllam, cupiens, Vitare Charybdim

Correu para Cila, querendo evitar Caribdis. O Direito Penal encontra-se diante de uma encruzilhada, em que os dois caminhos que comumente se apresentam oferecem perigos opostos, tal como sucedeu a Ulisses em uma das muitas desventuras vividas durante seu regresso a Ítaca, após a vitória dos gregos na guerra contra os troianos.

Ainda que a feiticeira Circe advertisse Ulisses dos riscos que implicava a travessia do estreito situado entre dois obstáculos terríveis, Cila e Caribdis, o primeiro um monstro de seis cabeças, e o segundo um redemoinho que três vezes por dia engolia qualquer embarcação que se aproximasse, Ulisses e seus marinheiros, ao escutar as ondas imensas e os terríveis bramidos de Caribdis, somente deste se ocuparam, e enquanto olhavam fixamente para as águas escuras do redemoinho, rapidamente se aproximou Cila, que devorou seis dos melhores homens da embarcação[6].

Riscos semelhantes enfrenta o Direito Penal em relação à proteção ambiental. A progressiva degradação faz com que o bem jurídico meio ambiente bata à sua porta em busca de socorro. Ao fazê-lo, apresenta-lhe um dilema crucial: de um lado o perigo da ação desmedida, Caribdis que termina tragando todas as boas intenções de contribuir para a conservação do ambiente pela hipertrofia, ineficiência, simbolismo e dificuldades probatórias de um Direito Penal equivocado. Do outro, o excessivo temor em relação aos perigos de Caribdis conduz a doutrina penal a ser devorada por Cila, quando conclui pela negativa a qualquer utilidade do Direito Penal na proteção do ambiente, esterilizando as discussões, impedindo a correta aplicação do Direito Penal, e, o que é pior, eliminando no nascedouro qualquer possibilidade da pequena contribuição que este poderia oferecer em um cenário de tão preocupante deterioro.

Daí a razão porque vale a pena perguntar-se se o Direito Penal pode contribuir à proteção do meio ambiente, em especial quanto a seus dois grandes pilares, que são a prevenção e a reparação do dano ambiental. É compreensível que surja esta indagação, considerando que o Direito Penal é instrumento de proteção de bens jurídicos especialmente importantes, e considerando, em especial, que o bem meio ambiente, que sempre existiu, experimenta agora um aumento de valor junto à sociedade, sobretudo se se atenta para a degradação de recursos tradicionalmente abundantes que começam a apresentar-se como

---

6 HOMERO. *La Odisea*. Barcelona: Combel Editorial, 2008, p. 55-57 e 63-64.

bens escassos, aos quais atualmente se assinala um valor que anteriormente não lhes era reconhecido[7].

Na busca de respostas, não se deve repetir o equívoco de Ulisses e seus homens. Pode-se realizar algo novo nesta travessia. Para empreender uma tarefa de tamanha envergadura será indispensável – e a doutrina penalista em geral parece que ainda não o percebeu - promover a necessária aproximação e interlocução entre o Direito Ambiental e o Direito Penal. Antes de mais nada, é necessário entender o que é o dano ambiental, e como dele se ocupam os princípios da prevenção e da reparação integral, para, em seguida, indagar se estes se projetaram sobre o Direito Penal.

Já se anteveem dificuldades. Vários conceitos específicos do Direito Ambiental não são bem dominados pelos estudiosos do Direito Penal. Conceitos como poluição, dano ambiental, áreas de preservação permanente, dentre outros, não são do uso diário dos penalistas, e demandam conhecimento e vivência na área ambiental. E o oposto também se dá: é comum que os expertos do Direito Ambiental desconheçam o Direito Penal e suas especificidades, querendo transpor raciocínios inaplicáveis no estreito campo da mais grave das sanções, no afã de aplicar sanções mais severas.

Constata-se da análise da doutrina pátria existente sobre Direito Penal Ambiental que parte desta é constituída de manuais de comento à Lei 9.605/98, que pouco se distanciam da repetição do texto legislativo, por vezes fruto da ausência de vivência prática na área penal ambiental, sem a menção de exemplos de atuação, de concretização da legislação, de seu reflexo na atividade do Ministério Público, de jurisprudência a respeito, de solução de casos práticos, e, sobretudo, da conexão com a atuação na esfera da responsabilidade civil ou administrativa. E, não fazendo os manuais a necessária interlocução com a es-

[7] SILVA SÁNCHEZ, Jesús-María. *La expansión del Derecho penal. Aspectos de la política criminal en las sociedades postindustriales.* 2 ed., ampliada. Buenos Aires: B de f, 2008, p. 11.

fera civil, não poderão aqueles que os consultam, advogados, membros do Ministério Público e juízes criminais, tomar conhecimento de importantes conceitos de Direito Ambiental, e assim aplicar adequadamente a lei.

Melhorar a doutrina de Direito Penal Ambiental e sua prática é fundamental, portanto. Indispensável será promover sua integração, em especial se considerado que em geral o professor visualiza o problema em um contexto de grandes inter-relações, enquanto o aplicador do Direito o vê sob o prisma de suas respectivas peculiaridades e de uma solução forense viável. Será da contemplação conjunta desses pontos de vista que resultará frequentemente uma solução de consenso, o que somente se possibilitará pelo emprego de uma linguagem científica pelos teóricos e práticos[8].

Somente buscando um novo caminho será possível alcançar um porto seguro, como o fez Enéias, que, escapando de sua Tróia derrotada, seguiu os conselhos de Heleno e evitou as armadilhas de Cila e Caribdis, elegendo uma nova rota, costeando a ilha da Sicília[9], para, ao final de seu périplo, fundar a futura sede de um Império: Roma.

A primeira parada desta caminhada é obrigatória: examinar, desde um olhar criminológico, por que razão a expansão do Direito Penal à proteção do meio ambiente encerra tão acaloradas discussões, em que tudo é questionado, a começar pela controvérsia sobre sua necessidade e utilidade. Debate-se, ainda, a opção legislativa de diretamente permitir algumas atividades que, apesar de excessivamente poluidoras ou perigosas, contribuem ao crescimento econômico, ou a proibição destas com auxílio de normas penais em branco.

Mesmo entre aqueles que admitem a existência de um Direito Penal Ambiental discutem como deveria configurar-se a

---

[8] ROXIN, Claus. *Fundamentos político-criminales del Derecho penal.* Buenos Aires: Hammurabi, 2008, p. 385.

[9] VIRGILIO. *Eneida.* 6. ed. São Paulo: Cultrix, 2006, p. 68.

proteção, e o dissenso começa na concepção do bem jurídico tutelado, em que reina a divisão entre antropocêntricos e ecocêntricos. As controvérsias se espraiam na análise dos tipos penais ambientais, que não poucas vezes apresentam uma redação ambígua. O tipo queria proibir determinada conduta em uma atividade comumente permitida; quis proibir a poluição, mas apenas em níveis excessivos; quis proibir desmatamentos, contudo somente em áreas específicas... Os conflitos se estendem à prática forense, com interpretações distintas de uma mesma lei, seja em favor do meio ambiente, seja em prol de uma atividade econômica.

Cabe, portanto, identificar desde o principio a razão de tanta discussão. E nessa análise se observará que as contendas que permeiam o Direito Penal Ambiental nada mais fazem que refletir uma controvérsia muito mais profunda, que é a discussão sobre o antagonismo entre o crescimento econômico e a proteção do ambiente, acomodada sob a fórmula internacional deliberadamente vaga, imprecisa e não questionada quanto à sua validez, do conceito de desenvolvimento sustentável, marco em que se levam a cabo os embates entre preservacionistas e crescimentistas por sua interpretação, disputa que se projetará nos mais diversos níveis, entre eles o jurídico-penal.

É hora de começar nossa viagem.

1.2 O DIREITO PENAL AMBIENTAL E SEU ENTORNO

Estudar o Direito Penal Ambiental sem compreender a racionalidade econômica e política dominante na relação sociedade-natureza é considerar a consequência sem conhecer as causas, sintoma de uma aceitação automática e vazia de conteúdo da normativa vigente. Se de um lado o Direito não é política, nem economia, religião ou educação, por outro lado também não poderia existir se todas estas coisas não se dessem, e segue dependendo em grande medida de seu entorno. Não por outra razão o jurista, antes de dedicar toda sua atenção à lei, como costumeiramente o faz, deveria investigar as condições de êxito do compromisso preliminar entre os cidadãos, o próprio contrato social[10]. O Direito Penal Ambiental refletirá a concepção que determinada sociedade tem da natureza, e o que quer desta relação, o que lhe imporá diversas limitações[11].

Por conseguinte, antes de questionar-se o intérprete o que quis proteger a norma penal ambiental quiçá existente, deveria indagar-se se ela realmente quis proteger algo. Esta é a primeira tarefa. Porque pode ocorrer – e de forma mais corriqueira que o discurso ambientalista poderia fazer supor – que a sociedade não queira proteger o meio ambiente, priorizando outros valores (economia, emprego, lógica militar, *e.g.*), como exemplificam os debates parlamentares desenvolvidos recentemente no Brasil nos anos de 2011 e 2012, que culminaram com a revogação da Lei 4.771 de 1965 (Código Florestal) pela Lei 12.651, de 25 de maio de 2012, e puseram em evidência que a lógica dominante não era de conservação. O setor agrário reclamou que a lei anterior era excessiva, e contra ela se voltou com todas suas forças, em especial contra dois espaços territoriais protegidos: as áreas de preservação permanente e a reserva florestal legal. Resultado: a nova lei prevê menos exigências que muitas das disposições protetivas anteriormente existentes, em evidente retrocesso da legislação ambiental[12].

---

10 OST, François. *A natureza à margem da lei: a ecologia á prova do Direito.* Lisboa: Instituto Piaget, 1995, p. 22.

11 *"El derecho penal es el correlato normativo de una política criminal determinada; esta afirmación es válida también para el campo del medio ambiente. ... La eficacia o el valor de la norma penal depende, entonces, de presupuestos previos, de una especie de trípode en el cual son decisivos la naturaleza de la política social – en la que está incluida, naturalmente, la política ambiental, la criminal, etc. – las características del estado que la aplica y la realidad social de la cual se extraen los datos de la ciencia."*(BAIGÚN, David. "Política criminal y tutela del medio ambiente en la República Argentina." *Doctrina penal,* Buenos Aires: Depalma, ano 1, 1978, p. 25).

12 Como realçado em SANTIAGO, Alex Fernandes. *A reserva florestal legal e o Superior Tribunal de Justiça: levando um direito a sério.* Em: SOARES JÚNIOR, Jarbas; ALVARENGA, Luciano José (org.). *Direito ambiental no STJ,* Belo Horizonte: Del

Nestes casos, o Direito Penal Ambiental acaso existente será una opção meramente simbólica, que buscará satisfazer os questionamentos de alguns setores da sociedade ou ao modismo do discurso ambientalista, mas sem nenhuma intenção verdadeira de efetividade. Para tanto não é necessário invocar a sanção penal, o que somente lhe trará mais desprestígio, em mais um caso de fuga para o Direito, em que a sociedade ignora suas tarefas criadoras de tipo político-social[13]. Desta maneira, enquanto a sociedade não defina cabalmente que modelo de desenvolvimento e qual é o custo ambiental que considera adequado, a repressão penal é contraindicada, pois *"se transformará en una cobertura ideológica de otros tantos comportamientos ilegales*[14]*"*.

Por tais razões, é fundamental ir mais adiante, e compreender que o debate sobre a proteção do ambiente põe em xeque os próprios fundamentos da civilização industrial, já que a crise ambiental é o resultado do consumo e produção dos países industrializados, que controlam a economia mundial[15]. As eco-

Rey, 2010, p. 1-29, enquanto o Código Florestal adormecia no limbo do ordenamento jurídico brasileiro, nenhum incômodo representou tal legislação. Tudo mudaria com a disponibilização de ferramentas para sua efetividade, presentes na Lei 6.938/81 (Lei da Política Nacional do Meio Ambiente) e Lei 7.347/85, *Lei de Ação Civil Pública,* que normatizou a tutela processual dos interesses difusos. Os legitimados revisitaram o Direito material e o vivificaram sob as luzes das novas normas processuais. E o Código foi despertado por uma miríade de ações coletivas e compromissos de ajustamento de conduta celebrados, trazendo seus dispositivos para a prática diária, com a conversão de *law-in-the-books* para *law-in-action*. Os proprietários tiveram que respeitar as áreas de preservação permanente, e separar um mínimo de vinte por cento de suas propriedades para a conservação, como reserva florestal legal. Tudo isso implicou a crítica constante dos dispositivos legais, com poderosos *lobbies* do setor agrário, que triunfaram na revogação da Lei 4.771/65.

13 ROXIN, ob. cit., p. 251.

14 BAIGÚN, ob. cit., p. 1.

15 É comum que se queira etiquetar aquele que questiona a sociedade atual e o deterioro que sua economia promove sobre o meio ambiente como marxista, socialista, comunista, anarquista, anticapitalista e toda uma longa lista de adjetivos que os defensores do *establishment* consideram estigmatizantes. A própria palavra "ambientalista" é por vezes empregada com sentido negativo ou pejorativo. Ao mesmo tempo, tampouco causa assombro que o discurso

nomias de tais países se apresentam como economias de biosfera; consomem recursos de todo o planeta, e não se preocupam em demasia com o esgotamento de recursos no país em que realizam as importações, porque podem procurá-los em outro lugar, ou somente se preocupam à medida em que se vejam afetados os preços mundiais.

O debate ambiental interessa sobremaneira ao Brasil, tradicional país exportador de matérias-primas. O fluxo de recursos naturais desde o Sul até o Norte vem crescendo ao longo da história, trazendo consigo impactos ambientais negativos. Atualmente se vivencia uma "reprimarização" da América Latina, com o aumento de exportações de minerais e metais, petróleo, carnes, soja e cana-de-açúcar. Esta última, ironicamente, representou um dos primeiros ciclos econômicos do Brasil colônia, e agora ressurge sob o discurso do combustível verde[16], o etanol,

---

ambientalista produza certa fascinação sobre todas as pessoas inclinadas ao pensamento crítico, como recorda ZAFFARONI, Eugenio R. *Reflexiones sobre el derecho penal ambiental*. Em: AAVV. *Estudios sobre la justicia penal: homenaje al profesor Julio B. J. Mayer*. Buenos Aires: Del Puerto, 2005, p. 143-144. Em caminho semelhante, ALPHANDÉRY, Pierre; BITOUN, Pierre; DUPONT, Yves. *O equívoco ecológico*. Lisboa: Instituto Piaget, 1993, p. 86: *"A estas lutas ecológicas dirige-se habitualmente uma quantidade de críticas que, de resto, provêm tanto do interior como do exterior do movimento ecologista. Denuncia-se a sua excessiva heterogeneidade, o seu caráter parcial e pontual, o seu aspecto estritamente defensivo e conservador, ou, pelo contrário, a sua dimensão revolucionária e utópica. É evidente que estas críticas não deixam de ter fundamento e sublinham a dificuldade bem real com que se deparam actualmente todos os movimentos ecologistas em formar um conjunto coerente, susceptível de promover um projecto político global. Mas, ao mesmo tempo, elas põem em evidência aquilo que é, sem dúvida, a própria originalidade da contestação ecologista; encarnar uma nova forma de cidadania, uma cidadania do quotidiano, 'estilhaçada', por estar enraizada na multiplicidade dos registros sociais, dos papéis e dos rostos do indivíduo moderno."*

16 Sobre o discurso do capitalismo verde, especialmente os agrocombustíveis, RAMÓN MENDOZA, José. "'Desarrollo sostenible' o control democrático de las fuerzas productivas. Del maquillaje ambiental del modo de producción capitalista a una nueva relación del hombre con la naturaleza." *Cuadernos de pensamiento crítico*, n. 2, maio de 2009, p. 10-12.

substituindo antigas culturas e expulsando o gado, que busca novas áreas, alcançando a Amazônia.

De qualquer forma, os países latino-americanos logram aumentar o valor das exportações vendendo maiores quantidades, em vez de exportar produtos ou serviços de maior preço. É comum ouvir que as economias pobres dependem mais dos recursos naturais, mas em verdade são os países ricos que utilizam cada vez mais recursos, e os países pobres não possuem o mesmo poder de compra nos mercados internacionais. A pobreza impõe vender barato o próprio ambiente e a própria saúde, o que não significa necessariamente falta de percepção ambiental, e sim falta de poder econômico e social para defender os próprios recursos naturais.

Nessa toada, a preocupação ecológica é muito mais que um diletantismo proveniente de um ecologismo postmaterialista, de quem, já tendo de tudo, começa a preocupar-se com as plantas e animais em extinção; esta alcança também o ecologismo daqueles que dependem diretamente dos recursos naturais e de um ambiente são para poder viver, e que não têm muitas vezes como pagar pelo acesso aos bens e serviços ambientais, pela simples razão de que são pobres[17].

Se antes se discutia a piora na relação de intercâmbio, conforme teoria do economista argentino Prebisch, frente ao intercâmbio desigual entre matérias-primas e produtos industriais, exigindo maiores quantidades de matérias-primas para comprar um mesmo produto industrial importado, agora se deve retomar a discussão para debater o intercâmbio ecológico desigual: os produtos são exportados sem considerar nos preços os danos ambientais produzidos, e tampouco se incluem os danos à saúde humana. É imprescindível discutir a dívida ecológica, toda vez que a exportação de matérias-primas seja mal paga, ou que os preços não contemplem custos sociais e

[17] MARTÍNEZ ALIER, Joan; ROCA JUSMET, Jordi. *Economía ecológica y política ambiental*. 2 ed., México: FCE, 2001, p. 93 e 72. Reproduz-se neste excerto o ensinamento das p. 389-440 deste livro.

ambientais, ou tampouco os serviços ambientais proporcionados gratuitamente. As gerações futuras do Brasil não serão necessariamente mais ricas pelo esgotamento de seus recursos naturais, e a teoria neoclássica, aplicada à economia, não parece importar-se muito com isso. Os países importadores do Norte têm obtido benefícios e assim seguirão enquanto não paguem tais danos ambientais e sociais; tais benefícios integram sua dívida ecológica com o Sul, que se contrapõe à dívida externa. Não bastasse, a obrigação dos países do Sul de pagar a dívida externa acarreta maiores impactos ambientais, aumentando a dívida ecológica[18].

[18] MARTÍNEZ ALIER fornece exemplos da dívida ecológica, como os passivos ambientais no Equador não compensados, em razão da exportação de flores, de bananas ou de camarões, ou em virtude da destruição de manguezais, ou pelos danos causados pelas plantações de eucaliptos, estabelecendo valores para a indenização, com base nos serviços ambientais deteriorados, como no caso da destruição dos manguezais (MARTÍNEZ ALIER, Joan. *Cuantificación de la deuda ecológica. Gestión y Ambiente,* vol. 10, número 3, dezembro, 2007, p. 27, relembrando também a dívida ecológica em virtude da biopirataria, p. 32-33). E mais: "*Veamos un ejemplo actual e importante: el acuerdo del Tratado de Libre Comercio (TLC) entre México y los Estados Unidos. Cabe hacer el análisis siguiente. En los Estados Unidos el precio del petróleo es relativamente barato, a pesar de que este país se ha convertido en uno de los grandes países importadores de petróleo. Desde el punto de vista mexicano, la situación es paradójica. México exporta petróleo barato a los Estados Unidos. Es 'barato' porque no tiene en cuenta los costos ecológicos en las zonas de extracción de Campeche y Tabasco, ni los costes de las emisiones de CO_2 (y otros impactos ambientales); además, el precio implícitamente infravalora la futura demanda de petróleo en México. Tal como están las cosas, México exportará petróleo barato a los Estados Unidos y, a cambio, importará productos (como maíz) producidos en parte mediante el petróleo mexicano barato. Ese maíz de los Estados Unidos tiene escaso interés genético, porque es híbrido y, en parte, requiere un flujo de recursos genéticos mexicanos hasta ahora gratuitos (ya que el sur de México es un centro original de biodiversidad del maíz). Las exportaciones de maíz de los Estados Unidos están y estarán subvencionadas por lo menos en la medida que sus precios no incluyan ninguna partida a cuenta de los costos ecológicos. Estas exportaciones menoscabarán la producción campesina de maíz en el sur de México, que es más eficiente en términos de su escaso uso de energía de los combustibles fósiles, por lo que es biológicamente más interesante.*" (MARTÍNEZ ALIER; ROCA JUSMET; *Economía ecológica y política ambiental...*, p. 424-425. Os autores também exemplificam nesta obra casos de dívida ecológica relacionados à biopirataria, às centrais hidrelétricas e às fábricas de celulose no Brasil, bem como em relação à extração de ouro – p. 429-432).

A maior ameaça ecológica provém do excessivo consumo do Norte, que se beneficia deste intercâmbio ecologicamente desigual e da apropriação unilateral e gratuita dos serviços ambientais que lhe prestam os países do Sul. Se se ajustasse a dívida ecológica os países do Norte não poderiam consumir tanto como o fazem atualmente, comprando um bem muito mais barato do que deveria custar. Tampouco optariam por implantar suas indústrias mais poluidoras nos países do Sul, caso estes cobrassem adequadamente os serviços ambientais prestados gratuitamente na atualidade.

Neste cenário, muitos são os danos ambientais. Parafraseando Lísias em seu discurso acusatório contra Eratóstenes, difícil não é começar uma lista de danos ambientais, e sim terminá-la. São em tão grande número e de tamanha gravidade os danos em todo o mundo que nem mentindo seria possível inventar fatos piores que os reais, e tampouco dizendo a verdade seria possível listar todos: ou se cansaria aquele que os enumera ou se cansariam aqueles que o escutam[19]. Há cada vez menos florestas e água doce potável, a poluição cresce. O panorama não é animador. É desnecessário colacionar uma cascata de dados, rememorar a realidade.

Devemos parar para pensar e refletir um pouco sobre a razão de as coisas serem assim. O fato é que esse panorama guarda inequívoca relação com a prevalência no pensamento moderno dos quatro postulados principais do paradigma cartesiano:

1) os humanos são fundamentalmente diversos das outras criaturas, sobre as quais têm o poder de exercer o domínio;

2) os humanos são senhores de seu destino, razão pela qual lhes cabe fixar seus próprios objetivos e adaptar os meios necessários;

---

19 LÍSIAS. *Contra Eratóstenes.* Em: *Eloquência grega e latina.* Tradução de Jaime Bruna. Rio de Janeiro: Ediouro, s/d, p. 19.

3) o mundo é vasto e contém recursos ilimitados[20];

4) a história da humanidade é de progresso constante, para todo problema há uma solução, em geral técnica, razão pela qual não há razão para travar o progresso[21].

A visão mecanicista cartesiana desterrou os paradigmas organicistas dos processos vitais, e, marcadamente pelo último postulado, converteu-se no princípio constitutivo de uma teoria econômica que legitima uma falsa ideia de progresso (tudo é progresso) da civilização moderna. Em um paradigma que se retroalimenta, a humanidade espera una solução tecnológica para os danos causados pelo mesmíssimo "progresso".

Essa racionalidade econômica implicou uma escalada de danos ambientais sem precedentes, e uma crise ambiental que

20 A crença nos recursos ilimitados predominou até bem pouco tempo: nos relatórios do Painel Rockefeller publicados em 1959 e 1960, tratados pela imprensa como o Livro Branco não oficial sobre o futuro norte-americano, os expertos prognosticavam: "*Nuevas tecnologías, procesos extractivos más eficientes y nuevos usos pueden abrirnos a nuevos mundos. Aun ahora podemos vislumbrar el perfil de un futuro en el que, a través del uso de la fisión nuclear, nuestros recursos, tanto de energía como de materia prima, serán ilimitados...*" (CATTON JR., William R.. *Rebasados. Las bases ecológicas para un cambio revolucionario.* México D.F: Océano de México, 2010, p. 25). Tal convicção segue muito forte, complementa o sociólogo estadunidense (ob. cit., p. 25 e 41).

21 Assim sintetiza o paradigma OST, ob. cit., p. 181-2. Tal linguagem é reproduzida fielmente por muitos engenheiros em Estudos de Impacto Ambiental. Movam-se rios, derrubem-se florestas, venham abaixo montanhas: se há um desafio, sempre há uma solução, ainda que o custo seja aniquilar-se o elemento natural. Também Catton, ob. cit., p. 89-106 – demonstra que na gestão da crise do petróleo da década de 70 no século XX prevaleceu o paradigma cartesiano cornucopiano. Os Estados Unidos, em vez de buscar fontes de energia sustentáveis, intensificaram a exploração de suas jazidas, com a licença de instalação de um oleoduto desde o Alasca, que antes não se dava por óbices ambientais. Outro exemplo de aplicação do paradigma, em combinação dos postulados 3 e 4, está no relatório apresentado pelo comitê da Academia Nacional de Ciências de Estados Unidos em 1962 ao presidente Kennedy, que aconselhava a distanciar-se de uma filosofia orientada a conservar recursos escassos, e consolidou o consenso acerca da tecnologia. O relatório avançou, insinuando que "*si se acababa el petróleo o el mineral de hierro – o cualquier otro mineral – la tecnología pronto produciría un sustituto mejor y más barato. Tales conclusiones tuvieron una poderosa influencia sobre nuestros dirigentes nacionales y sus percepciones.*"(CATTON, p. 25).

gerou questionamentos quanto à "*racionalidad y los paradigmas teóricos que han impulsado y legitimado el crecimiento económico, negando a la naturaleza*[22]", originando intensos questionamentos quanto à necessidade de regular a relação da humanidade com o ambiente.

É verdade que houve muitos avanços desde a primeira Conferência mundial sobre o meio ambiente, com o enfrentamento da primeira geração de problemas ambientais, concernentes à regulação das causas óbvias dos danos, gerando uma regulação mínima dos processos industriais.

Mas ainda assim na prática as considerações de ordem econômica prevalecem. Não obstante as preocupações ambientais, o sistema de política pública dos riscos da sociedade atual é um híbrido: ainda que apresente base forte na Ciência, é caracterizado pelo conflito ideológico entre ambientalistas, corporações e governo, o que gera volatilidade, pois ainda que a Ciência seja a base, muitas decisões são estabelecidas somente em termos políticos[23].

É nesse contexto que um eventual Direito Penal Ambiental será uma construção complexa e frágil[24], com grande risco de falhar em seu objetivo e frustrar as expectativas nele depositadas de proteção do ambiente.

E avançando: o Direito Penal Ambiental reflete muitas das contradições que a fórmula internacional do desenvolvimento sustentável busca ocultar, pelo que é necessário sacar o véu. Sim, levemos o Direito Penal Ambiental a questionar-se. Descobriremos então que será mais um dos campos em que a fórmula do desenvolvimento sustentável se projeta, eivada de

---

22 LEFF, Enrique. *Saber ambiental. Sustentabilidad, racionalidad, complejidad, poder.* 5 ed., México, D.F.: Siglo Veintiuno Editores, em coedição com o Centro de Investigaciones Interdisciplinarias en Ciencias y Humanidades, UNAM, e com o Programa das Nações Unidas para o Meio Ambiente, PNUMA, 2007, p. 17.

23 HANNIGAN, John. *Sociologia ambiental.* Petrópolis: Vozes, 2009, p. 171.

24 Sobre a fragilidade dos sistemas de proteção atuais, CASTEL, Robert. *La inseguridad social.* Buenos Aires: Manantial, 2011, p.12.

contradições e omissões... Assim sendo, é hora de investigar como surgiu essa fórmula, o que permitirá compreender muitos dos problemas que enfrenta o Direito Penal Ambiental e sua doutrina, quando essa discute sua própria necessidade, ou o bem jurídico protegido, dentre outros...

1.3 O DESENVOLVIMENTO SUSTENTÁVEL COMO FÓRMULA DE ACOMODAÇÃO

É por demais sabido que os questionamentos à utilização desmedida dos recursos naturais desembocaram na Conferência de Estocolmo de 1972, marco histórico e estopim para a criação de diversas leis ambientais, em nível internacional e nacional.

Apesar da sabença geral, aspecto por vezes olvidado com o passar dos anos é que forte polarização marcou o evento. Os países do Terceiro Mundo, ou, para quem gosta de eufemismos, de modernidade tardia, se opuseram com veemência à imposição de limites ao crescimento econômico. Nesse contexto, a posição desses países era unânime em rechaçar a imposição de limites ao crescimento econômico – e o Brasil era um dos expoentes na recusa. Sob o ponto de vista diplomático, não havia forma de alcançar qualquer acordo internacional de caráter global e força vinculante consistente[25].

Ignacy Sachs, assessor chefe do secretário geral das Nações Unidas nos preparativos da Conferência de Estocolmo, identifica que na ocasião se apresentaram de um lado os que previam abundância (*the cornucopians*), com a crença de que as preocupações ambientais eram equivocadas, pois atrasariam o crescimento dos países em desenvolvimento, razão pela qual a prioridade deveria ser o crescimento, com soluções técnicas para a continuidade do progresso material. Tal posição confi-

---

25 NOBRE, Marcos; AMAZONAS, Maurício de Carvalho, org. *Desenvolvimento sustentável: a institucionalização de um conceito*. Brasília: IBAMA, 2002, p. 37, amplamente utilizado neste fragmento sobre desenvolvimento sustentável.

gura inequívoca aplicação, em especial em seu quarto postulado, do paradigma cartesiano.

Na outra trincheira, estavam aqueles que Sachs nomeou catastrofistas (*doomsayers*), que pugnavam pela necessidade imediata de paralisar o crescimento, alguns com argumentos malthusianos[26].

O conflito entre os países ricos e o Terceiro Mundo se refletiu nos princípios 8, 9, 10, 11, 12 e 23 da Declaração de 1972. O balanço não era animador, uma vez posposta a efetiva conservação ambiental. A discussão desencadeou um documento que evitou o ponto morto político, mas que estava muito distante de contribuir para a solução dos problemas do meio ambiente[27].

Apesar de todas suas limitações, a Conferência converteu o meio ambiente em tema de relevância internacional. Dela resultou uma Declaração que constituiu o primeiro corpo de uma *soft law* para questões internacionais relativas ao meio ambiente, e definiu o Programa das Nações Unidas para o Meio Ambiente (PNUMA), que emoldura alguns dados:

---

26 SACHS, Ignacy. *Caminhos para o desenvolvimento sustentável.* Org. Paula Yvone Stroh. Rio de Janeiro: Garamond, 2002, p. 50-54. Sobre o nascimento e término da expressão ecodesenvolvimento, sobretudo o rechaço de Henry Kissinger ao termo proposto por Sachs, e a razão de sua substituição pelo termo desenvolvimento sustentável, com base em Naredo, RAMÓN MENDOZA, ob. cit., p. 4-5.

27 "*Desgraciada pero inevitablemente, las deliberaciones de Estocolmo fueron confusas. Las naciones más afortunadas, a quienes les había tocado en suerte alcanzar la prodigalidad industrial antes que los ahorros de la Tierra se agotaran, ya habían infectado a las otras naciones con un deseo insaciable de emular esa prodigalidad. La infección influyó en la percepción del agotamiento. El resultado de esta triste secuencia histórica fue una pelea patética acerca de qué lujo se había vuelto impagable: el crecimiento económico o la conservación del ambiente. Pero ninguno de ellos era un lujo, peor aún, ninguno de ellos era posible en una escala global. ... La loable habilidad desplegada por las delegaciones de ciento catorce naciones para sacar adelante, con esfuerzo, un compromiso, propiciando tanto la protección ambiental como el desarrollo económico para todas las naciones no nos sacaba de nuestro apuro. Gracias a la destreza para evitar un punto muerto político se preservó de nuevo la ilusión de que el pastel podría ser a la vez comido y conservado. Pero preservar una ilusión no significa que deje de ser ilusión.*"(CATTON, ob. cit., p. 207).

> *"Gran parte de las legislaciones nacionales relativas al medio ambiente se elaboraron a partir de Estocolmo. De 1971 a 1975, se aprobaron 31 importantes leyes nacionales ambientales en países pertenecientes a la Organización de Cooperación y Desarrollo Económicos (OCDE), en comparación con sólo 4 en el periodo de 1956 a 1960, 10 de 1960 a 1965 y 18 de 1966 a 1970 (Long 2000). El medio ambiente se incluyó u obtuvo un lugar más prioritario en un gran número de agendas regionales y nacionales. Por ejemplo, antes de Estocolmo existían únicamente cerca de 10 ministerios de medio ambiente, en cuanto que para 1982, ya unos 110 países contaban con un ministerio o secretaría específico para la materia[28]."*

Estava dado o primeiro passo na complexa institucionalização da problemática ambiental: a questão ambiental pouco a pouco ascendia ao primeiro plano da agenda política internacional. Sem embargo, o outro passo, que era fazer com que as preocupações ambientais penetrassem e conformassem as decisões sobre as políticas públicas em todos os seus níveis, quedava incógnito[29]. E seguia bastante vivo o questionamento se existe contradição entre crescimento econômico e o meio ambiente... Como avançar nas discussões, se não se responde, ou não se supera esta pergunta?

A primeira tentativa de superar esse dilema foram as estratégias de ecodesenvolvimento, que postulavam a necessidade de novos modos de produção e estilos de vida conforme as condições e potencialidades ecológicas de cada região.

Contudo, antes que as estratégias de ecodesenvolvimento lograssem vencer as barreiras de resistência à mudança da ordem econômica, sobrevieram, passada uma década de Estocolmo, graves processos de inflação e recessão no Terceiro Mundo,

---

28 *Perspectivas para el medio ambiente mundial 2002*, Madrid: Mundi-Prensa Libros, 2002, p.4-5. Como exemplo das consequências da Conferência, em 1973 o Brasil instituía a *Secretaria Especial do Meio Ambiente – SEMA*, e posteriormente editava importantes normas com conteúdo ambiental, como o Decreto-Lei 1.143, de 1975, a Lei 6.453, de 1977, Lei 6.513, de 1977 e a Lei 6.766, de 1979.

29 Objetivos assinalados em NOBRE; AMAZONAS, ob. cit., p. 8 e 49.

especialmente na América Latina. O discurso do crescimento se intensificou, e o predomínio de uma visão neoliberal desterrou as propostas do ecodesenvolvimento[30], exigindo um outro caminho. A revolução ambiental teve como contraponto a contrarrevolução neoliberal e o ressurgimento do mito do *laissez-faire*[31].

Havia que encontrar uma fórmula, e esta se apresentou anos mais tarde, com a apresentação das Conclusões da Comissão Brundtland na Assembleia Geral da ONU, em 1987, em que se respondeu especificamente a questão central do debate dos anos 70[32]. Como resultado de uma operação diplomática, ideológica e social para superar o impasse gerado pelo questionamento se existe contradição entre crescimento econômico e meio ambiente, e no contexto da estratégia de institucionalização da problemática ambiental, a Comissão concluiu que não, desenvolvimento e meio ambiente não são contraditórios[33]. Em

---

[30] LEFF, p. 19-20. Também nesse sentido, VEIGA, José Eli da. *Desenvolvimento sustentável: o desafio do século XXI.* Rio de Janeiro: Garamond, 2010, p. 188-9, e SACHS, ob. cit., p. 50-54.

[31] SACHS, ob. cit., p. 56.

[32] Sobre o histórico, e toda a discussão que estabeleceu sobre o conceito, NOBRE, ob. cit., p. 37 e seguintes, largamente reproduzido neste trecho. Não se pode afirmar com segurança quem primeiro utilizou a expressão desenvolvimento sustentável Sem embargo, será no documento *World Conservation Strategy*, de 1980, da UICN que o conceito ganha proeminência. Aparentemente alheio ao debate ambiental dos anos 70, tal livro se distanciou estrategicamente de questões delicadas como ordem política e economia mundial, e cuidou de dar à noção de sustentabilidade a publicidade devida, introduzindo o conceito nas discussões políticas internacionais, com foco na necessidade de manter a biodiversidade e os processos ecológicos. Tal postura ladeou os obstáculos que impediam o avanço negociado, pondo em destaque a necessidade de preservar e conservar, sendo que os pontos de tensão deveriam ser debatidos no marco do desenvolvimento sustentável. Semelhante encaminhamento permitiu a mudança de atitude dos países de Terceiro Mundo refratários ao debate, durante sessão especial do PNUMA em 1982, quando se decidiu pela criação da Comissão Mundial sobre Meio Ambiente e Desenvolvimento (WCED), o que foi aceito pela Assembléia Geral em 1983, com a constituição da posteriormente conhecida como Comissão Brundtland (sobrenome da Presidente da Comissão, Gro Harlem Brundtland), com 23 comissários de 22 países.

[33] NOBRE, ob. cit., p. 9.

verdade são conciliáveis, desde que compatibilizados sob o princípio do desenvolvimento sustentável.

Mas, o que é desenvolvimento sustentável? Para a Comissão, é aquele que "*garante as necessidades da geração presente sem comprometer a capacidade das gerações futuras de satisfazer suas necessidades*[34]." Está bem, mas, e daí?

A singela leitura do conceito demonstra, e quem milita na área ambiental o sabe muito bem, que o princípio do desenvolvimento sustentável é uma formulação deliberadamente vaga e inerentemente contraditória[35], tópico tão repetido que, se não explica, tampouco diz grande coisa[36], que todos aceitam, mas ninguém sabe dizer o que é, ou que cada um tem uma visão própria do que seja, o que origina inúmeros conflitos e permite observações irônicas[37].

De fato, se alguém se propõe a acompanhar alguma sessão de votação de um órgão de licenciamento colegiado, verá tanto o representante das indústrias, quanto das organizações não governamentais, do governo ou do Ministério Público afirmando que deseja um desenvolvimento sustentável. Sem embargo, cada qual terá uma compreensão bastante peculiar do que seja, e poderá defender posição diametralmente oposta à do representante de outra instituição, ainda que afirmem querer o mesmo objetivo, o tal do desenvolvimento sustentável. A fórmula tanto servirá para a argumentação daqueles que não querem

---

[34] Naciones Unidas, Comisión Mundial del Medio Ambiente y del Desarrollo, *Nuestro futuro común*, Madri, 1988.

[35] NOBRE, ob. cit., p. 10.

[36] CRAWFORD, Colin. *La promesa y el peligro del derecho medioambiental: los retos, los objetivos en conflicto y la búsqueda de soluciones*. Em: CRAWFORD, Colin (comp.). *Derecho ambiental y justicia social*. Bogotá: Siglo del Hombre Editores, Universidad de los Andes, Pontificia Universidad Javeriana, 2009, p. 25.

[37] "*...atualmente, o desenvolvimento tornou-se um conceito semelhante a uma ameba, sem forma, mas inextricável. O brado utilizado tanto pelo FMI como pelo Vaticano, tanto por revolucionários ... como por experts permite que qualquer tipo de intervenção seja santificada em nome de um objetivo maior. Com isso, até os inimigos se unem sob sua bandeira.*" (SACHS, W, 2000, p. 41.)

que determinada indústria se instale em um local, quanto para aqueles que defendem fervorosamente sua instalação.

Não bastasse, como a fórmula oculta a discussão fundamental[38], culmina por promover dogmas equivocados. Confundir desenvolvimento sustentável com crescimento econômico habitual que seja ecologicamente sustentável é enganar a população, pois é impossível que as economias dos países ricos, que já ocupam espaços ambientais muito maiores que seus territórios, cresçam ainda mais e sejam ecologicamente sustentáveis[39].

A fórmula gera também equívocos encontradiços na doutrina, como este: "*Em suma, a chave para um desenvolvimento sustentável não é produzir menos, senão fazê-lo de forma diferente*[40]."

---

38 "*La idea de desarrollo sostenible expresada en el Informe Brundtland no sólo no cuestiona el modelo actual de producción y de desarrollo capitalista, sino que decanta por la privatización de la naturaleza ya que ni siquiera se cuestiona el supuesto de la crisis ecológica, que se debe en gran medida a la ambigüedad de los derechos de propiedad sobre el suelo y los recursos naturales que el capitalismo ha creado en su favor; al mismo tiempo que no solamente no estimula, sino que tiende a anular el papel del Estado en la resolución de la crisis ecológica*" (RAMÓN MENDOZA, ob. cit., p. 13-14).

39 MARTÍNEZ ALIER; ROCA JUSMET; ob. cit., p. 54. "*Se trata, en suma, de oscurecer el hecho de que si por desarrollo se entiende algo que entraña 'una aceleración sostenida por una fuerza constante, es seguro que no puede ser viable. Por tanto, la frase desarrollo sostenible sería lo que los anglosajones denominan un oxímoron, o combinación de términos contradictorios o incongruentes'* (Margalef, 1996)" (NAREDO, José Manuel. Raíces económicas del deterioro ecológico y social. Más allá de los dogmas. Madri: Siglo XXI, p. 27, destaques do original).

40 BESALÚ PARKINSON, Aurora V.S.. *Responsabilidad por daño ambiental.* Buenos Aires: Hammurabi, 2005, p. 106, tradução livre. Sobre o tema, RAMÓN MENDOZA, ob. cit., p. 12: "*Hay que romper con la indefinición intencionada de los conceptos de sostenibilidad y de desarrollo sostenible que trajo consigo un éxito inicial que aún perdura a través de la identificación del término desarrollo exclusivamente con lo económico, la asimilación con el crecimiento y la trivialización del adjetivo sostenible y que ha supuesto una aceptación acrítica de esta idea de desarrollo sostenible por gran parte de la izquierda. Si por desarrollo se entiende el crecimiento permanente de algo físico o una aceleración sostenida por una fuerza constante, es seguro que no puede ser viable a largo plazo en el mundo físico, ya que se está eludiendo una verdad incontestable: es sistema económico es un subsistema que debe convivir dentro de la capacidad del sistema ecológico y la acumulación de capital se produce en contextos históricos, geográficos y espaciales. En tal caso, el de desarrollo sostenible sería una combinación de términos contradictorios o incongruentes entre sí, contradicción similar a la que supondría, por ejemplo, 'ser vivo inmortal.'*"

Alto lá, é necessário discutir a diminuição de produção, por via da diminuição de consumo (debatendo-se quantidade e qualidade) assim como não é suficiente afirmar que se manterão os níveis atuais para necessidades das gerações futuras porque é imperioso discutir as próprias necessidades e suas consequências[41].

Ainda assim, é forçoso admitir, em análise retrospectiva, que foi exatamente por suas debilidades, imperfeições e contradições que o conceito de desenvolvimento sustentável ganhou a aceitação universal. Era exatamente essa a estratégia; buscava-se uma noção fadada a produzir consenso, e teve êxito: permitiu a reunião de crescimentistas e ambientalistas sob o mesmo guarda-chuvas[42] (ou seria balaio de gatos?).

---

41 Assinalando o equívoco de tais interpretações, o prêmio Nobel de economia de 1998: "*No contexto ecológico, basta considerar um ambiente deteriorado, no qual as gerações futuras não poderão respirar ar fresco (devido às emissões de poluentes), mas no qual essas gerações futuras sejam bem ricas e bem servidas de outros confortos que seu padrão de vida talvez se sustente. Uma abordagem de desenvolvimento sustentável seguindo o modelo de Brundtland-Solow talvez se recuse a ver qualquer mérito nos protestos contra essas emissões, sob a justificativa de que a geração futura terá ainda assim um padrão de vida pelo menos igual ao atual. Mas isso desconsidera a necessidade de políticas de restrição de emissões que possam ajudar as gerações futuras a ter a liberdade de desfrutar do ar fresco que soprava para as antigas gerações.*" (SEN, Amartya K. "Por que é necessário preservar a coruja-pintada?" Folha de S. Paulo, 14 de março de 2004, caderno Mais!, p. 18).

42 "*El éxito de aceptación que ha tenido y actualmente tiene el término desarrollo sostenible es consecuencia de la deliberada y controlada dosis de ambigüedad – al contrario de la rotundidad que el autor de El Capital expresa en la cita anterior – que en sí misma tiene esta expresión; tanto por ofrecer a unos y a otros actores y gestores económicos, sociales y políticos del sistema de producción capitalista la posibilidad de contentar a casi todo el mundo (ecologistas y desarrollistas, conservacionistas y productivistas, ...) como porque permite establecer un puente sobre al abismo que, en los años setenta, se abrió entre ellos. Asimismo, gran parte del éxito de su aceptación radica también en el hecho de, como señala Naredo, 'haber llevado la síntesis del conflicto entre conservación y desarrollo, o entre ecología y economía, hacia el ámbito conceptual de esta última', y así, vaciarla de contenido para que cada uno viera en él lo que quisiera ver, u otros quisieran que se viera. En la práctica, se estaba fortaleciendo y se fortaleció la fe y la confianza en los beneficios del desarrollo y el crecimiento económico, haciendo que las aguas volvieran a sus cauces originales (que no son otros que aquellos en los que el razonamiento del beneficio económico continua siendo hegemónico ideológica, política y culturalmente) y legitimando la obtención de beneficios por parte del capital como principal eje conductor*

O conceito de desenvolvimento sustentável é o fio condutor da estratégia de institucionalização da problemática ambiental. Responde o questionamento multicitado, afirmando que finitude não representa catástrofe, tampouco a conservação ambiental significa estorvo ao desenvolvimento. Delimita a arena de disputa política e permite o diálogo entre posições que se apresentavam inicialmente inconciliáveis.

Era claramente uma estratégia do PNUMA para a institucionalização da problemática ambiental. O primeiro objetivo (*ascender a questão ambiental ao primeiro plano da agenda política internacional*) fora alcançado. Mas o segundo objetivo, que era fazer com que as preocupações ambientais penetrem e conforme as decisões das políticas públicas em todos os níveis, estava por definir. E o resultado não atendeu aos anseios de parte significativa do movimento ambientalista.

A Conferência das Nações Unidas sobre o Meio Ambiente e Desenvolvimento, em 1992, no Rio de Janeiro, era momento decisivo da disputa. A fórmula desenvolvimento sustentável saiu consagrada. Ela, ou a palavra desenvolvimento somente, se encontra presente nos princípios 1, 2, 3, 4, 5, 6, 7, 8, 9, 11, 12, 20, 21, 22, 24, 25 e 27 da Declaração.

Consagrada sim, mas ainda sem definição precisa.

Os princípios 3 ("*O direito ao desenvolvimento deve ser exercido de modo a permitir que sejam atendidas equitativamente as necessidades de desenvolvimento e de meio ambiente das gerações presentes e futuras*") e 4 ("*Para alcançar o desenvolvimento sustentável, a proteção ambiental constituirá parte integrante do processo de desenvolvimento e não pode ser considerada isoladamente deste*"), que pareceriam aproximar-se de uma delimitação, em verdade não dizem muita coisa[43].

---

de cualquier política económica y ambiental." (RAMÓN MENDOZA, ob. cit., p. 5-6)

43 De fato, em diversos excertos a Declaração de 1992 representou um retrocesso em relação à de 1972, como destaca NAREDO, *Raíces económicas del deterioro ecológico y social...*, p. 28: "*... Mientras que en 1972 se ligaba el deterioro ambiental a la extracción de recursos y a las relaciones de explotación vigentes, incluyendo así reivin-*

O que se deve realçar é que a posição original do PNUMA foi basicamente derrotada[44]. A proposta de incrementação do fundo *Official Development Aid* com a transferência de 0,7 % do PIB dos países industrializados, para promover o desenvolvimento dos países de Terceiro Mundo não só foi rechaçada, como os países ricos entenderam que seu interlocutor não seria um órgão ambiental, e sim uma entidade financeira, o Banco Mundial, pelo modelo do *Global Environmental Facility* (GEF), debilitando o rol do PNUMA e dos programas de família da ONU.

Por outro lado, a posição dos países ricos pode ser considerada amplamente vitoriosa na Rio 92. O Banco Mundial passou a ter a hegemonia na fixação de parâmetros de financiamento e controle de projetos em escala planetária, hegemonia esta que significa a prevalência de uma concepção econômica na determinação do que seja desenvolvimento sustentável[45]. E, mais especificamente, de uma determinada teoria econômica: a concepção econômica neoclássica.

A economia neoclássica analisa em especial preços e tem uma concepção metafísica da realidade econômica que funcio-

---

dicaciones políticas, en 1992 ya sólo se habla de preservar la calidad del medio ambiente, mediante legislación e instrumentos económicos; mientras que en 1972 se hacía una enumeración exhaustiva de los recursos bióticos y abióticos a proteger, en 1992 se plantea el objetivo general del desarrollo sostenible; y, sobre todo, mientras que en 1972 se hacía de la necesidad de atajar el 'problema ambiental' una razón de Estado y, por ende, se tomaba a los Estados como principales responsables y garantes del cambio, mediante el manejo a todos los niveles de la planificación y ordenación del uso de los recursos y el territorio, en 1992 se habla sólo de normas, estudios de impacto ambiental e instrumentos económicos, en general, relegando la responsabilidad los Estados a su último escalón administrativo, a los ayuntamientos, a través de las 'agendas 21', para ensalzar el papel de la iniciativa privada (empresas y ONG). Con la Cumbre de Johannesburgo (2002) se confirma la evolución descrita, en la que se solapan el menor respaldo político con la mayor ambigüedad y pérdida de vigor de las propuestas" (destaques do original).

44 NOBRE, ob. cit., p. 51, amplamente utilizado nesse excerto, conforme já ressaltado.

45 NOBRE, ob. cit., p. 68, onde também aprofunda o exame sobre o cenário da Conferência: momento político desfavorável (Guerra Fria, queda do comunismo), debilidade da ONU, equívocos de estratégia dos países do Sul (p. 49-69).

na como uma máquina lubrificada pelo dinheiro, em que as empresas vendem bens e serviços, e assim remuneram os fatores de produção (terra, trabalho e capital)[46].

Por essa concepção, a combinação dos fatores de produção segue sendo o principal elemento de progresso humano; o que sim se necessita é integrar a natureza na função de produção. A escassez de recursos naturais é primordialmente um problema econômico que tem consequências ambientais.

A economia neoclássica é edificada sobre os fundamentos do utilitarismo, individualismo metodológico e equilíbrio, por uma racionalidade de maximização das utilidades individuais pelo uso ótimo ou eficiente dos recursos, em equilíbrio. Por conseguinte, a economia neoclássica proporá duas abordagens para a questão ambiental: a economia de poluição e a economia dos recursos naturais. A primeira surge com Pigou em 1920. Posto que o meio ambiente é um bem de uso comum, sua utilização pode gerar custos ou benefícios a terceiros, é dizer, custos ou benefícios que são externalizados socialmente, as externalidades, em que os danos ambientais são externalidades negativas. A correção se encontraria pela taxação de modo a promover a internalização do custo ambiental. Os recursos naturais são matérias-primas, para as quais devem ser estabelecidos critérios para determinação dos custos, fixados de acordo com o que as pessoas estejam dispostas a pagar[47].

Como procedentemente observa José Eli da Veiga quanto a essa postura, por mais boa-vontade que se tenha de partilhar uma visão tão otimista, algumas questões devem ser abordadas com o inevitável pessimismo da razão, e os preços não serão a panaceia para a questão ambiental. Pode tal proposta atrasar, mas não impede a destruição dos recursos naturais e

---

46 MARTÍNEZ ALIER; ROCA JUSMET; ob. cit., p. 13. Para ampliação em temas econômicos, CONESA, Eduardo R. *Macroeconomía y Política Macroeconómica: Los Secretos del Desarrollo en la Economía Abierta.* 4ª ed., Buenos Aires, La Ley, 2008.

47 AMAZONAS, ob. cit., p. 107-112.

das formas de vida mercantilizadas. O mercado não dá por si só a solução aos problemas ambientais

Ainda que se suponha que os preços terão algum sentido ambiental – o que até o presente momento não sucedeu – não se pode olvidar a irreversibilidade de vários processos naturais. Existe um sério conflito entre a racionalidade econômica, da confiança no mercado e sua busca permanente de lucros, e a reprodução da biosfera[48]. Ademais, a economia de recursos naturais propõe que a utilização dos recursos é uma questão de definição intertemporal de sua extração, de acordo com seu uso pela geração presente ou pelas gerações futuras. Este é o ponto de partida da economia neoclássica para a discussão da sustentabilidade para as gerações futuras. Sem embargo, apresenta profundas limitações, porque não é possível desde já ter todos os dados, imaginar todos os cenários, tudo o que sucederá, para poder valorar adequadamente o bem ambiental[49].

Aceita tal corrente um conceito de sustentabilidade débil, que culmina por reafirmar o paradigma cartesiano, com a mensagem de que o esgotamento do capital natural não constitui problema algum para um consumo sustentável, e incluso para um crescimento exponencial do consumo, sempre que se suponha um grau elevado de fungibilidade entre capital natural e

48 VEIGA, usado amplamente neste excerto, p. 196-7, e MARTÍNEZ ALIER; ROCA JUSMET, p. 359 e 118. Sobre as propostas desse ecologismo de livre mercado, PADILLA ZALACAÍN, Maite. *El ecologismo de libre mercado.* Em: *La protección de los bienes comunes de la Humanidad. Un desafío para la política y el derecho del siglo XXI.* José Luis Gordillo (org.). Madrid: Editorial Trotta, 2006, p. 21-38. Sobre o livre mercado no âmbito internacional, na mesma obra por último citada, o artigo de BERMEJO GÓMEZ DE SEGURA, Roberto. *Libre comercio versus sostenibilidad,* p. 39-78.

49 AMAZONAS, ob. cit., p. 113-117. Lembra Naredo que a Ciência Econômica progressivamente abandonou o contexto físico-natural em que nascera com os fisiocratas, limitando seu campo de aplicação ao universo dos valores monetários, sobretudo com os neoclássicos (NAREDO, *Raíces económicas...*, p. 3-13).

capital manufaturado, e sempre que se confie em que continuará existindo progresso técnico[50].

A economia neoclássica é a posição do Banco Mundial e do FMI, assim como da maioria dos países e economistas. Por conseguinte haverá uma concentração em objetivos econômicos, e se crê que a solução destes propiciará a solução simultânea dos problemas ambientais.

Como reação, a Economia Ecológica propõe um conceito de bem-estar ampliado e uma economia que não coloque em risco a preservação a longo prazo dos potenciais ecológicos. Seria uma ecologia de fins, em que a noção estrutural é a escassez. Propõe a primazia da ecologia e que o desenvolvimento não pode confundir-se com crescimento, o que exige uma nova visão de mundo. Critica o fetichismo pelo mercado, e entende que o enfoque deve ser de una racionalidade multicriterial, não só econômica e monetária, considerando-se os serviços ambientais.

À guisa de conclusão, tem-se que todo o exposto demonstra a predominância de um debate econômico. O conceito de desenvolvimento sustentável foi o catalizador para o reconhecimento universal da sistemática ambiental; não obstante, também é um fardo para o movimento ambientalista moderno, porque agora o conflito está de alguma forma mascarado, com *locus* bastante específico de discussões. As batalhas são travadas no interior de instituições em que se decidem as políticas públicas, com amarras bem definidas, e algumas organizações não governamentais que antes eram *outsiders* agora se apresentam como *insiders*, nestas discussões[51].

Apesar dos progressos, o conceito de desenvolvimento sustentável de alguma forma atou o movimento ambiental, e a pergunta que se faz é até que ponto as políticas públicas am-

---

[50] MARTÍNEZ ALIER; ROCA JUSMET, p. 376. Esclarecem os autores o conceito de sustentabilidade débil às p. 374-385.

[51] NOBRE, ob. cit., p. 96-97.

bientais são permeáveis a uma formulação que de fato permita a sustentabilidade.

1.4 POR UMA VISÃO CRÍTICA

Em geral se apresentam três posturas frente ao desenvolvimento[52]: a) a ecologia profunda, que o rechaça, como um mal absoluto; b) a postura neoliberal, que termina por convertê-lo em redundância, quando o confunde com o crescimento, objetivo inexorável; c) os desencantados do desenvolvimento, que recordam o fracasso das políticas perpetradas sob sua ideologia, e propõem o abandono puro e simples do conceito.

A primeira postura, por mais que correta na valorarização do meio ambiente, não deixa de ser um ambientalismo pueril, que pouco se preocupa com a pobreza e desigualdade, tão caros à justiça ambiental. Os países mais pobres necessitam conseguir condições dignas de vida.

Já a postura neoliberal, como visto, também é equivocada, mas amplamente vitoriosa. A economia neoliberal reagiu à racionalidade ambiental, apropriando-se, na prática, da definição de desenvolvimento sustentável. Frente à sua postura refratária à assimilação das propostas de mudança nas bases éticas

[52] SACHS, Ignacy. *Prefacio*. Em: VEIGA, ob. cit., p. 10-11. Por razões didáticas se adota a esquematização das três posições proposta por Sachs, ainda que os estudiosos do tema possam apresentar diversas outras correntes. Como exemplo de abordagem distinta, propõe GUDYNAS, Eduardo. *Ecología, economía y ética del desarrollo sostenible*. 5 ed., Montevidéu: Centro Latino Americano de Ecología Social, 2004, p. 64-65, 214 e 243, que existem duas correntes, que aceitariam o desenvolvimento sustentável, como um conceito plural: a) a predominante, a ideologia do progresso, que não incorpora a sustentabilidade; b) a que incorpora a sustentabilidade, dividindo-se entre os que aceitam uma sustentabilidade débil, já explicada anteriormente, ou os que batalham por uma sustentabilidade forte ou super-forte, conforme se distanciam da ideologia do progresso. Já para um listado das diversas correntes do movimento ambientalista, MESA CUADROS, Gregorio. *Derechos ambientales en perspectiva de integralidad: concepto y fundamentación de nuevas demandas y resistencias actuales hacia el "Estado ambiental de derecho"*. 2 ed., Bogotá: Universidad Nacional de Colombia, Facultad de Derecho, Ciencias Políticas y Sociales, 2010, p. 269-301.

e produtivas de um desenvolvimento alternativo, o discurso neoliberal estabelece como dogma a desaparição da contradição entre ambiente e crescimento[53]. Proclama uma vez mais a fé no crescimento econômico guiado pelo livre mercado, que saberá internalizar as condições ecológicas e os valores ambientais e, por fim, conduzirá a todos até os objetivos do equilíbrio ecológico, por meio de um desenvolvimento sustentável[54]. Em outros termos, abraça-se uma vez mais a fé na salvação pelo crescimento econômico, agora etiquetado com um termo ambíguo – desenvolvimento – e ornado com o adjetivo sustentável[55].

A reação neoliberal faz recordar a estratégia política retratada no romance "O gatopardo", do escritor italiano Giuseppe Tomasi di Lampedusa: fazer concessões, reformas nas estruturas para conservar o todo, sem que nada mude realmente. Daí a famosa frase: "*Se vogliamo che tutto rimanga come è, bisogna che tutto cambi*" ("*Se queremos que tudo siga como está, é necessário que tudo mude*[56]"). Houve uma mudança radical no discurso: deve-

[53] LEFF, ob. cit., p. 23. "*Em esmagadora maioria, os economistas simplesmente ignoram a existência desse dilema. Usam todas as suas energias intelectuais para continuar a crer naquilo que foram treinados a acreditar. ... Tornam-se usuários de versões cada vez mais recauchutadas do raciocínio neoclássico, que sempre serão mais 'pé no chão' do que sua antítese ecológica.*"(VEIGA, p. 152).

[54] Exemplo sintomático é a hipótese de existência da Curva de Kuznets Ambiental, ao propor que o próprio crescimento econômico é a solução dos problemas ambientais, pois a melhoria do meio ambiente será consequência quase que inevitável do crescimento econômico, posição criticada por ANGULO GUERRERO, Antonia Jesús. "Relación entre crecimiento económico y medio ambiente. La U Ambiental de Kuznets." *Revista Desarrollo Local Sostenible. Grupo Eumed.net y Red Académica Iberoamericana Local Global*, vol. 3, n. 8.

[55] NAREDO, *Raíces económicas del deterioro ecológico y social...*, p. 26.

[56] TOMMASI DI LAMPEDUSA, Giuseppe. *El gatopardo*. Tradução de Fernando Gutiérrez. Barcelona: Argos Vergara, 1980, p. 20. Giuseppe di Lampedusa, representante da nobreza siciliana, escreveu o romance *Il Gattopardo*, que transcorre no sul da Itália em 1860, quando a revolução encabeçada por Garibaldi e pelo paradigma teórico de Mazzini parecia anunciar profundas mudanças na Itália. O príncipe siciliano Fabrizio Salina se preocupa com o fim da nobreza e para seu desgosto descobre que seu sobrinho Tancredi está entre os revolucionários. Ao recriminá-lo, Tancredi revela a estratégia: a família Salina remanescerá forte, porque se ganha a revolução, ele protegerá seu tio, e, se

se considerar o meio ambiente nas discussões, afirma a fórmula de que se apropriaram os neoliberais. Mas houve poucas mudanças na prática, em que predomina uma visão cosmeticista, e a fé em que ajustes relativamente superficiais resolverão[57]. A proteção ambiental somente conduziu a tênues modificações das práticas produtivas e a tímidas inflexões das políticas públicas[58]. Invariavelmente o fator econômico prepondera, e o mercado dita as regras.

Em síntese histórica, o surgimento do movimento ambientalista internacional questionou a escalada dos danos, e, no afã de solucionar ou pelo menos atenuar as contradições acima assinaladas, surgiu outra mais: o Estado, que incentiva o crescimento a qualquer custo, se encarregou de exercer o controle sobre este crescimento.

Buscou-se acomodar tais contradições sob o marco da formulação internacional deliberadamente vaga, imprecisa e não questionada quanto à sua validez do conceito de desenvolvi-

---

perde, seu tio o protegerá. Nesse momento Tancredi enuncia a fórmula genial: *"Si queremos que tudo siga como está, é necessário que tudo mude"*. Fabrizio e Tancredi atuam partir daí em segredo, e ao final da revolução a Itália se unifica, sob a dinastia piamontesa dos Saboya, para satisfação da nobreza, que comemorava secretamente. A fórmula é bastante conhecida e estudada em Ciências Políticas. Outras frases do libro dão o tom da estratégia: *"¿Y qué ocurriría entonces?¡Bah! Negociaciones punteadas con inocuos tiros de fusil, y luego todo seguirá lo mismo, pero todo estará cambiado."*(p. 23) *"También la batalla de Bitonto fue una especie de batalla de Bisacquino o de Corleone o de yo qué sé, en la cual los piamonteses la emprendieron a pescozones con los nuestros, una de estas batallas en las que se lucha hasta que todo queda como estuvo."* (p. 25)

57 CATTON, ob. cit., p. 283.

58 ALPHANDÉRY; BITOUN; DUPONT, ob. cit., p. 9. Também NAREDO, *Raíces económicas...*, p. XII: *"... hoy la mayoría de los programas políticos y las actividades económicas incorporan en sus discursos el vocabulario ecológico, contando para ello con la ayuda de las nuevas corrientes mencionadas. Se trata de tranquilizar a la población con políticas de imagen verde, en las que todo tiende a calificarse de 'ecológico' y 'sostenible', ocultando o banalizando las contradicciones y daños ocasionados sin necesidad de cambiar los criterios de gestión, ni los patrones de comportamiento que los originan. Se observa que el racionalismo parcelario del discurso económico dominante está contribuyendo a desviar la atención de los principales conflictos ecológicos (y sociales) del presente"* (destaques do original).

mento sustentável, marco este em que se realizam os embates entre preservacionistas e crescimentistas pela sua sua interpretação. É, em verdade, uma ideologia, que silencia a respeito do que se desenvolve. Há uma censura primordial oblíqua, que não questiona o próprio modo de produção, o que se desenvolve e se o que se desenvolve o faz sem destruir as condições naturais[59]. Uma montanha não poderá ser vista como paisagem, patrimônio cultural, mas como um conjunto de matérias-primas e condições que podem ser utilizadas economicamente. As políticas públicas ambientais serão vistas pelo setor produtivo como um custo que se deve pagar para a preservação das condições da própria produção[60].

A fórmula do desenvolvimento sustentável – tal como é hoje em dia praticada –foge da discussão sobre a contradição interna ao sistema de produção capitalista, caracterizado pela utilização incessante dos recursos naturais, utilização essa que culmina por degradar o meio ambiente e gerar o efeito não intencionado de elevar o custo das tarefas de fornecimento das condições naturais de produção[61]. E, assim sendo, os empresá-

---

[59] A expressão é de CARNEIRO Eder Jurandir. *Política ambiental e a ideologia do desenvolvimento sustentável.* Em: ZHOURI, ANDRÉA e outros (org.) *A insustentável leveza da política ambiental – desenvolvimento e conflitos socioambientais.* Belo Horizonte: Autêntica, 2005, p. 32.

[60] CARNEIRO, ob. cit., p. 30.

[61] CARNEIRO, ob. cit., p. 30-32. Para maior profundidade nesse tema, recomenda-se a leitura de O'CONNOR, James. *Causas naturales. Ensayos de marxismo ecológico.* México, D.F.: Siglo Veintiuno Editores, 2001. Nesta obra, observa o professor californiano, afirmando que a natureza é a um só tempo torneira (*grifo*) e bueiro, sumidouro (*sumidero*) para o capitalismo atual, em que a torneira é de propriedade privada, mas o sumidouro comum, partilhando os problemas gerados pela exploração: "*La naturaleza es un punto de partida para el capital, pero no suele ser un punto de regreso. La naturaleza es un grifo económico y también un sumidero, pero un grifo que puede secarse y un sumidero que puede taparse. La naturaleza, como grifo, ha sido más o menos capitalizada; la naturaleza como sumidero está más o menos no capitalizada. El grifo es casi siempre propiedad privada; el sumidero suele ser propiedad común.*" (p. 221). Em igual sentido, CARNEIRO, p. 28 e ss., amplamente utilizado nesse excerto, e HALSEY, Mark. "*Environmental crime: towards an eco-human approach*". *Current Issues Crim. Just.*, 1996-1997, p. 220. Para uma análise crítica da segunda contradição apontada por O'Connor, MARTÍNEZ ALIER; ROCA JUSMET, p. 31-32.

rios vão buscar recursos naturais em outros lugares, em que sejam mais baratos, o que geralmente ocorre nos países do Sul, gerando mais contaminação nesses lugares.

Prosseguindo em um balanço histórico, há que se reconhecer que o discurso do desenvolvimento sustentável alcançou o primeiro objetivo do movimento ambientalista: ele se divulgou e se vulgarizou em âmbito mundial, fazendo com a questão ambiental ascendesse ao primeiro plano da agenda política internacional. O documento final da Conferência das Nações Unidas sobre o Desenvolvimento Sustentável, realizada no Rio de Janeiro de 20 a 22 de junho de 2012, não deixa lugar a dúvidas. A fórmula está consagrada, e o capítulo IV do documento final fixa inclusive um marco institucional para o desenvolvimento sustentável[62]. Mas não pode haver lugar para ilusões quanto ao segundo objetivo do movimento ambientalista (*fazer que as preocupações ambientais penetrem e conformem as decisões sobre as políticas públicas em todos os níveis*), pois os resultados são assaz decepcionantes: a fórmula do desenvolvimento sustentável não promoveu a diminuição da degradação dos bens ambientais.

Sim houve muitos avanços desde a primeira Conferência mundial sobre o meio ambiente, com o enfrentamento da primeira geração de problemas ambientais, concernentes à regulação das causas óbvias dos danos - regulação mínima dos processos industriais.

Contudo essa é somente uma parte dos problemas. O fenômeno mundial da urbanização intensiva e o crescimento da indústria global gerou outro tipo de dificuldades. O relativo êxito das nações mais desenvolvidas na regulação ambiental tem promovido danos em outras regiões, pois as empresas multinacionais, em uma corrida até os mínimos, se dirigem aos países mais pobres buscando a exploração de recursos naturais, mão de obra mais barata, custos operativos mais baixos, e,

62 Disponível em *http://www.uncsd2012.org/content/documents/778futurewewant_spanish.pdf* (acesso em 15/12/2012).

porque não dizê-lo, leis ambientais menos severas[63], ou – caso do Brasil – aplicadas com menos rigor, de baixa eficácia, como é triste exemplo a recente discussão sobre o Código Florestal, em que este, quando alcançava um mínimo de eficácia, se viu questionado e profundamente modificado, para diminuir as exigências. Resultado: as atividades de intenso impacto ambiental passaram a concentrar-se nos países pobres do Sul[64].

Muita discussão, conferências mundiais, normativas nacionais, pesquisas[65]. De fato houve avanços na questão ambiental. As ideias já não são as mesmas de antes de Estocolmo. Sem embargo, a fórmula do desenvolvimento sustentável segue permitindo o crescimento econômico desenfreado e reafirma a fé no livre mercado, que proporcionará as soluções. Os paradigmas teóricos e econômicos seguem sendo os de sempre[66]. Até os defensores da ideia do desenvolvimento sustentável reconhecem sua dificuldade de implementação frente à lógica do mercado[67].

---

63 CRAWFORD, ob. cit., p. 68-69, 60 e 64.

64 CRAWFORD, p. 55-69. Tudo isso conduziu à reação do movimento de justiça ambiental, que teve seu princípio na década de 80 do século passado nos Estados Unidos. Algumas investigações observaram uma relação entre o lugar em que se manifestava a poluição e a composição social dessas áreas, em que predominavam minorias raciais e étnicas, em uma sorte de "racismo ambiental", razão pela qual o princípio organizativo essencial do Direito deveria reger-se pelo esforço para garantir que as ações que afetam o ambiente se aplicam a todos por igual, o que se reflete no princípio 6 da Conferência da ONU de 1992, no Rio de Janeiro. Nesse conflito "Norte-Sul", a justiça ambiental também preconiza que para colocar em prática qualquer estrutura regulatória se devem proteger antes de tudo valores humanos e sociais fundamentais, como a igualdade de acesso ao ar limpo e à água (CRAWFORD, p. 55-57).

65 Observa, ironicamente, NAREDO (*Raíces económicas...*, p. 36): "*Mientras llueven cada vez más toneladas de literatura económica ambiental, el deterioro ecológico se extiende por el mundo al ritmo que marca el pulso de la coyuntura económica.*"

66 Realça Naredo (*Raíces...*, p. 36) que cada vez "*el pensamiento económico ayuda más a convivir con el continuo deterioro ecológico y la polarización social que ocasiona la sociedad industrial que a controlarlo, paliarlo o evitarlo.*"

67 "*A História nos pregou uma peça cruel. O desenvolvimento sustentável é, evidentemente, incompatível com o jogo sem restrições do mercado. Os mercados são por demais míopes para transcender os curtos prazos (Deepak Nayar) e cegos para quaisquer considerações que não sejam lucros e a eficiência smithiana de alocação de recursos.*"(SACHS, *Caminhos*

A impressão que se tem é que o discurso ambiental crítico de alguma forma caiu na armadilha do poder do discurso do crescimento sustentável[68]. Ainda que o ecodesenvolvimento e o desenvolvimento sustentável tenham discursos semelhantes, as estratégias de poder da ordem econômica dominante submeteram o discurso ambiental aos ditames da globalização econômica. E por mais que a noção de sustentabilidade integre o discurso oficial e a linguagem comum, não foi capaz de unificar na teoria e na prática os caminhos de transação até a sustentabilidade[69]. A mesma ambiguidade que constituiu um dos segredos para o sucesso da fórmula do desenvolvimento sustentável, é a que lhe está minando, pois a falta de resultados inerente à ambiguidade que exige o uso meramente retórico da expressão *"se está prolongando demasiado, hasta el punto de minar el éxito político que acompañó a su aplicación inicial*[70]*."*

É um discurso castelo de areia: promete alcançar seu propósito sem fundamentar a capacidade do mercado para dar o justo valor à natureza. O que de fato ocorre é que a racionalidade econômica resiste à mudança, e com o discurso da susten-

..., p. 55-6). O tímido reconhecimento das dificuldades de implementação, mas insistindo ainda na fórmula do desenvolvimento sustentável, consta do § 19 do documento final da Conferência Rio +20.

68 LEFF, ob. cit., p. 20. Em igual sentido, RAMÓN MENDOZA, ob. cit., p. 12-13: *"Es más, esa constante y generalizada referencia a la sostenibilidad por parte de empresas, organizaciones políticas de derechas y de izquierdas, de sindicatos y organizaciones empresariales e, incluso de organizaciones ecologistas, está sirviendo para ocultar las contradicciones que el 'desarrollo' basado en el crecimiento sin límites supone para el entorno natural y el medio ambiente. En esas esferas no se cuestiona un modelo de producción que implica una tendencias de desarrollo que solamente pueden tener continuidad a costa de generar unos daños ambientales que pagan principalmente las poblaciones más desfavorecidas, tanto del centro como de la periferia del sistema; que conducen al desastre ecológico y que por lo tanto, son inaceptables para la humanidad y el planeta"* (destaques do original).

69 Identificando casos que exemplificam uma insustentabilidade a médio prazo, COSTA, Mario Gustavo. "Efemérides imbricadas." *Revista de Derecho Ambiental*, Abeledo-Perrot, Buenos Aires, n. 23, 2010, p. 175-183.

70 NAREDO, José Manuel. "Sobre el origen, el uso y el contenido del término sostenible." *Boletín informativo – Red Solidaria de Revistas. Correspondencia de Prensa.* Ano IV, 12 de novembro de 2006.

tabilidade induz a uma estratégia de simulação e perversão do pensamento ambiental, desativando na prática as políticas de desenvolvimento sustentável, diluindo e pervertendo o conceito de ambiente[71].

O próprio sistema reage e reafirma seus princípios, se estabiliza e absorve as críticas sem maiores alterações. Proclama que a política neoliberal há de conduzir a todos até os objetivos do equilíbrio ecológico, pelo caminho habitual: o livre mercado. Não obstante, tal discurso não fundamenta a capacidade do mercado para conferir um justo valor à natureza, para internalizar as externalidades ambientais, para proteger as gerações futuras. As soluções, como provam os fatos desde a aplicação desse modelo, não virão da fórmula neoliberal do desenvolvimento sustentável.

A fórmula de acomodação culmina com um efeito perverso: a negação das causas da crise ambiental, e reafirma o paradigma cartesiano dos recursos ilimitados, do progresso incessante e das soluções tecnológicas. O velho paradigma segue firme e presente, os antigos hábitos persistem, as pessoas ainda negam que se ultrapassou a capacidade da Terra de manter de maneira indefinida os atuais níveis de exploração e consumo, e, na aplicação do quarto postulado cartesiano, segue à espera de novos descobrimentos tecnológicos, supostos remédios para os problemas de capacidade de carga[72]. Sem embargo, as soluções são artificiais ou improváveis para a grave situação ambiental.

71 LEFF, p. 19-24. E conclui: *"La ideología del desarrollo sostenible desencadena así un delirio y una inercia incontrolable de crecimiento (Daly, 1991). El discurso de la sostenibilidad monta un simulacro que, al negar los límites del crecimiento, acelera la carrera desenfrenada del proceso económico hacia la muerte entrópica"* (p. 24)

72 CATTON, p. 208. O autor fornece o exemplo histórico do presidente Reagan que em 1980 recebeu o documento *Relatório global 2000 para o presidente*, que afirmava a superação da capacidade de carga com os níveis de exploração e consumo de então. Reação do governo? Etiquetar o documento de pessimista e triste, e diminuir o orçamento dos organismos que o prepararam (CATTON, p. 261).

O discurso do desenvolvimento sustentável dissolve a contradição, a oposição e a alteridade[73]. As discussões sobre o desenvolvimento sustentável se reduzem a debates entre interlocutores determinados (cientistas, jornalistas, acadêmicos, ambientalistas, burocratas), em que as ONGs são etiquetadas como companheiras responsáveis no processo de formulação de políticas ambientais[74], com o monopólio de especialistas, em que o desenvolvimento sustentável se afirma como *doxa*, indiscutível, que exige um alto grau de abstração na discussão, em que se conciliam em um plano ideológico as contradições capitalistas e a sustentabilidade[75].

Situações dessa natureza são constatadas cotidianamente na prática ambiental, seja no nascimento da norma, seja na sua aplicação pelos órgãos administrativos, e contribuirão em muito para a ineficácia do Direito na proteção do meio ambiente[76].

---

73 LEFF, ob. cit., p. 24-5. "... *A las limitaciones que la escasez de recursos y el exceso de residuos ponían a la viabilidad del crecimiento ilimitado, se respondió reforzando la meta del desarrollo con el calificativo de sostenible. Es decir, se respondió por el camino ya indicado de buscar términos cuyo carácter sintético facilite el consenso y soslaye o dé por superados los conflictos originarios. Se consiguió así un discurso único, blindado contra cualquier otro que trate de poner en cuestión su significado. A la vez que, como decíamos, por su capacidad para asimilar términos distintos a los suyos, ofrece una imagen de tolerancia que oculta el verdadero carácter represivo y autoritario que se deriva de su unidad. La nueva meta del desarrollo sostenible vino así a camuflar el antiguo conflicto entre desarrollistas y conservacionistas, logrando el consenso formal entre ambos sin necesidad de cuestionar la mitología originaria del desarrollo.*" (NAREDO, Raíces económicas..., p. 196, destaques do original).

74 "... *Esse processo corresponde a mudanças nas estratégias das ONGs dominantes em nível internacional, tais como o Greenpeace, o WWF e o Amigos da Terra, que substituíram as estratégias de confrontação dos anos de 1980 (por exemplo, campanhas de boicote à madeira tropical) por estratégias de conciliação com o setor privado e instituições governamentais em níveis nacionais e internacionais.*" LASCHEFSKI, Klemens. *O comércio de carbono, as plantações de eucapipto e a sustentabilidade das políticas públicas – uma análise geográfica*. Em: ZHOURI, ANDRÉA e outros (org.). *A insustentável leveza da política ambiental...*, p. 274.

75 CARNEIRO, ob. cit., p. 41-4.

76 Para evitar a crítica usual de que o ecologista é aquele que menos soluções tem para os problemas que ele mesmo discute (ALPHANDÉRY e outros, p. 133) é mister lembrar que caminhos possíveis de mudança existem, o que não se vê é sua implementação: "... *un paso necesario hacia un capitalismo sustentable*

1.5 O DIREITO PENAL AMBIENTAL E O PARADOXO DO DESENVOLVIMENTO SUSTENTÁVEL

Para aquele que já se está questionando sobre a razão de aprofundar-se tanto sobre esse tema em um livro jurídico (será mais um sintoma do automatismo na aplicação da lei?), é necessário recordar que toda a explanação anterior se justifica, pois no Direito Penal Ambiental também se verificarão muitas das contradições antes apontadas, o que esclarecerá em parte sua modesta eficácia.

Da mesma maneira que a racionalidade econômica não assimila facilmente os princípios de uma racionalidade ambiental, a racionalidade jurídica tem dificuldade em assimilar a proteção do meio ambiente. O discurso oficial do desenvolvimento sustentável, absorvido pela visão neoliberal, penetra

---

– definido en algún sentido de 'ecológicamente racional o sano' -, serían presupuestos nacionales que aplicaran altos impuestos a los insumos de materia prima (por ejemplo carbón, petróleo, nitrógeno) y a ciertos productos (por ejemplo gasolina, sustancias químicas básicas), y que al mismo tiempo cobraran impuestos al valor agregado a una gran variedad de bienes de consumo poco amistosos con el ambiente (autos, productos de plástico, latas desechables), junto con una política rigurosa de etiquetado verde que exentara a los productos legítimamente verdes, definiendo 'verde' en términos de los impactos ecológicos en cada una de las etapas de producción, distribución y consumo. Otro paso serían políticas de gasto nacional que dieran un importante subsidio a la energía solar y a otras fuentes de energía alternativa benignas; a la investigación tecnológica que llevase a eliminar sustancias químicas tóxicas desde su origen; innovaciones del tránsito, de las condiciones de salud y seguridad en el trabajo y de los procedimientos nacionales, regionales y comunitarios para ponerlas en vigor, así como una redefinición y reorientación, en general, de las prioridades científicas y tecnológicas. En ningún lado se está desarrollando esta clase de presupuesto verde – con los cambios adecuados en los métodos de contabilizar el ingreso nacional - , excepto en el papel, por parte de un grupito de economistas y activistas verdes." (O'CONNOR, p. 279-280). Conclui o mesmo autor: "*Una respuesta sistemática a la pregunta:'¿Es posible un capitalismo ecológicamente sustentable?' es: 'no, a menos que el capital cambie de rostro de tal forma que se volvería irreconocible para los banqueros, los administradores financieros, los capitalistas especuladores y los directores de las empresas que se observaran hoy al espejo.'*" (ob. cit., p. 282). Também MESA CUADROS, p. 404, enuncia os princípios de uma sociedade sustentável, muito distintos das práticas atuais, baseado nos ensinamentos de Riechmann e Daly.

em várias áreas, entre elas a legislativa, e mascara os interesses diversos, com o foco no crescimento econômico[77]. O Direito remanescerá mais como um defensor da acumulação de capital que como um guardião do ambiente, e reforçará as contradições internas do sistema[78].

Com o Direito Penal não é distinto.

Aquela que comumente é a primeira grande polêmica do Direito Penal Ambiental – se o Direito Penal deve ou não proteger o ambiente – reflete, especialmente no plano legislativo, a discussão se existe contradição entre o crescimento econômico e a proteção do meio ambiente, o que se manifestou de forma particularmente evidente durante os debates parlamentares de Lei de Crimes Ambientais brasileira, conforme se verificará adiante. A proteção oferecida pela lei foi, finalmente, muito menor do que pretendiam alguns parlamentares, ainda que reconhecendo que faziam concessões em nome de um desenvolvimento sustentável, assim como outros, que não queriam as restrições da lei, também as aceitaram sob o mesmo discurso, de um desenvolvimento sustentável, recorrendo os dois polos à fórmula de acomodação.

Em menor proporção, também no âmbito doutrinário se reproduz o conflito. As posições que negam a extensão da proteção penal ao ambiente por não configurar uma ferramenta adequada, por ser mais um caso de Direito Penal simbólico, muitas vezes encobrem ou manifestam veladamente a prevalência de uma racionalidade econômica, que implica a com-

---

77 LEFF, ob. cit., p. 135 e 28.

78 Como observa HALSEY, ob. cit., p. 220: "*... the law remains, in such instances, the 'defender' of capital accumulation rather than the 'guardian' of ecological sustainability. This is not to argue that capitalism is the sole source of environmental degradation – indeed studies such as that undertaken by Elsom (1992) clearly illustrate the extent of environmental decay which has occurred under certain brands of 'communism'. Rather, it is to acknowledge the way in which the inner logic of capitalism (that is, those basic features which distinguish this kind of production from all others) inexorably leads to the unsustainable domination and exploitation of human beings and nonhuman nature*".

preensão de não sancionar penalmente condutas que possam representar crescimento econômico.

Esse conflito, que se manifesta já nas origens da norma, vai desembocar muitas vezes na opção legislativa de ou diretamente permitir algumas atividades que, apesar de excessivamente poluidoras ou perigosas, contribuem ao crescimento econômico, ou proibi-las com o auxílio de normas penais em branco (excetuando diversas situações), calcanhar de Aquiles do Direito Penal.

O debate em torno do conceito de desenvolvimento sustentável também se espraia sobre a discussão a respeito do bem jurídico protegido pelo Direito Penal Ambiental, e a consequente divisão entre correntes antropocêntricas e ecocêntricas. Os antropocêntricos estão mais próximos da aceitação do conceito de desenvolvimento sustentável e de um visão economicista, os ecocêntricos estão mais próximos de uma ecologia profunda, conservacionista.

Também na análise dos tipos penais ambientais se observará que não poucas vezes apresentam uma redação ambígua, porque em verdade estava presente tal conflito. O tipo queria proibir determinada conduta em uma atividade geralmente permitida; quis proibir a contaminação, mas somente em níveis excessivos; quis proibir desmatamentos, mas apenas em áreas específicas.

Mais especificamente, o conflito se reproduzirá nas normas penais em branco. E se manifestará deletereamente. Quando mal manejadas, as normas penais ambientais em branco podem conduzir a situações de um Direito Penal simbólico. Tal costuma ocorrer quando as normas administrativas que complementam a norma penal admitem níveis de contaminação tão altos que na prática sanção alguma é aplicável, em uma sorte de conivência entre industrialização e Direito e industrialização e Ciência[79]. São as situações de mau desenvolvimento que

[79] BECK, Ulrich. *La sociedad del riesgo mundial. En busca de la seguridad perdida.* Barcelona: Paidós, 2007, p. 54.

categorizou Sachs. Nestas situações a norma penal se vê desvirtuada e termina constituindo-se em um estímulo à poluição, gerando o paradoxo de que quanto mais se envenena menos se envenena[80], pois, ainda que se siga poluindo ("envenenando") cada vez mais, o sistema legal admite níveis cada vez mais altos, pelo que, formalmente, não se polui, ou não se "envenena", em perversão do conceito de desenvolvimento sustentável[81].

Na prática forense tal conflito também se manifesta. Um magistrado que mais valorize o crescimento econômico terminará aceitando algumas condutas que um magistrado conservacionista não aceitaria, em interpretações distintas de uma mesma lei, em concepções distintas de um desenvolvimento sustentável.

Todos estes são exemplos da projeção do conflito na definição do desenvolvimento sustentável sobre o Direito Penal[82]. Sabedores de tais fatos, poderemos ter uma visão do Direito Penal Ambiental mais crítica e ajustada à realidade.

É chegada a hora de fornecer um exemplo histórico que ilustra claramente todo o exposto até o momento. A discussão sobre o antagonismo crescimento econômico vs. meio ambiente, sua acomodação sob a bandeira do desenvolvimento sustentável, de forma omissa e contraditória, tudo isso se cristalizou

---

80 BECK, ob. cit., p. 54.

81 BECK, p. 54.

82 Por isso não é de se estranhar que *"desde los sectores más críticos o menos ingenuos de nuestra ciencia se denuncie la contradicción que hay entre el modelo de desarrollo capitalista, que en nuestro tiempo se lanza al neoliberalismo más crudo con la destrucción sistemática del Estado social, y que asume ese peligro como precio necesario (y su plasmación en acciones hace que éstas se estimen adecuadas) de una determinada concepción del progreso, y la hipócrita promesa de los legisladores de robustecer la tutela de los bienes jurídicos que antes perecen, como, son, y es solo un ejemplo, la protección del medio ambiente o de los recursos naturales."* (QUINTERO OLIVARES, Gonzalo. *Sociedad del riesgo, derecho penal del riesgo, regulación del riesgo. Perspectivas más allá del derecho penal.* Em: *Crítica y justificación del derecho penal en el cambio de siglo: el análisis crítico de la escuela de Frankfurt/* coordenadores: Luis Arroyo Zapatero, Ulfrid Neumann, Adán Nieto Martín. Cuenca: Universidad de Castilla-la Mancha, 2003, p. 244).

nos debates legislativos que originaram a Lei 9.605 de 1998, Lei de Crimes Ambientais, razão pela qual é fundamental examiná-la, permitindo-se, antes, uma breve incursão sobre o sistema legislativo ambiental brasileiro.

1.6 BREVE HISTÓRICO DO SURGIMENTO DO DIREITO AMBIENTAL BRASILEIRO

Na experiência brasileira se vislumbram, ainda que não de forma apartada e perfeitamente delimitada, quatro fases históricas quanto à legislação relativa ao ambiente[83], considerado o valor que inspira o tratamento legislativo.

O primeiro regime é o econômico, e abrange desde o descobrimento, em 1500, até a primeira metade do século XX. O bem meio ambiente não era valorado em si mesmo, gozava de proteção mediata, em função do proveito econômico que os recursos naturais propiciavam. O segundo regime é o sanitário e esteve presente durante a primera metade e parte da segunda metade do século XX. Continua a concepção antropocêntrica e mediata de proteção dos bens ambientais, mas em virtude de razões sanitárias. Buscava-se proteger a saúde humana, que não estaria garantida em um ambiente degradado.

O terceiro regime é fragmentário e setorial, e cuida de recursos naturais específicos, em alguns casos com visão avançada, anunciando o futuro Direito Ambiental, como o Código Florestal.

---

83 Para aprofundar-se, WAINER, Ann Helen. *Legislação ambiental brasileira: subsídios para a história do direito ambiental.* 2. ed., Rio de Janeiro: Forense, 1999. Reproduz-se aqui parcialmente o ensinamento de BENJAMIN, Antônio Herman. *Introdução ao Direito Ambiental Brasileiro.* Em: *Manual prático da Promotoria de Justiça de Meio Ambiente.* São Paulo: Imprensa Oficial do Estado de São Paulo, 2005, p. 6-9 e RODRIGUES, Marcelo Abelha. *Instituições de Direito Ambiental, vol. 1, Parte Geral.* São Paulo: Max Limonad, 2002, p. 74-79. Parcialmente porque se entende necessário agregar mais uma fase, que é a fragmentária dos recursos naturais, que não se confunde com a fase sanitária.

O quarto regime é de Direito Ambiental propriamente dito, em que se considera o paradigma ambiental e se protege o ambiente por si mesmo, e nasce com a Lei da Política Nacional do Meio Ambiente, Lei 6.938, de 1981.

De plano se observa que as duas primeiras fases são eminentemente antropocêntricas. Protege-se o ambiente não como um fim em si mesmo, e sim por seu valor, econômico ou sanitário, para o ser humano. A terceira fase já apresenta novidades, e se mescla historicamente com o período sanitário. Não obstante, se distingue por preocupar-se com outros valores que não são necessariamente os sanitários, através de normas que se orientam para a proteção dos recursos naturais, mas que ainda não conferem tratamento uniforme ao meio ambiente. Protegem os recursos muitas vezes de forma admirável, como no caso do Código Florestal de 1965.

É necessário examinar o quarto regime. Quatro grandes normas se destacam: a Lei 6.938, da Política Nacional do Meio Ambiente; a Lei 7.347, de 1985, Lei de Ação Civil Pública: a Constituição Federal de 1988, e, por fim, a Lei 9.605 de 1998, Lei de Crimes Ambientais.

1) A Lei 6.938, Lei da Política Nacional do Meio Ambiente. Foi a primeira lei que conferiu tratamento holístico ao meio ambiente, considerando-o de maneira integral e autónoma[84]. Importantes conceitos se plasmaram a partir desta, a saber: meio ambiente (artigo 3º, I); poluição (artigo 3º, III); poluidor (artigo 3º, IV) e recursos ambientais (artigo 3º, V), entre outros. Fixaram-se os princípios (artigo 2º) e os objetivos (artigo 4º) da política ambiental. Criou-se um Sistema Nacional do Meio Ambiente (SISNAMA), abrangendo as agências administrativas federais, estaduais e municipais. Estabeleceu a responsabilidade objetiva para sanções civis por dano ambiental, e previu (artigo 14, § 1º) expressamente a legitimação do Ministério Público

[84] BENJAMIN, *Introdução ao Direito Ambiental Brasileiro...*, p. 8.

para propor ação civil e penal por danos causados ao meio ambiente, o que conduz ao segundo grande marco, que é a

2) Lei 7.347, de 1985, Lei de Ação Civil Pública. Existia a necessidade de instrumentar o Ministério Público com a ferramenta processual adequada para fazer valer o mandamento do artigo 14, § 1º da Lei 6.938, de Política Nacional do Meio Ambiente. Esta adquiriria instrumental adequado com a Lei 7.347/85, "Lei de Ação Civil Pública" (inicialmente concebida específica e somente para o meio ambiente), normatizando a tutela processual dos interesses difusos, e estendendo a legitimação para sua defesa a outros entes (artigos 1°, I, e 5° da Lei 7.347/85) e não somente ao Ministério Público. Os legitimados revisitaram o Direito material, vivificado sob a luz das novas normas processuais[85].

3) A Constituição Federal de 1988. O artigo 225, *caput*, da Carta estabelece: "*Todos têm direito ao meio ambiente ecologicamente equilibrado, bem de uso comum do povo e essencial à sadia qualidade de vida, impondo-se ao Poder Público e à coletividade o dever de defendê-lo e preservá-lo para as presentes e futuras gerações.*"

Ainda que se possa discutir se o direito ao meio ambiente equilibrado é direito fundamental no Brasil, já que não se encontra topograficamente situado no Título II de sua Lei Fundamental, denominado "*Dos direitos e garantias fundamentais*", seja pela redação ("Todos têm *direito* ..."), seja porque o rol do artigo 5º, em virtude de seu inciso XXII, não é exaustivo, seja porque é uma extensão do direito à vida, tanto a doutrina[86] quanto a ju-

---

85 Destaque-se que o Ministério Público brasileiro assume papel de destaque, propondo mais de 90% das ações de interesses difusos, e pela ampla utilização do compromisso de ajustamento de conduta, ferramenta para a solução extrajudicial de conflitos de interesses difusos. A especialização ministerial alcança níveis como a existência de Promotorias por Bacia Hidrográfica (SANTIAGO, Alex Fernandes. O Ministério Público do Estado de Minas Gerais e a atuação por bacia hidrográfica. Em: LOUBET, Luciano Furtado; STEIGLEDER, Annelise Monteiro, coord.. O Direito Ambiental na América Latina e a atuação do Ministério Público - América do Sul. Porto Alegre: Suliani, 2009, tomo I, p. 185-200).

86 Conforme BEMJAMIN, Antonio Herman de Vasconcellos e. *O meio ambiente na Constituição Federal de 1988*. BDJur, Brasília, DF. Disponível em: <http://bdjur.stj.

risprudência brasileiras[87] não hesitam em assim catalogá-lo. Tal caracterização implica profundos reflexos no Direito Penal. Segundo a tendência da doutrina majoritária, não é exigível que para alcançar proteção penal um bem jurídico tenha relevância expressa na Constituição, sendo suficiente sua compatibilidade com a norma fundamental[88]. Tanto é assim que o legislador tem, por um lado, como consequência de sua prerrogativa de determinação de fins, ampla margem na criação de normas penais; por outro lado, devem ser considerados de forma suficiente os preceitos constitucionais[89]. Sem embargo, que dizer quando o bem jurídico é expressamente protegido pela Constituição como direito fundamental? Sem dúvida isto muda o eixo da discussão, pois, se se tem que o Direito Penal é um instrumento de proteção de bens jurídicos especialmente importantes, mais legitimação terá a proteção penal do ambiente quando seu valor fundamental para a vida em sociedade é expressamente reconhecido pela Constituição.

---

gov.br/dspace/handle/2011/8643>. Acesso em 10 de junho de 2010, p. 24; Ney de Barros BELLO FILHO, *Teoria do Direito e Ecologia: apontamentos para um direito ambiental no século XXI*, em Heline Sivini Ferreira e José Rubens Morato Leite, *Estado de Direito Ambiental: Tendências*, Rio de Janeiro: Forense Universitária, 2004, p. 103.

87 Disse o Supremo Tribunal Federal: "*Todos têm direito ao meio ambiente ecologicamente equilibrado. Trata-se de um típico direito de terceira geração (ou de novíssima dimensão), que assiste a todo o gênero humano (RTJ 158/205-206). Incumbe, ao Estado e à própria coletividade, a especial obrigação de defender e preservar, em benefício das presentes e futuras gerações, esse direito de titularidade coletiva e de caráter transindividual (RTJ 164/158-161). O adimplemento desse encargo, que é irrenunciável, representa a garantia de que não se instaurarão, no seio da coletividade, os graves conflitos intergeneracionais marcados pelo desrespeito ao dever de solidariedade, que a todos se impõe, na proteção desse bem essencial de uso comum das pessoas em geral.*" (ADI-MC 3540, DJ 03/02/2006)

88 BIANCHINI, Alice. *Direito penal: introdução e princípios fundamentais* / Alice BIANCHINI, Antonio GARCÍA-PABLOS DE MOLINA, Luiz Flávio GOMES. 2 ed. São Paulo: Ed. Revista dos Tribunais, 2009, p. 266.

89 BUNZEL, Michael. *La fuerza del principio constitucional de proporcionalidad como límite de la protección de bienes jurídicos en la sociedad de la información.* Em: HEFENDHEL, Roland (ed.). *La teoría del bien jurídico. ¿Fundamento de legitimación del Derecho penal o juego de abalorios dogmático?* Madri: Marcial Pons, 2007, p. 155.

Não bastasse, pela "proibição de defeito", por vezes o legislador está obrigado pela Constituição a proteger determinados interesses com determinados meios, tendo portanto "deveres de proteção[90]", o que pode implicar mandatos de criminalização, apoiados no dever estatal de proteger um bem jurídico.

Pois bem. A Constituição Federal brasileira estabeleceu um mandato de criminalização expresso para o legislador quanto ao meio ambiente, afastando qualquer dúvida sobre a necessidade de proteção jurídico penal[91]:

> *Art. 225, § 3º As condutas e atividades consideradas lesivas ao meio ambiente sujeitarão os infratores, pessoas físicas ou jurídicas, a sanções penais e administrativas, independentemente da obrigação de reparar os danos causados.*

Tal mandato seria cumprido dez anos depois, com a sanção da Lei 9.605.

4) A Lei 9.605 de 1998, Lei de Crimes Ambientais. Presentes a proteção constitucional, as normas administrativas e civis, o instrumental processual, se alcançou por último a proteção penal sistematizada na Lei 9.605 de 1998, que exigirá mais detida análise quanto à sua criação. Para o momento, por conveniência de exposição, se limitará a examinar a *occasio legis*. É mister indagar os motivos da produção legislativa penal. Neste contexto, é imprescindível inserir a edição da lei penal ambiental brasileira sob o paradoxo do desenvolvimento sustentável.

---

90 HASSEMER, Winfried. *¿Puede haber delitos que no afecten a un bien jurídico penal?* Em: HEFENDHEL, *La teoría...*, p. 101, esclarecendo a posição do Tribunal Constitucional alemão.

91 Sobre este tema, PRADO, Luiz Regis. *Direito penal do ambiente.* 2ª ed.. São Paulo: Editora Revista dos Tribunais, 2009, p. 74-76.

1.7 O EXEMPLO HISTÓRICO DA CRIAÇÃO DA LEI 9.605/1998, LEI DE CRIMES AMBIENTAIS E A FÓRMULA DO DESENVOLVIMENTO SUSTENTÁVEL

Já existiam no Brasil, antes da Lei 9.605, diversas normas que sancionavam penalmente condutas nocivas ao ambiente, mas que não conferiam um enfoque ordenado e coerente, o que somente ocorreria com a Lei de Crimes Ambientais de 1998. Constituíam aquelas uma miscelânea, onde se encontravam presentes considerações econômicas, sanitárias (sobretudo o Código Penal, cuja parte especial é de 1940) e algumas já se aproximavam da concepção do bem jurídico meio ambiente em sua consideração independente, como as relativas à proteção de cetáceos e espécies de fauna marinha em época de reprodução[92]. O tratamento sistematizado viria com a Lei 9.605, de 12 de fevereiro de 1998, grande marco do Direito Penal Ambiental brasileiro. Sem embargo, a denominação Lei de Crimes Ambientais implica duas contradições: 1) a lei não prevê somente sanções penais, mas também sanções administrativas; 2) nem todos os crimes ambientais nela estão compreendidos, pois, como assinalado *supra*, já existiam antes da Lei 9.605 diversas outras leis que previam tipos penais ambientais, e muitas destas seguiram vigentes mesmo depois da edição da Lei 9.605.

A primeira contradição é esclarecida pelo processo legislativo. O projeto original cuidava apenas de sanções administrativas relativas a infrações a fauna e a flora. Continha não mais que nove artigos. A origem das sanções penais é outra[93]. O

---

92 Para uma lista destas normas pré Lei de Crimes Ambientais, a compilação de SIRVINSKAS, Luís Paulo. *Tutela penal do meio ambiente.* 4 ed., São Paulo: Saraiva, 2011, p. 54-55.

93 Em 1984 se tentou a uniformização do Direito Penal Ambiental no Brasil, no seio da Comissão do Ministério de Justiça para a reforma da Parte Especial do Código Penal. Designou-se o professor Miguel Reale Jr. como relator dos delitos ambientais, o que se traduziu no Título XIII, dividido em dois capítulos, o primeiro sobre a degradação ambiental e o segundo sobre o favorecimento de

panorama mudaria quando o hoje Ministro do Superior Tribunal de Justiça Antonio Herman V. Benjamin propôs ao Ministro de Justiça Nelson de Azevedo Jobim a designação de uma comissão para elaboração de uma lei de crimes ambientais, o que efetivamente ocorreu em 1997[94]. Da proposta da Comissão surgiu o substitutivo no Senado Federal, em debate que originou 90 artigos, que voltaram à Câmara de Deputados. O projeto original, que contemplava tão-somente sanções administrativas, se ampliou para a proteção penal do ambiente.

A segunda contradição surge também por razões históricas. A ideia original era consolidar toda a legislação penal relativa ao ambiente, o que não se conseguiu, apesar do que determinava o artigo primeiro da Lei 9.605:

> *Art. 1º As condutas e atividades lesivas ao meio ambiente são punidas com sanções administrativas, civis e penais, na forma estabelecida nesta Lei. Parágrafo Único. As sanções administrativas, civis e penais poderão cumular-se, sendo independentes entre si.*

Tal contradição acarretou o veto do referido artigo, cuja subsistência implicaria a revogação de dispositivos penais ambientais de outras leis que cuidavam de temas não abordados pela Lei 9.605, como mencionado na mensagem de veto n. 181

---

delitos ambientais. Depois dos debates se originou o texto em que o título "Dos Crimes contra o Meio Ambiente" constava dos artigos 401 a 416 (REALE JR, Miguel. "Meio ambiente e direito penal brasileiro." Revista de Ciências Penais, vol. 2, ano 2, n. 2, jan.-jun. 2005, p. 68-69). O projeto não vingou. Também em 1993 o Governo do Estado de São Paulo determinou a criação de uma comissão para a elaboração de um anteprojeto de Código Ambiental Brasileiro. Ainda que não tenha sido seguido pelo governo federal, parte das ideias ali contidas em seu capítulo de delitos ambientais foi aproveitada posteriormente na Lei 9.605/1998 (ARAÚJO, Suely Mara Vaz Guimarães de. Registros sobre as propostas de consolidação da legislação ambiental brasileira. Disponível em *http://www.almg.gov.br/publicacoes/consolidacaoleis/suely.pdf*, consulta em 26 de fevereiro de 2010).

94 Como relata o próprio BENJAMIN, *Introdução ao Direito Ambiental Brasileiro...*, p. 80. Integravam a Comissão de Juristas designada pelos Ministérios da Justiça e do Meio Ambiente seu próprio ideólogo, que foi seu relator geral, Paulo José da Costa Jr., Vladimir Passos de Freitas e Gilberto Passos de Freitas, presidente da comissão.

de 13 de fevereiro do então Presidente da República, Fernando Henrique Cardoso, que esclarece a primeira contradição, quando recorda que o propósito inicial do projeto era apenas contemplar sanções administrativas, e enfrenta a segunda contradição: o projeto não abrangeu todas as sanções penais, ainda que esta tenha sido sua aspiração[95].

Atualmente, outro projeto para um novo Código Penal está em trâmite, o "*Projeto de Lei no Senado n. 236, de 2012*" abrangendo os crimes ambientais, resultado de proposta da comissão de juristas presidida pelo Ministro do Superior Tribunal de Justiça Gilson Dipp. O capítulo de crimes ambientais, redigido pelo jurista José Muiños Piñeiros Filho, contempla delitos contra a fauna, a flora, delitos de poluição, delitos contra o ordenamento urbano e o patrimônio cultural, e, por fim, crimes contra a administração ambiental, distribuídos entre os artigos 388 a 426 do referido projeto.

Tudo o que foi objeto de investigação até o momento se cristaliza na leitura da discussão legislativa ocorrida no seio da votação do projeto que originou a Lei 9.605 de 1998, que também reproduz o conflito entre crescimento econômico e conservação, encontrando como saída o emprego da fórmula de acomodação do desenvolvimento sustentável. Destaquem-se alguns aspectos.

1.7.1 Os resquícios de uma visão sanitarista de proteção ao meio ambiente

Primeiramente, vale a pena destacar, como curiosidade histórica, que a manifestação do Deputado José Pinotti (PSB -SP) evoca a lógica do regime sanitário, com uma concepção antropocêntrica e mediata de proteção dos bens ambientais, em que se procura proteger a saúde humana, que não pode ser

[95] Mensagem de veto disponível em http://www2.camara.gov.br/legin/fed/lei/1998/lei-9605-12-fevereiro-1998-365397-veto-19463-pl.html, consulta em 26 de agosto de 2011.

atendida em um ambiente degradado, mas ainda sem atingir a valoração intrínseca do bem ambiental. O Deputado, médico e integrante da Organização Mundial da Saúde, afirma que a proteção do ambiente é "*para proteger, acima de tudo, o homem*", que deve ser o "*objetivo principal*" das ações da Casa Legislativa, e que a saúde humana dependeria uns 30 % (de onde vêm estas estatísticas?) do ambiente, daí a necessidade de sua proteção. Indispensável a transcrição. Primeiro, pela evidente concepção sanitarista:

> *"Na qualidade de assessor da Organização Mundial de Saúde, função não remunerada, tive oportunidade de participar de vários debates, de várias conferências que acabaram por demonstrar que o número de anos perdidos por uma população – essa é uma das formas mais adequadas e mais modernas de se avaliar a saúde, que não a simples constatação dos índices de mortalidade – depende em 40 % dos hábitos de vida, em 30 % do meio ambiente e em apenas 20 % ou 30% do sistema de saúde[96]."*

Em continuação, a visão fundamentalmente antropocêntrica, inclusive debochando da consideração intrínseca do ambiente: "*Sendo assim, companheiros, essa é uma questão fundamental, não só para proteger o verde, o macaquinho da Amazônia ou o periquito não sei de onde, mas também para proteger, acima de tudo, o homem[97].*"

1.7.2 A reprodução do conflito crescimento econômico vs. preservação ambiental e a inevitável pergunta: existe contradição entre eles?

Como frisado anteriormente, aquela que comumente é a primeira grande polêmica do Direito Penal Ambiental – se o Direito Penal deve ou não proteger o ambiente – reproduz, marcadamente no plano legislativo, a discussão se existe con-

---

96 *Diário da Câmara dos Deputados*, 29 de janeiro de 1998, p. 2299.

97 Id., ibid..

tradição entre crescimento econômico e proteção ambiental. E no Brasil não foi distinto. A pergunta que constituiu o eixo central das discussões na Conferência celebrada em Estocolmo também se manifesta como ponto de tensão na discussão legislativa: existe contradição entre crescimento econômico e proteção do meio ambiente?

O conflito surge evidente do relatório da Comissão de Agricultura e Política Rural, sendo seu relator o Deputado Valdir Colatto (PMDB-SC), quando destaca que diversos aspectos do projeto "*são prejudiciais à atividade econômica, e em especial à agricultura brasileira*", e que as leis ambientais "*impõem custos que prejudicam a competitividade dos agentes econômicos*[98]". O Deputado traz à lembrança as reclamações da oligarquia rural brasileira, representada pela bancada parlamentar denominada "ruralista", quando afirma que a atividade agropecuária sofre com diversas exigências das leis ambientais que não considerariam as peculiaridades do setor, com exigências impossíveis de cumprir, conforme enfatiza o Deputado Hugo Biehl (PPB-SC)[99].

O conflito é retratado em áreas de interesse internacional, como a Amazônia. Deputado da região, Gerson Peres (PPB-PA) defende a utilização dos recursos ambientais e recorda de maneira enfática a importância da exploração da madeira:

> *"Enfim, chega de sonhos! A Amazônia tem o maior parque industrial madeireiro do País, sustenta milhares e milhares de famílias brasileiras. Não será, portanto, por sentimentalismo bobo ou xenófobo que aceitaremos a emenda oriunda do Senado*[100]*."*

Em oposição, e evidenciando o conflito, o Deputado Gilney Viana (PT-MT), recorda o desmatamento da Amazônia (29.000 quilômetros quadrados em 1995), e a luta pela preser-

---

[98] *Diário da Câmara dos Deputados*, 29 de janeiro de 1998, p. 2286.

[99] *Diário ...*, p. 2286 e 2297. Muitas das modificações propostas às normas ambientais no Brasil partem do setor rural, com o nítido propósito de diminuição das exigências.

[100] *Diário ...*, p. 2316-2317.

vação da biodiversidade da maior floresta tropical do mundo. Defende a necessidade de incriminar o desmatamento sem licença em áreas de preservação permanente e de reserva florestal legal[101] (como constava na proposta original do Senado, enquanto a proposta do projeto da Câmara de Deputados cuidava tão somente da incriminação por desmatamento em áreas de preservação permanente). Termina afirmando que não se podem inviabilizar as políticas de proteção da Amazônia, como destacara anteriormente o Deputado Jaques Wagner (PT-BA), com a defesa da incriminação do desmatamento sem licença, e lamenta porque o governo não pôde sustentar frente a seus deputados na Câmara dito dispositivo, como o fizera por unanimidade no Senado. O Deputado Fernando Gabeira também realça o deflorestamento da Amazônia e a notícia que repercutira naquela semana do desmatamento recorde[102].

1.7.3 A superação do conflito e resposta à pergunta com a fórmula de acomodação do desenvolvimento sustentável

Como enfatizado, o impasse gerado pela indagação se existia contradição entre crescimento econômico e meio ambiente foi resolvido historicamente com a formulação deliberadamente vaga e inerentemente contraditória do princípio do desenvolvimento sustentável, que responde expressamente: não, desenvolvimento e ambiente não são contraditórios. Em verdade são conciliáveis debaixo da bandeira do desenvolvimento sustentável. Igual fenômeno aconteceu nos debates par-

---

101 Sobre tais áreas, confira-se SANTIAGO, Alex Fernandes. *Reserva legal.* Em: *Manual de atuação funcional do Ministério Público.* Belo Horizonte: Centro de Estudos e Aperfeiçoamento Funcional do Ministério Público do Estado de Minas Gerais, 2008; e, ainda, *Áreas de preservação permanente e reserva legal. Aspectos jurídicos e ecológicos.* Em: *Ciências ambientais: uma abordagem multidisciplinar.* Belo Horizonte: Gráfica Silveira, 2007, p. 09-40.

102 *Diário ...*, p. 2301, 2393 e 2394. O Deputado era um dos expoentes do Partido Verde.

lamentares. Sintomáticas são as palavras do Deputado Valdir Colatto (PMDB-SC), desnudando a acomodação sob a fórmula do desenvolvimento sustentável:

> *"Entendo que avançamos. Fizemos um relatório equilibrado; não favorecemos a ecologia radical nem concedemos tudo de que a categoria produtiva necessitava. Fizemos o possível. (...) Juntamos os dois projetos e acreditamos que o resultante ficou compatível com a necessidade atual e com a realidade da questão ambiental e produtiva brasileira(...) resultará um texto aprimorado e compatível com os diversos fatores envolvidos, assegurando benefício para a nação brasileira, em termos de proteção ao meio ambiente e desenvolvimento sustentável das atividades econômicas, inclusive a agrícola. (...)*[103]*."*

Reafirma a asserção do desenvolvimento sustentável como *doxa* indiscutível, que exige alto grau de abstração na discussão, em que se conciliam em um plano ideológico as contradições capitalistas e a sustentabilidade, o Deputado Inocêncio Oliveira:

> *"Mas, Sr. Presidente, o grande desafio do mundo é, sem sombra de dúvidas, o chamado desenvolvimento sustentável, ou seja, compatibilizar o desenvolvimento sem degradar o meio ambiente. A grande meta dessa nova proposição é, sem sombra de dúvidas, preservar os recursos naturais, buscar melhor qualidade de vida para o nosso povo e, sobretudo, defender o interesse nacional. Diria que ela é realista*[104]*."*

Tal fórmula também é encampada no conformismo do Deputado Fernando Gabeira (PV-RJ):

> *"... no entanto, voto favoravelmente ao projeto, ao relatório. Não estou aqui para reafirmar minha pureza ideológica, mas para re-*

---

[103] *Diário ...*, p. 2285 e 2286.

[104] *Diário ...*, p. 2308.

solver problemas concretos de pessoas concretas, de um meio ambiente em vias de destruição no Brasil[105]*."*

1.7.4 A contradição do Estado, encarregado do crescimento e da proteção ambiental

A captura do Estado nesta contradição se visualiza explicitamente quando se considera que o mesmo Estado que enviou o projeto com previsões mais protetivas, uma vez instado pela indústria e pelos ruralistas se comprometeu a vetar vários dispositivos. É o que recorda o Deputado Ivan Valente:

> *"Tivemos de enfrentar a seguinte realidade: um projeto que tinha tudo para ser apresentado como uma das mais modernas legislações penais em relação à questão ambiental recebeu dos Relatores 52 destaques de artigos. E, como sabem V. Ex., são 90 artigos. Houve 7 vetos acordados entre setores da CNI e da Confederação Nacional da Agricultura (...)*[106]*"*

O Deputado ruralista Valdir Colatto relembra o compromisso do governo:

> *"Complementarmente, há o compromisso do Poder Executivo de vetar alguns dispositivos, coincidentes nas redações das duas Casas, como também de desenvolver e apresentar novas medidas para regular o emprego do fogo na agricultura e rever os critérios que definem a reserva legal obrigatória, de modo que se possam compatibilizar as atividades produtivas com a necessária conservação ambiental*[107]*."*

---

[105] *Diário ...*, p. 2394. O desenvolvimento sustentável termina abrigando sob o mesmo teto a a ruralistas e ambientalistas – como o Deputado e posteriormente ministro do meio ambiente Sarney Filho (PFL-MA): *"Temos um caminho a seguir, que passa pelo desenvolvimento sustentado."* (*Diário da Câmara dos Deputados*, 29 de janeiro de 1998, p. 2292)

[106] *Diário ...*, p. 2291

[107] *Diário ...*, p. 2286.

1.7.5 O reconhecimento da hegemonia do Banco Mundial e da concepção econômica neoliberal de desenvolvimento sustentável

Aspecto que também já foi realçado é que a posição vitoriosa na Rio 1992 foi a dos países ricos, que escolheram como interlocutor o Banco Mundial, através do modelo da *Global Environmental Facility* (GEF), debilitando o papel do PNUMA e dos programas de família da ONU. Por conseguinte, o Banco Mundial passou a deter a hegemonia na fixação de parâmetros de financiamento e controle de projetos em escala planetária, hegemonia esta que significa a prevalência da concepção econômica neoclássica na determinação do que seja desenvolvimento sustentável. Tal hegemonia é expressamente reconhecida pelo Deputado Gilney Vianna (PT-MT), depois de destacar que o desmatamento de milhões de hectares em 1995 e 1996 repercutiria negativamente na opinião pública internacional:

> *"Como este Governo vai encarar a comunidade internacional? Com que cara vai negociar com o Banco Mundial, com o G-7, com aqueles que impõem cláusulas para os seus financiamentos*[108]*?"*

A leitura dos debates parlamentares prova que a Câmara de Deputados brasileira foi caixa de ressonância de toda uma discussão que vem desde o nascimento do movimento ambientalista, passando pelo impasse gerado em Estocolmo e alcançando uma solução com a fórmula do desenvolvimento sustentável, *locus* da discussão entre preservacionistas e defensores do crescimento, em que sobressai a hegemonia da concepção econômica neoclássica do que constitui desenvolvimento sustentável.

O problemático conceito de desenvolvimento sustentável, portanto, está nos fundamentos de criação da norma penal. Tais problemas se projetarão, obviamente, na aplicação da nor-

---

[108] *Diário ...*, p. 2317.

ma penal. Os debates acalorados, polêmicas, disputas, reflete, muitas vezes distintas concepções de desenvolvimento. Era mister sacar o véu de questões às vezes relegadas a aspectos puramente jurídico-doutrinais, quando em verdade entranham discussões bem mais profundas.

1.8 CONCLUSÃO

A expansão do Direito à proteção do ambiente deve ser compreendida em um contexto mais amplo, em que exerce papel fundamental a fórmula do desenvolvimento sustentável, deliberadamente vaga, imprecisa e não questionada quanto a sua validez.

Semelhante fórmula busca superar o impasse gerado em Estocolmo em 1972, quando debatido o antagonismo entre crescimento econômico e proteção do ambiente, e nasce no contexto da complexa estratégia de institucionalização da problemática ambiental, com o nítido propósito de ascender a questão ambiental ao primeiro plano da agenda e fazer que as preocupações ambientais penetrem e conformem as decisões sobre as políticas públicas em todos os níveis.

O surgimento do movimento ambientalista internacional questiona a escalada dos danos, e na busca de solucionar ou pelo menos atenuar o antagonismo, surge outra contradição: o Estado, que incentiva o crescimento a qualquer custo, é também encarregado de exercer o controle sobre este crescimento, e para tanto se vale do Direito. Sem embargo, a fórmula do desenvolvimento sustentável mascara o antagonismo crescimento *vs.* proteção, pois silencia sobre que se desenvolve. Não estabelece limites nem metas. Reflete uma racionalidade econômica, da corrente neoclássica, que restabelece a confiança no paradigma cartesiano e no mercado, pois o progresso, as soluções tecnológicas e os preços resolverão tudo.

No Direito Penal Ambiental também se verificarão muitas das contradições antes apontadas, o que esclarecerá em parte sua modesta eficácia na defesa do ambiente. Da mesma maneira que a racionalidade econômica não assimila facilmente os princípios de uma racionalidade ambiental, a racionalidade jurídica tem dificuldade em assimilar a proteção do meio ambiente. O discurso oficial do desenvolvimento sustentável penetra em várias áreas, entre elas a legislativa, e mascara os interesses diversos, com o foco no crescimento econômico. O que acontece com o Direito Penal não é distinto.

São exemplos de projeção sobre o Direito Penal de conflitos acomodados sob a fórmula do desenvolvimento sustentável:

a) A primeira grande polêmica do Direito Penal Ambiental – se o Direito Penal deve ou não proteger o ambiente – reproduz, marcadamente no plano legislativo, a discussão se existe contradição entre crescimento econômico e proteção ambiental. Isto se manifestou durante os debates parlamentares da Lei de Crimes Ambientais. Em menor proporção, também no âmbito doutrinário se verifica o conflito. As posições que negam a extensão da proteção penal ao ambiente por não configurar a ferramenta adequada, por ser mais um caso de Direito Penal simbólico, por vezes encobrem ou manifestam veladamente a prevalência de uma racionalidade econômica, que implica a compreensão de não sancionar penalmente condutas que possam representar crescimento econômico.

b) A discussão do bem jurídico protegido pelo Direito Penal Ambiental, e a consequente divisão entre correntes antropocêntricas e ecocêntricas. Os antropocêntricos estão muito mais próximos da aceitação do conceito de desenvolvimento sustentável neoliberal e de uma visão economicista, os ecocêntricos estão mais próximos de uma ecologia profunda, conservacionista, tema aprofundado posteriormente.

c) A opção legislativa de diretamente permitir algumas atividades que, apesar de excessivamente poluidoras contribuem ao crescimento econômico, ou a proibição destas com auxílio de normas penais em branco, que muitas vezes admitem níveis de poluição tão altos que na prática sanção alguma é possível aplicar, em que a norma penal se vê desvirtuada e termina se constituindo em um estímulo à contaminação, em perversão do conceito de desenvolvimento sustentável.

d) Na prática forense: um magistrado que mais valorize o crescimento econômico terminará aceitando algumas condutas que um magistrado conservacionista não aceitaria, fazendo interpretações distintas de uma mesma lei, apoiando-se em concepções diversas de um desenvolvimento sustentável.

Todos estes são exemplos da projeção do conflito na definição do desenvolvimento sustentável sobre o Direito Penal. As distintas projeções serão debatidas com maior profundidade ao longo desta esta obra, sendo que o importante para o momento já foi transmitido: conhecer a origem da fórmula e o conflito que esta encerra, trazendo outras luzes para a interpretação.

Um questão, no entanto, quedou pendente. Ainda que apontadas diversas causas que deram origem ao surgimento da proteção jurídica do meio ambiente, separou-se intencionalmente uma, intimamente conectada com a proteção do Direito Penal do ambiente: o discurso da sociedade do risco. A influência deste discurso no Direito Penal Ambiental necessita um exame mais detalhado, realizado no próximo capítulo.

2. O Papel do Direito Penal Ambiental na Sociedade Contemporânea

2.1 INTRODUÇÃO

Desde muitos pontos de vista, pelo menos nos países desenvolvidos, a sociedade alcançou padrões de segurança nunca vivenciados. A mortalidade infantil reduziu-se sensivelmente e os cidadãos gozam de vidas mais longevas que as de seus antepassados.

Não obstante, os riscos que acompanharam as conquistas da Ciência e as novas tecnologias, consequência de decisões conscientes na aplicação do saber técnico e na busca de vantagens econômicas, geram uma sensação de insegurança, em uma sociedade etiquetada como sociedade do risco.

Frente aos problemas gerados pelos riscos manufaturados nessa sociedade que mantém um elevado cursor quanto a sua preocupação com a segurança, a Política se encontra demandada a atuar preventivamente na proteção do ambiente, sob a lógica de argumentação de que seria melhor impedir o que origina os danos que repará-los posteriormente, em especial porque em muitos casos não haverá como reparar. As diversas áreas do conhecimento humano são então revisitadas, na busca de possíveis contribuições.

Nesse ponto, se se considera que o sistema jurídico cumpre uma função para a sociedade e que este sistema jurídico participa na construção da realidade que vive a sociedade, e, mais além, se se considera que esta mesma sociedade apresenta o discurso de que se deve fazer algo pelo meio ambiente, é compreensível que se busquem contribuições também no Direito, mormente no Direito Penal, instrumento de proteção de bens especialmente importantes.

É necessário estabelecer as razões para essa demanda crescente de segurança, assim como é necessário que o Direito, e em especial o Direito Penal, quando procure dar respostas a esta problemática, o faça com conhecimento de causa, e não atropelado pelas circunstâncias. Nesse contexto, é mister investigar a missão do Direito Penal na proteção do ambiente, em especial no que pertine à prevenção do dano ambiental.

Todos estes temas geram algumas indagações, que o presente capítulo busca responder: Por quê, apesar da eliminação ou diminuição de riscos muito expressivos a humanidade segue igualmente alarmada, e busca soluções junto ao Direito, e em especial junto ao Direito Penal? Qual é o papel do Direito Penal na proteção do ambiente?

2.2 A INSEGURANÇA AO LONGO DOS TEMPOS. OS PERIGOS E OS RISCOS

Enquanto Tício e Caio passavam seus dias na Terra, suas preocupações eram uma possível doença, uma epidemia, um inverno rigoroso, as decisões de um imperador déspota ou cruel ou, indo mais além, o maior dos medos, um ataque bárbaro. Para proteger-se, consultavam os oráculos, que prediziam os acontecimentos futuros, ofereciam sacrifícios aos deuses, e, diante de cada eventualidade, invocavam uma divindade específica. Não esperavam muito, já que "*nada se pode fazer contra o destino*[109]".

Nesse contexto, o Direito Civil oferecia resposta à maioria de seus problemas: a propriedade, as questões de família, as obrigações. Todos tinham plena consciência de sua finitude. Com sorte sua expectativa de vida lhes indicava que morreriam ao redor dos cinquenta anos, e esperavam que quando assim sucedesse, de forma natural ou em batalha, alguém os sepultasse, para que o barqueiro Caronte os levasse pelo lago Estige e, cruzando-o, descansassem em plácidas moradas[110].

Já quando Vasco e Cristóvão passaram pela Terra, suas preocupações não eram muito diferentes das de seus antepassados. Outro inverno rigoroso, mais uma epidemia – quanta gente a peste matou! – algum senhor feudal opressor, a fome, ou alguns mouros invasores. "Que Deus o proteja" era uma expressão popular, que expressava o sentimento comum de que a verdadeira proteção somente poderia advir de uma força maior, de uma Onipotência tutelar que tomasse a criatura humana em suas mãos. Com esta mentalidade se construíram numerosas igrejas na Europa e nos países posteriormente colonizados. O Direito Civil seguia oferecendo as respostas necessárias, assim como a Bíblia ou o monarca de plantão. A singeleza do modo de resolução de conflitos, ou das respostas conferidas à origem, fim e causas dos mesmos, tornava desnecessária qualquer tentativa de conferir maior complexidade ao Direito. A morte era um constante, assim como a preocupação se estaria acessível o reino dos céus.

Hoje em dia, João é vizinho, ou pelo menos está conectado, a George ou a Huang, se consideramos a eficiência dos meios de transporte ou das comunicações. Vivem em um mun-

---

109 HOMERO, ob. cit., p. 15.

110 "*A cada uno le están señalados sus días, breve e irreparable es para todos el plazo de la vida; pero alcanzar con grandes hechos fama duradera, obra es de gran valor.*"(VIRGILIO. *Eneida*. Madrid: Edimat, 2009, p. 278, e p. 167-168, sobre Caronte e o Estige).

do que se costuma denominar globalizado. Não temem tanto assim as epidemias ou a fome (ainda que a AIDS, assim como a fome, sigam matando, essa última especialmente em lugares terceiro-mundistas). A mortalidade infantil foi reduzida sensivelmente, e os cidadãos atuais gozam de vidas mais longevas que as de seus antepassados. Desde muitos pontos de vista, pelo menos nos países desenvolvidos, a sociedade alcançou níveis de segurança nunca vivenciados, nos quais as lutas internas e o espectro constante da guerra parecem retratos de um passado distante, e já não se vive mais à mercê de qualquer infortúnio[111].

A Ciência conseguiu muitas vitórias, e, em muitos aspectos, substituiu a religião como detentora da verdade. Ademais, em virtude dos contínuos avanços logrados, se instalou a crença e a confiança na capacidade humana de dominar e subjugar a natureza por meio do conhecimento científico, tão bem resumida por Descartes, ao asseverar que o conhecimento científico converteria os humanos em "*donos e senhores da natureza*[112]". Fiel a esse propósito, a Ciência quantificou a natureza, o que implicou sua explicação em termos de estruturas matemáticas, sob a visão do mundo como um objeto, universalmente controlável[113].

---

111 CASTEL, Robert. *La inseguridad social*. Buenos Aires: Manantial, 2011, p. 113, e p. 11-12.

112 DÉSCARTES, René. *Discurso del método*, p. 29. Disponível em <http:// http:// www.weblioteca.com.ar/occidental/delmetodo.pdf>. Consulta 03 de outubro de 2011.

113 MARCUSE, Herbert. *El hombre unidimensional*. Barcelona: Planeta, 1985, p. 325 e 341. Experimentam-se, assim, duas transformações fundamentais, etiquetadas como 1) o fim da natureza e 2) o fim da tradição. Falar do fim da natureza não significa afirmar que desapareceu o ambiente natural; é, em realidade, reconhecer que este se encontra transformado pela atividade humana; que o homem interveio praticamente na totalidade de seu espaço, e que poucas são as áreas verdadeiramente intocadas, sendo que só recentemente se dá conta dos males que muitas intervenções causaram. Falar do fim da tradição, por outro lado, significa que os vizinhos globais não vivem sua vida como pendente do destino inexorável, da sorte (GIDDENS, Anthony. "Risk and responsibility." *The modern law review*. Vol. 62, n. 1, janeiro 1999, p. 2-3).

Ainda assim, Ticio, Vasco e Huang dividem uma sensação comum: a sensação de insegurança, que prossegue cada vez mais popular[114]. Os vizinhos globalizados têm a sensação de que a Ciência traiu suas expectativas. O fiel acolhimento da proposta cartesiana trouxe novos, inimagináveis e muito perigosos riscos, que acompanharam *pari pasu* as ininterruptas vitórias da Ciência e de uma industrialização linear e cega, Urano que devora seus próprios fundamentos naturais e culturais[115]. As preocupações atuais estão centradas no câmbio climático, fruto do consumo e industrialização crescentes, e do intenso deflorestamento; na camada de ozônio; nos resíduos perigosos; na poluição (produto dos resíduos industriais) dos rios e oceanos; no emprego da energia nuclear, e na prevenção de acidentes terríveis como o de Chernobyl ou mais recentemente, de Fukushima; se intui que existe a possibilidade de autoaniquilação da humanidade[116].

Apesar da sensação comum de insegurança ao longo dos séculos, claramente se identifica uma diferença fundamental: se os fatos temidos pelos antigos eram fruto do destino, de fenômenos naturais, ou da fúria dos deuses, os riscos modernos são consequência de decisões conscientes da própria humanidade, materializadas através da atuação de empresas ou Estados, em aplicação do saber técnico e na busca da obtenção de vantagens econômicas, como cara oculta do "progresso"[117]. Dessa forma,

---

114 *"Con razón o sin ella (pero esta expresión no tiene demasiado sentido pues no se trata de un cálculo racional), el hombre contemporáneo aparece al menos tan atormentado por la preocupación de su seguridad como sus lejanos ancestros, a quienes, sin embargo, no les faltaban buenas razones para inquietarse por su supervivencia."*(CASTEL, ob. cit., p. 113-4).

115 BECK, ob. cit., p. 220.

116 Como aprofunda, em todo seu livro, JONAS, Hans. *El principio de responsabilidad. Ensayo de una ética para la civilización tecnológica.* Barcelona: Herder, 1995.

117 BECK, p. 49. Não por outra razão alguns teóricos como Luhmann propuseram distinguir conceitualmente risco e perigo (ainda que a maioria dos textos não o faça, empregando indistintamente um ou outro). Nesta distinção se terá que as situações vividas pelos antigos seriam marcadas pelo perigo, enquanto as vividas pelos contemporâneos são caracterizadas pelo risco. Não obstante, vale

os membros dessa nova sociedade temem os avances da mesma Ciência que parecia ter - e ser - a solução para tudo. Medo este que dá lugar a uma sensação de insegurança a respeito das mesmíssimas vitórias da modernidade, pelos riscos que ocasiona. Os problemas que surgem não ocorrem pela falta de funcionamento da tecnologia; de fato, os problemas se verificam porque a técnica funciona e obtém os fins a que se propõe[118]. A confiança nos expertos desaparece, porque as novas técnicas afetam a população, fazendo a opinião pública reagir.

A própria Ciência não aparece já - tanto para a sociedade e para os próprios cientistas - como aquela que brinda segurança e prosperidade. E cada vez mais encontra dificuldades no momento de brindar certeza inequívoca de segurança, conformando-se agora tão-somente com respostas estimativas. Os expertos discordam entre eles. Ademais, cresce a suspeita que sob conclusões ditas científicas se alberguem interesses de empresas e governos. Constata-se a existência de uma "ciência

---

aclarar: para Luhmann, quando o possível dano é provocado externamente, isto é tem uma atribuição ou, dito de outra maneira, quando a sociedade se vê exposta a um problema que não foi provocado por quem sofre o dano, há um caso de perigo. Já quando o possível dano é consequência de uma decisão, se está frente a um caso de risco. Por conseguinte, os ataques bárbaros, as epidemias, a fome, a peste, resultam enquadráveis como casos de perigo vividos pelos antigos, enquanto os danos ambientais vividos hodiernamente não são senão consequência de riscos assumidos no contexto de decisões da industrialização e das novas tecnologias (LUHMANN, Niklas. *Sociología del riesgo*. 3 ed., México, DF: Universidad Iberoamericana, 2006, p. 67, 70, 151-2 e 157). Giddens também promove distinção semelhante (ob. cit., p. 3). Entretanto, o próprio Luhmann recorda que tal distinção implica um paradoxo: o risco de uns é o perigo de outros. O afetado por um dano ambiental, por exemplo, na maioria das vezes se vê ameaçado por decisões que ele mesmo não pode tomar nem controlar. Então, para o afetado há um perigo, em situações que, para a instância decisória, como uma empresa contaminante, por exemplo, constituem uma situação de risco. Para superar o paradoxo, o discurso ecológico identifica aqueles que causam danos e aqueles que protegem o ambiente (ob. cit., p. 158-9). Contudo, se considerada a sociedade moderna em seu conjunto, o que lhe caracteriza é o risco: são suas decisões que acarretam os problemas que ela enfrenta. Tais riscos, para melhor distinção que aquela que Luhmann cataloga como perigos, também serão chamados de riscos manufaturados (como o faz GIDDENS (*"Risk and responsibility."*..., p. 4)

118 LUHMANN, Niklas. *Sociología del riesgo*..., p. 146.

de mandato", empregada para a formulação de políticas públicas, que, apesar da fachada de neutralidade, é influenciada por considerações políticas (preservar empresas e empregos ou restringir uma atividade que causará danos à saúde e ao meio ambiente vinte anos depois?).

Se nos tempos antigos a preocupação era se haveria algo que comer, agora a preocupação é se podemos comer com segurança o alimento industrializado que está sobre a mesa: será este causador de algum câncer? O salmão de viveiro é saudável ou cancerígeno, pela quantidade de PCBs[119]? O Direito Civil já não possui as respostas para a maioria da questões. Surgem interesses novos, difusos, coletivos, que demandam novas respostas, um novo Direito Processual, maiores expectativas quanto à Administração Pública. Para piorar as coisas, existe a possibilidade de que os novos riscos manufaturados se associem a velhos perigos, intensificando-os, gerando um coquetel de proporções ainda mais trágicas.

Exemplo eloquente disto foi o sucedido em Japão aos 11 de março de 2011, quando, depois de um violento terremoto, ocorreu um tsunami, arrasando a costa oeste de seu território. Morreram mais de quinze mil pessoas. Não bastasse, a população japonesa se viu castigada por outra calamidade: aos perigos naturais (terremoto e tsunami) se associou um risco manufaturado (a energia nuclear): em razão da inundação, o sistema de refrigeração dos reatores da usina nuclear de Fukushima quedou comprometido e severamente danificado, o que acarretou o mais grave acidente nuclear desde Chernobyl, em 1986. O governo japonês reconheceu que não estava preparado para semelhante acidente nuclear, isto é, que ainda não sabia como lidar com os riscos manufaturados. Como costuma ocorrer em tais ocasiões, conforme à racionalidade política, se debateu o risco em âmbito mundial, dando lugar a que outras nações se

[119] HANNIGAN, John. *Sociologia ambiental.* Petrópolis: Vozes, 2009, p. 171, p. 143-5 e p. 159-60.

apressassem a tomar decisões que até então eram incapazes de adotar: a Alemanha decidiu que não empregará energia nuclear a partir de 2022[120].

Muito bem. Essa nova sociedade, em que predomina a sensação de insegurança, pela existência de novos riscos, frutos de opções conscientes, será etiquetada como sociedade do risco. Haverá várias acepções de risco em distintas áreas: negócios, bem estar, medicina, militar, moral. O risco se converte em ubíquo, uma abordagem moderna de uma sociedade que reflete sobre os temas que lhe preocupam. Também será de alguma forma medida de valor, uma nova moral (os que se arriscam e têm êxito são reconhecidos pela sociedade); socialmente a percepção será muito enfrentada pelos contratos de seguros, que imprimem valor ao risco, atribuindo-lhe valor financeiro. e haverá uma terceira percepção, que é a jurídica[121].Que riscos devem ser tolerados e quais não? Quem deve ser responsável?

Surgem novas arenas sociais do risco, nas quais os atores dirigem seus discursos buscando influir na formulação de políticas públicas. Criam-se diversos papéis específicos: a) os portadores do risco, que são aqueles potencialmente expostos ao risco, as vítimas, os danificados; b) os defensores dos portadores do risco, que lutarão por aqueles, como ONGs, alguns órgãos públicos específicos (como o Ministério Público para a defesa dos consumidores e do meio ambiente no Brasil), alguns políticos; c) geradores do risco, como empresas bioquímicas e de fármacos; d) investigadores do risco, cientistas e universidades que discutirão a aceitabilidade do risco;

---

120 Conforme notícias em http://veja.abril.com.br/tema/tsunami-no-japao, http://veja.abril.com.br/noticia/internacional/japao-nao-estava-preparado-para-crise-nuclear-admite-governo e http://veja.abril.com.br/multimidia/galeria-fotos/usinas-nucleares-na-alemanha, consulta em 15 de outubro de 2011. Sobre a lógica política quanto ao momento oportuno para tomar uma decisão, LUHMANN, *Sociología del riesgo...*, p. 204-5, que anota haver se reproduzido idêntico cenário quando do acidente de Chernobyl.

121 EWALD, François. "*Risk in contemporary society.*" *Connecticut Insurance Law Journal*, vol. 6, 1999-2000, p. 365-373.

e) árbitros do risco (agências reguladoras, Congresso, Poder Judiciário), que decidirão se o risco pode ser aceito ou se deve ser – em contrário – limitado de antemão e f) informantes do risco, que são os meio de comunicação, os quais levarão tais questões à agenda pública[122].

Toda a mobilização social ao redor do risco gera uma dúvida: porque a humanidade, apesar de haver progredido em diversos aspectos, não sobrevivendo depois de diversas desventuras em cada dia, à mercê do menor acidente, continua se sentindo tão insegura?

2.3 A DEMANDA POR SEGURANÇA. THOMAS HOBBES E A INSEGURANÇA SOCIAL CONTEMPORÂNEA

É necessário estabelecer as razões para essa demanda crescente de segurança, apesar da diminuição de riscos muito expressivos, assim como é necessário que o Direito, e em especial o Direito Penal, quando procure dar respostas a esta problemática, o faça com conhecimento de causa, e não atropelado pelas circunstâncias.

Estar protegido não é um estado natural, o que foi assinalado com cores mui vivas por Thomas Hobbes, quando retratou como seria uma sociedade de indivíduos[123]. Sem fazer

---

122 Conforme sintetiza HANNIGAN, ob. cit., p. 169-171.

123 Para o filósofo inglês, atormentado pelas experiências das guerras religiosas na França e na guerra civil inglesa, esta é uma sociedade de insegurança total, na qual os indivíduos, liberados de toda regulação coletiva, viveriam sob o signo da ameaça permanente, porque não encontram neles mesmos a possibilidade de proteger e de proteger-se. Para escapar dessa vida tosca, embrutecida e breve, é necessário estar protegido, imperativo categórico para poder viver em sociedade. Concluirá Hobbes que o fim do Estado será, particularmente, a segurança e assim evitar a guerra permanente, a guerra de todos contra todos (HOBBES, Thomas. *El leviatán.* Biblioteca del político, INEP AC, p. 52 e 70. Disponível em <http://isaiasgarde.myfil.es/get_file/hobbes-leviat-n.pdf>. Consulta aos 03 de outubro de 2011). Sobre as múltiplas interpretações de Hobbes e sua influência sobre o Direito Penal, AAVV, *Thomas Hobbes penalista.* Paulo César Busato (org.). Rio de Janeiro: Lumen Juris, 2010.

aqui sua apologia e sem abraçar a ideia de um Estado absoluto, é fundamental reconhecer que o filósofo inglês é quem realça que existe uma necessidade humana de segurança e que o Estado de alguma forma libera os indivíduos do medo originário; e será "... *a la sombra del Estado protector que el hombre moderno podrá cultivar libremente su subjetividad, lanzarse a la conquista de la naturaleza, transformarla mediante su trabajo y asentar su independencia sobre sus propiedades*[124]".

Entretanto, e como já destacado anteriormente, a sociedade moderna não convive com os riscos que fustigavam os antigos. O conceito de sociedade do risco pode gerar a ideia equivocada de que o mundo está mais perigoso, mas as coisas não se dão necessariamente assim. É uma sociedade preocupada com o futuro, que se sente mais e mais insegura, e que convive nas fronteiras de uma tecnologia que não compreende e que propicia vários futuros possíveis[125]. O que Hobbes então talvez não pudesse visualizar é que a sociedade buscaria mais e mais proteções, até alcançar uma espiral ascendente sem limites, gerando, com sua própria busca, mais insegurança[126].

Além disso, o relativo êxito do Estado Social nas redes de proteção da seguridade social, do trabalho, da saúde e educação públicas (pelo menos nos países desenvolvidos) gerou sistemas que de alguma forma brindavam segurança. Isto, todavia, gerou um efeito colateral: os êxitos do Estado social fazem com que o indivíduo se habitue à segurança (algo que em verdade não condiz com a condição humana); e, a partir do momento

---

124 É o que afirma CASTEL, p. 21, cuja análise da teoria de Hobbes embasa o presente excerto (CASTEL, p. 19-33).

125 GIDDENS, "*Risk and responsibility.*"..., p. 2.

126 "*...¿Qué es estar protegido en estas condiciones? No es estar instalado en la certidumbre de poder dominar perfectamente todos los riesgos de la existencia, sino más bien vivir rodeado de sistemas que dan seguridad, que son construcciones complejas y frágiles, las cuales conllevan en sí mismas el riesgo de fallar en su objetivo y de frustrar las expectativas que generan. Por lo tanto, la propia búsqueda de protecciones estaría creando inseguridad.*" (CASTEL, p. 12, sem grifos no original).

que começam a falhar tais proteções, o indivíduo, acostumado à segurança, se sente completamente desamparado.

Por conseguinte, ainda que, pelo menos nos países desenvolvidos, não se enfrentem mais epidemias, fome ou guerras civis, subsiste a sensação de insegurança[127].

Para os vizinhos globais que se sentem tão preocupados quanto Tício, Caio, Vasco e Cristóvão, é necessária a adoção de duas posturas, complementares e somente aparentemente contraditórias[128].

Primeiramente, é fundamental denunciar a inflação do desejo de segurança, que instala o medo na sociedade, inútil em relação a contingências eventualmente incontroláveis. A inflação do desejo pela prevenção será consequência direta da preocupação pela segurança. Deve-se resgatar o óbvio, que já sabiam os antigos: não se pode olvidar que o homem se caracteriza pela finitude, e reconhecê-lo é o principio da sabedoria. Por mais programas de proteção que se criem, nenhum poderá assegurar que não haverá incerteza ou riscos. Crer na possibilidade de proteção integral promove situações absurdas, que se

---

127 CASTEL, p. 12, 84 e 85. Não bastasse (CASTEL, p. 75-6), hodiernamente a conjunção de duas transformações que são a) a dificuldade de enfrentar os riscos clássicos e b) a nova geração de riscos, instala uma nova problemática da insegurança. Os riscos clássicos, que pareciam neutralizados (acidentes, doenças, falta de emprego, incapacidade de trabalhar em razão da idade), são atualmente mais difíceis de de enfrentar, em razão da constante erosão dos sistemas sociais tradicionais de proteção. As crises econômicas geram desemprego e discussões globais sobre como superá-las, com países inteiros indo à falência; o deficiente sistema de aposentadorias exige que os mais velhos trabalhem mais tempo, para não ser empurrados para a pobreza. A onda neoliberal iniciada na década de 80 do século passado esclarece muitos desses problemas. Os sistemas clássicos de proteção foram em muitos aspectos abandonados. E justamente quando estes se encontram debilitados, surge essa nova geração de riscos, como os ambientais, industriais e tecnológicos, o que motiva uma crise no Estado de bem-estar. Conclui Castel que a associação dos dois fatores contribui para a insegurança. E realça que a sensação de insegurança contemporânea se alimenta dessa dupla fonte, pelo que deve ser assinalada a conexão e denunciada a confusão (p. 76-7).

128 Reproduz-se nesse excerto o pensamento de CASTEL, p. 113-120.

refletem em mais e mais regulamentações e se projetam numa hipertrofia indesejável do Direito Penal.

Segundo, é mister afirmar a importância essencial da necessidade de proteção, em reconhecimento da necessidade do homem moderno de estar protegido, e a legitimidade da busca de proteções[129], entre elas a do Direito, o que permitirá compreender a existência de um Direito Penal Ambiental. Não obstante, este refletirá uma das *construções complexas e frágeis* já mencionadas, com elevado potencial de risco de falhar em seu objetivo e de frustrar as expectativas nele depositadas, de proteger o ambiente, e assim gerará mais insegurança.

O risco de falhar se vê potenciado quando se considera que o sistema de política pública do risco é híbrido; ainda que apresente forte base na Ciência, é caracterizado pelo conflito ideológico entre ambientalistas, corporações e governo. E, assim, gera volatilidade, pois, ainda que a Ciência seja a base, muitas decisões são estabelecidas somente em termos políticos[130].

2.4 O DIREITO PENAL E OS RISCOS

Os problemas jurídicos devem ser situados no contexto da sociedade que os cria, e a sociedade contemporânea é uma sociedade que tem o "estado de risco" como meio natural[131]. Os cidadãos, que conforme as teorias que remontam a Hobbes e que foram atualizadas – seguindo o mesmo raciocínio - pelo

[129] Aristóteles pontificava que o destino do homem é conviver com a incerteza e buscar removê-la para alcançar a perfeição. E os homens devem decidir e moldar seu futuro em um curso irreversível que afetará as gerações futuras. Por isso as escolhas devem ser prudentes, segundo o filósofo, expressão que hoje pode ser lida como responsáveis (EWALD, p. 374). O primeiro passo para buscar a segurança será reconfigurar as proteções sociais clássicas, em especial solucionar a equação trabalho e mercado, pois a insegurança social aí deposita muitas de suas raízes. E é necessário saber enfrentar os novos riscos, em uma sociedade que se submete à dialética do risco, que é princípio de valoração, motivação e ação, mas também se constitui em limite, restrição e proibição.

[130] HANNIGAN, p. 171.

[131] QUINTERO OLIVARES, p. 244.

discurso de Castel, percebem o Estado como seu protetor, e a ele acorrem com demandas de intervenção frente aos novos problemas sociais. Esse é o primeiro ponto que se deve destacar. Existe uma demanda social de proteção frente aos novos riscos, em uma sociedade que busca segurança frente a ameaças que antes desconhecia, e que se potencializam até termos inéditos, que incluem a possibilidade de auto-aniquilação.

Em uma sociedade do risco, a Política se encontra demandada a atuar preventivamente, sob a lógica de argumentação de que seria melhor impedir o que origina os danos que repará-los posteriormente, em especial porque em muitos casos não haverá como reparar. Essa demanda social de maior proteção é um ponto de partida real, e ainda que a doutrina possa criticar a canalização de tal pretensão para (e, no pior dos cenários, somente para) o Direito Penal, não se pode negar que o emprego da ameaça penal goza do apoio da opinião pública, em um raro consenso[132]. A opinião pública passa a exigir regulações mais estritas, e na maioria das vezes a questão é entregue ao Direito, em especial ao Direito Penal, gerando inclusive um Direito Penal do risco, cuja principal característica será a pretensão de desenvolver um Direito Penal preventivo "*...que afronte los nuevos grandes riesgos de la sociedad moderna, acudiendo a la tutela anticipada de bienes jurídicos universales, mediantes las técnicas de peligro, fundamentalmente, a través de los delitos de peligro abstracto*[133]".

Muito bem. O fato é que a teoría sociológica da sociedade do risco dominou o debate penal e as reformas legislativas, em fenômeno que começou na Alemanha e se estendeu ao mundo jurídico-penal de forma incisiva, constituindo-se em verdadei-

---

132 SILVA SÁNCHEZ, ob. cit., p. 6-10, destaca que seria ingênuo situar a causa desse novo Direito Penal na perversidade do aparato estatal, pois as causas do fenômeno de "expansão" se encontram na mudança de papel do Direito Penal na representação que dele tem amplas camadas sociais.

133 NAVARRO CARDOSO, Fernando. "El derecho penal del riesgo y la idea de seguridad." *Pensamiento penal y criminológico. Revista de Derecho Penal Integrado*, ano VI, n. 10, 2005, p. 170.

ro *topos* em que situam as discussões sobre a política criminal e o Direito Penal atual[134].

Uma das perguntas fundamentais na sociedade atual é como podem os riscos e ameaças, coproduzidos sistematicamente nos processos de modernização, evitar-se, minimizar-se, dirigir-se, ser limitados e distribuídos de tal sorte que não impeçam o processo de modernização nem transpassem os limites do que seja "exigível" (em termos ecológico, médico, psicológico e social)[135]?

A crescente interdependência dos indivíduos na vida social propicia que cada vez mais a indenidade dos bens jurídicos dependa da realização de controles de riscos por parte de terceiros; diante disso, nos encontramos em um modelo de sociedade orientado a uma restrição progressiva das esferas de atuação arriscada. E o Direito Penal, que tradicionalmente reacionava *a posteriori* contra um fato lesivo, individualmente

---

[134] MENDOZA BUERGO, Blanca. "Exigencias de la moderna política criminal y principios limitadores del Derecho Penal". *Anuario de derecho penal y ciencias penales.* Tomo LII, 2002, p. 281. Também PRITTWITZ, Cornelius. *Sociedad de riesgo y derecho penal.* Em: *Crítica y justificación ...*, p. 261. Cabe esclarecer que a expressão sociedade do risco não deve ser entendida como um conceito específico e delimitado, senão como uma forma discursiva, desde a compreensão de discurso como "*um conjunto de ideias, conceitos e categorizações que é produzido, reproduzido e transformado em uma série particular de práticas, pelas quais o significado é dado a realidades físicas e sociais*", conforme definição de Hajer, citado por HANNIGAN, p. 61. A expressão não evoca somente uma conexão semântica (HERZOG, Felix. *Sociedad del riesgo, derecho penal del riesgo, regulación del riesgo. Perspectivas más allá del derecho penal.* Em: *Crítica y justificación ...*, p. 250; também sobre as diversas interpretações possíveis, SUÁREZ GONZÁLEZ, Carlos J. *Derecho penal y riesgos tecnológicos.* Em: *Crítica y justificación ...*, p. 290) e vários teóricos possuem distintas visões sobre a sociedade do risco mundial, em posições classificadas como realistas (subdivididas em estrita ou reflexiva) ou construtivistas (a seu turno também divididas em estrita ou branda, conforme lista de BECK, p. 131). Não obstante, seguramente a teoria formulada pelo sociólogo Ulrich Beck é uma das mais expressivas.

[135] É o questionamento que se faz, com base em Beck. HERZOG, Felix. "Límites al control penal de los riesgos sociales (Una perspectiva crítica ante el derecho penal en peligro)". *Anuario de derecho penal y ciencias penales.* Tomo LII, 2002, p. 318.

considerado, se transforma agora em um Direito de gestão punitiva de riscos gerais[136].

Nesse contexto é possível compreender a existência de um Direito Penal do risco[137]. O Direito Penal do risco é portanto um Direito Penal que responde à escala de valores do grupo social que o mantém[138]. E "*entre los muchos instrumentos jurídicos que ha de utilizar no hay por qué negar de partida que quede un papel – aunque deba ser residual y pequeño – para las normas penales y la pena*[139]."

O âmbito próprio do Direito Penal do risco (ou do risco manufaturado) serão os crimes ambientais, os crimes de risco catastrófico, como os relativos à energia nuclear ou estragos ocasionados por meios potencialmente destrutivos e relacionados às novas tecnologias, e delitos relativos à biotecnologia ou técnicas da vida, como os pertinentes à manipulação genética[140].

---

136 SILVA SÁNCHEZ, ob. cit., p. 17, 37 e 134.

137 Por mais que se critique a expressão Direito Penal do risco, tem esta a virtude de ser didática, ainda que signifique um conceito vago. E é inegável que a expressão se impôs, e é reconhecida pela doutrina. Sobre as críticas à expressão, NAVARRO CARDOSO, Fernando. "El derecho penal del riesgo... ", p. 166-8; PAREDES CASTAÑON, José Manuel. "Sobre el concepto de derecho penal del riesgo: algunas notas." *Derecho penal contemporáneo. Revista Internacional,* Bogotá: julho-setembro 2003, n. 4, em especial a p. 114, e FEIJOO SANCHEZ, Bernardo. *Retribución y prevención general.* Buenos Aires: Bdef, 2007, p. 415-421. Ressalta o professor da *Universidad Autónoma de Madrid* que se trata mais bem "*de un eslógan con el que se realiza un diagnóstico crítico del Derecho Penal actual*" (p. 417) frisando que a Escola de Frankfurt conferiu ao termo sociedade do risco conteúdo muito mais amplo que o de Beck (p. 418) e que a argumentação de seus integrantes se move em um metaplano conceitual, "*descalificando como Derecho Penal de Riesgo a todo modelo político criminal que no se adecue a sus propios presupuestos teóricos*" (p. 419), em contra da proteção de bens jurídicos coletivos e da configuração de tipos de perigo abstrato.

138 CUESTA AGUADO, Paz M. de La. "Tipificación del riesgo y delitos de peligro." *Revista de Derecho Penal 2007-2: delitos de peligro.* Santa Fe: Rubinzal Culzoni, 2007, p. 136.

139 FEIJOO SÁNCHEZ, Bernardo. "Sobre la 'administrativización' del derecho penal en la 'sociedad del riesgo'." *Derecho penal contemporáneo. Revista Internacional,* Bogotá: jul.-set. 2003, n. 4, p. 120.

140 CUESTA AGUADO, ob. cit., p. 132.

Sua política criminal terá as seguintes características:

a) prevenção como maior preocupação frente aos grandes riscos, provenientes das atividades tecnológicas e industriais, os riscos "manufaturados";

b) proteção de novos bens jurídicos, de natureza universal e

c) atender ao afã de segurança[141].

Mas o que se pode esperar de um Direito Penal Ambiental? E mais: como se comportará o Direito Penal frente aos riscos desconhecidos a situações de incerteza que caracterizam principalmente as novas tecnologias, a industrialização e o meio ambiente?

2.5 O PAPEL DO DIREITO PENAL NA PROTEÇÃO DO MEIO AMBIENTE[142]

Quem já leu um texto de Direito Penal Ambiental às vezes tem a impressão que já leu todos. É verdadeiro lugar comum na doutrina – assim como é sobre qualquer escrito sobre meio ambiente – dizer que os danos avultam, que há uma escala global de destruição.

Parece que já alcançamos um momento em que não é mais necessário dizer que a situação é preocupante. Há numerosos estudos, investigações nesse sentido. Quem ainda não se conscientizou talvez não o fará mais – ou não quer fazer. Em um momento em que a percepção e compreensão da questão se notam de um modo mais aprofundado (e está bem que logramos chegar até aqui: a conscientização da gravidade da situação é o primeiro passo) a pergunta é: vamos fazer alguma coisa a respeito[143]?

---

141 NAVARRO CARDOSO, ob. cit., p. 171-2.

142 Desenvolvem-se nesse excerto muitas das ideias expostas em SANTIAGO, Alex Fernandes. *Compreendendo o papel do Direito Penal na defesa do meio ambiente*. Revista de Direito Ambiental, v. 61, janeiro-março de 2011, p.67-92.

143 Observa RUIZ LÓPEZ, com base no pensamento de Stratenwerth, que *"el dere-*

Frente aos problemas gerados pelos riscos manufaturados em uma sociedade que mantém um elevado cursor quanto à sua percepção de insegurança, as diversas áreas do conhecimento humano são então revisitadas, na busca de possíveis contribuições. Nesse ponto, se se considera que o sistema jurídico cumpre uma função para a sociedade – que "serve" à sociedade – e que este sistema jurídico participa na construção da realidade que vive a sociedade[144], e, mais além, se se considera que esta mesma sociedade apresenta o discurso de que se deve fazer algo pelo meio ambiente, compreensível é que se busquem contribuições também no Direito. Entretanto, essa revisita exigirá mudanças de atitudes e pensamentos: é um convite que exige a adoção de novas posturas[145].

Afirmar isso não é dizer que o Direito, e em especial o Direito Penal, terão as soluções para os problemas que afligem o meio ambiente. Não se pode ser tão ingênuo. No capítulo anterior já se afirmou que este reflete seu entorno, dependente de questões econômicas, políticas, religiosas. Não se pode olvidar tampouco que foram os mesmos triunfos da sociedade moderna que nos levaram a esta situação, que o Direito – sozinho – não poderá gerir adequadamente, como frisa Beck:

---

cho penal como último mecanismo de control social debe reaccionar, pues todo el mundo puede ser consciente de los peligros pero no todos son conscientes o se comportan como si no lo fueran." (RUIZ LÓPEZ, Carmen. *Protección penal del medio ambiente. Estado de la cuestión y acción civil dentro del proceso penal.* Em: AAVV. *Daño ambiental.* Bogotá, Universidad Externado de Colombia, 2007, p. 100).

144 LUHMANN, Niklas. *El derecho como sistema social.* Em: *Teoría de sistemas y Derecho Penal. Fundamentos y posibilidad de aplicación.* Organizador Carlos Gómez-Jara Díez. Lima: Ara Editores, 2007, p. 104.

145 Tal situação foi resumida pelo ministro da Suprema Corte argentina Ricardo Lorenzetti, ao abordar a necessidade de revisitar todas as ciências para enfrentar a questão ambiental: "*...Se trata de problemas que convocan a todas las ciencias a una nueva fiesta, exigiéndoles un vestido nuevo. En el caso del Derecho, la invitación es amplia: abarca lo público y lo privado, lo penal y lo civil, lo administrativo y lo procesal, sin excluir a nadie, con la condición de que adopten nuevas características.*" (LORENZETTI, Ricardo Luis. *Teoría del derecho ambiental.* 1a ed., 1a reimp., Buenos Aires: La Ley, 2009, p. 2).

> *"Una contradicción capital de la sociedad de riesgo – podría resumirse así – consiste en que el mundo se enfrenta a megapeligros que tienen su origen en los triunfos de la sociedad moderna (más industria, nuevas tecnologías) y que, pese a las promesas de seguridad de las instituciones del Estado, ningún principio legal, científico o político vigente puede justificar, imputar, compensar ni gestionar (preventivamente) de modo adecuado. ¿Cómo se consigue mantener oculta o latente esta contradicción – que ya es un silencio a voces en y entre los sistemas y organizaciones sociales – incluso cuando se pone ante los televisivos ojos de la opinión pública (mundial) al ocurrir una catástrofe?*[146]"

Não obstante, "*...sólo el Derecho puede determinar qué es legal o ilegal, y al decidir esta cuestión debe referirse siempre a los resultados de sus propias operaciones y a las consecuencias que tiene para las futuras operaciones del sistema*[147]".

Parafraseando Luhmann, tem-se que somente o Direito pode determinar o que é legal ou ilegal no âmbito do meio ambiente, e ao decidir esta questão deve estar atento aos resultados de suas próprias operações e às consequências para as presentes e futuras gerações.

Esse o busílis. Sem cair na cilada do Estado-espetáculo, que tenta enganar a população com a mensagem que a simples edição de uma lei resolve o problema[148], é mister reconhecer que o Direito tem a característica única de processar, de uma maneira que nenhum outro sistema pode fazer, as expectativas normativas capazes de manter-se a si mesmas em situações de conflito. E se é óbvio que não pode garantir que essas expectativas não serão violadas, de outra parte pode garantir que se mantenham como expectativas, ainda no caso de que sejam defraudadas. E assim o Direito mantém a perspectiva de resolver conflitos, uma vez que contém uma decisão preliminar – por mais confusa que possa apresentar-se no caso concreto – acerca de quem deve aprender da violação e quem não[149].

---

146 BECK, p. 54-5.

147 LUHMANN, *El derecho como sistema social ...*, p. 105.

148 OST, ob. cit., p. 123.

149 LUHMANN, *El derecho como sistema social ...*, p. 105-106.

Cimentado isso, há que se reconhecer que alguma parte dessa tarefa de proteção ao meio ambiente toca ao Direito Penal. Pois, se se considera que o Direito Penal é o instrumento de proteção aos bens jurídicos especialmente importantes, é compreensível que abarque a proteção do meio ambiente, fato que, antes de representar uma expansão do Direito Penal, em verdade constitui uma adequação, autêntico *mea culpa* social: o bem meio ambiente, que sempre existiu, experimenta agora um aumento de valor junto à sociedade, em especial quando posta em relevo a degradação de realidades tradicionalmente abundantes que começam a manifestar-se como bens escassos, aos quais se atribui agora um valor que não lhes era reconhecido[150].

Por conseguinte, inevitável que se ocupe o Direito Penal da proteção do meio ambiente, que será a proteção tanto da vida atual quanto das gerações futuras. Dizer que não é adequado, que o Direito Penal não significa nenhuma barreira intransponível[151], significa ignorar as próprias limitações do Direito Penal, dependente que é de seu entorno, conforme salientado *supra.* Se fosse assim, poder-se-ia dizer o mesmo em relação a delitos tão antigos como a própria humanidade, como, por exemplo, o homicídio. Apesar da proteção do Direito Penal, seguem sendo praticados homicídios, e não há nenhuma expectativa que não mais o serão. E isso não autoriza que, em sã consciência, al-

---

150 SILVA SÁNCHEZ, *La expansión del Derecho penal...*, p. 11.

151 Encontra-se profundamente dividida a doutrina penal internacional sobre o tema. Sobre as distintas posições, DOBÓN, Maria Carmen Alastuey. *Consideraciones sobre el objeto de protección en el Derecho Penal del Medio Ambiente. Em: Direito Penal Contemporâneo. Estudos em homenagem ao Professor José Cerezo Mir.* Coord. Luiz Regis Prado. São Paulo: Revista dos Tribunais, 2007, p. 209-227. As respostas começam pela negativa extrema, como fazem os expoentes da denominada Escola de Frankfurt, comandados por Hassemer (HASSEMER, W. *A preservação do meio ambiente através do Direito Penal.* Lusíada – Revista de Ciência e Cultura. Actas do I Congresso Internacional de Direito do Ambiente da Universidade Lusíada Porto, número especial, Porto: Universíada Editora, p. 319-330) que afirma não ser o Direito Penal adequado para tanto, sugerindo a criação de um Direito de Intervenção, congregando elementos de diversas ramos (civil, administrativo, saúde, fiscal, trabalho) para satisfazer o objetivo de proteção.

guém se aventure a dizer que o Direito Penal não deva estender sua proteção para este caso. O fato é que posições extremadas conduzem à ausência da mais grave das sanções para um tema vital, que é a defesa do meio ambiente, e culminam, como assinala Figueiredo Dias, por colocar o princípio da subsidiariedade ou da *ultima ratio* de pernas para o ar,

> *"... ao subtrair à tutela penal precisamente as condutas socialmente tão gravosas que põem simultaneamente em causa a vida planetária e a dignidade das pessoas e a solidariedade com as outras pessoas – as que existem e as que hão de vir.*[152]*"*

E esta ameaça difere radicalmente de todas as exposições a perigo de que já se ocupou até agora o Direito Penal[153].

O pouco que foi desenvolvido até aqui já permite visualizar o que deve ser considerado quando examinado o Direito Penal e sua contribuição em relação à proteção do meio ambiente. As críticas que se dirigem à suposta ineficácia[154] do Direito Penal incidem em terrível equívoco, verdadeiro erro de perspectiva. A contribuição do Direito Penal há de ser, inevitavelmente,

---

152 DIAS, Jorge Figueiredo. O direito penal entre a "sociedade industrial' e a "sociedade de risco". *Revista Brasileira de Ciências Criminais*, ano 3, n. 11, p. 48-50. Recorda RUIZ LÓPEZ a ácida crítica de Schünemann à posição de Hassemer, que "*situaría en lugar preferente la más insensata veleidad del individuo egoísta en detrimento de las generaciones futuras*", em "*perversión del orden de bienes jurídicos.*" (ob. cit., p. 101). Tal crítica tem resposta em PRITTWITZ, ob. cit., p. 267-272. Também Roxin afirma que *"no es admisible desde un punto de vista político social que el arma más grave del Estado, el ius puniendi, se use sin objeciones frente a cada bronca, cada riña a cuchilladas o cada pequeño robo, y sin embargo deba retroceder en la lucha de peligros contra la vida e integridad u otros bienes jurídicos fundamentales de millones de hombres, como por ejemplo, los que se derivan de los fallos en los productos, de los daños al medio ambiente, del uso de la energía nuclear, de las instalaciones industriales, de la tecnología genética o de la moderna información tecnológica."*(ROXIN, Claus. *Informe final*. Em: *Crítica y justificación...*, p. 329.

153 STRATENWERTH, Günther. *Derecho penal. Parte general I. El hecho punible.* Buenos Aires, Hammurabi, 2005, p. 67.

154 Como exemplo no Brasil, em curioso título, o livro de MORAES, Maria Elayne Berbich de Moraes A (in)eficiência do Direito Penal moderno para a tutela do meio ambiente na sociedade do risco (Lei 9605/98), Rio de Janeiro: Lumen Juris, 2004.

modesta. É de sua natureza que seja assim. Não é o desiderato das normas penais melhorar sem mais nem menos a situação ambiental nem reduzir por si só os agentes contaminantes, senão, em um quadro de uma complexa estratégia da qual forma somente uma pequena parte, o que já foi salientado, pretendem prevenir comportamentos que atentem contra o meio ambiente de um modo ilícito e, cumulativamente e não disjuntivamente, que sejam comportamentos graves. Que o meio ambiente seja melhor, equilibrado, que não seja degradado *"depende de muchísimas otras cosas distintas y más decisivas que la intervención penal"*[155], do que é exemplo, principalmente, a racionalidade econômica. Hermitte vai ao cerne quando atribui muito da ineficácia do Direito Ambiental porque este entra em contradição com interesses mais poderosos, que organizam e protegem as distintas atividades destrutivas do meio ambiente[156].

Que não venham, portanto, açodadamente acusar o Direito Penal de algo que não lhe pertine. A gente da CTI do Direito tem que reagir energicamente a acusação tão injusta. Quando alguém é levado à terapia intensiva, à similitude do que representa no universo do Direito o Direito Penal, é porque antes disto outra coisa não funcionou. A medicina preventiva não atuou ou não funcionou, as normas de segurança não foram cumpridas. Nem sequer se pode, como já vimos, acusar o Di-

---

155 MOURULLO, Gonzalo Rodríguez. *Limitaciones del Derecho Penal del medio ambiente: alternativas político-criminales.* Em: *A tutela jurídica do meio ambiente: presente e futuro.* Coimbra: Coimbra Editora, 2005, p. 162. Nesse sentido, complementa OST (ob. cit., p. 126): *"A causa primeira da ineficácia do direito do ambiente não deve ser procurada no próprio direito do ambiente; o direito do ambiente é ineficaz porque entra em contradição com as normas mais poderosas, que organizam e protegem as diferentes actividades destrutivas da diversidade biológica."*

156 Citado por OST, ob. cit., p. 126. Avançando, deve existir uma estratégia não somente com outras áreas, mas uma estratégia interna no mundo do Direito para a implementação das leis ambientais, com *"el desarrollo de una política legislativa más sofisticada que articule el cumplimiento voluntario, el forzado y la disuasión"* (LORENZETTI, ob. cit., p. 96), pois uma estratégia fundada somente na sanção estará fadada ao insucesso, razão pela qual desenvolve idéias sobre a teoria da implementação (p. 96-111), que é a própria efetividade das leis ambientais tão debatida no Brasil.

reito. E na hipótese absurda de que fora possível semelhante acusação, que se busquem culpados na primeira e principal barreira, que é o Direito Administrativo[157]. A especificação do que se pode fazer, se é possível poluir e quanto é possível, a atividade da administração pública ambiental, o sistema de licenciamento, que é a pedra de toque da proteção jurídica ao meio ambiente, enfim, a fixação de fronteiras e a fiscalização em geral, tudo isso é função do Direito Administrativo, não do Direito Penal Ambiental[158].

E é principalmente no Direito Administrativo que se manifestam as maiores deficiências do Direito em relação à proteção ambiental. Tantas são as pressões que ocorrem já no nascedouro da norma ambiental, lobbies de setores da indústria, agricultura, imobiliários, energia, que se tem a impressão que a norma ambiental provém menos de exigências realmente ecológicas que de concessões feitas, provisoriamente, pelos meios industriais interessados[159], ou a impressão que o Direito Administrativo Ambiental é antes de tudo um sistema de concessão de licenças para poluir.

A desilusão com o sistema de licenciamento levou Beck a dar as boas-vindas *"ao cabaré de definições nacionais de ameaça"*[160], pois quanto mais liberalmente são fixados os valores limite de poluição, quanto maior é a quantidade de chaminés, efluentes, etc., menor é a probabilidade legal de responsabilizar um autor pelas descargas e contaminações coletivas, em uma espécie de conivência entre a industrialização e o Direito.

Além disso, a postura dos órgãos de licenciamento, muitas vezes dominados pela hipocrisia, seja quando se apresen-

---

157 Não por outra razão o artigo de REXACH, Angel Menéndez. *Protagonismo del Derecho Administrativo en la prevención y tutela del medio ambiente*. Em: *A tutela jurídica do meio ambiente: presente e futuro*. Coimbra: Coimbra Editora, 2005, p. 61-85.

158 MOURULLO, ob. cit., p. 163.

159 OST, ob. cit., p. 129.

160 BECK, ob. cit., p. 54.

tam rigorosos em detalhes e não questionam temas de fundo, como se se deve ou não aceitar a instalação de determinado empreendimento, muitas vezes altamente arriscado, seja quando insistem em proclamar uma segurança constantemente desmentida pela reiteração dos danos ambientais, tudo isto põe em xeque o próprio sistema legal ambiental administrativo[161].

Depois, seguem os problemas com a fiscalização ineficiente, sem funcionários suficientes, ou sem a qualificação necessária, e, o que é pior, com medo de aplicar as sanções correspondentes, e desagradar poderosos. O que muitas vezes se verifica, ao final, é que a Administração Pública vive verdadeiro fenômeno da captura, em que culmina por adotar a linguagem e o raciocínio dos empreendedores, que deveria controlar[162]...

Dois marcos bem nítidos fixam a missão do Direito Penal Ambiental e dentro destes deve ser examinada e avaliada sua eficácia: proteger o meio ambiente como uma determinada composição de interesses sociais e em sentido acessório, pois deve fazê-lo somente frente aos ataques mais intoleráveis e por conseguinte de modo subsidiário. O Direito Penal deve sancionar pouco, e bem: "*sancionar sólo los comportamientos ilícitos de la mayor gravedad, y hacerlo con precisión*[163]", o que é conseqüência

---

161 "*... ¿Para qué sirve un sistema legal que persigue y regula en todos sus detalles los pequeños riesgos técnicamente manejables y en cambio, en virtud de su autoridad, legitima e impone a todos (incluso a los muchos que están en contra) los grandes riesgos, que la técnica no puede minimizar? ¿Cómo puede sostenerse política y democráticamente una autoridad que tiene que responder a la creciente conciencia del peligro con vehementes proclamas de seguridad y sin embargo siempre está a la defensiva y jugándose su credibilidad con cada accidente o amago de accidente?*" (BECK, ob. cit., p. 53).

162 OST, ob. cit., p. 154.

163 MOURULLO, ob. cit., p. 163-64. No mesmo sentido FIGUEIREDO DIAS: "*propósito do direito penal ecológico não é (não deve ser nem poderia ser) alcançar uma proteção do meio ambiente em si mesmo e como um todo, nem, ainda menos, alcançar a ´resolução´ em último termo do problema ambiental que sobre todos nós pesa. Não é nada este, insisto, o problema do direito penal ecológico, antes, sim, muito mais modestamente como sempre, um problema de ordenamento social, concretamente, o problema de oferecer o seu contributo para que os danos ambientais se mantenham dentro de cotas ainda comunitariamente suportáveis e, em definitivo, não ponham em causa os fundamentos naturais da vida.*"(*Sobre a tutela jurídico-penal do ambiente: um ponto de vista português.* Em: *A*

de suas características de fragmentariedade e subsidiariedade, em decorrência dos princípios de intervenção mínima e legalidade. Repita-se: o que está em jogo é (e nada mais) a proteção fragmentária, lacunosa e subsidiária de bens jurídico-penais coletivos como tais[164].

É chegado o momento de parar de tanto debater se serve ou não o Direito Penal à proteção do meio ambiente. O desafio que em verdade se apresenta à Ciência Penal, portanto, não é exercer tarefa demolidora, e sim investigar e propor soluções no sentido de como poderá ser melhorado o Direito Penal em relação ao meio ambiente[165].

2.5.1 Algumas vantagens do Direito Penal na proteção do meio ambiente

Não obstante todas suas limitações e dificuldades, e sempre tendo consciência da modéstia que lhe deve ser inerente, o Direito Penal possui algumas vantagens, não vinculadas necessariamente à gravidade da sanção[166]:

a) Frente ao Direito Civil, o Direito Penal aporta a dimensão sancionatória.

Tudo o que significa a pena, tudo o que esta representa junto à coletividade já foi objeto de diversos estudos. E não parece possível negar que a presença da sanção penal, e sua função de prevenção geral e especial possuem conseqüências relevantes, cujo âmbito restrito desta análise não permite reproduzir agora. Mas existe uma mensagem de moral mínima social no Direito Penal.

---

tutela jurídica do meio ambiente: presente e futuro. Coimbra: Coimbra Editora, 2005, p. 185.

164 FIGUEIREDO DIAS, Jorge de. *O papel do Direito Penal na protecção das gerações futuras*. Boletim da Faculdade de Direito. Volume comemorativo do 75º Tomo do Boletim da Faculdade de Direito, Coimbra, 2003, p. 1128.

165 Como realça ROXIN, *Fundamentos político-criminales del Derecho penal...*, p. 378.

166 SILVA SÁNCHEZ, *La expansión del Derecho penal...*, p. 172-173.

b) O Direito Penal traz, ainda, a força do mecanismo público de persecução de infrações, o que lhe confere dimensão comunicativa superior.

Este aspecto é de extrema relevância, e merece especial enfoque, pois às vezes parece subdimensionado.

Observa-se, especialmente no Brasil, onde expressiva parte da atuação do Ministério Público se concentra na atuação civil em defesa dos interesses difusos, uma tendência por parte dos seus membros em valorizar mais a atuação civil que a penal, como se aquela fosse mais importante que esta última. De fato, para os fins de prevenção e reparação do dano ambiental, é inequívoco que o Direito Civil, ou melhor, o Direito Ambiental, tem mais o que contribuir.

Entretanto, se se verifica o sistema penal imaginado pela lei ambiental brasileira, com profunda interlocução de mecanismos civis com penais, a assertiva já não soa tão segura. O Direito Penal Ambiental brasileiro foi concebido como um Direito Penal em que a viga mestra é a reparação do dano. Tanto é assim que, pela doutrina pátria, há quem o denomine com muita propriedade como Direito Penal Reparador[167], considerando o notório propósito da principal lei penal ambiental, a Lei 9.605/98 de efetiva reparação do dano ambiental, conforme se constata em diversas passagens do diploma legislativo[168]. E é

---

167 LECEY, Eládio. Direito ambiental penal reparador. *Revista de Direito Ambiental*, vol. 45, Revista dos Tribunais, 2007, São Paulo.

168 Selecionam-se algumas: a) *"Art. 17. A verificação da reparação a que se refere o § 2º do art. 78 do Código Penal será feita mediante laudo de reparação do dano ambiental, e as condições a serem impostas pelo juiz deverão relacionar-se com a proteção ao meio ambiente"; b) "Art. 20. A sentença penal condenatória, sempre que possível, fixará o valor mínimo para reparação dos danos causados pela infração, considerando os prejuízos sofridos pelo ofendido ou pelo meio ambiente"; c) "Art. 27. Nos crimes ambientais de menor potencial ofensivo, a proposta de aplicação imediata de pena restritiva de direitos ou multa, prevista no art. 76 da Lei nº 9.099 de 26.09.1995, somente poderá ser formulada desde que tenha havido a prévia composição do dano ambiental, de que trata o art. 74 da mesma lei, salvo em caso de comprovada impossibilidade"; d) "Art. 28. As disposições do art. 89 da Lei nº 9.099 de 26.09.1995, aplicam-se aos crimes de menor potencial ofensivo definidos nesta Lei, com as seguintes modificações: I - a declaração de extinção de punibilidade, de que trata o § 5º do artigo referido no caput, dependerá de laudo de constatação*

bom que seja assim, característica de um Direito Penal moderno, "*basado, por ejemplo, en las penas pecuniarias y privativas de derechos, así como para un eventual Derecho penal de la reparación*[169]".

Especificamente quanto a essa questão, constata-se, da experiência pessoal como Coordenador Geral das Promotorias de Justiça de Defesa do Meio Ambiente da Bacia do Rio São Francisco em Minas Gerais, nos anos de 2005 a 2009, que se olvidam os membros do Ministério Público brasileiro que a atuação civil, com a reparação do dano, muitas vezes obtida pela celebração de composições civis com o sujeito infrator como o compromisso de ajustamento de conduta somente foi possível porque antes chegou ao conhecimento do membro do Ministério Público a infração ambiental. E este conhecimento somente se viabilizou, na maioria das vezes, pelo intenso trabalho da Polícia Militar do Meio Ambiente, na fiscalização ostensiva do meio ambiente. Polícia esta que, ao constatar qualquer infração penal, comunica ao Ministério Público o fato, o que funciona como iniciador de sua atuação[170].

E se somente foi possível a atuação do Ministério Público porque foi levado o fato ao seu conhecimento pela Polícia Ambiental, a seu turno a Polícia do Meio Ambiente somente pode atuar – e, claro, existir – porque existem tipos penais ambientais no Brasil.

---

de reparação do dano ambiental, ressalvada a impossibilidade prevista no inciso I do § 1º do mesmo artigo; e) "Art. 23. A prestação de serviços à comunidade pela pessoa jurídica consistirá em: I - custeio de programas e de projetos ambientais; II - execução de obras de recuperação de áreas degradadas; III - manutenção de espaços públicos; IV - contribuições a entidades ambientais ou culturais públicas."

169 SILVA SÁNCHEZ, *La expansión del Derecho penal...*, p. 174.

170 Sobre o dever de todos os funcionários públicos de comunicar ao Ministério Público as infrações ambientais que chegam a seu conhecimento, confira-se SANTIAGO, Alex Fernandes. "A efetividade do artigo 225, § 3o, da Constituição Federal e o dever de o servidor público comunicar ao Ministério Público a ocorrência de conduta ou atividade lesiva ao meio ambiente." *Revista de Direito Ambiental*, São Paulo, Revista dos Tribunais, n. 46, ano 12, abr-jun 2007, p. 11-16.

Nesse sentido, convém frisar, forte na lição de Francisco de Assis Toledo[171], que o Direito Penal é bem mais eficaz e menos romântico do que se costuma imaginar. Os tipos penais constituem verdadeira autorização primária para que o estado possa intervir em certas áreas reservadas da esfera de liberdade individual. A atuação dos órgãos estatais, na prevenção e repressão do crime encontra apoio primário na tipificação dos delitos. A cominação de penas se projeta e é visível no ambiente social pela existência de entidades, órgãos e pessoas cuja presença em cada ponto do território nacional representa, aos olhos de todos, a real e palpável possibilidade de aplicação da pena ao infrator.

Qualquer Promotor de Justiça do meio ambiente que já trabalhou de perto com a Polícia Ambiental sabe a importância e o valor de sua atuação. Não se pode menosprezar a importância deste aspecto.

c) frente ao Direito Administrativo, o Direito Penal aporta maior neutralidade política, assim como a imparcialidade jurisdicional.

De acordo com o assinalado *supra,* tanto o nascimento de algumas normas ambientais, que surgem muito mais como concessões do setor econômico envolvido, quanto a atuação da Administração Pública ambiental demonstram atividade impregnada de parcialidade do Estado, que a um só tempo busca garantir o pleno emprego e o crescimento econômico a qualquer custo, enquanto de outro lado deve fiscalizar e sancionar as agressões ao meio ambiente. Visível é a pressão que enfrenta a Administração Publica ambiental e muitas vezes esta sai debilitada em seus embates. Também na experiência pessoal aludida ocorreu a oportunidade de observá-lo particularmente quando da atuação pelo Ministério Público como conselheiro no Sistema Estadual de Meio Ambiente mineiro, em seu cole-

[171] TOLEDO, Francisco de Assis. *Princípios básicos de direito penal.* 5ª ed. São Paulo: Saraiva, 1994, p. 4.

giado conhecido como COPAM[172]. As pressões políticas, o jogo de interesses, a atuação dos lobbies se fizeram sentir em muitas oportunidades.

Nesse aspecto, é inimaginável que sem o apoio penal os mecanismos de autorregulação social possam impor-se frente aos poderosos interesses que estão por detrás dos riscos aqui discutidos[173].

2.5.2 O Direito Penal Ambiental e suas dificuldades frente ao Direito Penal moderno

Se bem possua as virtudes assinaladas, o momento em que se necessita o auxílio do Direito Penal não é dos melhores. Pobre meio ambiente, que foi buscar a proteção penal exatamente quando a Ciência Penal se encontra em profunda crise, com discussões que originam inumeráveis teorias e dissensos[174]. Crise de eficiência, pois se defronta com índices inusitados de violência, frente a tão escassos resultados. Crise ética, em especial diante da realidade latino-americana, que demonstra o caráter seletivo, desigual e orientado ideologicamente do sistema penal. E, por fim, crise de legitimação social, pois os valores que protege o Direito Penal nem sempre coincidem com as demandas do cidadão comum[175].

Metaforicamente, é como se necessitássemos com urgência da ajuda de um vizinho, e, ao tocar a campainha, este não respondesse, ou viesse muito devagar, porque se encontrava

---

172 Interessante é observar, desde a perspectiva histórica que François Ost propõe, que o sistema de licenciamento do Direito Ambiental nasce mais como um sistema para permitir a contaminação, em substituição ao controle judicial, que preocupava os empresários. OST, *A natureza à margem da lei...*, p. 75-78.

173 ROXIN, *Informe final*, p. 330.

174 De que é exemplo o livro de SILVA SÁNCHEZ, Jesús-Maria. *¿Crisis del sistema dogmático del delito.* Bogotá: Universidad Externado de Colombia, Centro de Investigación en Filosofía y Derecho, 2007.

175 RUSCONI, Maximiliano. *Derecho Penal: Parte General.* 2ª ed. Buenos Aires: Ad-Hoc, 2009, p. 87.

imerso em profunda depressão. Esse vizinho, ainda que queira ajudar, se encontra tão debilitado que termina não ajudando muito. Isso porque, segundo Albrecht, não obstante exista um certo consenso no sentido de que o Direito Penal tem uma missão na defesa do meio ambiente, não está claro até onde pode ir e o que pode fazer para ser uma ferramenta eficiente. O que sim está claro é que há problemas[176].

Refletem os debates sobre o Direito Penal Ambiental a dificuldade que tem a doutrina penal em conviver com uma nova sociedade, denominada pós-industrial, a perplexidade do Direito Penal em sua relação com a ciência e os novos riscos[177]. Muitas das críticas que lhe são direcionadas são as mesmas críticas que são feitas ao Direito Penal moderno: dificuldade na aplicação das regras de imputação clássicas do Direito Penal, vaga formulação do bem jurídico, emprego da técnica de tipos de perigo abstrato, acentuado indeterminismo[178]...

---

176 ALBRECHT, H.J. "Environmental criminal laws and environmental crimes in Europe. Problems and prospects." *European Journal of Crime, Criminal Law and Criminal Justice*, 1994-2, p. 168.

177 A expressão é de SARRABAYROUSE, Eugenio C. *Medio ambiente y derecho penal*. Buenos Aires: Ad-Hoc, 2008, p. 49-50, que classifica as reações da doutrina penal em quatro grandes grupos: a) críticos ou abolicionistas (Escola Penal de Frankfurt), que negam idoneidade ao Direito Penal para responder aos desafios dos novos riscos; b) uma posição intermediária, que, apesar de descrever criticamente o atual Direito Penal, reconhece a legitimidade das reclamações sociais frente aos novos riscos (Urs Kindhäuser); c) aqueles que reconhecem a idoneidade do Direito Penal nos novos âmbitos e advogam um aperfeiçoamento de suas técnicas (Roxin, Stratenwerth, Schünemann, Hirsch), e d) uma postura otimista, que visualiza uma oportunidade para transformar o Direito Penal em um instrumento que penalize as classes altas (Gracia Martín). O jurista argentino conclui que não se devem depositar grandes esperanças no Direito Penal, frente à impossibilidade de resolver com o poder punitivo os problemas do meio ambiente (p. 33-38), o que se conecta à advertência feita anteriormente: a contribuição do Direito Penal será inevitavelmente modesta, condicionada que é, especialmente, pela racionalidade econômica, na definição do que constitui um desenvolvimento sustentável, e pelo protagônico que outros ramos do Direito devem assumir na proteção do ambiente.

178 DOBÓN, Maria Carmen Alastuey. *Consideraciones sobre el objeto de protección en el Derecho Penal del medio ambiente*, p. 210.

Talvez nunca se testemunhou anteriormente tanta discussão no Direito Penal. O singelo ato de entrar em uma livraria jurídica hoje demonstra sua forte expansão não somente legislativa, mas também doutrinária. O possível comprador constatará que quase metade da livraria estará composta seguramente de livros de Direito Penal e Processo Penal. Controvérsias, dissensos, novas teorias, bastante prolífica é a doutrina penal, o que muito se deve à doutrina alemã[179].

Discute-se e critica-se profundamente a expansão do Direito Penal, sua hipertrofia. Ainda que seja possível criticar a forma como se verifica esta expansão, o fato é que realmente existe uma lacuna de expansão razoável do Direito Penal[180], se considerado que sua função é proteger bens jurídicos especialmente relevantes para a sociedade, e que esta sociedade atual não é igual que a de antanho, porque existem novos interesses, e, no caso específico do meio ambiente, porque houve uma modificação de sua valoração.

O que de fato se verifica é um verdadeiro divórcio entre a doutrina penal e a legislação ambiental. Já foi dito que a lei penal se evadiu do controle da doutrina[181], e o Direito Penal ambiental é um típico caso. Tal se revela especialmente quando se constata que na Comunidade Europeia a Diretiva 2088/99/CE rompe todos os paradigmas e se revela o primeiro instrumento de repressão penal ambiental europeu, com a criação de autêntica parcela de Direito Penal Internacional.

---

179 Lembra RUSCONI que o minucioso refinamento da dogmática alemã desembocou em uma tendência ao casuísmo, com discussão de inúmeros casos pensados pura e exclusivamente para por em crise alguma regra, debilitando o pensamento sistemático (ob. cit., p. 201). Ou, na crítica acerba de Paulo José da Costa Jr., a doutrina e a jurisprudência germânicas sabem como poucas complicar conceitos simples e cristalinos em países de formação latina (PAGLIARO, Antonio. *Dos crimes contra a administração pública.* Antonio Pagliaro, Paulo José da Costa Jr. 4 ed., São Paulo: Atlas, 2009, p. 105).

180 SILVA SÁNCHEZ, Jesús-Maria. *La expansión del Derecho penal.*, p. 12.

181 LUHMANN, Niklas. *El derecho como sistema social...*, p. 116.

Nesse pormenor, não se pode deixar de registrar que algumas das críticas ao Direito Penal são revestidas de uma ânsia por volver a um passado que nunca existiu, o que não deixa de demonstrar uma reação psicológica à insegurança do presente. O ser humano busca apegar-se a uma segurança distante, que de fato somente existe em sua imaginação. O tão propagado Direito Penal liberal clássico, do século XIX, era o mesmo Direito que impunha sanções extremamente severas, e por isso se discutiam tanto as garantias[182]. Não se pode visualizar as elegantes discussões dos teóricos de antanho e olvidar o que estava por trás delas: degredo, trabalhos forçados, penas perpétuas. É um caso evidente de emprego da mais poderosa das fantasias, que é o desejo de retorno às origens[183], origens estas que em verdade nunca existiram como sonhadas. E, nesta fantasia, querem "*dar vuelta atrás la rueda de la historia*[184]" para volver a restringir o Direito Penal a um núcleo estreito que corresponda aos modelos do século XIX. Não por outra razão Stratenwerth, já no prólogo do seu livro, propõe que se rediscuta o Direito Penal no que pertine ao meio ambiente:

> *"... el punto de partida del pensamiento individualista tradicional de la ciencia del derecho penal ya no se ajusta a los desafíos de la actualidad, en vista especialmente de las enormes amenazas para el ecosistema de la tierra. Si bien el tema del aseguramiento del futuro no está de moda actualmente, con tanta mayor urgencia volverá por sus fueros, con seguridad, en las décadas venideras. Si, frente a ello, la doctrina del Derecho Penal no quiere contentar-se con comentar a la defensiva o aun con irritación la evolución del derecho, tal como ha hecho por demás, p. ej., en el caso de los delitos contra el medio ambiente, tendrá que revisar (también) el sistema tradicional de la imputación jurídico-penal en sus postulados básicos, en lugar de limitarse a añadirle otras ramificaciones*[185]*."*

182 Id., ibid., p. 165

183 OST, ob. cit., p. 13.

184 STRATENWERTH, *Derecho penal. Parte general I...*, p. 68.

185 STRATENWERTH, ob. cit., p. 9.

Não se pode querer enfrentar novos problemas com velhos raciocínios. Por isso o desiderato de atribuir a outros âmbitos do Direito problemas que exigem do pensamento penalista tradicional mais do que pode oferecer, como faz Hassemer com sua já mencionada proposta de Direito de Intervenção, não pode ser uma solução[186].

Especificamente quanto ao Direito Penal Ambiental brasileiro, deve-se frisar que muitas das críticas que lhe são dirigidas se esquecem de que foi criado um microcosmo em que a sanção não é a finalidade principal, e sim a reparação do dano. Tanto é assim que a maioria dos tipos penais permite, pela pequena sanção que possui, a transação penal, sem processo, que deve ser necessariamente precedida da composição civil, donde deve figurar a reparação do dano. E, somente se recusada a transação penal pelo autor do fato será proposta a ação penal, em que o infrator verá renovada a oportunidade de afastar eventual condenação pela aceitação de proposta de suspensão condicional do processo em que uma vez mais se exigirá a reparação do dano. Somente se superados esses estágios se alcança a condenação penal, onde, ademais da pena, será imposta a tão almejada reparação do dano[187].

Contudo, as discussões seguem, e se aguçam ainda mais no Direito Penal Ambiental. O dissenso começa já em seu âmago, que é o bem jurídico protegido. Sem embargo, o que parece apresentar aspectos meramente jurídicos deita raízes em questões muito mais profundas, que dizem respeito à própria visão que o homem possui da natureza, o que se examina a seguir.

---

186 STRATENWERTH, p. 68.

187 Conforme os já citados artigos 27 – para a transação penal – 28 – para a suspensão do processo e 20 – para a sentença condenatória, todos da Lei 9.605/98, que exigem a reparação do dano nessas oportunidades.

2.6 O BEM JURÍDICO PROTEGIDO E A DISCUSSÃO ENTRE AS VISÕES ANTROPOCÊNTRICA E ECOCÊNTRICA. CRISE DE VÍNCULO E DE LIMITE ENTRE O HOMEM E A NATUREZA

Vale a pena apresentar, ainda que de forma bastante singela, duas concepções básicas na análise do bem jurídico protegido pelo Direito Penal Ambiental[188].

1) A corrente antropocêntrica (radical e moderada). Os crimes ambientais como forma de proteger bens jurídicos individuais.

Por esta corrente não existe uma autonomia do bem jurídico coletivo meio ambiente. A tipificação de delitos contra o meio ambiente somente pode ser contemplada sob o prisma da proteção de determinados bens jurídicos individuais, em especial a vida, a integridade física e a saúde. Em sua vertente radical, o meio ambiente sequer pode ser considerado bem jurídico, mero instrumento que é para o ataque a bens jurídicos individuais, enquanto a corrente moderada entende que o meio ambiente é um bem jurídico de caráter coletivo que não goza de autonomia quanto aos bens jurídicos individuais.

Semelhante doutrina traz inequívocos problemas de legitimação, pois se afasta demasiadamente do bem jurídico protegido. Não bastasse, tem consequências mais que relevantes: acarreta maior exigência probatória, já que não é suficiente a lesão ao bem jurídico meio ambiente, pois se deve provar que houve a lesão ou exposição a perigo de lesão de bens jurídicos individuais.

Se de um lado é certo que os bens jurídicos se encontram ao serviço das pessoas, pois são as condições básicas para a vida em sociedade, daí não implica que os bens jurídicos supraindividuais dependam dos individuais, de forma que a lesão dos

[188] Reproduz-se largamente DOBÓN, Maria Carmen Alastuey, ob. cit., p. 213-227.

primeiros somente adquira relevância para o Direito Penal quando também são afetados os segundos[189], de outro lado se tem que, se é certo que os bens supraindividuais são aqueles que todos podem aceder, o que ao final reverte no interesse de todos, isso não significa que os bens jurídicos coletivos derivem dos bens jurídicos individuais[190].

Isso demonstra que a concepção antropocêntrica é muito estreita e dela não deriva nenhum ponto de apoio para a decisiva questão de quais são as ingerências na natureza admitidas ou em qual medida o serão, assim como não especifica quais devem ser excluídas, e, afinal, quais devem ser sancionadas penalmente[191].

Voltando às discussões do capítulo anterior na disputa de uma definição de desenvolvimento sustentável, a posição antropocêntrica, que é a de Hassemer e seus seguidores, poderia muito bem ser catalogada como a projeção jurídico-penal da corrente que defende a economia de mercado, que de fato deveria ser vista como uma pequena ilha de egoístas em um grande mar de serviços gratuitos, providos pelos bens ambientais[192].

E uma vez mais se comprova a assertiva de que os penalistas desconhecem o Direito Ambiental e suas peculiaridades. É inerente ao dano ambiental seu aspecto bifronte, já que abarca tantos aspectos coletivos quanto aspectos individuais. De um mesmo evento lesivo podem surgir várias consequên-

---

189 É o que critica DOBÓN, ob. cit., p. 218.

190 Citando Kuhlen, DOBÓN, ob. cit., p. 219.

191 STRATENWERTH, *Derecho penal. Parte general I...*, p. 68.

192 Expressão de MARTÍNEZ ALIER; ROCA JUSMET, ob. cit., p. 73. Semelhante teoria pessoal do bem jurídico, na crítica de Feijoo Sánchez, "*resulta ser demasiado egocéntrica o individualista y sólo sería asumible en una sociedad que careciera de intereses comunes.*"(*Retribución y prevención...*, p. 430). Por isto, não resulta estranho que esse discurso de um Direito Penal estritamente liberal seja o discurso das classes integradas (p. 448). Assinala, ademais, que "*una de las pocas funciones que pueden cumplir los Estados modernos es configurar y proteger intereses públicos supraindividuales (especialmente frente a subsistemas sociales tan poderosos como el mercado)*" (p. 444).

cias, de distinta natureza. Assim se dá com o dano ambiental. Ao mesmo tempo em que o dano ambiental abrange os danos aos recursos naturais, aos bens comuns e a suas consequências, também os efeitos negativos causados sobre os indivíduos se encerram na expressão dano ambiental, configurando um dano particular. Daí a ambivalência que preconizava Alsina, pois a locução dano ambiental designa não somente o dano que recai sobre os recursos naturais, bens comuns a toda coletividade, senão também se refere ainda ao dano que o meio ambiente ocasiona de rebote (*par ricochet*) aos interesses legítimos de uma pessoa determinada, um dano particular, patrimonial ou extrapatrimonial[193]. Não se pode olvidar que tal distinção terá reflexos inclusive no Direito Processual Civil, em que o dano ambiental em sua face coletiva permite que acionem os legitimados extraordinários, titulares de interesses difusos; e, pela afetação do mesmo bem coletivo, podem ser produzidos efeitos quanto à vida, à saúde ou patrimônio das pessoas, razão pela qual o dano ambiental, em seu aspecto individual, possibilita que acionem os titulares desses direitos individuais afetados[194].

2) A corrente ecocêntrica (radical e moderada). Os delitos ambientais e o bem jurídico de natureza coletiva ou supraindividual.

O meio ambiente é um bem jurídico de natureza coletiva ou supraindividual que possui autonomia em relação aos bens jurídicos individuais.

193 BESALÚ PARKINSON, ob. cit., p. 199-200. A distinção é tradicionalmente aceita pelas doutrinas ambientais argentina e brasileiras, ensina CAFFERATTA, Néstor A. *Daño ambiental*. Em: *Derecho Ambiental y Daño*. Buenos Aires: La Ley 2009, p. 33-35.

194 LORENZETTI, *Teoria del Derecho Ambiental...*, p. 28. A dupla face do dano ambiental é reconhecida legislativamente no Brasil, conforme sua Lei de Política Nacional do Meio Ambiente de 1981 (Lei 6.938, artigo 14, parágrafo primeiro): "*é o poluidor obrigado independentemente da existência de culpa, a indenizar ou reparar os danos causados ao meio ambiente e a terceiros, afetados por sua atividade.*"

Também tal corrente apresenta subdivisões: para o ecocentrismo radical não é necessária qualquer referência antropocêntrica na definição do bem jurídico, enquanto a corrente moderada advoga a proteção do meio ambiente pelas funções que este cumpre para o desenvolvimento da vida humana na Terra, em relação às presentes e futuras gerações.

Visão distinta é a de Schünemann[195], que além das teorias antropocentrista e ecocentrista, apresenta outras dois: teoria do compromisso e teoria do controle administrativo. A teoria do compromisso em verdade seria a própria ecocêntrica moderada, enquanto a teoria do controle administrativo afirma que os ilícitos penais ambientais são ilícitos contra o Estado, já que cabe a uma agência estatal encarregada da defesa dos recursos naturais dizer o que é e o que não é uso ilícito do meio ambiente. Para esta teoria, os danos ambientais permitidos por uma agência estatal não são puníveis, não importando quão desastrosas são suas conseqüências.

Ecocentrismo, antropocentrismo ... A questão está muito longe de ser somente jurídica e deita raízes muito mais profundas. Aqui é necessário fazer coro ao ensinamento de Ost[196]. O que realmente sucede é que vivemos simultaneamente uma crise de vínculo e de limite com a natureza. Crise de vínculo, já que não conseguimos discernir o que nos liga ao animal, à natureza; crise de limite, pois não conseguimos discernir o que dela nos distingue.

Frisa o jusfilósofo belga – e aí está o busílis de todo o conflito – que enquanto não repensemos nossa relação com a natureza e enquanto não sejamos capazes de descobrir o que dela nos distingue e o que a ela nos liga vãos serão nossos esforços,

---

195 SCHÜNEMANN, Bernd. Principles of Criminal Legislation in Postmodern Society: The Case of Environmental Law. *Buffalo Criminal Law Review*, 1997/1998, vol. 1, p. 181/183.

196 Ob. cit., durante todo o livro, ideias que se reproduzem livremente neste excerto.

como são testemunha a pouca efetividade do Direito Ambiental e a modesta eficácia das políticas públicas neste âmbito[197].

Destaca ainda o doutrinador sua tese central: desde a modernidade se perdeu o sentido de vínculo e de limite nas relações com a natureza. E isso se constata nas duas grandes vertentes hoje observadas: a antropocêntrica, que faz da natureza um objeto, e a ecocêntrica, que a transforma em sujeito[198].

Na corrente antropocêntrica, a natureza adquire *status* de mero ambiente, simples cenário no centro do qual reina o homem, dono e senhor, o que possuiria suporte em textos religiosos, como a Bíblia, em Gênesis I, 26. Todavia, muitos se esquecem que a Bíblia tem diversas passagens que incitam à moderação e responsabilidade no uso dos recursos naturais, o que se observa no próprio livro do Gênesis, IX, 9, quando se estabelece a aliança entre não somente Deus e os homens, mas entre todos os seres vivos que estavam ao redor. Ao usar e abusar desta, se alcançou a devastação que hoje nos ameaça, por exemplo, com os câmbios climáticos. É o reinado da desmesura que se instala.

Semelhante postura é cristalizada no paradigma cartesiano cujos postulados foram discutidos no capítulo anterior.

Tudo isto reflete, *v.g.*, na teoria civilista do direito de propriedade, que tem horror ao vazio[199]. A propriedade ou será pública ou privada. À margem, o que não pertence a ninguém. *Res nullius* e *res comunes*. Tal compreensão carrega em seu interior uma lógica de apropriação inesgotável e segue até hoje sem existir uma teoria própria para os bens comuns, que são um desafio para o futuro do Direito Ambiental.

O que hoje se observa é um projeto do homem de domínio da natureza, que depende da tecnologia. No momento que esta se incrementou de modo exponencial, este domínio também se

---

197 Ob. cit., p. 9.

198 Id., ibid., p. 10.

199 OST, ob. cit., p. 67 e ss.

manifestou de modo mais profundo, com avançado estado de degradação ambiental.

Em reação a tal tendência, e como inequívoca aplicação da *"lei de bipolaridade dos erros*[200]*"*, consubstanciada, no caso, em adotar a inversão completa de perspectiva, surge a *deep ecology*, em que não é a Terra que pertence ao homem, e sim este à Terra, o que reativa a mais poderosa de todas as fantasias, que é o retorno às origens, conforme já abordado anteriormente. Grandes lemas, que já dizem tudo, ressoam: *Earth first, Live and let live!, Widening the circle, Earth wisdom, Liberation of life, of nature, of animals.* O que termina por conduzir a um monismo: tudo é natureza, tudo está no círculo da vida, nenhuma criatura é mais nem menos que outra, a natureza é sujeito de direito.

A tudo isto se pode objetar: 1) que o Direito é feito pelo homem e para ele; 2) que a personificação da natureza é uma estratégia mais simbólica que operativa; 3) que a idéia da *deep ecology* tanto exige às vezes muito quanto às vezes muito pouco da Ciência; 4) que nós não podemos acessar diretamente a natureza[201].

A crise de vínculo e de limite conduz, assim, a dois equívocos opostos e solidários que são a visão antropocêntrica e a ecocêntrica. Na primeira, a natureza é vista como um objeto. O homem projeta nela sua visão das coisas, uma determinada visão das coisas, necessariamente datada e localizada. Na segunda, a natureza como sujeito tudo absorve. Não obstante, a única maneira de fazer justiça a um só tempo ao homem e à natureza é afirmar simultaneamente sua similitude e sua diferença[202]... As duas concepções se olvidam da dialética necessá-

---

[200] Teorizada por Gaston Bachelard, consistente em não abandonar uma posição equivocada, para em seguida ocupar a posição oposta, igualmente reducionista e que comparte com a primeira certo número de características essenciais, lembram François OST e M. van de KERCHOVE (*De la 'bipolarité dês erreurs', Archives de philosophie du droit,* Paris, Sirey, t. 33, 1988, p. 177 e ss).

[201] OST, *A natureza ...*, p. 212.

[202] OST, *A natureza ...*, p. 15-16.

ria, da ideia dos vínculos e dos limites, do jogo permanente de interações, da relação que existe entre o homem e a natureza. E o meio justo nessa relação será a limitação de nossa vontade atual de poder e de usufruto, o que irá garantir os vínculos com as gerações que nos precederam e com as que nos sucederão[203].

A crise de vínculo e de limite conduz, assim, a dois equívocos opostos e solidários que são a visão antropocêntrica e a ecocêntrica. Na primeira, a natureza é vista como um objeto. O homem projeta nela sua visão das coisas, uma determinada visão das coisas, necessariamente datada e localizada. Na segunda, a natureza como sujeito tudo absorve. Não obstante, a única maneira de fazer justiça a um só tempo ao homem e â natureza é afirmar simultaneamente sua similitude e sua diferença[204]... As duas concepções se olvidam da dialética necessária, da idéia dos vínculos e dos limites, do jogo permanente de interações, da relação que existe entre o homem e a natureza. E o meio justo nessa relação será a limitação de nossa vontade atual de poder e de usufruto, o que irá garantir os vínculos com as gerações que nos precederam e com as que nos sucederão[205].

A natureza não será, por conseguinte, nem sujeito nem objeto. O que importa é a relação entre o homem e a natureza, o projeto que se propõe para esta relação. Nesse projeto devem ser consideradas três dimensões: 1) epistemológica: conhecer a complexidade das interações, conhecer a natureza, o que é, sua dialética com o homem; 2) ético: qual é a responsabilidade, qual é a missão da humanidade para o futuro, qual é sua responsabilidade com as futuras gerações; 3) jurídico: encontrar o Direito Ambiental a qualificação e o regime jurídico adequado para a mescla de natureza e cultura que é o meio em que vivemos, sendo fundamental construir uma teoria para o patrimônio, no sentido de patrimônio comum, para o jurista, ou desenvolvi-

203 OST, *A natureza ...*, p. 18-19.

204 OST, *A natureza ...*, p. 15-16.

205 OST, *A natureza ...*, p. 18-19.

mento sustentável, para o economista, ou a responsabilidade com as futuras gerações, para o moralista[206].

O papel que se espera do Direito será o de afirmar o sentido da vida em sociedade. Terá, para tanto, que afastar-se da idéia de unanimidade enganadora – todos são amigos do meio ambiente – que tantos danos já causou. O discurso verde, ambiental, que traz linda imagem, é explorado por muitos, mas poucos são os que realmente o vivificam, quando estão em jogo seus interesses, geralmente econômicos, ou mesmo políticos. Caberá ao Direito jungir os vínculos e demarcar os limites[207], o que se pode e o que não se pode. Terá, ainda, que estabelecer o necessário diálogo entre juristas e cientistas, de igual modo mobilizados pela urgência ecológica, quase que condenados a entender-se[208]. Deverá superar a dificuldade que é legislar em questão complexa, que demandará sua própria flexibilidade. Jogará papel fundamental o sistema de licenciamento ambiental, que demandará não somente o exame prévio à decisão de permitir funcionar, senão também o controle contínuo da operação.

Tudo isso culminará com a criação de um Direito Ambiental que deverá inspirar os outros Direitos, revisitados que terão que ser, por exemplo, o Direito Civil, o Direito Administrativo, e, por fim, o Direito Penal[209].

---

206 OST, *A natureza ...*, p. 275.

207 OST, *A natureza ...*, p. 20-22.

208 OST, *A natureza ...*, p. 111.

209 No sentido da interpenetração do Direito Ambiental junto aos outros ramos, o Professor Michel Prieur, da Universidad de Limoges, França, (conforme cita Paulo Affonso Leme MACHADO, *Direito ambiental brasileiro*, 7ª ed., São Paulo: Malheiros Editores, 1998, p. 91): "*Na medida em que o ambiente é a expressão de uma visão global das intenções e das relações dos seres vivos entre eles e com seu meio, não é surpreendente que o Direito do ambiente seja um Direito de caráter horizontal, que recubra os diferentes ramos clássicos do Direito (Direito civil, Direito administrativo, Direito penal, Direito internacional) e um Direito de interações, que se encontra disperso nas várias regulamentações. Mais do que um novo ramo do Direito com seu próprio corpo de regras, o Direito do Ambiente tende a penetrar todos os sistemas jurídicos existentes para os orientar num sentido ambientalista.*" Corrobora tal compreensão

Parece que o paradigma antropocêntrico x ecocêntrico tão criticado já aponta sinais de superação, e aqui é imprescindível perfilar a proposta de Figueiredo Dias[210].

É equivocado o paradigma ecocêntrico. Não há como atribuir à natureza direitos próprios. Se é certo que a humanidade tem que superar a postura de senhora e dona da natureza, a ser subjugada e explorada, questão completamente distinta é pensar que o Direito possa fornecer proteção verdadeiramente ecocêntrica à natureza: para tanto não está preparado qualquer Direito positivo, nem sequer é o Direito instrumento legítimo e adequado. Aceitar tal postulado não significa ingressar no extremo oposto. Tampouco se pode dizer que a proteção do bem jurídico meio ambiente se realize desde que possa ser reconduzida à proteção, ainda que somente mediata, de bens jurídicos individuais (corrente antropocêntrica moderada); é equivocado dizer que o bem jurídico ambiental somente pode ser deduzido de bens jurídicos individuais.

Tal assertiva é tão despropositada que afeta a efetividade da tutela penal do meio ambiente. O bem jurídico meio ambiente não pode ser considerado simples derivado de bens jurídicos individuais, e deve ser aceito como é: autêntico bem jurídico coletivo, o que não exclui por certo os bens jurídicos individuais que com ele convergem (e já vimos *supra* que a face individual do dano ambiental pode ser um dos aspectos de um mesmo fato), mas também não deixa de ser protegido ainda que não se visualize imediata ou mediatamente algum bem jurídico individual.

Assim é porque existem bens jurídicos individuais e coletivos, isoladamente considerados; e estes últimos, para que

---

Lorenzetti: "*... No estamos en presencia de una nueva especialidad, sino de un sistema jurídico que incorpora la cuestión ambiental en todos los aspectos. Por esta razón se introducen principios jurídicos, valores y objetivos con capacidad para dar una nueva estructura al sistema legal. El pluralismo de fuentes y la regla de precedencia que da prioridad a las normas de tutela ambiental también contribuyen para dar un ´color verde´ al derecho.*"(ob. cit., p. 27).

[210] Ob. cit., p. 189 -193.

sejam legítimos, não necessitam ser reconduzidos aos primeiros. Goza o bem meio ambiente de autonomia, valorada pela humanidade, desde a consciência da sua importância para as presentes e futuras gerações, em interesses que nem sempre são individualizáveis *in concreto*. Desde que se aceite isso na concepção do bem jurídico meio ambiente, serão dados largos passos para uma melhor dinâmica do Direito Penal Ambiental, e evitar-se-ão inúmeros dissensos e a pouca eficácia. A pergunta é: seremos capazes de superar o velho paradigma?

2.7 A ACESSORIEDADE DO DIREITO PENAL FRENTE AO DIREITO ADMINISTRATIVO. NECESSIDADE DE INTEGRAÇÃO

Assentado que é missão do Direito Penal sancionar somente os comportamentos ilícitos de maior gravidade, e fazê-lo com precisão, conseqüência de suas características de fragmentariedade e subsidiariedade, se torna crucial na descrição do delito ambiental a remissão à normativa administrativa[211].

Por mais razoáveis que sejam as críticas às normas penais em branco e seu constante uso no Direito Penal Ambiental, o recurso a elas é inevitável. Não é função do Direito Penal e nem poderia ser estabelecer todo o sistema de licenciamento, o que é e o que pode ser considerado poluição, identificar quais são as espécies protegidas, quais estão sob ameaça de extinção, onde serão permitidas certas atividades, somente para fornecer alguns exemplos. A acessoriedade do Direito Penal quanto ao Direito Administrativo é imperiosa.

É verdade que os tipos penais não determinarão em todas suas circunstâncias a matéria proibida, ao valer-se da norma penal em branco. Não obstante, as duas alternativas ao emprego da norma penal em branco são inviáveis. A primeira seria

211 MOURULLO, ob. cit., p. 163/164. Analisando os diferentes graus de dependência, em três modelos: a) dependência completa, b) dependência relativa, c) independência, ALBRECHT, ob. cit., p. 170-171.

não legislar penalmente sobre meio ambiente, o que representaria um despropósito, quando se considera a relevância desse bem, e deixaria ao final desamparadas as próprias pessoas. A outra alternativa seria que o Direito Penal precisasse detalhadamente todas as circunstâncias do caso, o que converteria a lei penal em um regulamento, acompanhado de todas suas consequências negativas: jamais poderia abarcar todas as condições e mudanças, teria que ser constantemente modificada, resultaria confusa e complexa, com perdas em clareza e simplicidade, maculando o princípio de determinação e taxatividade[212].

Visando a estabelecer limites, e partindo do reconhecimento da inevitabilidade dessa acessoriedade, o Tribunal Constitucional espanhol definiu pautas básicas para a licitude constitucional das normas penais com remissões normativas, ou seja, as normas penais em branco, mediante o cumprimento de três requisitos: a) que o reenvio normativo seja expresso; b) que seja necessário, pela natureza do bem jurídico protegido; e c) que seja limitado, isto é, que os elementos essenciais do delito estejam determinados na norma penal[213].

Por isso, passo muito importante que impende dar é promover a necessária interlocução do Direito Penal Ambiental com o Direito Administrativo. A lei penal ambiental é altamente dependente de melhor integração, tarefa que toca ao legislador, aos órgãos administrativos, à Polícia, ao Ministério Público, ao Poder Judicial e à doutrina. Nisto repousa a chave da efetividade das normas penais ambientais. Sem essa integração se erosiona a lei penal ambiental, e aí sim será um caso de Direito Penal simbólico, em que se atira a lei sobre o colo da Polícia, do Ministério Público e do Poder Judiciário, que pouco poderão fazer por sua implementação[214].

---

212 BUSTOS RAMÍREZ, Juan. *Bien jurídico medio ambiente y necesidad de la pena*, p. 122.

213 MOURULLO, ob. cit., p. 165.

214 Parte da doutrina já percebeu que tal integração é a chave para o êxito das normas penais ambientais, conforme LAZARUS, Richard J. "Meeting the demands of

Muito bem. Esta acessoriedade do Direito Penal em relação ao Direito Administrativo expõe uma das chagas da doutrina penalista ambiental. Em geral não importa muito aos penalistas estudar as características especiais do meio ambiente, preocupando-se apenas em incorporar conceitos do Direito Penal ao ambiente[215].

É mister, como já salientado no capítulo anterior, promover a necessária aproximação e interlocução entre o Direito Ambiental, em seu aspecto de Direito Administrativo, e o Direito Penal, visando a escapar da tão propalada ineficácia do Direito Penal Ambiental. Antes de concluir, frente a esta ineficácia, pelo simbolismo do Direito Penal Ambiental e advogar pela sua eliminação há um longo caminho a percorrer[216].

Além disso, algumas observações devem ser feitas. Há que se reconhecer que enfrenta o próprio Direito Ambiental dificuldades múltiplas em sua vivificação. É difícil legislar para o meio ambiente. Avançam-se as técnicas, e a legislação fica para trás. São várias portarias, resoluções, deliberações, que tentam acompanhar as inúmeras atividades humanas. E se espera muito do Direito, quando antes dele, deve haver as condições para o êxito do previsto na norma. Não se deve pensar que somente porque foi adotada uma lei resolve-se o problema.

---

integration in the evolution of environmental law: reforming environmental criminal law." *The Georgetown Law Journal.* 1994-1995, vol. 83, p. 2408-2529. O professor da *Washington University* examina, a partir de casos em que atuou, seja como membro da equipe de transição do presidente eleito em 1992, seja como conselheiro de Estados e ONGs, como a ausência de integração afeta a efetividade das leis penais ambientais.

215 Observa BRICKEY, Kathleen. "Environmental crime at the crossroads: the intersection of environmental and criminal law theory." *Tulane Law Review,* 1996-1997, vol. 71, p. 497.

216 *"No se pueden desconocer las críticas generales que se hacen al derecho penal frente a su falta de eficacia, lo que ha llevado a la creencia de que existe un derecho penal simbólico. Pese a ello, no se puede confundir el problema eliminando la protección penal del medio ambiente: por el contrario, la labor del penalista se encuentra en perfeccionar la protección y aplicación del derecho penal como mecanismo protector del ambiente."*(LÓPEZ RUIZ, p. 122). Também LAZARUS, p. 2511.

Retomando o curso, deve-se frisar que a integração entre o Direito Administrativo e o Direito Penal não é necessária apenas no âmbito da doutrina e da teoria. Deve ser muito mais profunda. Também devem estar integradas as organizações que aplicam o Direito Penal e o Direito ambiental. Observa-se com frequência a absoluta distância entre a Administração Pública ambiental e os órgãos encarregados de aplicar a lei penal ambiental. Que sejam órgãos independentes está bem; o que não está bem é que não se comuniquem. Muitas vezes nem sequer se conhecem; mas depende o Poder Judiciário da Administração Pública Ambiental para aplicar a lei, o que gera déficits na aplicação da lei penal ambiental ao mesmo tempo que debilita a norma administrativa ambiental, quando esta não conta com a ameaça da sanção penal[217]. Quantas vezes vimos que anos de fiscalização somente se tornaram efetivos quando finalmente intervieram a Polícia Ambiental e o Ministério Público (veja-se o exemplo das operações conjuntas com o Sistema Estadual do Meio Ambiente em Minas Gerais, em questões como a exploração de calcário ou de siderurgia)? Ademais, a instância administrativa é especializada, e em geral a instância judicial, ministerial ou policial civil não. Da leitura do expendido é óbvia a necessidade de uma Polícia especializada, de um Judiciário especializado, de um Ministério Público especializado[218].

Para encerrar, em um Direito Penal tão dependente do Direito Administrativo[219], é fundamental que bem se fiscalize a Administração Pública ambiental, razão pela qual é indispensável a existência de previsão de delitos para este âmbito, pelas

---

217 Observações de ALBRECHT, ob. cit., p. 172.

218 Neste pormenor, relevante a experiência do Ministério Público de Minas Gerais, exemplo seguido posteriormente em outros Estados, com as Promotorias por bacia hidrográfica, conforme SANTIAGO, *O Ministério Público do Estado de Minas Gerais e a atuação por bacia hidrográfica...*, p. 185-200.

219 Contra o que se insurge SCHUNEMANN, ob. cit., p. 194.

condutas ilícitas graves dos funcionários públicos ambientais, como se verifica na Lei 9.605/98, artículos 66 a 69-A, e nos artigos 425 e 426 do projeto para um novo Código Penal.

2.8 CONCLUSÃO

Os riscos que acompanharam as conquistas da Ciência e das novas tecnologias, consequência de decisões conscientes na aplicação do saber técnico e na busca da obtenção de vantagens econômicas, geram uma sensação de insegurança, em uma sociedade etiquetada como sociedade do risco. Surge, então, uma demanda social de maior proteção frente aos riscos manufaturados, que tem sua explicação teórica nos postulados hobbesianos de segurança: os cidadãos, vendo no Estado um protetor, a ele acorrem, com demandas de intervenção frente aos novos riscos, ameaças que antes desconheciam, e que se potencializam até termos inéditos. Neste cenário é fundamental denunciar a inflação da preocupação por segurança, que se espraia em uma hipertrofia indesejável do Direito Penal.

Em um aparente paradoxo, também é necessário afirmar a importância essencial da necessidade de proteções e a legitimidade da busca de proteção, o que permitirá compreender a existência de um Direito Penal do Risco, que buscará atender o afã de segurança, prevenir os grandes riscos provenientes de atividades tecnológicas e industriais e proteger os "novos" bens jurídicos, entre eles o meio ambiente.

Aprofundando o exame neste marco, e especificando-o em relação ao Direito Penal Ambiental, tem-se que muitas das críticas que lhe são dirigidas são consequência de sua equivocada compreensão, no que pertine:

1) à sua missão, que não é melhorar de imediato o estado atual do meio ambiente, e sim tão-somente sancionar os ilícitos mais graves, em proteção fragmentária, lacunosa e subsidiária de bens jurídico-penais coletivos como tais, modesta contribuição em um quadro de complexa estratégia de prevenção do

dano ambiental, na qual se conjugam principalmente questões econômicas, e que, no âmbito do Direito, tem protagonismo o Direito Administrativo;

2) ao bem jurídico protegido, tema em que é imprescindível a superação dos paradigmas antropocêntrico e ecocêntrico, para reconhecer os vínculos e limites que possui o ser humano com a natureza e em seguida projetar o que se espera dessa relação, em que o bem jurídico coletivo meio ambiente deve ser protegido como tal, o que terá reflexos positivos para as presentes e futuras gerações e

3) à inevitável dependência em relação ao Direito Administrativo, correspondendo à doutrina penalista abandonar a postura refratária e aprofundar seus conhecimentos desse Direito, pela sua larga influência nos crimes ambientais.

Já é hora de compreender as características daquela que é a maior preocupação na proteção do meio ambiente: o dano ambiental, para, em seguida, constatar que, querendo evitá-lo, o principio de prevenção se projetou desde seu *locus* originário, o Direito Ambiental, para reforçar-se com o auxílio da mais grave das sanções.

3. A Prevenção do Dano Ambiental

3.1 INTRODUÇÃO

Toda a estratégia do Direito na proteção do ambiente se organiza ao redor do dano ambiental. O próprio nascimento do Direito Ambiental guarda relação com conhecidos casos de danos. Primordialmente tentará o Direito preveni-los, pois em geral sua ocorrência causa consequências irreversíveis. No fracasso da prevenção, se ocupará de sua reparação e repressão.

Muitas dificuldades surgem na organização dessa estratégia. O dano ambiental apresenta características distintas do dano individual tradicional, o que desconcertará a legislação, a doutrina e a jurisprudência, estruturadas em uma visão estritamente antropocêntrica, enraizada no pensamento liberal, que restringe o exercício do poder contra qualquer membro de uma comunidade civilizada a casos de prevenção de danos a outros indivíduos.

Além disso, o conceito de dano ambiental será, necessariamente, um conceito normativo, que refletirá os valores de uma determinada sociedade em sua relação com a natureza.

Neste âmbito, os embates na definição do que constitua um desenvolvimento sustentável influirão na definição do dano ambiental relevante, fazendo com que muitas vezes vergue a proteção jurídica do ambiente em prol da aceitação de considerações de ordem econômica.

Outros fatores também se sobrepõem ao meio ambiente, como o militar, no exemplo do crime de guerra previsto no artigo 8º, parágrafo 2º, b, IV, do Estatuto da Corte Penal Internacional.

Neste marco, é mister conhecer o conceito de dano ambiental, suas características, a ênfase que deposita o Direito na sua prevenção, e investigar como esse princípio da proteção jurídica do ambiente se projeta sobre as vertentes administrativa e civil do Direito Ambiental, para, em seguida, começar a discutir a aplicação do princípio da prevenção do dano ambiental no Direito Penal.

3.2 O DANO AMBIENTAL. O DANO AMBIENTAL COLETIVO, ECOLÓGICO PURO, OU AOS RECURSOS NATURAIS, E O DANO AMBIENTAL INDIVIDUAL

O rio São Francisco percorre 2700 quilômetros exclusivamente em território brasileiro, sendo seu maior rio inteiramente nacional. Nasce em São Roque de Minas, no Estado de Minas Gerais, e deságua em Piaçabuçu, Alagoas. Possui um longo trecho navegável – 1313 quilômetros – entre Pirapora, Minas Gerais, e Juazeiro, Bahia. Sua bacia abrange sete estados, quinhentos e três municípios e população de mais de quinze milhões de habitantes.

Em 1961 foi concluída a construção de uma barragem que o represou em Minas Gerais (*"Barragem de Três Marias"*), com o objetivo de melhorar sua navegabilidade, explorar seu potencial hidrelétrico e estimular a indústria e a irrigação. A Barragem de Três Marias possui 2700 metros de extensão, uma base de 600 metros, altura de 75 metros e sua usina hidrelétrica gera 396.000 kw. O lago originado banha 8 municípios, possui 21 bilhões de metros cúbicos de água e 1.040 metros quadrados de superfície, o que representa quase 9 vezes a Baía de Guanabara, no Rio de Janeiro[220].

Em 1969 a empresa *CMM – Companhia Mineira de Metais*, atual *Votorantim Metais Zinco S.A.*, iniciou suas operações no município de Três Marias, lançando efluentes sem tratamento, *in natura*, no rio São Francisco, incluindo metais pesados, como zinco, cádmio, chumbo, cobre e arsênico. Em 1973 o *Departamento Nacional de Águas e Esgotos* – DNAEE – apontou a empresa como responsável pela contaminação do río, lançando grandes quantidades de material tóxico em suas águas.

O córrego "*Consciência*", a seu turno, durante o período de chuvas, funcionava como una piscina de sedimentação, acumulando grandes quantidades de sedimentos oriundos do rio São Francisco. Em 1974, o DNAEE constatou que o pH no estuário do córrego atingia 3,0, demonstrando a natureza ácida dos efluentes da empresa, além do alto teor de zinco, cádmio e cobre em suas águas. A situação somente não era pior em razão do grande volume de águas do rio São Francisco, que diluía tais metais.

Em 1983, a empresa pôs em operação uma barragem de contenção às margens do rio, hoje nominada "*Barragem Velha*". Seguiu praticando infrações que geraram sanções administrativas, até que, em 2002, obteve licença para uma nova barragem, construída em um vale em que se encontram as nascentes do córrego Consciência, de contenção de sua lama terciária ("*Barragem Nova*"), que desde o início de seu funcionamento apresentou problemas. O Conselho Estadual de Política Ambiental, COPAM, em clara manifestação do fenômeno da captura, con-

---

220 Os dados mencionados constam do *Relatório SISEMA 01/2005*, encontradiço no *Processo COPAM 194/1977* elaborado pelos órgãos de fiscalização ambiental de Minas Gerais (*Fundação Estadual de Meio Ambiente, Instituto Mineiro de Gestão das Águas* e *Instituto Estadual de Florestas*).

trariando o parecer técnico da Fundação Estadual do Ambiente – FEAM, que previa a necessidade de um revestimento de polietileno do dique, situado a apenas duzentos metros do rio São Francisco, concedeu a licença, aceitando a proposta da empresa de operar a barragem sem tal proteção.

O equívoco dos conselheiros se comprovou repetidas vezes ao longo do tempo: a empresa, por fim, teve que operar uma terceira barragem, desativando a anterior, absolutamente ineficiente. Os anos de contaminação acumulada fizeram que o zinco somasse uma quantidade cinco mil duzentas e oitenta vezes maior que o limite normativo no córrego Consciência, e quase o dobro do limite legal quando este encontra o rio São Francisco, onde sofre diluição. Ainda a uma distância de cinco quilômetros o zinco se apresentava próximo do limite normativo, apesar da enorme diluição. Já o cádmio apresentou valores mil cento e quarenta vezes maior que o permitido no córrego, o cobre trinta e duas vezes, e o chumbo quarenta e seis vezes no córrego e o triplo no rio. Os metais pesados possuem propriedades tóxicas sobre os peixes, e a interação entre aqueles aumenta a toxicidade; o cádmio, *e.g.*, tem sua ação incrementada pela presença de zinco e cobre, e se entranha em organismos aquáticos, ingressando na cadeia alimentar, causando problemas de saúde no ser humano como disfunção renal, hipertensão, arteriosclerose, e câncer. Concentra-se nos rins, fígado, pâncreas e tireoide.

Desde a entrada em operação da empresa verificaram-se mortandades de peixes no São Francisco. Todavia, a que ocorreu em 2005, com toneladas de peixes mortos impressionou ainda mais a população ribeirinha. A contaminação industrial de décadas, acumulada, se associou a chuvas abundantes, ao transbordamento de lama altamente tóxica da caixa de contenção da Barragem Nova – em que falhou o sistema elétrico de sucção – e ao derrame extra de resíduos tóxicos da Barragem Velha e, por fim, a um aumento expressivo do vertido da usina hidrelétrica (Barragem de Três Marias), que abriu suas comportas, com impressionante saída superior a 1000 m3/s, alcançando 1800 m3/s em fevereiro daquele ano. As fortes chuvas, a força da correnteza, incrementada pelo aumento expressivo da água que saía da hidrelétrica, provocaram o arrasto da lama tóxica desde as barragens da empresa, e revolveram sedimentos tóxicos acumulados desde 1969. Resultado: toneladas de peixes mortos, a maioria siluriformes, peixes de fundo, que estão mais próximos do sedimento, especialmente o surubim, que teve afetadas brânquias, fígado, pele e olhos, passando de uma toxicidade crônica a uma toxicidade aguda. Além disso, na região há colônias de pescadores, que tiveram prejudicada sua atividade econômica; esperam-se, ainda, danos à saúde humana, da população que se alimenta destes peixes, e pela contaminação do rio, cuja água é empregada no consumo humano.

Outro caso expressivo, agora na Argentina, é o exemplo do Riachuelo, cujo porto natural definiu a localização de Buenos Aires. Em um primeiro instante os barcos ingressavam sem problemas no Riachuelo, contudo passados os anos, em virtude do desmatamento de suas margens e consequente sedimentação, tiveram que esperar que subisse a maré para poder ingressar. Em 1703 já se reclama do assoreamento do canal, e em fins do século XVIII os barcos eram obrigados a entrar "a la sirga", arrastados por cavalos e bois desde as margens, já que a água era insuficiente para seguir navegando. Não por outra razão os invasores ingleses não desembarcaram diretamente no porto do Riachuelo. Não havia água para entrar. O canal se sedimentou de tal maneira que não fosse o descobrimento de um segundo canal natural, aproveitável em substituição do anterior, o porto quedaria inutilizado[221].

Também contribuiu para o dano ambiental a utilização das águas pelo gado, que removia o solo em proteção e o calcinava. Tudo isso, somado à pouca caída na desembocadura do Riachuelo faz com que suas águas pouco se movam desde ali,

[221] BRAILOVSKY, *Memoria verde* ..., p. 62 e ss., amplamente reproduzido neste trecho.

promovendo a decantação da terra em suspensão, que tapa sua entrada.

Passados os séculos, varias indústrias se instalaram na zona, aumentando o assoreamento do Riachuelo e sua contaminação, afetando ademais às pessoas que ali vivem, o que originou o caso relativo à contaminação da Bacia Matanza-Riachuelo. Um grupo de vizinhos responsabilizou as empresas da região, que despejavam diretamente ao rio resíduos perigosos sem tratamento, e o Estado Nacional, a Província de Buenos Aires, o Governo da Cidade Autônoma de Buenos Aires, por não exercer o controle ambiental sobre estas atividades, pelos danos causados pela contaminação da Bacia Matanza-Riachuelo[222].

---

[222] *Mendoza, Beatriz Silvia y otros c/Estado Nacional y otros s/daños y perjuicios (daños derivados de la contaminación ambiental del río Matanza-Riachuelo), Fallos: 329:2316. Fallo 110.530 de la Corte Suprema de Justicia de la Nación*, de 20 de junho de 2006. O caso é *"el mayor referente en lo que va de la historia nacional con respecto a las causas colectivas medioambientales"* (LORENZETTI, Ricardo Luis. *Justicia colectiva.* Santa Fe: Rubinzal Culzoni, 2010, p. 49). A Corte enfrentou o desafio de forma pioneira. Na decisão de 20 de junho de 2006, após esclarecer que era necessário distinguir os interesses individuais dos coletivos, priorizou a prevenção do dano futuro e a recomposição do ambiente atingido, e, no caso de danos irreversíveis, o ressarcimento. Tomou a dianteira e redigiu um roteiro para a implementação do propósito de prevenção e recomposição da legislação ambiental argentina, em ativismo judicial, determinando diversas medidas para os demandados. Como primeiro passo, baseada na Lei 25.675 de 2002, determinou às empresas que providenciassem todas as informações necessárias sobre suas atividades. E aos entes públicos demandados determinou a apresentação de um plano integrado que contemple o ordenamento ambiental do território, o controle sobre o desenvolvimento das atividades antrópicas, o licenciamento das empresas envolvidas, um programa de educação ambiental, e um programa de informação ambiental pública a todo aquele que a requerer. A Corte realizou diversas audiências públicas, e decisões interlocutórias, com o objetivo de aproximar-se da esperada recomposição. Por exemplo, na decisão de 8 de julho de 2008, esclareceu quem era o responsável pela programa de recuperação: a *Autoridad de Cuenca* que contempla a Lei 26.168, Lei da Bacia Matanza Riachuelo, de 2006, sem prejuízo da responsabilidade do Estado Nacional, da Província de Buenos Aires e da Cidade Autônoma de Buenos Aires, responsabilidade que primariamente lhes corresponde em função da ocupação territorial da bacia hidrográfica e das obrigações impostas em matéria ambiental por disposições específicas da Constituição Nacional. E dispôs vários deveres para a *Autoridad de Cuenca Matanza Riachuelo - ACUMAR*. Diversas vistorias, com fechamento de empresas, exigências de melhorias nas atividades, obras de saneamento, dentre

Os números são grandiosos. Trata-se de uma área intensamente povoada e industrializada, com aproximadamente 3 milhões de habitantes, que abrange parte da Cidade de Buenos Aires e onze outras da Província de Buenos Aires, e os danos representam séculos de contaminação ambiental, com reflexos na saúde dos vizinhos.

Os dois casos demonstram a complexidade do dano ambiental, adequadamente nominado como desconcertante, pelos problemas e discussões que traz à doutrina e jurisprudência[223]. Intrincadas interações causais, consequências que se verificarão décadas depois, efeitos anteriormente desconhecidos... O Direito deve lidar com as mui distintas características do bem meio ambiente, o que impõe ao Direito Ambiental um caráter

---

outras medidas, ocorreram desde a primeira decisão. E falta muito por fazer, depois de séculos de problemas. A questão do caminho de *sirga* segue bastante atual. Como a Corte determinou a execução de suas decisões no caso pelo *Juzgado Federal de Primera Instancia de Quilmes*, seu magistrado decidiu em 28 de março de 2011 declarar a Bacia Matanza-Riachuelo como zona crítica de proteção especial com servidão de passagem ambiental, o que inclui a "Traza Costera Ambiental" (*Boletín oficial n. 32.127*, 11 de abril de 2011, primeira seção, p. 46), que outra coisa não é senão o "*camino de sirga*" acima identificado. E determinou a retirada de todas as obstruções que invadem a zona crítica.

223 CAFFERATTA, Néstor A. *Daño ambiental*. Em: LORENZETTI, Ricardo Luis. *Derecho Ambiental y Daño*. Buenos Aires: La Ley 2009, p. 40. Para ampliação sobre o tema dano ambiental, BESALÚ PARKINSON, ob. cit.; LORENZETTI, *Derecho Ambiental y daño...*, especialmente o capítulo de CAFFERATTA, Néstor A. *Daño ambiental*, p. 11-92; MORELLO, Augusto M.; CAFFERATTA, Néstor A. *Visión procesal de cuestiones ambientales*. Buenos Aires: Rubinzal-Culzoni, 2004 e MOSSET ITURRASPE, Jorge; HUTCHINSON, Tomás; DONNA, Edgardo A; *Daño ambiental*. 2 t., 2 ed., Buenos Aires: Rubinzal Culzoni, 2012; BENJAMIN, Antonio Herman V. (Coord). *Dano ambiental: prevenção, reparação e repressão*. São Paulo: Editora Revista dos Tribunais, 1993; LEITE, José Rubens Morato. *Dano Ambiental: do individual ao coletivo extrapatrimonial*. José Rubens Morato Leite, Patryck de Araújo Ayala. 3 ed., São Paulo: Editora Revista dos Tribunais, 2010; MIRRA, Álvaro Luiz Valery. *Ação Civil Pública e a Reparação do dano ao meio ambiente*. São Paulo: Juarez de Oliveira, 2002; PINHO, Hortênsia Gomes. *Prevenção e reparação dos danos ambientais: as medidas de reposição natural, compensatórias e preventivas e a indenização pecuniária*. Rio de Janeiro: GZ Ed., 2010; e STEIGLEDER, Annelise Monteiro. *Responsabilidade civil ambiental: as dimensões do dano ambiental no direito brasileiro*. 2 ed., Porto Alegre: Livraria do Advogado, 2011.

descodificante, herético, mutante, contestador, invasor, novo, mutante e abrangente[224]. Além disso, a lei ambiental é inspiradora, pois intenciona mudar um estilo de vida, e possui tendência dinâmica e evolucionária[225].

As dificuldades do tratamento jurídico do dano ambiental começam pela sua apresentação. Como realçado no capítulo anterior, o dano ambiental é essencialmente bifronte, ambivalente, pois abrange aspectos coletivos e individuais. De um mesmo fato lesivo podem surgir várias consequências. O dano ambiental abrange os danos aos recursos naturais e suas consequências (no exemplo do São Francisco, a contaminação de suas águas, a mortandade dos peixes); mas também os efeitos negativos causados sobre os indivíduos estão abrangidos pela expressão dano ambiental, configurando um dano particular (os prejuízos aos pescadores, à saúde das pessoas que utilizam a água do rio e se alimentam de seus peixes)[226].

Daí já nasce a primeira distinção, entre dano ambiental coletivo, ecológico puro, ou aos recursos naturais, e o dano ambiental individual, ou dano por intermédio do ambiente. Isso trará especial dificuldade ao Direito Penal na discussão sobre a concepção do bem jurídico protegido, se ecocêntrica ou antropocêntrica, quando, em verdade, como visto, são as duas, pela estrutura dual do dano ambiental, razão pela qual devem ser superados os paradigmas.

---

[224] Lista de epítetos de CAFFERATTA, baseado em ampla doutrina, em CAFFERATTA; MORELLO. *Visión procesal ...*, p. 22-8.

[225] LAZARUS, p. 2424-6.

[226] Como exemplo de danos coletivos e individuais derivados do mesmo fato – dano ambiental – o acórdão civil Almada, Hugo V. Copetro S.A. y otros, "Daños y perjuicios", Ac. 60094, Suprema Corte de la Provincia de Buenos Aires, S. 19-5-1998, em que se prolatou decisão única juntamente com Ac. 60.251 "Irazu, Margarita V. Copetro S.A. y otro. Daños y perjuicios" e Ac. 60.254 "Klaus, Juan Joaquín V. Copetro S.A. y otro. Daños y perjuicios", conhecido como "Almada c. Copetro S.A.", no qual a dispersão ao ar livre de substância carcinogênica originou o dano ambiental coletivo – contaminação do ar, bem de uso comum, e danos ambientais individuais, à saúde das pessoas.

Essa dualidade implica desafios ao Direito, pois a reação jurídica tradicional é cuidar do dano individual, situação muito bem traduzida na ideia anglo-saxã do princípio do dano (*harm principle*), resumido pelo filósofo John Stuart Mill quando afirma que o único propósito pelo qual se permite o exercício do poder sobre um membro de uma comunidade civilizada, contrariamente a sua vontade, é para prevenir que este prejudique aos demais[227].

Por conseguinte, a existência de qualquer intervenção pública, legislação penal, civil ou administrativa, tem como base a prevenção de danos a outros indivíduos, em uma visão marcadamente antropocêntrica, que ainda ecoa nas discussões penais ambientais, especialmente na versão alemã (agora fundada em termos de bem jurídico) da teoria pessoal do bem jurídico de Hassemer, que postula a derivação a partir do indivíduo de todo juízo de merecimento de pena, que aceita bens jurídicos coletivos somente quando possam ser instrumentalizados desde o indivíduo[228], em resumo, desde que afetem bens individuais.

Como consequência, essa tutela do direito individual sempre existiu, isto é, a proteção do prejuízo causado à pessoa em seu patrimônio individual ou saúde[229] (ainda que em termos de saúde pública). Primeiro, no sistema de responsabilidade civil, como o faziam tradicionalmente, e assim prosseguem, Argentina e Brasil em seus Códigos Civis, conforme artigos 1109,

---

[227] *"The only purpose for which power can be rightfully exercised over any member of a civilized community, against his will, is to prevent harm to others."* MILL, John Stuart. *On Liberty*. Yale: Yale Univ. Press, 2003, (1859), p. 80. Sobre o aspecto central do dano na proteção do ambiente, a normatividade do conceito e influência do pensamento liberal em sua definição, LIN, Albert C. "The unifying role of harm in environmental law." *Wisconsin Law Review*, 2006, p. 897-985. E sobre as contribuições que o princípio do dano, empregado pela doutrina penalista anglo-saxã, pode oferecer à teoria do bem jurídico, VON HIRSCH, Andrew. *El concepto de bien jurídico y el "principio del daño"*; KAHLO, Michael. *Sobre la relación entre el concepto de bien jurídico y la imputación objetiva en Derecho Penal* e SEHER, Gerhard. *La legitimación de normas penales basada en principios y el concepto de bien jurídico*, todos em HEFENDEHL, *La teoría del bien jurídico ...*, p. 37-92.

[228] Conforme SEHER, ob. cit., p. 74, analisando o pensamento de Hassemer.

[229] PINHO, ob. cit., p. 141.

1113 e 2618 do Código Civil[230], para a primeira (e a remissão do artigo 40 da Lei 25.612, de Resíduos Industriais), e artigos 186, 187 e 927, no Brasil (sendo que no Código anterior, de 1916, se tratava do assunto no artigo 159). Também o Direito Penal destes países assim reagia, como no artigo 200 do Código Penal argentino e no artigo 270 do Código Penal brasileiro[231].

Outros países do Mercosul apresentam essa reação desde o dano individual, como Paraguai, nos artigos 1833, 1834, 1835, 1846 e 2.000 de seu Código Civil, quando aborda a responsabilidade em termos gerais. Tal disciplina, que configura uma visão liberal em que o dano considerado nada mais é que o dano às pessoas por meio do ambiente não é, ainda, a de um Direito Ambiental propriamente dito.

Esse Direito jovem[232] se viu obrigado a cuidar do dano ambiental coletivo, como reconhece expressamente (*"el presente ca-*

---

230 A doutrina argentina entende que o conceito do artigo 27 da Lei 25.675 abrange somente os danos de incidência coletiva, apesar da opinião contrária de CAFFERATTA, *Daño ambiental...*, p. 26.

231 Art. 200. Será reprimido con reclusión o prisión de tres a diez años, el que envenenare o adulterare, de un modo peligroso para la salud, aguas potables o sustancias alimenticias o medicinales, destinadas al uso público o al consumo de una colectividad de personas. Si el hecho fuere seguido da muerte de alguna persona, la pena será de diez a veinticinco años de reclusión o prisión.
Art. 270 - Envenenar água potável, de uso comum ou particular, ou substância alimentícia ou medicinal destinada a consumo: Pena - reclusão, de dez a quinze anos. § 1º - Está sujeito à mesma pena quem entrega a consumo ou tem em depósito, para o fim de ser distribuída, a água ou a substância envenenada. Sobre as relações entre saúde e meio ambiente, bem como a discussão sobre se o artigo 200 do Código Penal argentino protege a saúde ou o ambiente, CAFFERATTA, Néstor A. "Derecho a la salud y derecho ambiental". Revista de Derecho Ambiental, n. 18, abril/junho 2009, p. 1-17.

232 O Direito Ambiental é um Direito mais do que jovem. Os juristas estão acostumados a remontar ao Direito Romano para encontrar o antecedente das normas que hoje nos regem, como é o caso do dano ambiental individual. Já no Direito Ambiental as discussões não completaram ainda cinquenta anos. Apesar disso, alcançou grande desenvolvimento, alto grau de normatividade – com amplo reconhecimento como direito fundamental em todo o mundo – e vivencia um curioso fenômeno: o Direito Internacional tem ido à frente do Direito interno dos Estados, quando, em geral, sucede o contrário. Fenômenos como a poluição transfronteiriça, a exportação de contaminação, a globalização econômica e suas

pítulo establece las normas que regirán los hechos o actos jurídicos, lícito o ilícitos que, por acção u omisión, causen daño ambiental de incidencia colectiva") o artigo 27 da Lei Geral do Ambiente argentina (*"se define el daño ambiental como toda alteración relevante que modifique negativamente el ambiente, sus recursos, el equilibrio de los ecosistemas, o los bienes o valores colectivos"*). O Direito brasileiro não fornece um conceito de dano ambiental, mas esse é extraído da interpretação da Lei 6.938/1981, quando define a degradação ambiental (artigo 3º, II: *"alteração adversa das características do meio ambiente"*), distinguindo-a da poluição[233].

A dualidade do dano ambiental se projeta sobre o Direito Processual. No civil, quando da distinção entre legitimados extraordinários, titulares de interesses difusos e os titulares dos direitos individuais afetados[234]. Mas também se espalha sobre o

---

consequências sobre o ambiente, enfim, as discussões de índole planetária sobre a sobrevivência do ser humano frente às continuas agressões ao ambiente, motivaram o tratamento internacional da questão. E depois o seguiram os Direitos internos. (HERRERO da FUENTE, Alberto A. *El derecho a la protección del medio ambiente. A propósito de la Carta de Derechos Fundamentales de la Unión Europea.* Em: DRNAS DE CLÈMENT, Z. (coord.), *Estudios de Derecho Internacional en homenaje al profesor Ernesto J. Rey Caro,* 2 vols.., Córdoba (Argentina): Drnas-Lerner Editores, 2002, t. II, p. 999). No mesmo sentido, SHAW, Malcolm N. *International law.* 6 ed., New York: Cambridge University Press, 2008, p. 129-30.

233 *Art. 3º - Para os fins previstos nesta Lei, entende-se por: ... III - poluição, a degradação da qualidade ambiental resultante de atividades que direta ou indiretamente: a) prejudiquem a saúde, a segurança e o bem-estar da população; b) criem condições adversas às atividades sociais e econômicas; c) afetem desfavoravelmente a biota; d) afetem as condições estéticas ou sanitárias do meio ambiente; e) lancem matérias ou energia em desacordo com os padrões ambientais estabelecidos.* Exemplo legislativo específico sobre a dualidade, na República Dominicana, é a Lei 64 de 2000, sobre Meio Ambiente e Recursos Naturais, quando determina em seu artigo 183 a reparação do dano ambiental individual e coletivo: a) em relação ao primeiro, quando dispõe a obrigação de indenizar economicamente as pessoas que tenham sofrido danos e/ou prejuízos, em consideração ao dano ambiental individual; b) quanto ao segundo, quando determina a obrigação de reparar, repor, ressarcir, restituir, restaurar ou reabilitar a seu estado original, na medida do possível, o recurso natural eliminado, destruído, menoscabado, diminuído, deteriorado ou modificado negativamente.

234 A distinção é tradicionalmente aceita nas doutrinas argentina e brasileira (CAFFERATTA, *Daño ambiental...,* p. 33-5). A dualidade é reconhecida legislativamente no Brasil desde 1981 (Lei 6.938, art. 14, parágrafo primeiro): *"é*

Direito Processual Penal. Primeiro, nos países que estabelecem tipos ambientais e exigem a reparação do dano, como o Brasil, cuidando do dano ecológico. E, nesse aspecto, constitui dispositivo avançado o artigo 84 do Código Processual Penal da Província de Buenos Aires, que, a seu turno, guarda consonância com o Código de Procedimento Penal italiano de 1988, que prevê o exercício dos direitos e faculdades que correspondem aos entes coletivos, mas exige o consentimento da pessoa ofendida[235]. A acolhida da vítima coletiva ou difusa exprime uma tendência superadora da concepção exclusivamente individual das vítimas do crime.

Essa expansão do conceito de dano para uma órbita coletiva é aceita ainda por aqueles que possuem uma visão antropocêntrica e acolhem o principio do dano; de fato, para uma visão antropocêntrica moderada, a concepção de dano é alargada porque hoje em dia são cada vez mais conhecidos os processos interativos causais dos danos, a humanidade cresceu, as atividades geram impactos cumulativos, e a interação entre estes aumentam os efeitos da ação humana; portanto, mais que restringir áreas de intervenção estatal, atualmente a mais importante função do *harm principle* é recordar a interconectividade existente entre todos os seres humanos, motivo pelo qual as leis ambientais existentes – penais inclusive – não ferem o princípio liberal do dano[236], o que realça o radicalismo da teoria pessoal ou monista do bem jurídico hassemeriana.

---

o poluidor obrigado independentemente da existência de culpa, a indenizar ou reparar os danos causados ao meio ambiente e a terceiros, afetados por sua atividade."

235 Tal preocupação se manifestara no *XVII Congreso Argentino de Derecho Ambiental*, em 1993, quando se debateu a incorporação de um capítulo referente aos direitos da vítima, atendendo aos crimes com vítimas difusas (CAFFERATTA, Néstor A. *El artículo 84 del Código Procesal Penal de la Provincia de Buenos Aires*. Em: CAFFERATTA, Néstor (dir.). *Summa Ambiental. Doctrina – Legislación – Jurisprudencia*. Buenos Aires: Abeledo-Perrot, 2011, v. II, p. 1603-4).

236 LIN, p. 984-5, reiterando a posição de Joel Feinberg, quem mais se ocupou na doutrina anglo-saxã da análise do principio do dano hodiernamente, em especial na obra *The Moral Limits of the Criminal Law*, dividida em quatro tomos (*Harm to Others*, de 1984, *Offense to Others*, de 1987, *Harm to Self*, de 1986 e *Harmless Wrongdoing*, de 1988, publicados em Nova Iorque, pela Oxford University

Hoje em dia o próprio Direito Penal reconhece a dualidade do dano ambiental, como no artigo 58, II e III, da Lei 9.605/98, que aumenta a pena por contaminação prevista nos artigos 54 a 56 em caso de lesão corporal grave ou morte.

O conceito de dano ambiental encerra outro aspecto, antevisto quando da leitura do artigo 27 da Lei Geral do Ambiente argentina, pois também trata da alteração negativa de "*los bienes o valores colectivos*". Tanto a Argentina como o Brasil aceitam a existência de um meio ambiente cultural. A primeira expressamente, conforme artigo 2º, a) da Lei 25.675, que reconhece que a preservação, conservação, recuperação e melhoria da qualidade dos recursos ambientais inclui os recursos culturais. Já no Brasil, apesar de a Constituição tratar do ambiente natural separadamente do artificial (artigos 225 e 216, respectivamente), a doutrina e a jurisprudência majoritárias reconhecem o patrimônio cultural como aspecto do ambiente[237]. A Lei de Crimes Ambientais cuida dos crimes contra o ordenamento urbano e patrimônio cultural em seus artigos 62 a 65[238].

Press). Feinberg admite expressamente o Direito Penal do Ambiente desde uma perspectiva do *harm principle,* no primeiro volume (p. 61 e ss, p. 187 e ss e p. 227 e ss). Não obstante, HIRSCH – ob. cit., p. 51, entende que os limites do *harm principle* são superados nos delitos ambientais – p. 61, posição distinta da de SEHER – ob. cit., p. 82, que defende que o princípio do dano melhor justifica a prevenção nos crimes contra o meio ambiente que a perspectiva do bem jurídico coletivo.

237 Sobre o tema, no Brasil, MIRANDA, Marcos Paulo de Souza. *Tutela do patrimônio cultural brasileiro: doutrina, jurisprudência, legislação.* Belo Horizonte: Del Rey, 2006, p. 11-20, e, na Argentina, ESAÍN, José, GARCÍA MINELLA, Gabriela, JIMÉNEZ, Eduardo Pablo, *La cuestión de la tutela ambiental antes y después de la reforma constitucional de 1994. Un análisis crítico del art. 41 de la Constitución Nacional,* em GARGARELLA, Roberto; (coord.), *Teoría y crítica del Derecho Constitucional.* Buenos Aires: Abeledo-Perrot, 2008, Volume 2, p. 1005. O parágrafo segundo do artigo 41 da Constituição argentina inclui expressamente o patrimônio cultural.

238 A proteção do patrimônio cultural traz à lembrança a já mencionada expressão "fim da natureza". Poucas são as áreas intocadas. E se observa na prática que alguns casos de atuação do Ministério Público no Brasil que possuem como fundamento a proteção do patrimônio cultural acabam por proteger áreas de importantes recursos naturais em que inserido o bem cultural protegido, às vezes com mais eficiência que se fossem utilizados argumentos de defesa do

Em verdade a definição do dano ambiental passa, necessariamente, pelo conceito que o país adote de meio ambiente. Alguns aceitarão um critério amplo, como o Brasil, abrangendo os recursos naturais, o patrimônio cultural e artificial, com o reconhecimento de um ambiente natural, cultural e urbano. Outros restringirão o conceito para o ambiente natural. Isto não implica que o patrimônio cultural e o ordenamento urbano não estarão protegidos nos países que adotam o conceito restritivo, mas que não terão o *status* de ambiente.

3.3 O DANO AMBIENTAL RELEVANTE

Os danos ambientais apresentam características que implicarão um diálogo tortuoso com o Direito[239]. Primeiro, pela incerteza científica de seu conteúdo, a complexidade da configuração de suas causas e consequências, as múltiplas fontes contaminantes, a ausência de limites geográficos ou temporais[240]. Tudo isto acarretará dificuldades probatórias. Contudo, antes de razões que concernem à própria ontologia do dano ambiental, esse diálogo na busca da prevenção e reparação do dano se apresentará ainda mais difícil quando da definição do que seja o dano ambiental, em especial o dano ambiental relevante.

O conceito de dano ambiental é normativo, o que refletirá as opções de uma sociedade em sua relação com a natureza, que interesses devam prevalecer. Aqui ecoa outra vez a disputa na definição de um desenvolvimento sustentável, pois,

meio ambiente natural, de que são exemplos os casos de proteção de montanhas ameaçadas pela exploração mineira da Serra da Moeda e do Santuário do Caraça em Minas Gerais, retratados respectivamente no acordo judicial celebrado nos autos 024.08.248.424-7, da 6ª Vara da Fazenda Pública de Belo Horizonte e no compromisso de ajustamento de conduta firmado no Inquérito Civil nº 0572.10.000016-3, da Promotoria de Santa Bárbara. As montanhas das duas regiões se encontram em locais de importante valor histórico para o Estado.

239 STEIGLEDER, p 21, onde recorda que o dano ambiental não revela prontamente sua extensão, o que gera ruídos na comunicação entre a Ecologia e o Direito, e impede sua efetiva reparação.

240 PINHO, p. 144-5.

como enfatiza o princípio 2 da Declaração do Rio, os Estados têm o direito de explorar seus recursos conforme suas políticas ambientais e, por acréscimo perfeitamente compreensível, de desenvolvimento. Predomina na definição a ideia de que se devem reduzir alguns impactos específicos, mais que mudar a forma de produção, o próprio desenvolvimento. Ponderações econômicas, de custo-benefício, mais que ecológicas, prevalecerão, colocando em uma posição subalterna o objetivo de proteção ambiental, em relação ao crescimento econômico[241].

Neste sentido, como constatado do artigo 27 da *Ley General del Ambiente* argentina, nem todo dano ambiental será objeto de preocupação do Direito, senão somente o dano ambiental relevante ("*se define el dano ambiental como toda alteración relevante ...*"). Portanto, nem todo dano aos recursos naturais será objeto de prevenção e reparação. Deve existir um umbral que separe todo e qualquer dano do dano tolerável, necessário, para o desenvolvimento das atividades humanas – o artigo 2618 do Código Civil argentino se refere expressamente à normal tolerância[242].

O Direito Penal também imporá umbrais na definição de dano relevante, como é exemplo na Argentina o artigo 206 do Anteprojeto de Código Penal originado da Comissão constituída pelas Resoluções n. 303/04 e 136/05 do Ministério da Justiça e Direitos Humanos:

> *Art. 206. Será reprimido con prisión de un (1) mes a cinco (5) años y multa de noventa (90) a seiscientos (600) días multa el que contraviniendo leyes o disposiciones protectoras del medio ambiente, lo contaminare o degradare mediante emisiones, vertidos, radiaciones, vibraciones, ruidos, extracciones, inyecciones o depósitos en la atmósfera, suelo, aguas terrestres, marítimas o subterráneas*

---

241 GOMES, Carla Amado; ANTUNES, Tiago. "O ambiente no Tratado de Lisboa. Uma relação sustentada." *Revista de Direito Ambiental*. Ano 15, n. 60, out.-dez. 2010, p. 163.

242 A doutrina brasileira também postula a relevância do dano (STEIGLEDER, ob. cit., p. 110-119).

o por cualquier otro medio, en perjuicio da integridad ecológica de los sistemas naturales.

Observa-se que este artigo trabalha com o conceito de resiliência, pois não será qualquer contaminação que constituirá dano ambiental relevante para a sanção penal, mas somente aquela que *afecte la integridad ecológica de los sistemas naturales,* isto é, a capacidade de de depuração destes sistemas. A fundamentação do Anteprojeto, em seu item XVI, esclarece que esta capacidade de recuperação do ambiente (resiliência) integra o tipo como seu elemento, e a conceitua como

"la capacidad de un ecosistema de mantener su estructura y funcionamiento a lo largo del tiempo de su evolução natural, en el marco de condiciones cambiantes por causas naturales o antrópicas que le confiere capacidad para responder (recuperarse) a las perturbaciones de origen natural y/o humana; es el concepto que en estudios especializados se utiliza como forma de describir el estado de buena salud de cualquier ecosistema (v. gr., un río contaminado pierde su integridad ecológica, está enfermo, degradado o dañado, cuando pierdas características y funciones que le permiten autodepurarse) y que hace posible entender, en el ámbito penal, la direcção del perjuicio exigido...[243]"

O conceito de dano significativo associado à capacidade de carga – resiliência, está presente ainda na Diretriz 2004/35/CE, de 21 de abril de 2004, sobre responsabilidade ambiental em relação à prevenção e reparação de danos. A Diretriz, em seu artigo 2º, 1, a), quando conceitua o dano ambiental, exige que o dano às espécies e hábitats naturais protegidos tenha "*efeitos significativos adverso para a consecução ou a manutenção do estado de conservação favorável desses habitats ou espécies*" ou, em caso de dano às águas (art. 2º, 1, b), que este afete "*adversa e significativamente o estado ecológico, químico e/ou quantitativo, e/ou o potencial ecológico das águas em questão, definidos na Diretiva*

[243] Destaca SARRABAYROUSE – ob. cit., p. 55-6 – a complexidade do conceito.

2000/60/CE". Nos danos ao solo exige, além da contaminação, "*um risco significativo de a saúde humana ser afetada adversamente*".

Também o artigo 54 da Lei 9.605/98 brasileira impõe umbral elevado, pois recusa para a configuração do delito qualquer poluição, exigindo que se apresente em níveis tais que possam causar danos à saúde humana, ou causar a mortandade de animais ou destruição da flora:

> *Art. 54. Causar poluição de qualquer natureza em níveis tais que resultem ou possam resultar em danos à saúde humana, ou que provoquem a mortandade de animais ou a destruição significativa da flora. Pena: reclusão, de um a quatro anos, e multa.*

A prática demonstra que os problemas surgem na definição desse umbral que permite caracterizar a relevância do dano. Como abordado quando do exame das normas penais em branco, as normas administrativas que cuidam da poluição (e é comum que delas dependa o Direito Penal, como o faz o artigo 206 do Anteprojeto argentino quando exige a contravenção a *leyes o disposiciones protectoras del ambiente*) por vezes admitem níveis tão altos que na prática sanção alguma é aplicável, gerando o já citado paradoxo quanto mais se envenena menos se envenena, pois, ainda que se siga poluindo cada vez mais, o sistema legal admite níveis continuamente mais altos, razão pela qual, formalmente, não se polui, ou não se "envenena", em perversão do conceito de desenvolvimento sustentável. O primeiro obstáculo de proteção, as normas administrativas, muitas vezes fracassa – deliberadamente - de forma retumbante, arrastando consigo a proteção penal.

E os motivos são claros. Na tensão entre o crescimento e a conservação, que delimita a fórmula do desenvolvimento sustentável, as razões econômicas costumam vencer com margem folgada. O fato é que os Estados consideram, em um ambiente de competição, que a natureza será um recurso que é preciso dominar e que devem dele se apropriar, em vez de vê-la como um patrimônio comum a conservar, de forma a transmiti-lo às gerações futuras[244]. No exercício da atividade de controle do crescimento, dos danos que se devem evitar, os Estados impulsionam sem muita ênfase o Direito Ambiental, em uma batalha na maioria das vezes perdida contra as forças econômicas:

> *"Traducido a términos sociopolíticos, la crisis ecológica supone una vulneración sistemática de derechos fundamentales cuyos efectos desestabilizadores para la sociedad a largo plazo nunca serán suficientemente valorados. Pues los peligros se crean industrialmente, se externalizan económicamente, se individualizan jurídicamente, se legitiman científicamente y se minimizan políticamente[245]."*

E assim segue o trem da história. Muito discurso a favor do ambiente e pouco ou nenhum compromisso efetivo dos Estados com a conservação ambiental. É o predomínio da unanimidade enganadora, tão bem etiquetada por Ost[246], em que

---

244 ALPHANDÉRY; BITOUN; DUPONT. *O equívoco ecológico..*, p. 28.

245 BECK, p. 139, destaques do autor. Exemplo da projeção internacional de tais vicissitudes se encontra na postura dos países desenvolvidos (Estados Unidos particularmente) de não aceitar a criação de normas ambientais que possam ter uma repercussão relevante em sua economia ou afetar setores industriais estratégicos ou sensíveis, assim como o reverso da medalha: os países em desenvolvimento não aceitam limites a seu crescimento, situação nitidamente visualizada na Conferência das Nações Unidas sobre o Meio Ambiente e Desenvolvimento, em 1992. Estados Unidos e outros países do G-7 encetaram discussões para a formulação de um tratado protetor das florestas tropicais. Os países do G-77, liderados por Malásia e Brasil, sob o argumento de que esta seria uma restrição dissimulada dos países ricos ou uma tentativa de preservar as florestas do Sul enquanto os países ricos seguiriam com as emissões de gases de efeito estufa, propuseram que se abrangesse, além das florestas tropicais, a floresta boreal e a floresta temperada, o que amainou o entusiasmo do Norte por um tratado. Resultado: mais um documento internacional sobre o meio ambiente sem força vinculante, explicitamente denominado Declaração Autorizada – sem força jurídica obrigatória – de Princípios para um Consenso Mundial sobre a Ordenação, a Conservação e o Desenvolvimento sustentável das Florestas de Todo Tipo, que anos mais tarde originaria a Resolução 2007/40 do Conselho Econômico e Social das Nações Unidas, com seu Instrumento Juridicamente Não Vinculante sobre Todos os Tipos de Florestas (BECK, p. 247).

246 OST, *A natureza...*, p. 19-20. Como observam SHOVER, Neal; ROUTHE, Aaron. "Environmental crime". *Crime & Justice*. Vol. 32, 2005, p. 338: *"...There was often disparity between a firm's public position on environmental protection and its environmental practices."*

o discurso de que todos são amigos do meio ambiente não se traduz na prática dos Estados e das empresas. O grande reconhecimento de que desfruta o tema ambiental é uma coisa, o diagnóstico generalizado de que ao mesmo tempo predomina um déficit de responsabilização e imputação é outra, completamente distinta[247].

A saturação da noção de desenvolvimento sustentável é evidente; casos submetidos à Corte Internacional de Justiça o demonstram claramente, como o caso *Gabcikovo-Nagymaros* (1997), em que lhe foi negada a natureza de princípio, sendo aceito apenas como mero conceito (§ 140 da decisão), ou o caso *Botnia*, em que se opôs a Argentina ao Uruguai na construção de uma indústria de papel próximo ao Rio Uruguai. No § 177 da decisão se reconhece a necessidade de ponderação entre interesses ecológicos e econômicos, essência do desenvolvimento sustentável, apontando para um *modus operandi*, uma enunciação casuística, e não para um principio substantivo, que imponha freios ao crescimento econômico. São proclamações politicamente mobilizadoras, mas normativamente vazias[248].

Não bastasse, também outros motivos, além da lógica econômica, prejudicam a proteção do ambiente. O Direito Penal Internacional carrega consigo um eloquente exemplo no qual a definição jurídica do dano ambiental relevante está impregnada de exigências de dimensões tão amplas que impede qualquer efetividade na proteção do ambiente, subordinada que foi à racionalidade militar, razão pela qual incumbe dar alguns passos (sem pisar em minas) nesta seara.

---

247 BECK, p. 244. Criticando o conceito de desenvolvimento sustentável, fórmula lírica e encantadora, de sonoridade agradável mas juridicamente destituída de conteúdo, e que perdeu sua inocência na Declaração do Rio de Janeiro em 1992, GOMES; ANTUNES, ob. cit., p. 149-186.

248 GOMES; ANTUNES, p. 158-163.

3.3.1 O dano ambiental relevante no crime de guerra ambiental

Não constitui hipérbole afirmar que os crimes ambientais podem vitimizar populações ou nações inteiras[249], ameaçar os três valores chave do Direito Penal Internacional, consagrados no preâmbulo do Estatuto da Corte Penal Internacional - ECPI (a paz, a segurança mundial, e o bem-estar da humanidade), transpassar as fronteiras nacionais e afetar mais de um Estado.

E não somente em um contexto de um conflito armado, pois, como reconhecido pelo Conselho de Segurança da ONU[250], a singela ausência de guerras e de conflitos militares entre Estados não garante a paz e a segurança mundial: os danos ambientais podem representar uma ameaça a estes, pelo que merece a matéria alta prioridade.

Em alguns casos, a disputa pelos recursos naturais pode constituir a própria causa do conflito armado, como a Guerra do Pacífico, que enfrentou o Chile contra a Bolívia e o Peru entre 1879 e 1883 pela posse do salitre do deserto de Atacama[251]. Em outros, a devastação ambiental será utilizada como estratégia para obter a vitória.

Conforme a Declaração do Rio sobre o Meio Ambiente e o Desenvolvimento, de 1992, em seu princípio 24

> *"A guerra é, por definição, prejudicial ao desenvolvimento sustentável. Os Estados irão, por conseguinte, respeitar o direito internacional aplicável à proteção do meio ambiente em tempos de conflitos armados e irão cooperar para seu desenvolvimento progressivo, quando necessário."*

---

249 SHOVER; ROUTHE, p. 324.

250 Nota do Presidente do Conselho de Segurança, UN SCOR, 3046th mtg, en 3, UN Doc S/23500, 1992, recordada por FREELAND, Steven. "Human rights, the environment and conflict: addressing crimes against the environment". *2 SUR, International Journal on Human Rights*, ano 2, n. 2, 2005, p. 114.

251 BRAILOVSKY, *Historia ecológica de Iberoamérica II ...*, p. 102-3.

Dos três tipos penais de Direito Penal Internacional, o único que faz referência expressa à proteção do ambiente é o crime de guerra, conforme artigo 8º, parágrafo 2º, b, IV, do Estatuto da Corte Penal Internacional:

> *Artigo 8. Crimes de guerra.*
> *1. O Tribunal terá competência para julgar os crimes de guerra, em particular quando cometidos como parte integrante de um plano ou como parte de uma prática em larga escala desse tipo de crimes.*
> *2. Para os efeitos do presente Estatuto, entende-se por 'crimes de guerra':*
> *...b) Outras violações graves das leis e costumes aplicáveis em conflitos armados internacionais no âmbito do direito internacional, a saber, qualquer um dos seguintes atos:*
> *... IV) Lançar intencionalmente um ataque, sabendo que o mesmo causará perdas acidentais de vidas humanas ou ferimentos na população civil, danos em bens de caráter civil ou prejuízos extensos, duradouros e graves no meio ambiente que se revelem claramente excessivos em relação à vantagem militar global concreta e direta que se previa;*

O fato de que seja o único artigo a fazer referência não significa, entretanto, maior proteção que nos outros crimes internacionais.

A leitura do dispositivo demonstra que há um umbral elevado para a configuração do crime de guerra em relação ao ambiente, pois é necessário que:

a) se trate de um conflito armado internacional;

b) os danos causados sejam extensos, duradouros e graves ao meio ambiente;

c) os danos sejam claramente excessivos em relação à vantagem militar pretendida com o ataque.

Observa-se facilmente que Ares triunfou sobre Gaia, com a predominância de uma visão militar, em especial quando se analisa o conceito de dano ambiental relevante adotado: além de extensos, duradouros e graves, o que não é pouco, os danos devem ser claramente excessivos em relação à vantagem intencionada com o ataque, o que subordina o meio ambiente à lógica militar e limita a eficácia da lei internacional como instrumento de proteção ambiental[252].

Tudo isto reflete uma concepção de devastação do ambiente como estratégia militar que vem desde tempos imemoriais, e evidencia que pouca coisa mudou durante os séculos[253].

Exemplos históricos da devastação ambiental como método de guerra[254] há aos borbotões:

1) na antiga Índia, cerca de 4.000 a.C., os combatentes contaminaram o ar causando fumaça que provocou sonolência nos inimigos;

2) durante a Guerra do Peloponeso os espartanos saturaram a madeira com enxofre e a incendiaram nos muros do inimigo para causar fumaça tóxica;

3) o exército da Cítia empregou uma política de queimar as terras contra os persas em 512 a.C., o que tornariam a fazer os russos como defesa para impedir a invasão napoleônica em 1812;

---

252 ORELLANA, Marcos A. "Criminal punishment for environmental damage: individual and state responsibility at a crossroad." *The Georgetown International Law Review*, vol. 17, 2004-2005, p. 680. Estudar este tipo penal internacional implica ler doutrina de origem militar, como nos artigos do tenente coronel da força aérea norte-americana e integrante do Colégio de Guerra Naval, SCHMITT, Michael N. "The environmental law of war: an invitation to critical reexamination." *36 Mil. L. & L. War Rev.* 11 1997, p. 11-54; ou do coronel aposentado da mesma corporação e professor de Direito Ambiental HOURCLE, Laurent R. "Environmental law of war". *Vermont Law Review*, vol. 25, 2000-2001, p. 654-8.

253 Na Bíblia, se encontra no Deuteronômio, capítulo 20, versículos 19-20: "*Quando sitiares uma cidade por muitos dias, pelejando contra ela para a tomar, não destruirás o seu arvoredo, colocando nele o machado, porque dele comerás; pois que não o cortarás (pois o arvoredo do campo é mantimento para o homem), para empregar no cerco. Mas as árvores que souberes que não são árvores de alimento, destruí-las-ás e cortá-las-ás; e contra a cidade que guerrear contra ti edificarás baluartes, até que esta seja vencida.*"

254 Exemplos de HOURCLE, p. 654-8 e WEINSTEIN, Tara. "Prosecuting attacks that destroy the environment: Environmental crimes or humanitarian atrocities?" *The Georgetown International Law Review*, vol. 17, 2004-2005, p. 700.

4) em 146 a.C., os romanos salgaram a terra em Cartago uma vez vitoriosos na terceira guerra púnica para que ali nada volvera a crescer;

5) para contaminar as águas, os romanos atiravam animais mortos nos poços de seus inimigos, conduta que repetiriam os soldados confederados contra os da União durante a guerra civil norte-americana;

6) nas incursões dos mongóis pela Mesopotâmia de 1213 a 1224 Gengis Khan destruiu a maioria dos trabalhos de irrigação do Rio Tigre, de que dependia a agricultura de populações nativas;

7) o rompimento de represas ou barragens, como na guerra franco holandesa de finais do século XVII e na guerra entre China e Japão de 1937 a 1945, na qual o exército do Kuomintang dinamitou a represa Huayuankow do rio Amarelo, provocando a morte de milhares de soldados japoneses e de centenas de milhares de camponeses chineses;

8) a destruição de Verdun por gás venenoso na Primeira Guerra Mundial;

9) o incêndio de terras norueguesas na Segunda Guerra Mundial;

10) a utilização de agente laranja como desfoliante pelos Estados Unidos no Vietnam e

11) os incêndios petrolíferos de 650 instalações promovidos pelo Iraque contra Kuait durante a Guerra do Golfo.

Os requisitos para a configuração do crime são tantos que convertem o artigo em disposição de difícil aplicação e quase nenhuma eficácia[255]. Verifica-se a nítida prevalência da lógica militar em detrimento de uma racionalidade ambiental, quan-

[255] FREELAND, p. 130 e JUSTE RUIZ, José. *Derecho de los conflictos armados y protección del medio ambiente.* Em: DRNAS DE CLÈMENT, *Estudios de Derecho Internacional...*, t. II, p. 1026.

do exige que os danos sejam claramente excessivos em relação à vantagem militar pretendida com o ataque.

Primeiro, pelo tipo subjetivo. É necessário um especial conhecimento de que o ataque causará danos extensos, duradouros e graves ao meio ambiente, claramente excessivos com relação à vantagem militar geral pretendida.

Além disso, o fato de que se exija a presença de um conflito armado internacional impede a tipificação de situações relevantes, como o que sucedeu em Darfur, onde a devastação do meio ambiente foi perpetrada no contexto de um conflito interno[256].

Terceiro, a definição do dano relevante. O que seriam os prejuízos extensos, duradouros e graves ao meio ambiente, é dizer, a definição de dano relevante para o Direito Penal Internacional? A linguagem do Estatuto de Roma não facilita as coisas, e tampouco oferece una definição de tais requisitos. Neste ponto, é necessário recorrer a elementos históricos para determinar o que significariam.

O tratamento das questões bélicas em relação ao ambiente se caracterizaria historicamente pela presença de três momentos[257]:

1) a aceitação pelos Estados de que o meio ambiente não deveria constituir um objetivo militar e que deveria ser protegido durante o transcurso das hostilidades contra os danos extensos, duradouros e graves, de que são exemplos a Convenção sobre a proibição de utilizar técnicas de modificação ambiental com fins militares e outros fins hostis, em inglês *Convention on the Prohibition of Environmental Modification Techniques*, internacionalmente conhecida como "ENMOD", de 10 de dezembro de 1976, e o Protocolo I das Convenções de Genebra de 1949, o "Protocolo adicional às Convenções de Genebra de 12 de agos-

256 FREELAND, p. 131.

257 Reproduz-se aqui JUSTE RUIZ, *Derecho de los conflictos armados...*, p. 1011-1012.

to de 1949 relativo à proteção das vítimas dos conflitos armados internacionais (Protocolo I)", adotado em 8 de junho de 1977;

2) a progressiva criminalização das violações mais graves das obrigações internacionais relativas à proteção do ambiente natural durante os conflitos armados, em que houve a tentativa fracassada da criação do crime ecológico do Estado[258] e

[258] Conforme PRABHU, Mohan. General Report. *International Review of Penal Law.* 65, 3º E 4º trimestres de 1994, Toulouse: Editions Erès, p. 703-5, a doutrina pugna pela inovação legislativa, pois os crimes ambientais: 1) constituem indireta mas importante ameaça à paz e à segurança (atualizaríamos tal locução para ameaça direta, em especial se consideramos o terceiro valor do Estatuto de Roma, que é o bem-estar, e a já mencionada declaração do Conselho de Segurança da ONU, de janeiro de 1992); 2) afetam a mais de um Estado; 3) transcendem as fronteiras nacionais; 4) a cooperação entre as nações é fundamental para sua repressão, 5) podem afetar cidadãos de mais de um Estado. Além disso, o Direito Penal Internacional deve ocupar-se da proteção dos recursos naturais comuns. Sob os influxos de Estocolmo, em 1976 a Comissão de Direito Internacional das Nações Unidas preparou um projeto inovador: primeiro porque previa responsabilidade internacional para os Estados, em vez da tradicional figura da responsabilidade individual; segundo pela criação da figura do crime ecológico internacional. A Comissão de Redação de Direito Internacional das Nações Unidas propôs a seguinte fórmula: "*Artículo 19 — Crímenes y delitos internacionales. 1. El hecho de un Estado que constituye una violación de una obligación internacional es un hecho internacionalmente ilícito sea cual fuere el objeto de la obligación internacional violada.2. El hecho internacionalmente ilícito resultante de una violación por un Estado de una obligación internacional tan esencial para la salvaguardia de intereses fundamentales de la comunidad internacional que su violación está reconocida como crimen por esa comunidad en su conjunto, constituye un crimen internacional. 3. Sin perjuicio das disposiciones del párrafo 2 y de conformidad con las normas de derecho internacional en vigor, un crimen internacional puede resultar, en particular:... <u>d) de una violación grave de una obligación internacional de importancia esencial para la salvaguardia da protección del medio humano, como las que prohíben la contaminación masiva de la atmósfera o de los mares</u>.*"(*Anuario de la Comisión de Derecho Internacional. Actas resumidas del vigésimo octavo período de sesiones 3 de mayo -23 de julio de 1976*. Vol. I. Nova Iorque, Nações Unidas, 1977, p. 250, sem destaques no original). Por tanto, *a violação grave de uma obrigação internacional de importância essencial para a salvaguarda da proteção do meio humano* caracterizaria crime internacional, dispositivo que representaria um importante avanço, pois: a) não exigiria a presença de um conflito armado, b) inauguraria a proteção penal internacional do meio ambiente per se; c) empregaria técnica legislativa inteligente, que expressa a missão do Direito Penal e seu papel na proteção do ambiente. A sensação de que a Comissão se

3) a proposta de previsão de um crime de guerra específico por atentado ao ambiente natural durante os conflitos armados, submetido a uma jurisdição internacional.

É exatamente nos documentos da primeira fase – ENMOD e Protocolo I – que surge a expressão danos extensos, duradouros e graves ao meio ambiente. O artigo 1º da Convenção ENMOD determina que as Partes comprometem-se em...

> *"... não promover o uso militar ou qualquer uso hostil de técnicas de modificação ambiental que tenham efeitos disseminados, duradouros ou graves, como meio de infligir destruição, dano ou prejuízo a qualquer outro Estado Parte, sendo que 'técnicas de modificação ambiental' se referem a toda técnica que tenha por finalidade modificar - mediante a manipulação deliberada de processos naturais - a dinâmica, composição ou estrutura da Terra, incluindo sua biosfera, litosfera, hidrosfera e atmosfera, ou do espaço exterior;."*

---

aproximava de fazer história pela preocupação inovadora com o meio ambiente foi destacada por seu relator especial, Ago: "*48. En cuanto al apartado d del párrafo 3, presenta una importancia muy especial para el Relator Especial. En efecto, los crímenes internacionales enumerados en los apartados anteriores, a excepción de la agresión, deberían tarde o temprano pertenecer al pasado. Tanto el colonialismo y la esclavitud como el genocidio y el apartheid están llamados, o por lo menos así se espera, a desaparecer. Por el contrario, los crímenes a que se refiere el apartado d pueden ser los del futuro: privar a seres humanos de su medio ambiente, arrebatarles sus fuentes de suministro, provocar modificaciones climáticas, etc.*" (*Anuario...*, p. 264.) Sem embargo, o alvissareiro projeto não teve êxito, especialmente porque foi inovador ao extremo ao prever a responsabilidade dos Estados, e não dos indivíduos, questão rechaçada pela comunidade de nações, em especial porque os artigos 52 e 53 do projeto estabeleciam as sanções para a comissão do crime internacional. A controvérsia gerada pela previsão de um crime do Estado, com uma noção de sanção coletiva, que foi duramente criticada, culminou por impedir a adoção do artigo 19 e dos artigos decorrentes 52 e 53, excluídos pela Comissão de Direito Internacional das Nações Unidas em 2001, quando voltou a examinar o assunto (FREELAND, p. 117-8). Comentando o artigo com profundidade, JUSTE RUIZ, José. *Derecho internacional del medio ambiente.* Madrid: McGraw-Hill, 1999, p. 109-15. O projeto de responsabilidade dos Estados, aprovado pelo Comitê de Redação da Comissão de Direito Internacional das Nações Unidas em segunda leitura durante seu 53º período de sessões, celebrado no ano de 2001 prescinde de toda referência ao crime internacional do Estado em geral, igualmente procedendo quanto ao crime ecológico em particular (JUSTE RUIZ, *Derecho de los conflictos armados...*, p. 1023-4).

Diferença essencial surge já na rápida leitura do artigo. A Convenção ENMOD não exigia conjuntivamente, como o faz o ECPI, danos extensos, duradouros e graves, e sim os apresentava disjuntivamente (*efeitos disseminados, duradouros* ou *graves*) o que demonstra que o Estatuto de Roma é um evidente retrocesso na proteção ambiental, pois, especificamente neste aspecto, encerra um nível de exigências mais elevado para a configuração do crime de guerra contra o meio ambiente[259].

A Conferência do Comitê de Desarme (CCD), ao interpretar a Convenção ENMOD, definiu que disseminado ou generalizado seria o dano que abarca centenas de quilômetros quadrados; duradouro aquele que se dá por um período de seis meses, ou cerca de uma estação, e grave aquele que implica danos à vida humana, recursos econômicos ou naturais[260]. Não obstante, o valor interpretativo da CCD é, como ela mesma reconhece, somente para a Convenção ENMOD. A interpretação do Protocolo I somente piora as coisas, ao propor que duradouro significa várias décadas[261]. Por conseguinte, deverá a Corte Penal Internacional, mais cedo ou mais tarde, manifestar-se

---

259 DRUMBL, Marc A.. "Waging war against the world: the need to move from war crimes to environmental crimes." *Fordham International Law Journal*, vol. 22, 1998-1999, p. 127. O Estatuto da Corte Penal Internacional ratifica o retrocesso do Protocolo I da Convenção de Genebra, que em seu artigo 55, adotou a fórmula conjuntiva: "*Artigo 55. Proteção do meio ambiente natural. 1 - A guerra será conduzida de forma a proteger o meio ambiente natural contra danos extensos, duradouros e graves. Esta proteção inclui a proibição de utilizar métodos ou meios de guerra concebidos para causar ou que se presume venham a causar tais danos ao meio ambiente natural, comprometendo, por esse fato, a saúde ou a sobrevivência da população. 2 - São proibidos os ataques contra o meio ambiente natural a título de represália.*" *Este dispositivo deve ser interpretado conjuntamente com o artigo 35 do Protocolo: "Artigo 35. 1 - Em qualquer conflito armado o direito de as Partes no conflito escolherem os métodos ou meios de guerra não é ilimitado. 2 - É proibido utilizar armas, projéteis e materiais, assim como métodos de guerra de natureza a causar danos supérfluos. 3 - É proibido utilizar métodos ou meios de guerra concebidos para causar, ou que se presume irão causar, danos extensos, duradouros e graves ao meio ambiente natural.*"

260 *Understanding relating to article I, Report of the Conference of the Committee on Disarmament*, conforme relato de WEINSTEIN, p. 708.

261 DRUMBL, ob. cit., p. 128.

sobre qual interpretação prevalecerá sobre os danos extensos, duradouros e graves.

Sobre este tema, deve realçar-se que a definição da CCD de duradouro peca de graves equívocos. O dano duradouro deve ser interpretado como dano irreversível, aquele que não admite o retorno ao *status quo ante*, em que a restauração já não é mais possível: qualquer outra interpretação incidirá em subjetivismo quanto ao que pode ser muito ou pouco tempo.

Outro obstáculo à eficácia do artigo 8, (2), (b), (iv) do ECPI é a nítida prevalência da lógica militar em detrimento de uma racionalidade ambiental, quando exige para a configuração da relevância do dano ambiental que os danos sejam claramente excessivos em relação à vantagem militar intencionada com o ataque.

Aclare-se. Os princípios gerais relativos à conduta de guerra normalmente se vinculam a quatro conceitos básicos, que são 1) a necessidade, 2) a proporcionalidade, 3) a discriminação ou distinção e 4) a humanidade.

A humanidade significa evitar sofrimentos desnecessários e os outros três estão imbricados: o primeiro indaga se uma ação é necessária para alcançar um objetivo militar, o segundo se os meios empregados são proporcionais ao objetivo militar e o terceiro se a forma de ataque escolhida é capaz de discriminar adequadamente entre objetivos lícitos e ilícitos[262].

Prevaleceu com a fórmula do artigo 8, (2), (b), (iv) a solução de consenso, já que as outras três propostas formuladas eram: a) nenhuma proteção ao ambiente nos crimes de guerra; b) ataques que causem danos extensos, duradouros e graves ao meio natural não justificados pela necessidade militar; c) ataques que causem danos extensos, duradouros e graves ao meio natural[263].

---

262 HOURCLE, ob. cit., p. 662-3.

263 DRUMBL, ob. cit., p. 126.

Constata-se mais uma vez como o Direito Penal Internacional se baseia em um difícil consenso entre a comunidade de nações. Não há dúvidas que a fórmula *c)* era a que mais protegia o meio ambiente entre as propostas, mas prevaleceu a redação que conjugava a preponderante lógica militar com alguma proteção ambiental. Recentes pesquisas na área de relações internacionais apontam que Convenções que impõem responsabilidades são difíceis de negociar e ainda mais complexas de implementar, especialmente quando inexiste uniformidade de pensamento[264]. Em uma questão em que se posicionavam de um lado interesses militares, de poderio político e de outro, o meio ambiente, era de se esperar que este último tivesse dificuldades bastante expressivas[265]...

O antecedente imediato[266] da discussão é o Projeto de Código de Crimes contra a paz e a segurança da humanidade formulado pela Comissão de Direito Internacional das Nações, e aprovado em primeira leitura em 1991, que no seu artigo 22 considerou crime de guerra "*la utilización de métodos o medios de guerra que hayan sido concebidos para causar, o de los que sea dado prever que cause, daños extensos, duraderos y graves al medio ambiente natural.*" Aqui não está presente a ponderação frente à vantagem militar, evidenciando que a redação inicial do dispositivo conferia maior proteção ao meio ambiente.

Sem embargo, a segunda redação, aprovada na segunda leitura, em 1996 adiciona a condição militar (agora no artigo 20, g), razão pela qual se configurará o crime de guerra,

> "*... en caso de conflicto armado, el uso de métodos o medios de hacer la guerra que no estén justificados pela necesidad militar, con*

---

264 DRUMBL, ob. cit., p. 148.

265 O que faz recordar o título da obra sobre a pena de morte durante o Império no Brasil de RIBEIRO, João Luiz. *No meio das galinhas as baratas não têm razão.* Rio de Janeiro: Renovar, 2005.

266 Reproduz-se aqui JUSTE RUIZ, *Derecho de los conflictos armados...*, p. 1024-5.

el propósito de causar daños extensos, duraderos y graves al medio ambiente natural, poniendo así en peligro la salud o la supervivencia da población, cuando sobrevengan tales daños."

É o princípio da lei de guerra da necessidade, que se transformou posteriormente na valorização da proporcionalidade, na redação do artigo 8, (2), (b), (iv) do ECPI, quando proíbe danos "*que se revelem claramente excessivos em relação à vantagem militar global concreta e direta que se previa*".

Definir excessivo é tarefa difícil, e, não bastasse, o único precedente demonstra que o exame se realiza desde a perspectiva do acusado, como propôs o Tribunal de Nuremberg no caso Rendulic, general alemão que determinou extensa destruição ambiental na região norueguesa de Finmark durante a II Guerra Mundial, com a evacuação de todos os habitantes e destruição dos povoados. Para o Tribunal, Rendulic teve sua atitude motivada pela necessidade militar: a política de incêndios estaria justificada em virtude de sua compreensão de que os russos avançavam. E o que é pior: era uma compreensão putativa, equivocada, imaginária, a de Rendulic, e ainda assim o Tribunal *ad hoc* entendeu que dadas as circunstâncias a conduta do general não poderia ser considerada criminosa frente ao tipo penal do artigo 6, b), do Estatuto do Tribunal de Nuremberg ("*pillaje de bienes públicos o privados, la destrucción sin motivos de ciudades y pueblos o la devastación no justificada por exigencias militares*[267]").

Por todo o exposto se conclui que, apesar da referência expressa, o umbral de exigências apresentado no tipo penal do crime de guerra relativo ao meio ambiente é tão amplo que pouca proteção oferece aos recursos naturais. Não bastasse, razões outras também obstaculizam a proteção ambiental, como a consideração periférica do ambiente na guerra em relação aos

---

267 WEISTEIN, p. 709, JUSTE RUIZ, *Derecho de los conflictos...*, p. 1027-8 e DRUMBL, p. 134.

crimes contra a humanidade, a cultura de considerar a devastação ambiental como espólio de guerra, a dor de cabeça que seria reconhecer que vários casos de danos são motivados pelos vencedores[268], tudo isso contribui de forma dramática para a ineficácia do dispositivo. A comunidade de nações preferiu subordinar a proteção do ambiente à lógica militar[269], na definição

---

268 WEINSTEIN, ob. cit., p. 706.

269 Os demais crimes contemplados no ECPI (genocídio, lesa humanidade) podem oferecer alguma proteção ao meio ambiente. A doutrina reconhece a devastação ambiental direcionada para áreas de sobrevivência de populações indígenas como genocídio (FREELAND, p. 127 e WEINSTEIN, p. 717). A Argentina possui exemplo que demonstra o emprego da devastação do meio ambiente para acarretar a destruição física: a tragédia dos índios Quilmes, que se estabeleceram nos Vales Calchaquíes aproximadamente a fins do século XV. A cidade sagrada de Quilmes (hoje em dia em ruínas, com muitos cactos gigantes ao seu redor, em um lugar que vale a pena ser visitado), se localiza na atual província de Tucumán, e sua população se desenvolveu desde aproximadamente o século X D.C., com elevado nível sociocultural, manejo de sistemas agropastoris e de coleta avançados, relações de intercâmbio político/econômicas de grande escala, em forma de senhorio. Os Quilmes resistiram à dominação espanhola durante aproximadamente 130 anos, entre os séculos XVI e XVII. A situação geográfica da cidade permitiu compensar a desigualdade da luta entre armas de fogo vs. pedras, flechas e lanças, até que os espanhóis, que queriam dominá-los para explorar a força de trabalho, encontraram a saída para a vitória: a destruição sistemática de seus cultivos e fontes de água. A rendição se verificou em 1666 e os sobreviventes tiveram que caminhar até a província de Buenos Aires, na região que hoje se conhece como Partido de Quilmes, onde chegaram caminhando 1200 km sob severa vigilância militar. Partiram 1700 quilmes e chegaram 400 (ANGELINO, Ricardo; CARABELLI, María Emilia. "Actualizadas formas de violencia y tortura en Argentina: los excluidos". Em: *II Seminario da Red Latinoamericana y del Caribe de Instituciones de Salud contra la tortura y otras violaciones a los derechos humanos*, octubre de 2000, p. 231, disponível em http://www.redsaludddhh.org/libros/2seminariolibro/Actualizadas%20formas.PDF, e BIDASECA, Karina; RUGGERO, Santiago. "Quilmes, o el ominoso retorno a la re-presentación hacia Occidente". Em: VIII Reunión de Antropólogos del MERCOSUR RAM "Diversidad y Poder en América Latina", Buenos Aires 29 de setembro a 4 de outubro de 2009, disponível em http://www.ram2009.unsam.edu.ar/GT/GT%2015%20%E2%80%93%20Patrimonio%20Mundial,%20Identidad%20y%20Derechos%20de%20las%20Comunidades%20Locales/GT15-Ponencia%5BBidaseca-Ruggero%5D.pdf, acesso em 28 de março de 2011). Outro exemplo é a devastação de pântanos no sudoeste do Iraque determinada por Saddam Hussein. Estes, durante milênios, abrigaram diversidade de peixes, aves e plantas, em uma região de aproximadamente 20 mil quilômetros quadra-

do dano ambiental relevante para os casos de crimes de guerra, em mais um exemplo da unanimidade enganadora em relação ao meio ambiente.

---

dos na confluência dos rios Eufrates e Tigres, além de constituir o lar de várias tribos conhecidas como os Ma'dan ou Árabes do Pântano, que sobreviviam da pesca, caça e agricultura. Após a Guerra do Golfo em 1991, a rebelião ocorrida na região foi sufocada por Hussein, que em represália iniciou a execução de um grandioso projeto de engenharia, com a construção de um canal chamado Anfal 3, redirecionando a água pela drenagem dos pântanos. Estes foram reduzidos em aproximadamente 30%, e a população dos árabes do pântano, que era de 300 mil pessoas, foi reduzida para 40 mil (WEINSTEIN, p. 715-7). A drenagem dos pântanos se insere no marco da definição de "*sujeição intencional do grupo a condições de vida com vista a provocar sua destruição física, total ou parcial*", previsto no artigo 6, c, ECPI para o crime de genocídio, pois por esta os Árabes do Pântano foram levados à destruição. Sem embargo, o crime de genocídio não implicará a proteção do ambiente per se. Sua configuração também enfrenta dificuldades, seja na caracterização de um dos quatro grupos apresentados no artigo (nacional, étnico, racial ou religioso), o que não é tão simples, e pelo requisito de destruição física de seus integrantes. Também a previsão do artigo 7º, (1), (h) para o crime de lesa humanidade ("*Perseguição de um grupo ou coletividade que possa ser identificado, por motivos políticos, raciais, nacionais, étnicos, culturais, religiosos ou de gênero, tal como definido no parágrafo 3º, ou em função de outros critérios universalmente reconhecidos como inaceitáveis no direito internacional, relacionados com qualquer ato referido neste parágrafo ou com qualquer crime da competência do Tribunal;*") ou 7, (1), (k) ("*Outros atos desumanos de caráter semelhante, que causem intencionalmente grande sofrimento, ou afetem gravemente a integridade física ou a saúde física ou mental.*") pode abranger casos de danos ambientais. A intencional destruição do hábitat ou do acesso à água limpa em larga escala pode constituir transgressão do direito fundamental de indivíduos do grupo atacado, assim como outros atos de devastação ambiental, razão pela qual tais crimes – que, ademais, não exigem a existência de um conflito armado internacional – podem constituir ferramenta para o processamento de crimes ambientais frente à Corte de Roma, de uma forma mais eficaz que a prevista no genocídio (FREELAND, p. 720). Portanto, as figuras do genocídio e dos crimes de lesa humanidade apresentam mais possibilidades de configuração como crimes que abranjam a destruição dos recursos naturais. Se a abordagem sob esse prisma, por um lado, não representa a proteção do ambiente per se, por outro lado constitui um passo intermediário para a criação de precedentes que contribuirão no sentido da evolução esperada, que é a tipificação das agressões ambientais como violações, crimes internacionais por si mesmos, independentemente de outras violações de direitos humanos (WEINSTEIN, p. 698).

3.4 O PRINCÍPIO DA PREVENÇÃO DO DANO AMBIENTAL E SUA PROJEÇÃO SOBRE O DIREITO PENAL

Frente a um dano que na maioria das vezes apresenta efeitos irreversíveis, que contém a possibilidade de por em risco a sobrevivência de todos, a nota dominante será sua prevenção. O dano ambiental centraliza qualquer discussão sobre meio ambiente, e a preocupação com sua prevenção atormenta o Direito Ambiental de tal maneira que se converte em sua obsessão.

Desse modo, se existe um princípio que toma o primeiro assento na fileira dos princípios do Direito Ambiental, é o princípio da prevenção. O Direito Ambiental quer ser um Direito preventivo. Evitar o dano por meio da prevenção é a ideia chave. E, nos casos em que não se pode prevenir, pelas dúvidas da Ciência, mas em que se antevê e se suspeita da possibilidade do dano, reconhece o Direito Ambiental sua ignorância e se agarra a uma tábua de salvação, que é a precaução, melhor analisada em seguida.

A prioridade na prevenção dos danos ambientais é reconhecida na Diretriz 2004/35/CE do Parlamento Europeu e do Conselho, relativa à responsabilidade ambiental em termos de prevenção e reparação de danos ambientais, que estabelece em seu artigo 5: "*Ação preventiva. 1. Quando ainda não se tiverem verificado danos ambientais, mas houver uma ameaça iminente desses danos, o operador tomará sem demora as medidas de prevenção necessárias.*"

A Diretiva reconhece, em sua *considerada* 13, a insuficiência dos mecanismos de responsabilidade, frente às dificuldades de imputação, bem como define medida preventiva como aquela tomada "*em resposta a um acontecimento, ato ou omissão que tenha causado uma ameaça iminente de danos ambientais, destinada a prevenir ou minimizar esses danos."* (artigo 2º, 2, 10)[270].

Na esfera administrativa, primeira e principal barreira na proteção do ambiente, o estudo de impacto ambiental (aí incluídos os estudos de impactos acumulativos) e o correspondente sistema de licenciamento, o ordenamento ambiental do território, o sistema de diagnóstico e informação ambiental, entre outros, todos eles são projeções do princípio da prevenção. Será na atuação administrativa que se especificarão os limites de contaminação, e se vivificará o sistema de licenças, em fim, a fixação das fronteiras de proteção e sua vigilância geral.

Na Argentina, o artigo 4º da Lei Geral do Ambiente define o princípio de prevenção (*"las causas y las fuentes de los problemas ambientais se atenderán en forma prioritaria e integrada, tratando de prevenir los efectos negativos que sobre el ambiente se pueden producir"*). E o artigo 8º enumera os instrumentos de política ambiental, correlato do artigo 9º da Lei 6.938/81 brasileira.

E como visto no capítulo anterior, já na primeira barreira de proteção se manifestarão as maiores deficiências do Direito na proteção ambiental, pelas pressões na criação das normas, que nascem desvirtuadas, fazendo com que o Direito "Administrativo" Ambiental, em vez de prevenir, se constitua em um sistema de concessão de licenças para contaminar. A atuação tradicional do Estado na proteção do ambiente se volta mais para um controle de poluição, impondo limites máximos, que para a efetiva prevenção do dano ambiental, com mudanças nas indústrias e na forma de produção. Em vez de tratar o problema – a origem da contaminação – cuidam as normas administrativas de fixar limites máximos que na maioria das vezes não mudam o panorama desalentador. A efetiva prevenção se persegue ape-

[270] Para ampliação sobre instrumentos internacionais que cuidam da prevenção, VESSEY, Jonathan. "The principle of prevention in international law." *Austrian Review of International & European Law*, p. 181-207, e SEGUÍ, Adela. *"Prevención de los daños y tutela inhibitoria en material ambiental. Em: LORENZETTI, Derecho Ambiental y Daño...*, p. 115-25. Sobre o princípio de prevenção como princípio estrutural do Direito Ambiental, LEITE, p. 50.

nas tangencialmente, porque não está de fato institucionalizada nos órgãos de proteção. As empresas, por fim, investem mais no cumprimento das normas para limites de contaminação que na prevenção da contaminação em si mesma[271].

Por conseguinte, se é correto que os princípios são normas – mas não normas dotadas de uma estrutura condicional hipotética com um suposto fático e uma sanção bem determinados[272] – e sim normas que ordenam que algo seja realizado na maior medida possível, dentro das possibilidades jurídicas e reais existentes, razão pela qual são *mandatos de otimização*, que podem cumprir-se em diferentes graus, dependendo dessas possibilidades reais e jurídicas[273], também é certo que o princípio de prevenção do Direito Ambiental enfrenta realidades adversas que impedem a efetiva concreção deste mandato de otimização, ou, pelo menos, fazem com que seu cumprimento ocorra em um grau bastante abaixo das expectativas.

O principio da prevenção, que apareceu timidamente em Estocolmo (princípio 21) e Rio 92 (princípio 2) se ressente de maior efetividade. Não obstante, os avanços são dignos de nota, especialmente no âmbito da responsabilidade civil. A evolução na reparação para prescindir da ilicitude na reparação; a responsabilidade objetiva, também veio acompanhada, na prevenção, da evolução de uma tutela ressarcitória para uma tutela preventiva, especialmente nas ações coletivas, com as tutelas inibitórias, as medidas cautelares.

E o Direito Penal, pode contribuir à prevenção do dano ambiental?

---

271 STRASSER, Kurt A. "Cleaner technology, pollution prevention and environmental regulation." *Fordham Environmental Law Journal*, vol. IX, 1997-1998, p. 1-106, en especial p. 3-6, e WEINBERG, Philip. "Environmental protection in the next decades: moving from clean up to prevention". *Loyola of Los Angeles Law Review*, vol. 27, 1994, p. 1145-56.

272 BERNAL PULIDO, Carlos. *El derecho de los derechos. Escritos sobre la aplicación de los derechos fundamentales*. Bogotá: Universidad Externado de Colombia, 2005, p. 96.

273 ALEXY, *Teoría de los derechos fundamentales*. 2ª edição em castelhano, Madrid: Centro de Estudios políticos y constitucionales, 2007, p. 67-8.

A pergunta é um tentador convite para ingressar em discussões profundas como as que se reproduzem sobre os fins das penas, a missão do Direito Penal e em especial a legitimação instrumental da pena.

É certo que estas são questões fundamentais, integrantes do núcleo de qualquer debate sobre o Direito Penal, das quais muito não se pode distanciar. O Direito Penal quer prevenir a lesão ou exposição a perigo dos bens jurídicos que escolheu para sua proteção. Neste sentido, é essencial determinar que papel "*debe cumplir la pena dentro del conjunto de medidas jurídicas (preventivas, sancionadoras, etc.) que debe adoptar el Estado para resolver los nuevos conflictos sociales das sociedades actuales*[274]", sociedades estas que são terreno fértil para a projeção do princípio da prevenção do dano ambiental, pois, como demonstrado anteriormente, se caracterizam pelo risco, e os cidadãos acudem ao Estado-protetor contra os efeitos perversos da atividade econômica, situação em que toca um papel, ainda que residual e pequeno, às normas penais e à pena.

Mas também se tem dito a respeito da legitimação instrumental que não é verificável empiricamente se a pena serve para algo, como funciona socialmente, e que critérios de senso comum (*Alltagstheorien*) dominariam qualquer discussão sobre este assunto. Para muitos, o único que se sabe, e como mera hipótese dedutiva, é que o Direito Penal é de alguma forma preventivamente efetivo em relação a uma razoável evitação de condutas lesivas[275].

---

274 FEIJOO SANCHEZ, *Retribución ...*, p. 421.

275 ALCÁCER GUIRAO, Rafael. *Los fines del Derecho Penal. Una aproximación desde la filosofía política.* Bogotá: Universidad Externado de Colombia, 2004, p. 34-48 e 273. Além desta obra, para ampliação sobre os fins da pena, FEIJOO SANCHEZ, *Retribución...*, cujas ideias são reproduzidas neste excerto. Também é válido registrar a posição de RUSCONI, *Derecho Penal ...*, p. 53-74, quem, frente aos intermináveis debates filosóficos sobre os fins das penas, renuncia à discussão sobre legitimidade, defendendo que o Direito Penal pode prescindir deste ponto de partida e suas consequências, cabendo ao jurista preocupar-se mais com a contenção do poder penal que com uma mui discutível justificação de um poder que se manifesta de irracional violência.

Ademais, se a prevenção de condutas é um *telos* do Direito Penal, tampouco é uma exclusividade deste; em verdade, qualquer sanção jurídica, de qualquer ramo do Direito, cumpre função preventiva geral, sendo um "*narcisismo penalístico*" imaginar que a prevenção geral seria uma exclusividade da pena, subestimando o restante do ordenamento jurídico[276].

Então, mais além de profundas discussões filosóficas sobre prevenção general positiva ou negativa, prevenção especial, intimidação, e reconhecendo de antemão que o Direito Penal quer evitar as condutas que sanciona, a indagação que se apresenta é mais específica, relativa a prevenção do dano ambiental, se o Direito Penal pode contribuir à sua evitação. Exemplificando, se o Direito Penal pode intimidar o CEO da empresa multinacional que, buscando mais lucros, elimine processos de controle de contaminação, ou o dirigente de una siderúrgica no Brasil, que desmata ilegalmente florestas nativas para utilizar o carvão vegetal como combustível em sua empresa. Ou, ainda, se pode contribuir o Direito Penal para evitar que o funcionário público que, ao analisar um estudo de impacto ambiental, deixe de considerar a conservação, motivado que está por interesses políticos ou econômicos.

Apesar de já haver-se apontado nesta obra que o Direito Penal deve contribuir à proteção do ambiente, também se reconheceu que esta posição, apesar de atrair um certo consenso básico, não esclarece até onde pode ir, tampouco o que se deve fazer para transformar a lei penal em um instrumento eficiente na proteção ambiental.

Pontuado isto, a resposta à indagação se o Direito Penal pode contribuir à prevenção do dano ambiental, frente a todo o exposto até o momento, especialmente quanto à disputa na definição do que constitua um desenvolvimento sustentável, não pode ser outra senão depende.

---

[276] ZAFFARONI, ob. cit., p. 148.

Sim, depende, porque várias condições são pressupostas para que o Direito Penal possa pretender contribuir à prevenção do dano ambiental.

A primeira, essencial, é que exista um forte compromisso político e econômico na conservação do ambiente. Enquanto predomine a visão neoliberal e o crescimento econômico prossiga dando as cartas na definição do que seja um desenvolvimento sustentável, muito pouco, ou quase nada, poderá contribuir o Direito Penal na prevenção do dano ambiental. Apenas mascarará as contradições de um Estado que busca o crescimento econômico a qualquer custo e é encarregado da proteção do ambiente.

Presente essa primeiríssima condição, que representará un giro copernicano na atual visão do mundo, na crença de que o ser humano pode chegar a ser racional[277], já em uma sintonia mais fina, devem-se verificar outras condições em atenção à prevenção do dano ambiental.

A condição seguinte é que os mencionados mecanismos de proteção do ambiente existentes em outras áreas do Direito, como os instrumentos administrativos (licenciamento ambiental, ordenamento territorial, zoneamento ecológico e econômico...) e civis (responsabilidade civil, ações de interesses difusos, tutela inibitória) devem ser empregados em todo seu potencial, antes de recorrer-se à sanção penal.

Do contrário a sociedade seria como uma mãe que procura um médico (o Estado) para curar sua criança enferma (o meio ambiente) e aquele lhe prescreve um antibiótico (a sanção penal) quando medidas preventivas menos drásticas, como boa alimentação, repouso e ingestão de muito líquido se encontravam facilmente disponíveis (assim como os instrumentos e san-

---

277 Como observa ZAFFARONI, p. 152. As posições contrárias à aplicação da lei penal ambiental jogam luzes sobre o dilema fundamental que as sociedades industriais devem enfrentar: a destruição diária e o consumo de recursos naturais configura sua identidade e as distinguem das sociedades anteriores (SCHÜNEMANN, *Principles ...*, p. 184).

ções administrativos e civis) resultando que, quando realmente necessite o bebê de tomar antibióticos, as bactérias já estarão resistentes a eles. O precipitado emprego daquela que deveria ser a *ultima ratio* tem o efeito colateral perverso de servir como pretexto para que não se recorra a meios de proteção mais eficazes ou a programas de política social mais amplos, gerando como consequência uma desproteção programada[278], que gera a sensação de que se cumprem fins preventivos, refletindo a irresponsabilidade organizada etiquetada por Beck[279]. O Direito Penal, neste caso, transmitirá uma mensagem equivocada, de que está resolvido o problema, impedindo uma política ambiental efetiva[280], fruto do mencionado Estado-espetáculo, em que a edição de uma lei – especialmente a penal - parece ser a panaceia de todos os males.

Para evitar problemas dessa natureza, deve configurar-se uma Administração Pública de fato inclinada à proteção do ambiente, e não capturada por interesses políticos ou econômicos. De nada servirá existir um Direito Penal Ambiental se os órgãos administrativos fixam licenças com limites de contaminação muito altos ("quanto mais se contamina, menos se contamina"). Ou servidores públicos que tenham medo de aplicar as sanções correspondentes. E também é necessário que exista um Poder Judiciário preocupado com a efetividade das normas de proteção ambiental[281].

278 TERRADILLAS BASOCO, J. "Función simbólica y objeto de protección del Derecho Penal." Em: *Pena y Estado*, n. 1, 1991, p. 9-11.

279 Ob. cit., p. 52-56 e 135-139.

280 MÜLLER-TUCKFELD, J. C. "Ensayo para la abolición del Derecho Penal del medio ambiente." Em: *La insostenible situación del Derecho Penal*, Área de Derecho Penal de la Universidad Pompeu Fabra, p. 525.

281 *"De nada valerá termos legislação muito completa, mesmo que seja muito bem redigida, e muito bem concebida, se os Tribunais não estiverem sensibilizados para esta problemática, e se não forem capazes de corajosamente impor as medidas que sejam adequadas nos casos de ofensa ecológica."* AMARAL, Diogo Freitas do. *Análise preliminar da Lei de Bases do Ambiente.* Em: *Textos – Ambiente*, CEJ, 1994, p. 245.

Presentes todas essas condições, em que não se afasta em nenhum centímetro dos critérios da subsidiariedade e fragmentariedade, somente então o Direito Penal poderá – *e deverá* contribuir, pois não pode ignorar as características da nova sociedade se deseja cumprir suas funções preventivas, obrigando-se a uma nova política criminal que complemente a criminalização clássica[282] – e ingresse no cenário para contribuir à prevenção do dano ambiental. Na cúpula deste sistema jurídico de proteção, servirá de reforço aos demais mecanismos, pela utilização da mais grave das sanções[283].

E retornando ao CEO da empresa multinacional ou ao dirigente da siderúrgica, acostumados a perverter o princípio do Direito Ambiental do contaminador-pagador para pagador-contaminador, *"se levanta con fuerza la cárcel como elemento determinante en la 'coacción psicológica' de los contaminadores*[284]*"*, representando a pena privativa da liberdade meio efetivo de intimidação. O estigma da persecução penal em desfavor daqueles que não são os comumente acostumados a sentar no banco dos réus talvez aclare as sonoras reações contra a existência de um Direito Penal Ambiental.

---

282 FEIJOO SANCHEZ, *Retribución y prevención general...*, p. 419.

283 Posição que não difere de expoentes argentinos de um Direito Penal mínimo como ZAFFARONNI (p. 152) e RUSCONI, Maximiliano. *Algunas cuestiones referidas a la técnica legislativa del delito ecológico.* Em: *Delitos no convencionales.* Compilador: Julio B. J. Maier. Buenos Aires: Editores del Puerto, 1994, p. 170. SCHÜNEMANN, p. 185, também defende o reforço às demais normas. Ainda aqueles que assumem posições individualistas admitem a prevenção pelo Direito Penal Ambiental, como SEHER (p. 82), baseado não na noção de bem jurídico, senão na do *harm principle*: *"En relación con las modificaciones en el medio ambiente que puedan ser lesivas para las personas, no puede esperarse hasta el momento en que ya se ha producido un concreto daño, pues entonces sería demasiado tarde. E incluso cuando pueda identificarse un concreto lesionado, podría resultar demasiado complejo probar la causalidad. Bajo estos presupuestos, puede optarse pela punición de aquellas conductas que en una medida grave y suficiente atentan contra condiciones del medio ambiente, que con considerable probabilidad llegarían a generar un daño a las personas."*

284 BELLOF, Mary. *Lineamientos para uma política criminal ecológica.* Em: *Delitos no convencionales,* p. 165, baseada no raciocínio de Tiedemann. Reproduzimos ideias da penalista argentina (p. 159, 167 e 168) neste parágrafo.

De fato, desde uma visão criminológica, nestes casos, em que os protagonistas do conflito não são mais o Estado e a vítima, mas se enfrenta o Direito Penal contra os interesses de grandes grupos representantes do poder econômico, recupera a mais grave das sanções sua função simbólica de prevenção geral positiva; e exerce a prevenção do dano ambiental contra esses grupos, quedando pendurada como una espada de Dâmocles sobre as cabeças dos poluidores. O reforço da norma com uma pena busca reduzir o máximo possível a liberdade de escolha das pessoas, na definição se cumprirão ou desrespeitarão uma norma, assumindo as consequências correspondentes[285]. Não por outra razão as grandes corporações fazem intensos lobbies rechaçando a disciplina penal da matéria, batendo-se pela regulação civil[286], e parece que alguns juristas encampam a função de porta-vozes dessa demanda...

A sanção penal, especialmente a pena de prisão, é significativamente mais efetiva que a sanção civil nos casos de ilícitos praticados no âmbito empresarial por duas razões principais: a) as multas administrativas e civis podem ser vistas pelo empresário como um custo por fazer negócios e serem repassadas ao consumidor por meio do aumento dos preços; e b) a sanção penal enfatiza que o descumprimento de importantes regulações, mais que uma decisão empresarial-econômica, é uma grave violação aos interesses de toda uma sociedade, acarretando estigma e publicidade negativa à empresa descumpridora. O CEO, querendo evitá-los, buscará cumprir com mais vigor as normas que possuem o reforço da sanção penal[287].

---

285 BÖSE, Martin. *Derechos fundamentales y derecho penal como 'derecho coactivo'*. Em: HEFENDEHL, ob. cit., p. 143.

286 WHITE, Rob. "Criminality, risk and environmental harm." *Griffith Law Review*, 1999, vol. 8, n. 2, p. p. 244-5.

287 MURNANE, Colleen C. "Criminal sanctions for deterrence are a needed weapon, but self-initiated auditing is even better: keeping the environment clean and responsible corporate officers out of jail." *Ohio State Law Journal*, 1994, vol. 55, p. 1184-5 e 1195. Herzog se curva a ese fato, quando reconhece que "*las amenazas penales han generado sin embargo un cambio de conciencia en los empresarios*

Por fim, cumpre assinalar, buscando escapar da crítica de que tais afirmações se baseiam em critérios de senso comum quanto à prevenção do dano ambiental pelo Direito Penal, que pesquisas sociológicas demonstram que nos locais onde há inconsistências e debilidade na aplicação da lei penal ambiental aumenta o número de violações ambientais, enquanto que onde existe um controle efetivo, consistente e forte diminui o número de transgressões, como exemplificam investigações desenvolvidas em relação à indústria do aço nos Estados Unidos e de celulose em outros quatro países.

Além disso, tais pesquisas demonstram que a efetividade aumenta com a capacitação e especialização dos órgãos de fiscalização, a frequência do monitoramento, a aplicação de sanções e o temor à publicidade negativa, que pode reduzir o valor das ações no mercado. Este temor em relação à responsabilidade penal ambiental influenciará a decisão dos empresários, ainda conforme pesquisas de decisões corporativas. Outras investigações sociológicas também evidenciaram que a certeza da punição é mais importante na prevenção dos delitos ambientais que a gravidade da sanção. Tudo isso já havia intuído Beccaria séculos antes, quando examinou, em 1764, a utilidade da pronta resposta das penas e da intervenção do aparato penal, em suma, da eficácia da lei penal como fator de prevenção de delitos[288].

Tais vantagens do Direito Penal foram expressamente reconhecidas na Diretiva 2008/99/CE do Parlamento Europeu e do Conselho, de 19 de novembro de 2008, que rompeu todos os paradigmas e abrigou a primeira norma de Direito Penal Ambiental Internacional, e, em sua terceira *consideranda*, reconhe-

potencialmente criminales – en los lugares con legislación medio-ambiental estrictamente conminada con pena se invierte más en estándares de seguridad." (ob. cit., p. 253)

288 BECCARIA, Cesare Bonesana, Marchesi di. *Dos delitos e das penas.* Tradução Flório De Angelis. Bauru: EDIPRO, 1993, § XIX. FEIJOO SANCHEZ, *Retribución ...*, p. 153. As pesquisas são listadas pelo professor de sociologia da Universidad de Tennessee, Neal Shover e seu assistente, Aaron S. Routhe, em SHOVER; ROUTHE, p. 333-8.

ceu a importância da sanção penal ambiental frente às outras sanções, como a administrativa e a civil:

> *A experiência tem revelado que os atuais regimes de sanções não têm sido suficientes para garantir a observância absoluta da legislação sobre proteção do ambiente. Esta observância pode e deverá ser reforçada através da previsão de sanções penais que reflitam uma desaprovação social qualitativamente diferente das sanções administrativas ou dos mecanismos de indenização do Direito Civil.*

E insiste o Parlamento europeu na necessidade da lei penal, agora na quinta consideranda:

> *Para lograr uma proteção eficaz do meio ambiente, é necessário em particular aplicar sanções mais dissuasórias às atividades prejudiciais ao meio ambiente, é dizer, que causam ou podem causar danos substanciais ao ar, incluída a estratosfera, ao solo, às águas, aos animais e às plantas, incluída a conservação das espécies.*

Pelo exposto, presentes as condições assinaladas, sim pode o Direito Penal contribuir à prevenção do dano ambiental. E se o faz pela própria prevenção que exercem as normas penais, também emprega ferramentas específicas como os delitos por omissão e os crimes de perigo, temas analisados nos capítulos seguintes. Esta análise específica também é fundamental para avaliar a idoneidade do Direito Penal para a proteção do ambiente, conforme advertência de Sarrabayrouse, em argumentação relativa à responsabilidade penal pelo produto (RPP), transponível para o Direito Penal Ambiental:

> *"...cualquier decisión sobre la punición de una conducta debe ser fruto de un profundo estudio. La idoneidad del derecho penal en un determinado ámbito no puede establecerse en forma genérica, razón pela cual los argumentos político-criminales (propios de una fase prelegislativa) no resuelven por sí solos el dilema. Es preciso analizar cada uno de los problemas concretos que enfrenta la RPP y las posibles soluciones dogmáticas y procesales que puede brindar el ordenamiento jurídico con los elementos que dispone, lo que*

luego nos permitirá establecer si en ese ámbito existe una verdadera 'crisis', 'peligro' o 'demanda social' que exija la intervención del derecho penal[289]."

Não obstante, se se defende que o Direito Penal pode contribuir à prevenção do dano ambiental, também se reconhece que há um limite que aquele não poderá ultrapassar, que é o da precaução.

3.5 O DIREITO PENAL AMBIENTAL E A PRECAUÇÃO

Como constatado no capítulo anterior, a sociedade contemporânea experimenta uma mudança de paradigma: a característica de incerteza implica uma nova relação com a Ciência, quanto aos deveres e à filosofia política de segurança.

De acordo com François Ewald[290], três seriam os paradigmas nesse âmbito: responsabilidade, solidariedade e segurança.

O século XIX testemunhou o predomínio do primeiro. Guiado pela prudência, o *bonus pater familias* é responsável por si mesmo, não podendo atribuir a outros seus fracassos. Tal condição originou as previsões de responsabilidade dos Códigos Civis, que cuidam de um homem previdente e prudente. A culpa é o fator atributivo de responsabilidade, e regula as condutas humanas.

O segundo paradigma prevalece no Estado de Bem-estar, no qual surgem novos deveres jurídicos, frente à multiplicação de direitos sociais. A sociedade acreditava ter a possibilidade de controlar-se, que o conhecimento teria controle sobre o poder, e poderia prevenir enfermidades, delitos, acidentes.

---

289 SARRABAYROUSE, Eugenio C. "Algunas soluciones a los problemas que plantea la responsabilidad por el producto en el derecho penal argentino." *Revista Brasileira de Ciências Criminais 2010 - RBCCRIM* 83, p. 68-69.

290 Reproduz-se aqui o ensinamento contido em EWALD, François. "The return of the crafty genius: an outline of a philosophy of precaution". *Connecticut Insurance Law Journal*, vol. 6, 1999-2000, p. 47-79.

Será o predomínio do seguro: a culpa já não é suficiente para cobrir um certo número de eventos; o eixo muda para o risco, tal como nos acidentes laborais. Discute-se a distribuição social dos custos, pois o risco existe socialmente. O risco profissional e social será referido a uma relação social, baseado em estatísticas e probabilidades. Enquanto o paradigma da responsabilidade implicava uma distribuição seletiva dos custos, agora a solidariedade determina a distribuição dos riscos. A prevenção será a palavra-chave, e pressupõe conhecimento, controle técnico, compreensão e mensuração dos riscos, para assim reduzir a probabilidade de danos.

Sem embargo, os riscos superam a previsibilidade e fazem reaparecer a noção de incerteza. Questiona-se a Ciência em virtude das dúvidas que esta insinua. O paradigma de solidariedade se desintegra ante os olhos de uma sociedade incrédula, em virtude de três grandes temas: os riscos à saúde, os riscos ao ambiente, e a responsabilidade pelo produto, o risco pelo desenvolvimento. Estes três problemas se acentuam nos anos 80.

Surge a ideia de precaução: a ausência de certeza não pode adiar a adoção de medidas de prevenção do risco. O princípio, típico do Direito Ambiental, no âmbito internacional se estandariza em documentos de *soft law*, como a Declaração do Rio sobre Meio Ambiente e Desenvolvimento, de 1992, em que se estabelece a adoção do princípio de precaução[291], em seu princípio 15:

291 Sobre o principio de precaução, origens, evolução internacional e sua aplicação no Direito, confiram-se, exemplificativamente: CAFFERATTA, Néstor. "Principio precautorio en el Derecho argentino y brasilero". *Revista de Derecho Ambiental*, n. 5. Buenos Aires: Lexis Nexis, 2006, p. 67-98; do mesmo autor, "El principio de prevención en el derecho ambiental", *Revista de Derecho Ambiental*, n. 0. Buenos Aires: Lexis Nexis, 2004, p. 9-49; CIERCO SEIRA, César. "El principio de precaución: reflexiones sobre su contenido y alcance en los derechos comunitario y español." *Revista de Administração Pública*, n. 163, janeiro/abril de 2004, Madrid: Centro de Estudios Políticos y Constitucionales, p. 73-125 e AAVV. *El principio de precaución ambiental. La práctica argentina*. Zlata Drnas de Clément (dir.). Córdoba: Lerner Editora, 2008.

> *"Com o fim de proteger o meio ambiente, o princípio da precaução deverá ser amplamente observado pelos Estados, de acordo com suas capacidades. Quando houver ameaça de danos graves ou irreversíveis, a ausência de certeza científica absoluta não será utilizada como razão para o adiamento de medidas economicamente viáveis para prevenir a degradação ambiental."*

Tal princípio será amplamente debatido em situações como as relativas às mudanças climáticas, os campos eletromagnéticos e as antenas de celulares, os organismos geneticamente modificados, os novos produtos.

Três são seus elementos, e é de fundamental importância compreendê-los bem, porque às vezes se constata que a doutrina penalista os confunde, classificando como situações de precaução casos que, em verdade, são de prevenção, ou, ao contrário, como nos comentários ao artigo 54, parágrafo 3º da Lei 9.605/98 brasileira, vendo somente prevenção quando se cuida de precaução (abrangendo a prevenção):

a) Incerteza científica. Cuida-se de riscos imprevisíveis, que a Ciência não tem segurança para afirmar a causa. O princípio de precaução surge como um instrumento de gestão de riscos que a Ciência não pôde predizer, senão somente suspeitar. Nisto se articula o principio da precaução com o da prevenção, que cuida dos riscos previsíveis, e vai além, buscando uma complementação, para os riscos imprevisíveis[292].

b) Avaliação científica do risco. Ainda que possa parecer paradoxal, será a mesma Ciência que avaliará a possibilidade do risco, em situações de riscos desconhecidos. Esta Ciência, que não é mais o domínio das certezas, que não pode conectar claramente os fatos e suas consequências, terá que, dentro de seu não saber, reconhecer que seu conhecimento tem um limite, e atuar precautoriamente. Isso não significa o abandono do

---

292 BERROS, Maria Valeria. "Principio precautorio como herramienta de gestión del riesgo ambiental, su funcionamiento a propósito del caso de los campos electromagnéticos." *Revista de Derecho Ambiental*, n. 13. Buenos Aires: Lexis Nexis, 2008, p. 47-62.

rigor. A precaução não é um principio acientífico. Em verdade a Ciência deverá buscar ser mais e mais rigorosa, com o propósito de investigar o possível fenômeno arriscado, e assim poder dissipar a incerteza[293]. A precaução de hoje pode ser a prevenção de amanhã.

c) Possibilidade de dano grave e irreversível. Não será qualquer risco e qualquer dano; somente aqueles que impliquem irreversibilidade, uma situação que se perpetue, e danos relevantes.

Os três paradigmas, e suas atitudes correspondentes (previdência, prevenção e precaução) se complementam em uma sociedade do risco. A prevenção vai até onde a Ciência sabe, soube e pôde ir; a precaução atua nos casos em que a Ciência não pôde ou não soube ir. O princípio da precaução é figura emblemática de uma sociedade postmoderna[294].

Pois bem. O Direito Penal assume um rol preventivo na gestão dos riscos gerais, em especial o Direito Penal Ambiental, e o faz principalmente pela técnica dos delitos de perigo abstrato, nos quais o perigo é reconhecido anteriormente pelo próprio legislador, é a *ratio* da tipificação. O legislador envia a mensagem que aquela conduta é tão arriscada que deve ser evitada, não se deve assumir os riscos que podem surgir daquela atividade. Apesar disso, a precaução se distingue da prevenção. Nesta se tende a evitar um dano futuro, porém certo e mensurável; já a precaução busca impedir a criação de um risco com efeitos ainda desconhecidos, e, por conseguinte, imprevisíveis. A precaução opera em um âmbito marcado pela incerteza, e por isso não se confunde com a prevenção:

---

293 BERROS, ob. cit., p. 54.

294 EWALD, François. "The return of the crafty genius...", p. 72 e DUTHEIL DA ROCHÈRE, Jacqueline. *Le príncipe de précaution*. Em: AAVV. *Droit administratif européen*. Jean-Bernard Auby e Jacqueline Dutheil da Rochère (dir.), Bruxelas: Bruylant, 2007, p. 459

> "... *En efecto, la prevención es una conducta racional frente a un mal que la ciencia puede objetivar y mensurar, o sea que se mueve dentro de las certidumbres de la ciencia. La precaución – por el contrario – enfrenta a otra naturaleza de la incertidumbre: la incertidumbre de los saberes científicos en sí mismos.*[295]"

A ausência de certeza não pode adiar a adoção de medidas contra o risco: se instala o reinado da precaução, que surge especificamente no Direito Ambiental, e será uma especial nota distintiva deste ramo do Direito em relação àqueles que lidavam tradicionalmente com a degradação do ambiente, como o Direito Civil e o Penal, que possuem como requisitos fundamentais a certeza e a previsibilidade, obstáculos que a norma ambiental, com a precaução, procura apartar[296].

Cimentado isto, a pergunta inevitável surge: pode o princípio de precaução ser trasladado ao Direito Penal? Podem ser criados tipos penais em consequência de uma lógica de precaução, e daí advir condenações em virtude de situações em que predominava a incerteza quando atuou o eventual acusado?

Todo o exposto já induz a resposta.

Se o distanciamento da efetiva lesão do bem jurídico já apresenta dificuldades suficientes e críticas quanto aos delitos de perigo abstrato, onde se trabalha sob uma lógica de prevenção, o certo é que o Direito Penal não poderá lidar adequadamente com situações baseadas no marco teórico da precaução[297]. Se seu requisito fundamental é a certeza e previsibilidade, e a

---

295 CAFFERATTA, "El principio de prevención en el derecho ambiental"..., p. 42, destaques do autor.

296 BENJAMIN, Antonio Hermann. "*¿Derechos da naturaleza?*" Em: AAVV. *Obligaciones y contratos en los albores del siglo XXI.* Homenaje al profesor Dr. Roberto M. López Cabana. Buenos Aires: Abeledo-Perrot, 2001, p. 32.

297 E não simplesmente por questões de princípio de legalidade, o que daria a falsa ideia de que se houvesse um tipo penal precautório estariam resolvidos os problemas, como se quer fazer crer em KOURILSKY, Philippe; VINEY, Geneviève. *Le principe de précaution. Rapport au Premier ministre.* Paris: Odile Jacob, La documentation française, 2000, p. 168, ainda que depois reconheçam as dificuldades probatórias em relação à imputação objetiva (ob. cit., p. 168-172).

precaução busca apartar tais exigências, não será o Direito Penal o instrumento adequado. O legislador não poderá reconhecer anteriormente o perigo, como costuma fazer na criação dos delitos de perigo abstrato, pelo simples fato de que não sabe se existe tal perigo, em uma situação de incerteza.

Suponham-se as seguintes situações: a) um fabricante cria um produto, que, apesar de licenciado, mais tarde vem a causar danos ao meio ambiente ou à saúde das pessoas. No momento de sua criação, não se podia afirmar que tais danos ocorreriam; b) Um agricultor planta um organismo geneticamente modificado que anos depois se descobre cancerígeno; c) Instalam-se antenas de celulares em uma vizinhança, que anos mais tarde se revela enferma em virtude da radiação.

Em todas estas condutas há uma característica comum: não existia conhecimento científico ou estatístico suficiente sobre os riscos envolvidos quando de sua atuação, o que impedia uma constatação do perigo, em uma lógica *ex ante*[298].

Consequentemente, não era possível afirmar, quando da realização da conduta, que existia sequer um perigo abstrato, pela incerteza em relação a esse perigo. Assim sendo, tampouco o legislador poderia afirmar que existe um perigo abstrato, porque ele mesmo tem dúvidas se esse perigo existe.

Sancionar penalmente condutas dessa natureza contraria o arcabouço do Direito Penal moderno, o que se desdobraria em violações múltiplas que os estreitos limites desta obra não permitem desenvolver. Sem embargo, alguns obstáculos infranqueáveis podem ser de plano indicados: a) o risco *ex ante*,

---

298 Única lógica admissível nos exemplos citados, como destaca Sarrabayrouse, especificamente no que tange à responsabilidade penal pelo produto (RPP):"*Para que un deber del fabricante tenga relevancia penal debe ser fijado con un criterio ex ante, porque de lo contrario siempre habrá una tendencia a formularlo en términos más estrictos a la luz de los resultados ocurridos, pues, en general, los casos de RPP se caracterizan pela gravedad das lesiones y la cantidad de personas afectadas. Adoptar una perspectiva ex post implica alejarse da compleja situación en la que, a menudo, decide el productor.*" ("Algunas soluciones a los problemas que plantea la responsabilidad por el producto en el derecho penal argentino"..., p. 80.)

necessário para a criação de um tipo penal de perigo abstrato, seria incerto, somente suspeitado, o que é incompatível com um Estado de Direito. O legislador não pode criar tipos penais baseado em meras suspeitas; b) a tipificação de tais condutas geraria uma responsabilidade objetiva, pois o infrator seria responsabilizado por consequências que naquele momento não pôde imaginar com segurança que ocorreriam. Sem tal previsibilidade, não poderia atuar com dolo ou culpa. Restaria vulnerado o princípio de culpabilidade[299]; e c) processualmente a aceitação de tipos penais de precaução implicaria uma inversão do ônus da prova.[300]. A acusação se basearia em meras suspeitas de causalidade; a defesa teria que provar que sua conduta não foi a causa do evento.

Situações desse jaez não podem ser admitidas em um Estado de Direito, e violam princípios constitucionais.

Ainda que se escutem algumas vozes na doutrina[301] que começam a defender a precaução no Direito Penal, existem

299 Exclui-se a responsabilidade penal relativa àqueles danos cuja geração se deva à concorrência de fatores imprevisíveis, como no caso da incerteza que caracteriza as situações de precaução; somente é possível imputar a alguém um risco quando este teve a possibilidade de prevê-lo (GARCÍA RIVAS, Nicolas. "Influencia del principio de precaución sobre los delitos contra la seguridad." *El Derecho Penal. Doctrina y jurisprudencia.* Janeiro de 2005, p. 20).

300 BOTTINI, Pierpaolo Cruz. *Crimes de perigo abstrato e princípio da precaução na sociedade de risco.* São Paulo: Revista dos Tribunais, 2007, p. 297.

301 Para Casabona o principio de precaução *"podría contribuir a la elaboración de un procedimiento de imputación para algunos de esos delitos, basándose para ello en la innecesaridad de imputar un determinado resultado y pudiendo prescindir entonces y en consecuencia de la constatación de un nexo causal. En este sentido, este principio podría ayudar a construir una acción peligrosa al margen del criterio de partida de la previsibilidad, pero con semejantes, si no superiores, presupuestos de seguridad jurídicos basados en las prescripciones de conducta que tal principio impone."*(ROMEO CASABONA, Carlos María. "El principio de precaución en las actividades de riesgo" *La responsabilidad penal de las actividades de riesgo. Cuadernos de Derecho Judicial, 2002, III,* p. 41). Sempre que se aborda o tema da precaução vem à tona um excerto de Kindhausër, no qual este afirma que *"para la seguridad en ámbitos de la vida que estén expuestos a grandes peligros se deben prohibir acciones hasta tanto no se haya demostrado su carácter inofensivo"*, mas os exemplos fornecidos pelo autor não se referem a contextos de precaução, e sim de prevenção (KINDHAUSËR, Urs. *Derecho penal da culpabilidad y conducta peligrosa.* Bogotá: Universidad Externado de Colombia, 1996, p. 83).

obstáculos insuperáveis, que contradizem a lógica do sistema penal. Sim, se pode discutir um Direito Penal preventivo; entretanto, não se pode aceitar um Direito Penal precautório, baseado em suspeitas e incerteza. Para tanto, outros ramos do Direito estão disponíveis, e o Direito Ambiental será o reino por excelência da precaução. Aí se poderá afirmar solenemente "*in dubio pro ambiente*", algo inimaginável em sede de Direito Penal e Processual Penal[302].

Sem embargo, deve-se registrar que não raramente a doutrina penal confunde situações de prevenção, etiquetando-as como casos de precaução, e daí se aproveita para atirar pedras contra o Direito Penal Ambiental, em críticas infundadas. É mister que o elemento fundamental da incerteza esteja presente para que se possa falar de precaução, o que é absolutamente distinto de certas condutas em que o legislador, sabendo de antemão que podem causar dano ambiental, antecipa a proteção penal e emprega a técnica de crimes de perigo abstrato.

A doutrina penal largamente se equivoca catalogando como de precaução situações que em verdade são de prevenção, e daí advêm errôneas críticas aos delitos de perigo abstrato. Não se pode confundir perigo abstrato com precaução. Nos crimes de perigo abstrato ambientais corretamente tipificados tem-se certeza que aquela conduta pode gerar dano ambiental, e como se quer evitá-lo, se proíbe penalmente aquele modo de atuar; não existe, portanto, nenhuma dúvida, incerteza científica, que atuar daquele modo pode causar dano. Se, quando atua, no caso concreto, o dano ocorre ou não, é outra questão, distinta da discussão a respeito da incerteza científica, sobre se aquele modo de atuar pode causar dano.

---

302 Neste sentido, FEIJÓO SÁNCHEZ, "Sobre la 'administrativización...", p. 136-8, e PÉREZ ALONSO, Esteban Juan. *Expansión, riesgo y principio de precaución en el Derecho Penal*, em: AAVV. *Derecho, globalización, riesgo y medio ambiente*. Valencia: Tirant lo Blanch, 2012, texto disponível em http://www.tirantonline.com/printDocument.do?docid=2671901&version=, acesso em 22/02/2013.

Exemplo dessa confusão ocorre quando se identifica como caso de precaução o artigo 56 da Lei 9.605 no Brasil[303], quando em verdade se cuida de prevenção, pois se proíbe penalmente a exploração mineral sem licença. Não há neste caso nenhuma incerteza ou controvérsia científica sobre o dano, pressuposto da precaução: a exploração mineral é necessariamente impactante, causa dano ambiental[304].

Tampouco são exemplo de precaução os casos de responsabilidade penal pelo produto em que o empresário, tão logo conheça ou possa conhecer a falha de um medicamento, deixe de impedir que se realize o risco criado pelo produto, retirando-o do mercado, e, por essa omissão, deva ser punido por eventuais lesões causadas pela inação, pois já não existiria mais a situação de incerteza.

Situação completamente distinta, em que aí sim haverá algum ponto de contato admissível entre a precaução e o Direito Penal, será a possibilidade de sancionar penalmente as condutas que impeçam o Estado de exercer a precaução, de exercer os controles que lhe são inerentes na análise dos riscos de danos graves e irreversíveis.

Nos exemplos dados anteriormente se pressupõe a autorização do Estado, isto é, este esgotou sua análise da probabilidade de dano grave e irreversível em uma situação de incerteza e ainda assim os danos ocorreram. Contudo, que dizer de situações que a pessoa busca escapar desse controle, por exemplo, introduzindo um novo medicamento no mercado, plantando sementes de um organismo geneticamente modificado, ou empregando um agrotóxico, tudo isso sem a correspondente auto-

303 Como o faz BOTTINI (ob. cit., p. 292).

304 A respeito, sobre os vários danos que a mineração vem causando na América Latina, confira-se AAVV. *Minería y actuación del Ministerio Público em Latinoamérica / Mineração e atuação do Ministério Público na América Latina.* Organizadores: Alex Fernandes Santiago e Luciano Furtado Loubet. Porto Alegre: Letra&Vida: Red Latinoamericana de Ministerio Público Ambiental, 2012.

rização ou licença oficial, é dizer, sem submeter-se ao controle do Estado?

Todos estes casos diferem dos exemplos anteriores, porque se aniquila o poder do Estado de exercer a precaução; se impossibilita que o Estado exerça uma de suas mais importantes funções na sociedade moderna, de árbitro dos riscos, razão pela qual, nestes casos, sim é possível que se criminalize tais condutas, não para punir os efeitos imprevisíveis e desconhecidos *ex ante*, mas sim para sancionar o fato de impossibilitar que o Estado exerça seu dever de controlar os riscos.

Exemplo disto é a tipificação da conduta de produzir organismo geneticamente modificado sem autorização no Brasil, conforme Lei 11.105, de 2005, artigo 29. Pode ser que o OGM não cause dano algum. Não obstante, impediu-se que o Estado brasileiro exercesse uma de suas mais importantes funções na sociedade moderna, o controle dos riscos[305], conduta que pode ser sancionada penalmente.

Em igual raciocínio, também é cabível sancionar criminalmente as condutas que desobedecem as ordens emanadas do exercício deste controle, o que, ao fim e ao cabo, conduz a igual resultado: a inefetividade do controle de riscos. Por conseguinte, se o Estado dita medidas de precaução que devam ser adotadas, e o destinatário as descumpre, possível será sua sanção penal, pois seu comportamento anula o controle do Estado. Outra não é a *ratio* do artigo 54, parágrafo 3º, da Lei 9.605/1998:

> *"Incorre nas mesmas penas previstas no parágrafo anterior quem deixar de adotar, quando assim o exigir a autoridade competente, medidas de precaução em caso de risco de dano ambiental grave ou irreversível."*

305 *"Art. 29. Produzir, armazenar, transportar, comercializar, importar ou exportar OGM ou seus derivados, sem autorização ou em desacordo com as normas estabelecidas pela CTNBio e pelos órgãos e entidades de registro e fiscalização. Pena – reclusão de 1 (um) a 2 (dois) anos, e multa."*

E se, como exemplificado no caso do artigo 56 da Lei 9.605/1998, parte da doutrina penalista se confunde e etiqueta como de precaução caso que em verdade é de prevenção, o fenômeno contrario também se verifica no caso do artigo 54, parágrafo 3º: a maioria dos manuais que comentam a lei penal ambiental brasileira pouco falam do dispositivo, simplesmente ignorando a previsão expressa deste artigo sobre a precaução, e o abordam como se fosse relativo somente à prevenção.

Em verdade tal dispositivo abarca situações de precaução (previstas expressamente) e de prevenção, pois a precaução, como já assinalado, se articula com o princípio de prevenção, que cuida dos riscos previsíveis, e vai além, buscando uma complementação, para os riscos imprevisíveis[306]. De fato, a precaução é mais ampla que a prevenção, é sua forma mais avançada, pois, como dito anteriormente, a prevenção vai até onde a Ciência sabe, soube e pôde ir, enquanto a precaução atua nos casos em que a Ciência não pôde ou não soube ir. A menção na norma penal brasileira da precaução absorve, logicamente, a prevenção[307].

306 Tratando somente de prevenção, quando se trata expressamente de precaução, e, por consequência – por ser esta mais ampla – também de prevenção, Paulo José da Costa Jr. e Fernando José da Costa, em MILARÉ, Édis. *Direito penal ambiental* / Édis Milaré, Paulo José da Costa Jr, Fernando José da Costa, 2ª. ed., São Paulo: Revista dos Tribunais, 2012, p. 141; dando exemplos somente de prevenção (deixar de comunicar o derrame de efluente contaminante em um rio, omitir-se na instalação de filtros) FREITAS, Vladimir Passos de. *Crimes contra a natureza*. Vladimir Passos de Freitas, Gilberto Passos de Freitas. 9ª. ed., São Paulo: Editora Revista dos Tribunais, p. 233, SIRVINSKAS, p. 267, e PRADO, p. 254. Um dos poucos que alcança a conclusão de que o artigo abrange os dois princípios é NETO, Nicolao Dino. *Crimes e infrações administrativas ambientais*. Nicolao Dino Neto, Ney Bello Filho e Flávio Dino. 3ª ed., Belo Horizonte: Del Rey, 2011, p. 334-336, recordando a posição de Paulo Affonso Leme Machado de que o artigo é o primeiro que trata da precaução na lei penal ambiental. Volveremos ao exame deste artigo, com exemplos de precaução e prevenção, no capítulo seguinte, sobre crimes omissivos.

307 No sentido de que o princípio precautório, por ir mais longe, culmina por absorver a prevenção (mas, como demonstrado, com esta não se confunde), TROUWBORST, Arie. "Prevention, precaution, logic and law. The relationship between the precautionary principle and the preventative principle in

Semelhantes confusões na doutrina penal somente reforçam a necessidade, realçada desde o principio desta obra, de promover o diálogo entre o conhecimento ambiental e o penal.

3.6 CONCLUSÃO

O dano ambiental se encontra no centro de qualquer discussão sobre meio ambiente, e a preocupação com sua prevenção atormenta o Direito Ambiental de tal maneira que se converte em sua obsessão. Não obstante, muitas dificuldades surgem em uma estratégia de proteção, já que tal dano apresenta características distintas do dano individual tradicional, o que desconcertará a legislação, doutrina e jurisprudência, estruturados em uma visão antropocêntrica que tem suas raízes no pensamento liberal.

A resposta à indagação se o Direito Penal pode contribuir à prevenção do dano ambiental, não pode ser outra senão depende, porque várias condições são pressupostas para que o Direito Penal possa pretender contribuir à prevenção do dano ambiental.

A primeira, essencial, é que exista um forte compromisso político e econômico na conservação do ambiente. Enquanto predomine a visão neoliberal e o crescimento econômico prossiga dando as cartas na definição do que seja um desenvolvimento sustentável, muito pouco, ou quase nada, poderá contribuir o Direito Penal na prevenção do dano ambiental. Apenas mascarará as contradições de um Estado que busca o crescimento econômico a qualquer custo e é encarregado da proteção do ambiente, de que foram exemplo neste capítulos os elevados umbrais na definição do dano ambiental relevante. Outros fatores também se sobrepõem ao meio ambiente, como o militar, no exemplo do crime de guerra previsto no artigo 8, (2), (b), (iv) do ECPI.

---

international law and associated questions." *Erasmus Law Review*, volume 2, 2009, p. 105-125.

Presente esta primeiríssima condição, giro copernicano na atual visão do mundo, outras se fazem necessárias. Os mecanismos de proteção do ambiente existentes em outras áreas do Direito, como os instrumentos administrativos e civis, devem ser manejados em todo seu potencial, antes de que se recorra à sanção penal. O precipitado emprego daquela que deveria ser a *ultima ratio* tem o efeito perverso de servir como pretexto para que não se recorra a meios de proteção mais eficazes, o que gera a sensação de que se cumprem fins preventivos, sem resolver o problema. O Direito Penal, neste caso, transmitirá uma mensagem equivocada, impedindo a concretização de uma política ambiental efetiva. Para evitar tais problemas deve configurar-se uma Administração Pública inclinada à proteção do ambiente, e não capturada por interesses políticos ou econômicos, fixando licenças com limites de contaminação muito altos; e um Poder Judiciário preocupado com a efetividade das normas ambientais.

Presentes todas essas condições, que não se afastam nenhum centímetro dos critérios da subsidiariedade e fragmentariedade, somente então o Direito Penal poderá – *e deverá* contribuir, pois não pode ignorar as características da nova sociedade se deseja cumprir suas funções preventivas. Na cúpula deste sistema jurídico de proteção, servirá de reforço aos demais mecanismos, pela utilização da mais grave das sanções.

O estigma da persecução penal em desfavor daqueles que não são os comumente acostumados a sentar no banco dos réus, acostumados a perverter o princípio do Direito Ambiental quem contamina-paga para quem paga-contamina, talvez aclare as sonoras reações contra a existência de um Direito Penal Ambiental. Nestes casos, recupera a mais grave das sanções sua função simbólica de prevenção geral positiva; e exerce a prevenção do dano ambiental contra esses grupos. Não por outra razão as grandes corporações rechaçam a disciplina penal da matéria, que possui vantagens em relação à sanção civil para infrações praticadas no âmbito empresarial por duas razões principais: a) as multas administrativas e civis podem ser vistas pelo empresário como um custo por realizar negócios e serem repassadas ao consumidor por meio do aumento de preços; e b) a sanção penal enfatiza que o descumprimento de importantes regulações, mais que uma decisão empresarial-econômica, constitui grave violação aos interesses de toda uma sociedade, levando estigma e publicidade negativa à empresa infratora.

Cumpre destacar, buscando escapar de critérios de senso comum quanto à prevenção do dano ambiental pelo Direito Penal, que investigações sociológicas demonstram que nos lugares onde há inconsistências e debilidade na aplicação da lei penal ambiental aumenta o número de violações ambientais, enquanto onde existe um controle consistente e forte diminui. E que a efetividade se incrementa com a capacitação e especialização dos órgãos de fiscalização, a frequência do controle, aplicação de sanções e temor à publicidade negativa, que pode reduzir o valor das ações no mercado. Esse temor em relação à responsabilidade penal ambiental influenciará a decisão dos empresários, conforme pesquisas de decisões corporativas. Outras pesquisas também evidenciaram que a certeza da punição é mais importante na prevenção dos delitos ambientais que a gravidade da sanção, conforme intuíra Beccaria séculos antes.

Pelo exposto, presentes as condições destacadas, se permitirá que o princípio da prevenção se projete sobre o Direito Penal (onde encontra terreno fértil, pela existência de uma sociedade do risco), e que este, ainda que de forma residual e pequena, contribua para a prevenção do dano ambiental. E se o faz pela própria prevenção que exercem as normas penais, também maneja instrumentos específicos como os crimes por omissão, os crimes de perigo abstrato e os crimes contra a administração pública ambiental e as medidas cautelares.

Sem embargo, se o Direito Penal pode contribuir, ainda que minimamente, com a prevenção, não poderá contribuir com outra demanda social, que é a precaução. Não será possível criar tipos penais em consequência de uma lógica de precaução, e daí advir condenações em virtude de situações em que predominava a incerteza quando atuou o acusado. Se o requisito fundamental do Direito Penal é a certeza e previsibilidade, e a precaução busca exatamente apartar tais exigências, não será o Direito Penal o instrumento adequado. O legislador não poderá reconhecer anteriormente o perigo como costumar fazer nos crimes de perigo abstrato, pelo simples fato de que desconhece se existe tal perigo, pois está presente a incerteza. Eventuais tipificações implicariam situações de responsabilidade objetiva, e inversão do ônus da prova, entre outros problemas, que impedem a atuação do Direito Penal.

Situação completamente distinta é a possibilidade de sancionar penalmente as condutas que impeçam o Estado de exercer a precaução, uma de suas mais importantes funções na sociedade moderna, de árbitro dos riscos. É possível criminalizar estas condutas, não em uma lógica de precaução, para punir os efeitos imprevisíveis e desconhecidos *ex ante*, e sim sancionando o fato de impossibilitar que o Estado exerça seu dever de controlar os riscos.

4 A Prevenção do Dano Ambiental pela Criminalização de Condutas Omissivas

4.1 INTRODUÇÃO

O fenômeno da irresponsabilidade organizada, aspecto central de uma sociedade do risco, estende-se ao Direito Penal Ambiental como uma especial dificuldade de imputação no âmbito das empresas, cuja estrutura cerrada e múltiplas divisões constituem relevante obstáculo à responsabilização penal (a que pessoa individual imputar os danos e os riscos?). Serão examinadas neste capítulo a estratégia para superar este obstáculo, objetivo que inspirou o artigo 2º da Lei 9.605/1998, assim como a criação de novas figuras de omissão própria neste diploma legislativo, ambas no propósito de prevenção de danos ambientais.

4.2 O SISTEMA GERAL DO DIREITO PENAL E O DIREITO PENAL AMBIENTAL. A PROTEÇÃO ATRAVÉS DOS INSTRUMENTOS TRADICIONAIS. IRRESPONSABILIDADE ORGANIZADA, RESPONSABILIDADE PENAL DA PESSOA JURÍDICA, RESPONSABILIDADE PARA BAIXO

De entrada cabe esclarecer, agora que serão examinados com mais vagar os instrumentos penais utilizados na prevenção do dano ambiental, que o Direito Penal Ambiental não constitui nenhum ramo excepcional, apartado do Direito Penal. Estão presentes as mesmas regras de imputação; respeitam-se os princípios de subsidiariedade e de *ultima ratio;* em suma, são aplicáveis os mesmos princípios e instituições do Direito Penal comum. É óbvio que como qualquer outra parte especial, o Direito Penal Ambiental terá uma ou outra peculiaridade, o que também sucede com os delitos contra a vida ou a Administração pública, o que não invalida as assertivas anteriores; de fato, apenas destaca que se distingue dos demais por buscar a proteção do bem jurídico ambiente, mas igualmente se submete à parte geral do Direito Penal[308].

Antes da existência do paradigma ambiental moderno e sua projeção sobre o Direito Penal, com a previsão de tipos penais ambientais específicos, era possível manejar instrumentos do sistema tradicional para a proteção do meio ambiente, ainda que não previstos com este fim. Foram mencionados neste

---

308 Conforme, exemplificativamente, GRACIA MARTÍN, Luis. *Estudios de Derecho Penal.* Lima: Idemsa, 2004, p. 715, 765, 783-5, em adesão às posturas de Martínez-Buján e Schünemann; e LAZARUS, ob. cit., p. 2487. Como enfatiza Gimbernat Ordeig, *"los conceptos fundamentales de la Parte General siguen siendo adecuados – aun más: irrenunciables – para tratar - y penetrar en – estas nuevas manifestaciones jurídico-penales"* (GIMBERNAT ORDEIG, Enrique. *Modernas tendencias en la Ciencia del Derecho Penal y en la Criminología.* Madrid: UNED, 2001, p. 356). E sobre a necessidade, quando da aplicação da parte geral, de respeitar-se as peculiaridades da parte especial, TIEDEMANN, Klaus. *Derecho penal económico. Introducción y parte general.* Lima: Grijley, 2009, p. 125-8.

sentido os delitos contra a saúde pública no Brasil; mas há outras possibilidades que dependem da criatividade ministerial. Um bom exemplo a respeito nasce da atuação dos membros do Ministério Público norte-americano nas décadas de 60 e 70 do século passado. Quanto a temática ambiental ascendia ao primeiro plano da agenda mundial, eles revisitaram a antiga e esquecida (em parte porque criava uma infração menor - *misdemeanor* - cuja multa máxima era de cinco mil dólares estadunidenses) normativa do *Refuse Act*, de 1899, prevista para proibir a descarga de resíduos em águas navegáveis, e empregaram-na na proteção ambiental, processando vinte e cinco casos de contaminação. Sua releitura ocorreu porque os órgãos acusadores, insatisfeitos com a baixa efetividade do controle da poluição das águas, decidiram reforçar a atuação administrativa e interpretar que cada dia de descarga devia ser multado[309].

Um denominador comum une o Direito Penal Econômico e o Direito Penal Ambiental: ambos cuidam, primordialmente, de um Direito Penal de empresa, pois, em geral, as condutas típicas partem de una estrutura empresarial[310]. Por tal razão, além dos conhecidos problemas de política criminal, traduzidos na resistência à criminalização destas condutas (muitas vezes sob o discurso de um *Direito Penal liberal*, encampado pelas classes sociais mais altas, onde se encontram justamente os "clientes" desse moderno Direito Penal, que se pode acusar de muitas coisas, menos de seletivo e discriminador dos tradicionais alvos

---

309 BRICKEY, p. 492-3; também SHOVER; ROUTHE; p. 650. O *Clean Water Act* substituiu a normativa em 1972.

310 Além disso, registra Muñoz Conde, baseado en Schünemann, que em "*muchos sectores como evasión de impuestos, estafas de crédito y de inversión, polución medioambiental, financiación ilegal de partidos políticos, blanqueo de capitales, abuso de información privilegiada, etc., es cada vez más difícil señalar dónde están los límites entre una estrategia de mercado legal y otras actitudes de carácter criminal*"; MUÑOZ CONDE, Francisco. "¿Cómo imputar a título de autores a las personas que, sin realizar acciones ejecutivas, deciden la realización de un delito en el ámbito de la delincuencia organizada y empresarial?" *Revista La Ley Penal*. Madrid: n. 9, janeiro de 2002, p. 86.

das sanções penais), também enfrenta este Direito Penal de empresa um problema dogmático.

Por dever penetrar nesta estrutura, que assume múltiplas divisões e interações cada vez mais complexas, verificam-se diversos problemas de imputação, implicando *"un duro banco de pruebas para la validez sobre todo de una teoría general de la responsabilidad penal (sc. del delito) que, como la hasta ahora vigente, se ha construido sobre la base de un modelo de criminalidad violenta e individual*[311]*."*

As dificuldades são facilmente imagináveis. Suponha-se uma empresa às margens de um rio, com propriedades vizinhas habitadas (o que por si já evidencia um problema comum de ordenamento territorial, a empresa, ou as casas, não deveriam estar perto uma das outras). Ocorre uma mortandade de peixes. Os vizinhos vêem que houve uma descarga de efluentes especialmente chamativa naquele dia, de cor azul; acionam os órgãos de fiscalização que comprovam ser tal descarga causadora da poluição. Surge o desafio de ingressar na estrutura empresarial, normalmente complexa e extensa, e determinar quem foi aquele que por ação ou omissão realizou a conduta típica poluidora[312].

---

311 GRACIA MARTÍN, ob. cit., p. 739. O catedrático de Zaragoza observa, quanto à resistência à modernização do Direito Penal nos crimes de empresa, que as classes sociais mais poderosas viram realizados seus propósitos no modelo penal liberal, que exclui a criminalização de graves manifestações de lesividade social originadas da utilização da propriedade (p. 767-9 e 787).

312 MOURULLO, p. 171, baseado em exemplo semelhante de Schünemann. O professor madrilenho registra: *"La cosa es aún más complicada para el juez, puesto que no se trata aquí de asignar una indemnización a quien tenga más que ver con el daño, como sucede en materia de responsabilidad civil, sino que se trata de castigar y de hacerlo con dureza, y ello sólo lo podremos hacer si tenemos certeza respecto a los hechos – in dubio pro reo – y, además, si podemos afirmar una cierta conexión subjetiva, individual, del autor con el hecho activo. Tendremos que probar que el acusado pudo personalmente prever y evitar el suceso concreto (...) Y aún más complicaciones. En muchas ocasiones, el curso de riesgo lesivo pasará por muchas manos y controles dentro de la maraña del organigrama empresarial, donde se darán competencias solapadas y controles acumulados. De este modo será difícil, en primer lugar, saber quién tenía que hacer qué o evitar qué. Y, en segundo lugar, será difícil rebatir el argumento de cada uno de los imputados de que confiaba en que uno o varios de los otros actuara"* (p. 172).

Não obstante, como sói acontecer, ninguém na empresa assume a responsabilidade. Os empregados afirmam que jamais imaginariam que algo assim poderia ocorrer, que nada mais fazem que cumprir ordens de seus superiores, e além disso nada podem fazer; os chefes, que comumente moram longe da empresa poluidora, pois quem pode não quer viver perto de problemas de poluição, relatam a seu turno que delegam funções, com a determinação de cumprir rigorosamente toda a normativa ambiental, que a atividade possui todas as licenças exigidas, que pagam seus tributos em dia, geram empregos e se preocupam com o meio ambiente, tanto que instalaram os coletores coloridos para reciclagem – invariavelmente vazios - na entrada da empresa e que possuem uma linda fazenda, um verdadeiro santuário ambiental (quantas vezes ouvimos esta expressão de infratores contumazes), com muitas árvores e animais. Quem já participou de uma atividade de fiscalização conhece bem o discurso planejado para o consumo externo, que intenciona ocultar a real dinâmica de implementação das decisões dos controladores das empresas, mui bem esquematizada por Lugones[313]:

> *"... Estas decisiones, a su vez son toleradas, estimuladas o exigidas, desde arriba, e implementadas desde abajo por funcionarios – directores, p. e – de las personas jurídicas o autoridades o agentes suyos de variada jerarquía – gerentes, responsables técnicos, capataces, empleados, operarios -.*
>
> *La decisión se transmite hasta las personas físicas de estas diversas categorías, no indispensablemente como una orden directa de cometer delitos, sino envuelta en sobreentendidos, esperanzas ilícitas más o menos genéricas que se depositan corrientemente en el personal jerárquico y profesional de determinadas áreas – contadores, ingenieros, gerentes, capataces – expresados en ciertas máximas de acción que actúan de uno y otro lado de la frontera entre la codicia*

313 LUGONES, Narciso J. *Programa para el estudio del delito ambiental: la esquematización de sus lugares comunes*. Em: CAFFERATTA, *Summa Ambiental...*, v. I, p. 1495.

> *criminal y el afán de lucro ilícito, que tienen como norte minimizar gastos y conflictos.*
> *El grado de criminalidad y el daño causados por estos delitos es variable – ahorrar gastos en disposición de residuos peligrosos (no utilizando instalaciones adecuadas, porque se carece de ellas o porque el gasto de su funcionamiento, insumos, etc., quiere evitarse; vertiendo en ríos, vía pública, redes cloacales, terrenos no habilitados para ello) (...) La parquedad en las órdenes criminales a veces es posible porque hay una práctica ampliamente conocida y difundida de cómo hacer muchos de esos 'ahorros'; algunas prácticas además existen de muy larga data, al punto de considerárselas corrientes. En estos casos, la persecución penal aparece como una novedad histórica: hoy se pena por hacer lo que 'a verdad sabida' hicieron mis abuelos, mis padres y yo mismo por largos años, sin escándalo de nadie salvo tal vez algunos entrometidos marginales, resentidos o utópicos para buena parte de la sociedad."*

Multiplique-se o exemplo para várias empresas com a mesma dinâmica à margem de um rio (escolha-se qualquer rio brasileiro com indústrias à sua margem), e incontáveis divisões, setores, encarregados, milhares de empregados: a poluição está ali, é a única certeza. Mas como filho feio não tem pai...

A especial dificuldade de imputação no âmbito das grandes empresas (a que pessoa individual imputar os danos e riscos?), associada ao modelo de decisões apontado, nada mais é que a projeção muito específica, em questões de imputação, da irresponsabilidade organizada[314], conceito central no marco teórico da sociedade do risco, de necessário esclarecimento.

---

[314] ROXIN, Claus. *Informe final.* Em: *Crítica y justificación ...*, p. 329. HERZOG, *Sociedad del riesgo, derecho penal del riesgo...*, p. 257: "*La irresponsabilidad organizada se esconde hoy tras la complejidad. Frente a todas las promesas de la sociedad de la información sabemos cada día menos sobre los procesos de decisión, sus actores y su motivación.*" SUÁREZ GONZÁLEZ, p. 291, matiza a complexidade das esferas organizativas como característica de uma sociedade do risco: "*Los ámbitos de acción individual han dado paso a contextos de carácter colectivo. Los sistemas de producción se estructuran a partir de la división funcional del trabajo de cara a la obtención de un mayor rendimiento. Y un modelo de estas características, basado en la aportación colectiva, presupone a cada una de sus partes como partes 'intercambiables' o*

Conforme abordado no capítulo segundo, na sociedade do risco o mundo enfrenta perigos que têm origem nos triunfos da indústria e tecnologias da sociedade moderna.

Este é o ambiente onde fecunda a irresponsabilidade organizada: pressionado pela sociedade que busca proteção, o Estado define o que é seguro, utilizando velhos mecanismos, a lógica neoliberal de exploração crescente, e termina normalizando a contaminação, a ausência de imputação. O controle do Estado vê-se desvirtuado e serve de estímulo à poluição, já que as normas administrativas admitem níveis de contaminação tão altos que na prática sanção nenhuma é aplicável.

A irresponsabilidade organizada será *"este círculo vicioso entre normalización simbólica y amenaza material: administración, política, gestión industrial e investigación estipulan los criterios de lo que es 'racional y seguro'*[315]*"*. Como esta definição não impõe limites verdadeiros, os riscos crescem, os danos avultam. Nada muda, apesar da existência de uma fachada de um sistema que funciona. Ainda que o Estado fiscalizador constate finalmente o descumprimento dos elásticos limites máximos de contaminação, a irresponsabilidade organizada se estende ao âmbito da imputação; a estrutura cerrada da empresa e suas múltiplas divisões representam um importante obstáculo às regras de responsabilização, situação de que se aproveita a delinquência empresarial[316].

---

fácilmente sustituibles. Ello da lugar a que la asunción individual de responsabilidad se diluya en el conjunto de las aportaciones, llegándose incluso a afirmar que las estructuras complejas de producción dan lugar a una 'irresponsabilidad organizada'"

315 BECK, p. 135. Mas, se pensarmos bem, esta irresponsabilidade organizada não traz a recordação do paradoxo do desenvolvimento sustentável, pois em várias de suas facetas o raciocínio é igual? O Estado finge que dá segurança, que protege, mas em verdade quase nada muda. A destruição do ambiente e o desenvolvimento do Direito Ambiental avançam ao mesmo ritmo. E, volvendo a Beck (ob. cit., p. 56), a irresponsabilidade organizada se projeta em um nível internacional, onde existe uma inimputabilidade legalmente fundada; e no território dos diversos países, pela permissividade na definição dos riscos.

316 *"...Problema que se agrava extraordinariamente quando as condutas perigosas têm lugar no seio de empresas, de grupos ou de equipas com complexa divisão de tarefas e a*

As questões de imputação serão solucionadas com menos dificuldades nos casos em que surjam plenamente identificados os responsáveis criminalmente, como costuma ocorrer na delinquência tradicional. A partir do momento que se identifique uma ordem, um comando, uma votação, uma decisão dos órgãos superiores da empresa no sentido da comissão do delito, aqueles que seguiram conscientemente esta ordem, sabendo que cometiam um delito, não haverá muitas complicações. O difícil será alcançar este ponto, provar esta ordem, votação ou decisão, seguida conscientemente. Nestes casos, a comissão dolosa de um delito não demandará maiores discussões, além das que tradicionalmente se desenvolvem em temais de autoria e participação. São casos de uma responsabilidade para baixo, Criações como a autoria mediata, a delegação para baixo de funções, podem ser empregadas[317].

---

suspeita da sua prática recai sobre um grande e indeterminável número de pessoas, cuja interacção, coordenada ou casual, é fonte do perigo que, por sua vez contribui para a verificação de um risco global. Particularmente aqui, perante aquilo que se vai chamando já o fenômeno actual da irresponsabilidade organizada, o modelo tradicional da imputação jurídico-penal parece falhar rotundamente; como também quando se persista em manter um modelo puramente individual de responsabilidade penal, que empresta nova e mais forte razão à alegação de que o sistema penal está de há muito pensado em termos de atingir preferencialmente os estratos e os membros socialmente mais desfavorecidos ou excluídos da população. Por isso a ciência do direito penal começa a perguntar-se por possíveis soluções."(FIGUEIREDO DIAS, Jorge de. *Direito Penal: parte geral. Tomo I: questões fundamentais: a doutrina geral do crime*. São Paulo: Editora Revista dos Tribunais; Portugal: Coimbra Editora, 2007, p. 136-7).

317 Sobre o tema do domínio do fato e atuar em lugar do outro nestes casos, bem como uma análise da teoria da representação no artigo 14, parágrafo 3 StGB, TIEDEMANN, ob. cit., p. 83, 178-82 e 228-232; sobre representação, delegação e preocupação com a distinção entre crimes comuns e especiais para alcançar os órgãos de direção, GRACIA-MARTÍN, p. 819-868. Especificamente sobre a representação, esclarece MOURULLO (ob. cit., p. 173): *"Así, en principio, cabe atribuir al titular de la empresa uma posición de seguridad, una posición de garantía, en relación con todos los procesos de riesgo que emanan de su empresa. Naturalmente ello no comporta que tenga que responder siempre y de todo. Recordemos, en primer lugar, que no responderá por el riesgo, ínsito en la actividad productiva, sino sólo del riesgo no permitido. Debe matizarse, en segundo lugar, que el empresario puede observar su deber de seguridad, y así lo hará normalmente, por delegación. Es extraordinariamente trascendente de cara a la imputación penal la comprensión adecuada de este mecanismo de delegación. La delegación no libera al delegante de su deber de seguridad, sino que*

Mas isso não é o que em geral ocorre. O fracionamento da atividade em uma miríade de fragmentos tem seu ápice na mais que comum situação de não poder-se imputar a ninguém o fato ilícito, pois nenhuma pessoa "*reúne todos los presupuestos de punibilidad*[318]". Ainda nos casos em que se identifique um executor, em geral é um empregado de um nível mais subalterno, cuja conduta não é a mais relevante para a produção do delito, frente às divisões, horizontal e vertical, do trabalho nas empresas[319].

Aí reside o problema, a questão que se intenciona enfrentar neste capítulo: quando não se verifica, constata, comprova, uma ordem que parta da direção ou outros superiores da empresa – "*contamine de forma x*" – e ainda assim este empregado de nível inferior na hierarquia da empresa executa (geralmente com continuidade no tempo) atos que promovem esta poluição, se tem que quem realiza a ação típica é um subordinado plenamente responsável. Este subordinado tem autonomia pessoal, livre arbítrio, é adulto e dotado de razão, ou, para empregar o dito popular, é maior e vacinado, e em princípio nenhuma

---

transforma su contenido a la vez que genera en el delegado una nueva posición de seguridad, con su correlativo deber de seguridad. El delegante, cada sucesivo delegante, tiene que formar, informar y vigilar al delegado, y corregirle y sustituirle si no cumple adecuadamente su función. A la incorrecta realización de cada una de estas tareas – al incumplimiento del deber de seguridad o de garantía respecto al medio ambiente – cabría imputar la conducta objetivamente peligrosas que emana de la empresa."

318 MALAMUD GOTI, Jaime. *Política criminal de la empresa. Cuestiones alternativas.* Buenos Aires: Hammurabi, 1983, p. 33.

319 "*...Se trata, en efecto, de una organización formal basada, en el plano horizontal, en el principio de división del trabajo y, en el plano vertical, en el principio de jerarquía. Resultado de todo ello es la conformación de ámbitos de competencia diferenciada, que abarca, a su vez, la actuación de diversos sujetos en la escala inmediatamente inferior. Dada una estructura así, se comprende que la conducta puramente ejecutiva – la del empleado de la empresa de quien surge el último acto que, por sí solo o en conjunción con otros, produce el hecho delictivo – no es siempre la más relevante, lo que supone un importante cambio de perspectiva respecto al derecho penal clásico.*" (SILVA SÁNCHEZ, Jesús M. *Responsabilidad penal de las empresas y de sus órganos en el derecho español.* Em: SILVA SÁNCHEZ, B. SCHÜNEMANN e FIGUEIREDO DIAS – coordenadores. *Fundamentos de un sistema europeo de derecho penal.* Barcelona: J. M. Bosch, 1995, p. 368-9).

outra pessoa da empresa deveria ser considerada responsável por sua conduta.

A conduta deste subordinado muitas vezes favorece a empresa, que economiza custos e seu atuar costuma ser identificado e conhecido por seus superiores. Este empregado tampouco é alguém tão desinteressado assim: sua conduta delitiva pode ocorrer não somente no interesse da empresa senão também como em seu próprio interesse, pois passa a ser reconhecido pelos órgãos de direção como alguém que veste a camisa da corporação, um *teamplayer*[320], o que pode gerar benefícios futuros na estrutura da pessoa jurídica. Não obstante, a sanção deste empregado, apesar de necessária, não será suficiente para fins de prevenção do dano ambiental.

Aqui está o busílis: os superiores, que conhecem a conduta delitiva deste empregado, e nada fazem a respeito, podem ser responsabilizados penalmente? Possuem estes superiores alguma responsabilidade pelo que se passa na empresa, em virtude da ação típica de seus subordinados, que gera problemas para o ambiente? Até que ponto alcançam, se é que existem, eventuais deveres de controle? Os superiores têm um dever de garantia, de impedir crimes alheios? Em resumo, se a responsabilidade para baixo enfrenta algumas dificuldades, a responsabilidade para cima envolve inúmeras discussões[321].

---

320 SHOVER; ROUTHE; ob. cit., p. 325-6.

321 Examinando o assunto, o estudioso poderia ver-se tentado a responder que a teoria do domínio do fato, com a figura da autoria mediata pelo domínio de um aparato de poder, seria plenamente aplicável aos casos em que um subordinado de uma empresa, plenamente responsável, comete um delito e seu superior, que não dirigiu a execução desta ação, nada faz. Não obstante, é de registrar-se que a esta teoria gera profunda controvérsia doutrinal (GRACIA MARTÍN, p. 813), e é o próprio Roxin, seu mais importante expoente, o primeiro a descartar tal solução, porque imaginada para os delitos dolosos de ação. Objetiva tal teoria identificar quem dirigiu a execução da ação que realizou o tipo penal. Portanto, conforme Roxin, esta teoria não se aplica aos crimes por ele nominados como infração de dever (em oposição aos crimes de domínio), delitos que não são explicáveis por uma ação, e sim pela infração de um dever específico que recai sobre pessoas determinadas, de que são exemplo por definição os crimes especiais, mas também os casos de omissão. Não se trata, portanto, de casos em que se

domina o fato desde o ponto de vista material, e sim de um dever que se encontra circunscrito à figura do garante (ROXIN, Claus. *Autoría y dominio del hecho en derecho penal.* Madrid: Marcial Pons, 2000, p. 385 e ss). No caso examinado o diretor não executa ou dirige a ação típica; em verdade, se omite. Portanto, esta teoria não se aplicaria aos delitos omissivos, e em especial à criminalidade empresarial nestes parâmetros, pois os órgãos superiores da empresa não executam ou dirigem a execução da ação esperada, no que é seguido Roxin pela maioria da doutrina, como a portuguesa, conforme síntese de FIGUEIREDO DIAS (*Direito Penal...*, p. 767-790). Não obstante, a jurisprudência muitas vezes se apresenta inclinada a empregar tal teoria em situações como as aqui discutidas, como anota Feijoo Sánchez ("Autoria e participação em organizações empresarias complexas". *Revista Liberdades, Instituto Brasileiro de Ciências Criminais*, n. 9, janeiro- abril de 2012, p. 30), analisando decisões do Supremo Tribunal Federal alemão que defendem um domínio social-funcional do fato, como também o fez o Tribunal Supremo espanhol, em decisão que destaca a fungibilidade dos operários, mesclando raciocínios de domínio do fato com idéias de comissão por omissão e garantia: "*La organización jerárquica de las empresas determina que no siempre la conducta puramente ejecutiva del operario subordinado sea la que deba ser examinada desde la perspectiva de su posible relevancia jurídico penal, sino que normalmente será mucho más importante el papel de los que están situados jerárquicamente por encima (especialmente si se trata de quienes detentan el control efectivo de la empresa o, como en este caso, la jefatura en el proceso de producción). Se trata de que en este ámbito de relaciones jerarquizadas la conducta relevante será la de aquél que 'es responsable del ámbito de organización por ser el legitimado para configurarlo con exclusión de otras personas'. La cuestión debe encontrar solución necesariamente en el ámbito de los delitos impropios de omisión, pues normalmente el responsable del proceso contaminante, o los altos directivos que conocen la existencia del carácter contaminante de la actividad de su empresa no realizarán materialmente la acción de vertido o emisión que integra el delito medioambiental, sino que se servirán de operarios que habitualmente actuarán con al menos dolo eventual. El problema que debe resolverse es doble: deberá fundamentarse la posición de garante de esos superiores jerárquicos, y su posible omisión de las actuaciones debidas para controlar el peligro derivado de la actividad industrial que se desarrolla dentro de su ámbito de dominio (es decir, la responsabilidad por omisión); y, en segundo lugar, resolverse el problema de imputación que plantea la actuación por medio de terceros (los operarios) que incluso podrían actuar, como se ha dicho, con al menos dolo eventual, es decir, en otras palabras, debe resolverse en estos supuestos si el principio de autorresponsabilidad puede actuar o no como un posible límite a la imputación a los superiores. La primera de las cuestiones debe estar resuelta legalmente en el art. 11.b) CP. Resulta innegable que los responsables de producción de las empresas contaminantes asumen un compromiso de control de los riesgos para bienes jurídicos que puedan proceder de las personas o cosas que se encuentran bajo su dirección. La posición de garante de aquel que 'tiene un dominio efectivo sobre las personas responsables mediante el poder de imponer órdenes de obediencia obligatoria' no puede ser puesta en duda. En consecuencia, conocida la situación generadora del deber (el carácter potencialmente contaminante de los residuos tóxicos que producía la factoría no podía resultar ajeno al responsable de producción de la misma, que incluso declaró ser perfectamente consciente de la utilización de elevadas cantidades de TCE en el proceso productivo), la omisión de las medidas que fácilmente podían haber sido puestas en práctica para la correcta eliminación de los residuos, realizada con conocimiento tanto de la propia situación generadora del deber, como de las condiciones que fundamentaban su posición de garante y de la posibilidad de realizar la acción debida, determina la comisión como autor por omisión del delito medioambiental del art. 325 CP. Con relación a la segunda de las cuestiones anteriormente aludidas debe indicarse que en el ámbito de los delitos de empresa (en el que habitualmente se producen los delitos medioambientales), el amplio dominio de todo el marco y condiciones de la ejecución del hecho corresponde a aquéllos que integran las posiciones más elevadas en la jerarquía (los denominados hombres de atrás), que se sirven de operarios puramente fungibles que incluso pueden no conocer el sentido último del hecho, y que difícilmente pueden por sí mismos poner fin al mismo (en el caso de autos, cuando el Sr. Darío , que era la persona que durante varios años se encargó de verter los residuos en el campo utilizando una cuba, confirmó que podía llegar a ser denunciado por lo que estaba haciendo dejó de encargarse de realizar esta actividad; pero los vertidos continuaron). Por ello, la actuación de los operarios en la realización material del ilícito solamente debe excluir la imputación del mismo a los superiores en los supuestos en los que se haya producido una delegación efectiva de la posición de garante, si bien solamente debe reconocerse 'valor exonerante de la posición de garante cuando tal delegación se efectúa en personas capacitadas para la función y que disponen de los medios necesarios para la ejecución de los cometidos que corresponden al deber de actuar'. Ambas cuestiones han sido ya resueltas por la jurisprudencia, que con relación a un supuesto de desvío al consumo humano de aceite de colza desnaturalizado con gravísimas consecuencias declaró en la STS de 23 de abril de 1992 que 'cada uno de los administradores es responsable del control de todos los peligros, normales o no, que sean consecuencia de la actividad de la sociedad, por lo cual cada uno de aquéllos resulta obligado a hacer lo que le sea posible y exigible, según las circunstancias, para lograr que el producto peligroso introducido antijurídicamente en el mercado sea retirado de la circulación, en todo caso para que no sea introducido en él (...); su deber de cuidado le imponía ejercer un control e informarse de los posibles desvíos de aceite desnaturalizado, utilizando a tales fines su posición en la empresa, y por ello no ofrece la menor duda que si hubiera obrado diligentemente hubiera podido tener conocimiento de nuevos envíos y, por tanto, de las circunstancias generadoras del deber de garante'. En suma, y como ya ha sido declarado, corresponde a los responsables de producción, así como a los altos responsables de la dirección de las industrias que desarrollan actividades industriales potencialmente contaminantes la adopción de las medidas necesarias para neutralizar, conforme a las exigencias legales y reglamentarias, el peligro contaminante procedente de las mismas (art. 11.b) CP). Por ello, la falta de adopción de tales medidas (cuando se conocen la situación generadora del deber, y las circunstancias que fundamentan la posición de garante y de la capacidad de acción) y, en todo caso, la utilización de operarios subalternos para el vertido ilícito de los residuos, equivale a la producción activa del vertido (arts. 11 y 325 CP). Y es justamente por esa comisión por omisión por la que resulta condenado el recurrente en la sentencia de instancia, en cuyo Fundamento de Derecho cuarto se dice que 'es también clara la responsabilidad de Leonardo, en su condición de director, quien permitió que los hechos ilícitos ocurrieran, sin haber puesto nada de su parte para impedirlo, al igual que los otros acusados'."* (STS 7059, de 25 de outubro de 2002, Ponente Julian Artemio Sánchez Melgar). De

4.3 COMISSÃO POR OMISSÃO. COMPETÊNCIA POR ORGANIZAÇÃO E DEVERES DE ASSEGURAMENTO DA CONVIVÊNCIA *VS.* GARANTIA DE CONTROLE DE UMA FONTE DE PERIGOS

A prevenção dos danos ambientais passa, necessariamente, por uma especial preocupação da sociedade com a atividade das empresas, que potencializam os riscos de uma forma que anteriormente se desconhecia. Essa preocupação justifica a existência de estudos de impacto ambiental, de um sistema de licenciamentos para que se instalem e operem empresas; que exista um sistema de monitoramento, órgão de controle e fiscalização, enfim, que exista uma Administração Pública ambiental, cuja principal atividade é – ou pelo menos deveria ser – desenvolvida neste controle das empresas, no afã de prevenir danos ambientais relevantes.

A preocupação com as atividades produtivas é realçada na Constituição brasileira, que exige o estudo de impacto ambiental para instalação de atividades potencialmente degradadoras e o controle da produção, comercialização e emprego de de técnicas, métodos e substâncias que representem risco para o meio ambiente (artículo, 225, § 1º, IV e V). É inclusive criminalizada na Lei 9.605 de 1998 a instalação de atividades potencialmente poluidoras sem a correspondente licença ou autorização:

> *Artigo 60. Construir, reformar, ampliar, instalar ou fazer funcionar, em qualquer parte do território nacional, estabelecimentos, obras ou serviços potencialmente poluidores, sem licença*

qualquer forma, o que importa registrar é que no Brasil a opção legislativa derivou para a fórmula inscrita no artigo 2o da Lei 9.605/98, de uma omissão imprópria, razão pela qual cabe analisá-la com maior profundidade.

ou autorização dos órgãos ambientais competentes, ou contrariando as normas legais e regulamentares pertinentes. Pena – detenção, de 1 (um) a 6 (seis) meses, ou multa, ou ambas as penas cumulativamente.

Por óbvio, é só porque se confia que a atividade de risco se desenvolverá de maneira adequada que a sociedade confere a licença ou autorização para sua instalação e operação. Pode até ser que o sistema de licenciamento ambiental e o correspondente controle ambiental das empresas constitua algo relativamente inovador. Sua motivação, sem embargo, não traduz nenhuma novidade. O que se espera é o de sempre: não causar prejuízos, não causar danos, enfim, *neminem laedere*. As pessoas não querem sofrer prejuízos em conseqüência de atividades alheias. Porém, além desse princípio do dano (*harm principle*) aplicável às empresas, para que não representem riscos dos quais advenham danos individuais, deve-se somar-lhe uma preocupação atual da sociedade: que não causem danos ao meio ambiente.

Assim sendo, a expectativa social relativa às empresas é resumível a não causar danos relevantes, às pessoas e ao meio ambiente. Isto em nada difere da expectativa relativa a qualquer pessoa, a qualquer atividade, de que não cause danos. Se antes se discutia a responsabilidade, administrativa, civil ou penal, pela atividade do próprio corpo, ou a responsabilidade das pessoas que empregam em suas atividades animais, carroças, automóveis, máquinas ou obras, ou, para dar um exemplo muito simples de séculos atrás, discutia-se a responsabilidade pelas coisas que se desprendiam de um determinado telhado, de uma certa casa de um proprietário específico, agora também se discute, particularmente no âmbito penal, a responsabilidade das pessoas que desenvolvem suas atividades por meio de empresas. O *neminem laedere* projeta-se hodiernamente de uma forma muito mais ampla, frente ao potencial ofensivo da atividade industrial, que não pode converter-se em um foco de perigos para a coletividade[322].

E se a pessoa tem a liberdade de configurar a organização de suas atividades, também corresponde, como contrapartida, o dever de assegurar – e daí surge que parte da doutrina afirme existir deveres de asseguramento - que esta configuração das atividades se dê de uma forma tal que dela não se desprendam riscos que excedam o nível permitido, que se respeitem os direitos alheios, e, agora, pela evolução do pensamento social, que se respeite o meio ambiente. Deve-se evitar que a organização do próprio âmbito gere resultados lesivos, que defraude a expectativa social de que terceiros não sejam lesionados. Aquele que tem a liberdade de organizar também tem a responsabilidade de assumir as consequências, de que não derivem danos dessa organização. Por conseguinte, os danos que advenham desse exercício da liberdade de organização serão imputáveis aos responsáveis pela configuração da organização que propiciou sua ocorrência. Um setor da doutrina denominará os deveres derivados dessa competência para organização de deveres de asseguramento da convivência, distinguindo-os de deveres em virtude da competência institucional, que afetam pessoas com um *status* especial, como os pais na relação paterno-filial, o cônjuge, o destinatário de uma confiança especial ou alguns cargos públicos[323].

---

322 SCHÜNEMANN, Bernd. *Fundamento y límites de los delitos de omisión impropia. Con una aportación a la metodología del Derecho penal.* Madrid: Marcial Pons, 2009, p. 331.

323 Conforme, desde fundamentos da filosofia hegeliana, a terminología de JAKOBS, Günther. *La competencia por organización en el delito omisivo.* Bogotá: Universidad Externado de Colombia, 1994, p. 9-17; SÁNCHEZ-VERA GÓMEZ-TRELLES; Javier. *Intervención omisiva, posición de garante y prohibición de sobrevaloración del aporte.* Bogotá: Universidad Externado de Colombia, 1995, p. 21-29 e PERDOMO TORRES, Jorge Fernando. *La problemática de la posición de garante en los delitos de comisión por omisión.* Bogotá: Universidad Externado de Colombia, 2001, p. 30-31, 82-85. Para este setor da doutrina pouca ou nenhuma diferença pode ser verificada quanto às regras aplicáveis à comissão ou omissão nos crimes de organização,

Esta distinção decerto guarda paralelismo com a doutrina tradicional, que centra a distinção no conteúdo da garantia. Serão garantes de proteção aqueles que possuem o dever de proteger determinado bem jurídico contra todos os ataques, em função da proteção do bem jurídico contra perigos de toda ordem, de que é exemplo o pai em relação aos filhos. E serão garantes de controle aqueles que possuem o dever de supervisionar determinada fonte de perigos, de evitar todas as ameaças que provenham de uma fonte de perigo determinada. O garante de controle deve sujeitar a fonte de perigo, não pode esperar até a produção de uma situação de perigo determinada. Deve, assim, evitar os perigos que comumente provêm da fonte que lhe corresponde controlar. O garante de controle tem sua primeira atenção depositada na fonte de perigos em si mesma, e, como efeito reflexo e imediato, daí se deriva a garantia dos bens jurídicos ameaçados pela fonte de perigo[324].

---

pois a expectativa social é a mesma: não causar danos a terceiros, evitar que a organização gere resultados lesivos. De fato, para aquele que sofre os efeitos de uma poluição originária da atividade empresarial pouco importa se se trata de uma ação ou omissão. Este quer ver-se indenizado, que o responsável seja castigado, que o problema seja solucionado. Também para este setor o dever de solidariedade não é o fundamento para o âmbito de organização, e sim para os crimes omissivos próprios (que se baseiam no mínimo de solidariedade que o Estado exige do cidadão para viver em sociedade), e para os crimes em virtude de uma instituição (que se baseiam em uma solidariedade juridicamente assegurada). Tampouco se distingue a comissão da omissão em virtude da posição de garante nos delitos de organização, já que também é necessária uma posição de garante nos crimes comissivos. Sobre o assunto, exemplificativamente, Sánchez-Vera, ob. cit., especialmente p. 21-22, 95 e 137. A diferenciação mais significativa não se dá entre comissão e omissão, e sim entre o fundamento da responsabilidade – competência de organização ou caráter institucional.

324 KAUFMANN, Armin. *Dogmática de los delitos de omisión.* Madrid: Marcial Pons, 2006, p. 289-290; STRATENWERTH, p. 459-460; FRISTER, Helmut. *Derecho penal. Parte general.* Buenos Aires: Hammurabi, 2011, p. 424. Este garante, além de um superior hierárquico de uma empresa, pode ser também um Prefeito, como no caso dos crimes de contaminação por ausência de tratamento de esgotos em um município, situação pela qual condenado o administrador (*alcalde*) do municipio de Lliça de Vall, conforme STS 465, de 29 de janeiro de 2007, Relator Diego Antonio Ramos Gancedo: "*Es obvio, por consiguiente, que el acusado quebrantó las disposiciones legales mencionadas que le investían de garante de la protección*

Em uma sociedade do risco, a crescente interdependência dos indivíduos dá lugar a que, cada vez mais, a incolumidade dos bens jurídicos dependa de condutas positivas por parte de terceiros, razão pela qual esta função de controle de fontes de perigo assume um papel essencial no incremento dos delitos de comissão por omissão[325].

Não houve como evitá-lo: encontramo-nos no movediço terreno da comissão por omissão e da problemática do garante.

Sem nenhuma pretensão de estabelecer aqui algo novo, muito menos fincar verdades apodícticas em um âmbito onde reina a dissensão, é necessário fazer algumas aproximações para poder prosseguir e alcançar a questão do garante no âmbito do controle de uma fonte de perigos.

A primeira aproximação para distinguir a comissão da omissão deriva do conteúdo do dever estabelecido nas normas penais. Estas normas podem estabelecer proibições ou mandatos. Enquanto a proibição veda executar uma ação, o mandato exige realizar uma ação. Daí se deduz que as normas proibitivas são descumpridas com a realização da ação proibida, isto é, por uma comissão, e as normas que estabelecem mandatos são violadas com a não realização da ação prescrita, isto é, por uma omissão. Este é o primeiro passo na distinção entre delitos comissivos e omissivos[326]. Já em termos de imputação objetiva,

---

del medio ambiente y de la salud pública en el ámbito territorial de su competencia y responsabilidad, no impidiendo, siendo consciente de ello y pudiendo hacerlo, unos vertidos de aguas fecales directamente a un torrente público sin tratamiento alguno, y ello de forma persistente y continuada durante muchos años, teniendo el acusado -como acertadamente señala la sentencia recurrida el deber de control (y evitación) de las fuentes de riesgo que están bajo su responsabilidad conforme a la normativa mencionada, lo que le ponía en situación de garante ante el peligro que dichos vertidos directos entrañaban para el ecosistema y la salud de las personas y los animales."

325 SILVA-SÁNCHEZ, *El delito de omisión...*, p. 209 e *La expansión del Derecho Penal...*, p. 17. Conforme SUÁREZ GONZÁLEZ, p. 292-3, o instituto da comissão por omissão na delinquência empresarial constitui o exemplo mais significativo da necessidade de desenvolver novos instrumentos de imputação na sociedade do risco.

326 KAUFMANN, p. 25-36, 317-318.

haverá uma comissão quando o autor haja produzido ou aumentado o perigo que se traduziu no resultado e uma omissão quando não haja reduzido tal perigo[327].

Não obstante, também entre as formas omissivas podem-se realizar distinções.

O primeiro critério de distinção é formal, ou positivista. Enquanto as normas proibitivas se apresentam sempre delimitadas no texto do próprio tipo penal, e, portanto, se descreve no mesmíssimo tipo penal objetivo a forma comissiva de praticar um crime, isto nem sempre se verifica com as normas que estabelecem mandatos; em verdade, somente uma minoria de casos descreve no próprio tipo penal os pressupostos que geram o dever de atuar; esses casos são dos tipos penais de omissão própria, nos quais o tipo penal se refere expressamente à omissão, descrevendo os pressupostos de que derivam o dever de atuar e convertendo o agente em garante de seu cumprimento. Os crimes omissivos próprios se encontram contados expressamente em um tipo legal de delito.

Mas deixando de cumprir um mandato (omitindo-se) também é possível alcançar igual resultado de lesão ou exposição de lesão de determinado bem jurídico, previsto em uma norma proibitiva. Em outros termos, os crimes comissivos podem ser realizados por uma omissão, equiparável à ação proibida. Como o mandato não se apresenta escrito no próprio tipo objetivo, mas em verdade lhe é estendida uma cláusula geral de equiparação da omissão à ação, aplicável aos tipos penais comissivos descritos na parte especial, tem-se, nestes casos, de acordo com este critério formal, delitos de omissão imprópria[328].

Apesar de reunir as virtudes da simplicidade e clareza, o critério formal não se encontra isento de críticas. Haverá casos

327 STRATENWERTH, p. 455; FIGUEIREDO DIAS, *Direito Penal...*, p. 910. Decerto este aumento do risco para o bem jurídico somente pode ser compreendido em um sentido normativo, e não naturalístico (GRACIA MARTÍN, p. 625).

328 KAUFMANN, p. 319; STRATENWERTH, p. 456-7.

de omissão em que será possível alcançar um resultado previsto em uma norma proibitiva e o mandato esteja previsto no próprio tipo penal da parte especial dos Códigos, razão pela qual, ainda entre os crimes de omissão expressamente regulados no tipo penal existem diferenças, ou, dito de outra forma, existem delitos de omissão expressamente previstos que possuem a mesma estrutura material que aqueles que recorrem a uma cláusula de equiparação. Haveria assim omissões não equivalentes à comissão, que seriam omissões próprias, e omissões equivalentes à comissão, as omissões impróprias[329], em aplicação deste critério teórico-normativo. Nos delitos omissivos próprios (também chamados de puros em Espanha e Portugal) o tipo objetivo se esgota na não realização da ação exigida por lei, enquanto nos delitos omissivos impróprios (ou impuros) o agente assume a posição de garantia da não produção de um resultado típico, posição de garantia esta que pode apresentar-se escrita no próprio tipo ou ser consequência de uma cláusula de equiparação[330].

329 SILVA-SÁNCHEZ, *Delitos de omisión...*, p. 405-10, STRATENWERTH, p. 457.

330 Outras distinções existem em classificações tripartidas, como a proposta por SILVA-SÁNCHEZ, *El delito de omisión...*, p. 422-438: omissões referidas a um resultado sem equivalência comissiva; omissões com equivalência comissiva legalmente determinadas e omissões com equivalência comissiva legalmente indeterminadas – comissão por omissão. Na doutrina existe quem: a) rechaça de plano a possibilidade de qualquer cláusula de equiparação, pois, existindo delitos omissivos impróprios escritos, não se explica por que deva existir uma fórmula geral que se aplicaria analogicamente aos crimes comissivos (ZAFFARONI, Eugenio R.; ALAGIA, Alejandro; e SLOKAR, Alejandro. *Derecho Penal. Parte General.* Buenos Aires: Ediar, 2000, p. 548-553; RUSCONI, ob. cit., p. 600-616, com a objeção de SILVA-SÁNCHEZ, *Delitos de omisión...*, p. 405, de que em verdade existe a previsão expressa nos omissivos impróprios por equiparação, ainda que em forma mais indeterminada que para o caso de sua comissão ativa); b) que admitem a existência de uma cláusula geral de equiparação, desde que prevista expressamente, como são exemplo os Códigos Penais da Alemanha (§ 13 StGB), Áustria (§ 2 ÖStGB), Brasil (artigo 13, parágrafo 2º), Espanha (artigo 11), Itália (artigo 40, parágrafo 2º) e Portugal (artigo 10), pois a equiparação sem a previsão expressa é incompatível com o principio de legalidade (GRACIA MARTÍN, p. 125); e c) que admitem a existência de uma cláusula geral de equiparação, expressa ou implícita, pressuposta tacitamente no Código Penal e compatível com o princípio de legalidade, (SCHÜNEMMAN, *Fundamento y límites...*, p.

Assentado isto, para a maioria da doutrina a posição de garante assume um rol central nos crimes de comissão por omissão (*"en primer lugar, una responsabilidad por omisión equiparable a la comisión exige la presencia de un deber jurídico especial, el llamado deber de garante*[331]*"*). Em razão disso, os crimes de comissão por omissão serão realizados somente por um círculo limitado de pessoas, sobre as quais recaia o dever de garantia. Além disso, são omissões às quais corresponde uma identidade valorativa com a conduta comissiva (o desvalor da ação ou da omissão se assemelha).

A definição sobre a origem deste dever jurídico de atuar é fundamental, até para que não se viole o princípio de legalidade, pois é indispensável que se delimite o dever de garantia jurídico-penalmente relevante[332]. A distinção majoritária hoje em dia existente é entre os garantes de proteção de determinado bem jurídico e os garantes de controle de determinada fonte de perigos (ou, para outro setor, titulares de uma competência de organização), que devem controlar a fonte de perigo.

Tal distinção reflete a aceitação de uma teoria das funções como critério material para a determinação da posição de garantia, que exige um especial dever do obrigado, um mandato que tenha por conteúdo evitar a lesão ou exposição a perigo de um bem jurídico, que flui da relação de garantia entre o bem jurídico e o titular do dever, de uma estreita relação entre o

---

91, 261-2 e 301-21, e a jurisprudência alemã anterior (com a adesão de Roxin) à reforma do Código Penal em 1969, que introduziu a cláusula geral (neste sentido, FIGUEIREDO DIAS, *Direito Penal...*, p. 914 e 923).

331 SILVA-SÁNCHEZ, *El delito de omisión...*, p. 217. "*Una equiparación al menos aproximada de la omisión con una acción positiva sólo se justifica si el omitente tiene una obligación especial de impedir el resultado típico, que vaya más allá del deber de solidaridad general. Una obligación tal se puede derivar a partir de la responsabilidad por el origen del peligro que amenaza producirse o de estar al cuidado de bienes jurídicos amenazados. En el primer caso mencionado se habla de una posición de garante de control, en el último caso, de protección.*" (FRISTER, p. 424, destaques do autor).

332 FIGUEIREDO DIAS, *Direito Penal..*, p. 933.

sujeito e o bem jurídico garantido, cujo conteúdo palpável somente poderá ser verificado com referência ao caso concreto[333].

Não obstante, tampouco é possível abandonar completamente uma análise formal do dever jurídico de garantia, que tradicionalmente supõe derivar-se da lei, do contrato, do atuar precedente e da estreita comunidade de vida o dever de garantia[334]. É correto que a concepção formal, nestes termos, é inadequada e insuficiente, pois ou peca por falta, quando supõe que somente estas fontes podem originar um dever de garantia, deixando de abarcar situações nas quais concretamente se verifica um vínculo entre a pessoa e o bem jurídico ainda que não formalizado validamente, ou peca por excesso, quando se imagina que qualquer diretor, somente porque figura no contrato social, é garante, quando na situação concreta se verifica que somente determinados diretores exerciam o efetivo controle da empresa[335].

Insistindo, apesar do predomínio de um critério material, não é possível deixar de conjugá-lo a elementos formais. A aná-

---

333 KAUFMANN, p. 282-3, 290-4. Não é suficiente afirmar, em casos de controle de uma fonte de perigos, que existe um dever de proteção do ambiente para a configuração do dever de garantia, como já assinalou o Superior Tribunal de Justiça no Recurso Especial 897.426-SP, 5ª Turma, relatora a Ministra Laurita Vaz, de 27 de março de 2008, DJe de 28 de abril de 2008: "*A obrigação genérica atribuída a todos os cidadãos de preservar o meio ambiente para as gerações futuras, consoante o art. 225 da Constituição Federal, não se amolda ao dever imposto por lei de cuidar, proteger e/ou vigiar, exigido na hipótese de crime omissivo impróprio.*"

334 Para ampliação sobre a distinção entre a teoria clássica das fontes jurídicas do dever de garantia, ou teoria formal, adotada pelo Código Penal brasileiro, em seu artigo 13, parágrafo segundo ("*o dever de agir incumbe a quem: a) tenha por lei obrigação de cuidado, proteção ou vigilância; b) de outra forma, assumiu a responsabilidade de evitar o resultado; c) com seu comportamento anterior criou o risco da ocorrência do resultado*") e a teoria das funções do dever jurídico, preconizada por Kaufmann, bem como outras concepções, em especial as de Schünemman (teoria do domínio), Freund (que nega a posição de garante) e Jakobs, confira-se PERDOMO TORRES, p. 17-95.

335 RIEGER, Renata Jardim da Cunha. *A posição de garantia no direito penal ambiental: o dever de tutela do meio ambiente na criminalidade de empresa.* Porto Alegre: Livraria do Advogado, 2011, p. 113.

lise formal terá efeitos essencialmente negativos, pois as omissões que estão permitidas no ordenamento jurídico não podem ser castigadas como crimes de omissão imprópria[336].

De igual modo, fontes formais poderão ajudar na análise do dever de garantia. A posição de controle de uma fonte de perigos possui origem diversas vezes em normas jurídicas constitucionais, civis, comerciais ou trabalhistas, que estabelecem uma situação de controle sobre a fonte de perigos, deveres em relação à coisa (ou empresa), superioridade em uma organização, ou, o que interessa especialmente para esta discussão, um direito de comandar e de dar ordens, e, consequentemente, de repelir as decisões de outros, frente à subordinação dos empregados em relação a uma pessoa que ocupa uma posição de mando. Estas normas muitas vezes recebem o reconhecimento da norma penal de uma situação de garantia[337] (que por óbvio não prescinde do exame do caso concreto, onde se verificará a presença deste efetivo controle e relação de subordinação).

Pois bem. Retornando à preocupação de como evitar a irresponsabilidade organizada no âmbito das empresas, já é possível concluir que os garantes de controle, encarregados de

[336] De fato, se a "*regulación jurídica antepuesta al Derecho Penal se basa en decisiones valorativas materiales que con su delimitación de la zona de prohibición son las que crean la base para las valoraciones especiales del Derecho Penal*", as fontes formais exercem uma função negativa, de diminuir o âmbito dos deveres de garantia: "*Desde luego, la valoración meta-jurídico penal no crea aún - ¡y esto lo ha pasado por alto la teoría formal del deber jurídico! – posiciones de garante jurídicopenales, sino que simplemente acota el ámbito en que los deberes de garante jurídicopenales pueden existir en todo caso. La verificación del deber meta-jurídico penal no nos exonera en absoluto, y esto ha de quedar de relieve, de la valoración genuinamente jurídicopenal, siempre necesaria: ¡no todo lo que es antijurídico es por eso punible! El principio de subsidiariedad sólo tiene, pues, para la problemática de la equiparación, un significado negativo: allí donde según la ordenación más ajustada está descartado el deber jurídico, tampoco se plantea punición alguna: la mera existencia de un deber meta-jurídico penal, en cambio, no significa aún nada para la cuestión de la punibilidad.*" (SCHÜNEMANN, *Fundamento y límites...*, p. 270, para ambas as citações).

[337] Ainda conforme SCHÜNEMANN, *Fundamento y límites...*, p. 342-3, analisando a repartição de tarefas ou a hierarquia dos deveres de relação, no prisma de sua teoria do domínio.

deveres especiais de proteção relativos a uma fonte de perigos, caso deixem de cumprir os mandatos estabelecidos de controlar a fonte de perigos pela qual são responsáveis, é dizer, se omitam no controle, poderão responder por eventuais delitos de comissão por omissão. Já é hora de perguntar, na fechada estrutura das empresas, quem ocupa esta posição de garantia.

4.4 OS GARANTES DE CONTROLE NAS EMPRESAS. A TEORIA DO *RESPONSIBLE CORPORATE OFFICER*. O DEVER DE GARANTIA RELATIVO AOS ILÍCITOS PENAIS COMETIDOS PELOS SUBORDINADOS

Se você vai a um restaurante, a uma loja, a um hospital, a uma repartição pública, e vê uma barata passeando alegremente, é insultado pelo vendedor mal educado que se encontra irado em razão de seu salário baixo, ou descobre que a enfermeira, distraída pensando no noivo, em vez do soro indicado ministrava água, ou, depois de horas em uma fila, tem seu pedido ignorado pelo servidor público que pendurou seu paletó ao sair para o almoço, quando reclama quer falar com o *maitre*, com o gerente, o dono do restaurante ou da loja, com o médico que trata da pessoa doente ou com o administrador do hospital, o chefe da repartição (ainda que neste último caso a repetição do problema nos mais distintos cargos públicos pode sugerir que se vote melhor nas próximas eleições), enfim, quer falar com uma pessoa que se encontre em uma posição hierárquica tal que possa solucionar o problema, que tenha poderes e seja capaz de exigir dos demais que a questão seja resolvida.

A situação não é diferente quando se trata da posição de garante nas empresas. A pessoa afetada por uma contaminação deseja que os responsáveis pela condução das atividades da empresa, os superiores hierárquicos, solucionem o problema. A sociedade confia que os titulares da empresa, os responsáveis por cada seção, cumpram seu dever de não poluir, e mais, não permitam que seus subordinados violem as normas ambientais.

Tal situação foi muito bem ilustrada na jurisprudência norte-americana com a exigência do Juiz Tanner de que se apresentasse em sua Corte o CEO da empresa *Pennwalt Corporation*, a fim de que conhecesse a gravidade da violação e solucionasse o problema da contaminação hídrica resultante do lançamento ilegal de substancias carcinógenas: "*What happens to the deterrence we talk about? ... Who is the corporation?... I think the public is entitled to know who is responsible ... I want the top officer here*[338]."

As cortes estadunidenses, conhecidas por seu pragmatismo, aplicam em situações que envolvem empresas em crimes ambientais a teoria do *responsible corporate officer*, que possui origem nos casos de saúde pública ou normas relativas à previdência social. O acusado, responsável pelo controle das atividades de uma empresa, deve provar nestes casos que fez todo o possível para prevenir a violação.

Um bom exemplo foi verificado no caso *Park*, presidente e chefe executivo da empresa *Acme Markets, Inc.*, acusado de permitir que se vendesse comida exposta a contaminação por roedores que infestavam seu armazém. Park recebera anteriormente a notificação da Administração Pública por falta de condições sanitárias em seu estabelecimento, mas seguiu vendendo suas mercadorias. Park se defendeu alegando que delegou autoridade aos empregados encarregados da higiene, e que nada poderia fazer além disso. O Tribunal entendeu que o superior hierárquico deve, em razão de sua posição e autoridade na empresa, prevenir ou corrigir problemas desta natureza, estabelecendo um exigente dever de cuidado dos superiores, inerente a sua posição na corporação[339]. Esta doutrina alcançou

---

338 BLOCK, Joseph G.; VOISIN, Nancy A. "The responsible corporate officer doctrine – can you go to jail for what you don't know?" *Environmental Law Journal*, n. 22, 1992, p. 1347.

339 MURNANE, Colleen C. "Criminal Sanctions for Deterrence Are a Needed Weapon, but Self-Initiated Auditing is Even Better: Keeping the Environment

a proteção penal do meio ambiente e o *Department of Justice* estadunidense, quando investiga um delito ambiental originário da atividade de uma empresa, busca identificar, processar e condenar as pessoas que ocupam os cargos mais altos. Tais pessoas são oficialmente responsáveis pela política implementada por uma empresa em relação ao meio ambiente e devem ser estimuladas a realçar a importância do cumprimento das normas ambientais.

A teoria do *Responsible Corporate Officer* constitui uma importante ferramenta para o êxito dos processos penais ambientais, e, decerto, para a prevenção do dano ambiental, pois estimula aqueles que se encontram melhor posicionados para realizar as adaptações necessárias no âmbito empresarial (ou, para empregar a terminologia de determinada corrente doutrinária, em sua competência de organização), no sentido de que procurem estas soluções (se reorganizem) para cumprir a normativa ambiental. Os diretores de uma empresa se encontram em uma melhor posição para saber quais áreas necessitam maior controle e podem desenvolver programas para suas necessidades específicas.

Ademais, como os empregados querem aumentar os lucros da empresa para obter promoções, é função do CEO esclarecer que as normas ambientais devem ser cumpridas fielmente, e treinar seus subordinados nesse sentido. Como o diretor pode ser responsabilizado, deve comunicar-se constantemente

---

Clean and Responsible Corporate Officers Out of Jail." *Ohio State Law Journal*. Vol. 55, 1994, p. 1188-9, artigo amplamente utilizado neste excerto. É claro que não se defende aqui a aplicação integral desta teoria, que mitiga, na prática, nos casos de saúde pública, exigências de dolo ou culpa, ou permite inferir o conhecimento da situação problemática a ser corrigida nos casos ambientais (MURNANE, p. 1190); o que se quer demonstrar é a compreensão de que o superior hierárquico é responsável pelo que se passa em sua empresa, pois possui uma posição especial de garantia frente aos perigos que sua atividade pode causar. De fato, a própria jurisprudência norte-americana, no caso *United States v. Johnson & Towers, Inc.*, entendeu que os empregados e seus diretores sabiam ou deviam saber que a empresa não cumpria o disposto em sua licença, quanto à disposição de resíduos perigosos (MURNANE, p. 1190-1).

com seus subordinados, evitando processos penais[340]. Em suma: a responsabilidade dos diretores contribui para a prevenção dos danos ambientais.

Por conseguinte, nada mais compreensível que a existência de um dever de garantia que recaia sobre aqueles que possuem o efetivo controle sobre a estrutura da empresa. Quem detém o controle sobre a empresa é garante. Se, como visto, a sociedade somente conferiu a licença para a atividade porque confia que o empreendimento se desenvolverá de maneira adequada, tal confiança também abrange a necessidade de que as pessoas responsáveis por uma empresa cumpram suas tarefas para prevenir danos[341].

Também se afirma, além da confiança, que o domínio exercido sobre a fonte de perigos gera o dever de garante[342].

Muito embora a confiança que a sociedade deposita e o domínio mencionado constituam critérios válidos para explicar no plano fático o dever de garantia, nos parece que a eles deva somar-se (e preponderar) uma argumentação eminentemente jurídica: o dever de garantia do titular da empresa, de um diretor, ou de um responsável por uma seção específica de uma grande corporação, de impedir delitos de seus empregados, se deriva de forma inequívoca, ou é um correlato inevitável, de

---

340 MURNANE, ob. cit., p. 1186-1200.

341 Conforme sublinhou a Câmara Federal de San Martín, sala 1ª, 26/8/92, "Constantini, Rodolfo y otros s/averiguación contaminación Río Reconquista", *Jurisprudencia Argentina*, 1993, p. 199: "*Sólo a condición de que el titular o directivo de una empresa tome los recaudos de seguridad necesarios para evitar riesgos respecto de los bienes o personas, es que la sociedad autoriza el establecimiento y la operación de instalaciones altamente complicadas y riesgosas.*" Neste acordão também se esclareceu que se o diretor ou titular delega o dever de controle sobre coisas perigosas, possui "*un deber de cuidado en la elección de su personal según su capacidad y un deber de supervisión general*" (p.199).

342 Posição de SCHÜNEMANN, *Fundamento y limites...*, em toda sua obra, e com a variante do *domínio social*, proposta por GRACIA MARTÍN, ob. cit., p. 117-169 (em especial p. 142-144); p. 171-262 (em especial p. 171-172); p. 813-814 e p. 819-868, capítulos em que examina a comissão por omissão e a responsabilidade de diretores.

seu direito de dirigir e de dar ordens. Essa pessoa pode repelir as decisões de outras, que seriam ingerências indevidas em sua esfera de atribuições (no caso, a decisão de seus subordinados de cometer delitos a partir da estrutura da empresa) – e portanto deve velar, em virtude de sua superioridade hierárquica ou domínio, para que não se realizem tais condutas[343].

Portanto, apesar do fato de que quem realiza a ação típica seja um subordinado plenamente responsável, com autonomia pessoal, adulto e dotado de razão, ou, em português claro, maior e vacinado, também é certo que esta pessoa se encontra integrada em uma estrutura alheia de comando; bastaria uma ordem de seus superiores e o crime não seria cometido[344]. Neste contexto, este superior tem o dever de garante de impedir delitos alheios, sem que se fira o principio de responsabilidade.

Onde há autoridade, hierarquia, poder de mando jurídico sobre penalmente capazes, cabe imputar também àquele que possui este direito de dirigir e dar ordens, mas se omite em

---

343 Conforme TIEDEMANN, p. 188, afirmando ser esta a doutrina dominante. Anota este também que na França, pelo instituto da *responsabilité d'autrui* e na Inglaterra, pela *vicarious liability*, também se aplica a responsabilidade de superiores pelos fatos delitivos de terceiros, mas para crimes que nao exigem uma culpabilidade, ou prova de culpabilidade (p. 187). E que na Alemanha o artigo 130 OWiG estabelece uma contravenção geral, similar à posição de garante, da lesão do dever de vigilância nas empresas, quando se produzirem crimes ou contravenções dos empregados (p. 188 e 237). Realça FRISTER (p. 437): "*Ante todo, una posición de garante de control puede derivarse del poder de organización sobre determinado ámbito de dominio. Aquel que está habilitado para tomar determinaciones dentro de cierto ámbito y que, por ello, puede repeler las decisiones de otros, en principio, como injerencias habidas en sus propios asuntos, tiene que velar jurídicamente, como contrapartida de esa atribución de dominio, por que de ese ámbito no surjan peligros para otros.*"

344 Observe-se, com SILVA-SÁNCHEZ (*El delito de omisión...*, p. 471-2) "*que la omisión no crea el riesgo, sino que el incumplimiento del compromiso adquirido de contener riesgos que provienen de otras fuentes, fundamenta un dominio sobre el riesgo (que entonces se hace típicamente relevante) perfectamente idéntico al que se obtiene con la comisión activa. Prueba de que la omisión no crea el riesgo en los casos que aquí nos interesan es que la responsabilidad en comisión por omisión puede concurrir con una responsabilidad comisiva activa (de quien sí creó el riesgo).*"

repelir as condutas criminosas de seus subordinados, a realização da conduta típica, em forma de comissão por omissão[345].

É importante matizar que este dever de garantia não se refere exclusivamente a crimes de resultado, pois alcança também eventuais crimes de perigo abstrato cometidos pelos subordinados, como esclarece Kaufmann quanto à extensão do mandato dos garantes:

> *"Pero el carácter directo de la relación entre el mandato de evitar el resultado y el bien jurídico puede relajarse aún más. No sólo la propia evitación de la lesión del bien jurídico puede planteársele como tarea al sujeto del mandato, sino también la evitación de la puesta en peligro concreto del bien jurídico. Incluso es concebible que la puesta en peligro abstracto constituya el resultado que ha de evitarse: si la materialización de un estado o proceso está prohibido y conminado con pena debido a su peligrosidad abstracta para un bien jurídico, pueden surgir también mandatos de impedir estos 'resultados', peligrosos en abstracto[346]."*

Todas as razões expostas contribuem à prevenção do dano ambiental: a responsabilidade dos superiores hierárquicos pelos crimes praticados pelos seus subordinados é derivado inequívoco da expectativa social de que aqueles que controlam a empresa, que possuem o direito de dirigir e dar ordens nesta estrutura cerrada, façam, por meio da fiscalização e supervisão, que seus subordinados cumpram as normas ambientais, e adotem, assim como seus superiores, todas as medidas necessárias para a prevenção do dano ambiental, ainda que para tanto se reorganize a empresa, para que do exercício da atividade não advenham danos às pessoas ou ao meio ambiente[347].

---

345 Conforme TIEDEMANN, ob. cit., p. 186, e SCHÜNEMANN, *Fundamento y límites...*, p. 378-9.

346 KAUFMANN, ob. cit., p. 290, destaques do autor.

347 Neste sentido SCHÜNEMANN, *Fundamento y límites...*, p. 338: "*... Si el señor de la cosa quiere evitar que su ámbito de dominio se convierta de manera prohibida en causa de un resultado, ha de adoptar para ello todas las medidas que mantienen a su ámbito de dominio al margen del proceso causal dañino. El que a tal efecto haya de tener lugar una transformación sustancial de la propia cosa, o una modificación de sus circunstancias, de*

4.5 OS GARANTES DE CONTROLE NO BRASIL. O ARTIGO 2º DA LEI 9.605/1998

O artigo 2º da Lei de Crimes Ambientais claramente se inspira na tendência majoritária internacional[348] e estabelece um critério material, pois reconhece a existência de garantes de controle em relação à lesão ou exposição a perigo de bens jurídicos ameaçados por uma fonte de perigo, atribuindo o dever de garantia àqueles que exercem funções de comando na estrutura das empresas, que têm o direito de dar ordens e o poder de repelir ordens e ainda o poder de repelir as condutas de seus subordinados, cabendo-lhes responder em comissão por omissão quando, sabendo da conduta delitiva de seus empregados, não intervêm para evitá-las:

> *Art. 2º. Quem, de qualquer forma, concorre para a prática dos crimes previstos nesta Lei, incide nas penas a estes cominadas, na medida da sua culpabilidade, bem como o diretor, o administrador, o membro de conselho e de órgão técnico, o auditor, o gerente, o preposto ou mandatário de pessoa jurídica, que, sabendo da conduta criminosa de outrem, deixar de impedir a sua prática, quando podia agir para evitá-la.*

---

su situación con respecto al entorno, no es cuestión del principio de imputación, sino exclusivamente del caso concreto y del cuidado objetivamente prescrito en el caso concreto. ... Si, a tenor de lo dicho, si quisiera caracterizar el contenido de los deberes de cuidado con un lema, se ofrece el término '<u>preceptos de prevención de accidentes</u>' o también '<u>deberes de asegurar</u>' (por lo cual también se utiliza a menudo en este ulterior sentido la expresión 'deberes de garantizar la seguridad del tránsito'). El ámbito de dominio propio tiene que estar asegurado de manera que ya no represente peligros para otros." (sem o primeiro grifo no original).

348 De que é exemplo a versão final de 2000 do projeto de *Corpus Iuris* para a proteção dos intereses financeiros da Comunidade Europeia, tentativa de unificação mínima do Direito Penal europeu, cujo artigo 12, § 3 cuida da responsabilidade dos superiores em comissão por omissão relativa aos delitos cometidos por seus subordinados (texto disponível em TIEDEMANN, p. 306).

O dispositivo cristaliza uma clara opção legislativa por uma responsabilidade para cima, buscando a prevenção do dano ambiental através do efetivo controle e supervisão da fonte de perigos por aqueles que detêm funções de mando na estrutura cerrada das empresas. Estes, sabendo das condutas delitivas de seus subordinados, devem por elas responder, se deixam de evitá-las, quando o podem fazer.

A doutrina brasileira, contudo, parece que ainda não se deu conta da real importância deste dispositivo, e o comenta laconicamente, utilizando velhos raciocínios, sem nenhuma referência à garantia de controle de uma fonte de perigos (ou à competência por organização[349]). Esta lacuna motivou a abordagem mais aprofundada do tema desenvolvida acima, opção que facilitará a análise seguinte, pois as considerações anteriores são plenamente trasladáveis à interpretação do artigo 2º da Lei de Crimes Ambientais, e a elas se remete o leitor. Assentado isto, passaremos a matizar outros aspectos, mais específicos, que tampouco vêm sendo abordados, ou são tratados equivocadamente por uma parte da doutrina e jurisprudência.

4.5.1 Aplicabilidade

Apesar de reproduzir a tendência legislativa e a doutrina majoritária internacionais, na saudável diversidade que caracteriza o mundo jurídico, não deixará de existir quem na doutrina critique o dispositivo, etiquetando-o como exemplo clás-

[349] Os livros de Direito Penal ambiental brasileiros não dedicam mais de três páginas ao tema; registrem-se, como exceção, todo o livro de RIEGER, ob. cit., a menção rápida de Ney BELLO FILHO, em NETO, Nicolao Dino. *Crimes e infrações administrativas ambientais...*, p. 13, e a análise da responsabilidade dos empresários, mas não especificamente para o dispositivo legal *sub examen*, de LEMOS JÚNIOR, Arthur Pinto de. "*O tratamento jurídico-penal da autoria e participação no Direito Penal europeu.*" *Revista da Escola Paulista da Magistratura*, ano 5, n. 1, janeiro-junho de 2004 p. 7-45 e de MOURA, Bruno. "Autoria e participação nos crimes desde a empresa: bases para um modelo de imputação individual." *Revista CEPPG - CESUC - Centro de Ensino Superior de Catalão, Ano XIV, Nº 25 - 2º Semestre/2011*, p. 54-70.

sico de um "*neo-totalitarismo penal*[350]", o que parece um exagero, pois desconsidera a dinâmica de decisões na estrutura fechada das empresas, e a – acertada – opção, conforme razões cuja repetição é desnecessária, de conduzir a responsabilidade penal para cima. A crítica parece, ademais, repetir a velha objeção de que um terceiro não pode responder pelas condutas delitivas de seus subordinados, plenamente responsáveis e dotados de razão, igualmente superada e já tratada acima.

Também contrários ao dispositivo, negando-lhe aplicabilidade, encontram-se aqueles que afirmam tratar-se "*de uma norma genérica que prevê modalidade especial de delito omissivo próprio, sem o correspondente tipo legal. Ademais, não se estabelece nenhum dever de agir. É o disposto, simplesmente, inaplicável*[351]."

Tal posição incide no equívoco de afirmar que se cuida de caso de omissão própria, quando se tem uma evidente previsão de comissão por omissão, ou omissão imprópria, seja pelo critério formal, pois presente a extensão de uma cláusula geral de equiparação da omissão à ação aplicável aos tipos penais comissivos descritos na parte especial da lei penal ambiental brasileira, seja pelo critério material, já que prevista uma posição de garantia de controle de uma determinada fonte de perigos, posição de garantia esta que tanto poderia apresentar-se escrita no próprio tipo como ser consequência de uma cláusula de equiparação, tal como prevista no artigo 2º; esta função de garantia de controle implica o dever de atuar evitando a conducta delitiva de seus subordinados, supervisando e fiscalizando suas atividades[352].

---

350 Como o faz REALE JÚNIOR, Miguel."A Lei de Crimes Ambientais". *Revista Forense*, Rio de Janeiro, v. 95, janeiro -março 1999, p. 122, afirmando ainda que se confunde o dever de atuar com o poder de atuar.

351 Conforme PRADO, ob. cit., p. 144, reiterado por Paulo José da Costa Jr. e Fernando José da Costa, em MILARÉ, *Direito penal ambiental...*, p. 56.

352 A crítica é equivocada, portanto, por partir da errônea suposição de que se cuida de omissão própria, quando é um evidente caso de comissão por omissão em virtude do dever de garantia de controle, e não pelas razões apontadas por ADEDE Y CASTRO, João Marcos. *Crimes ambientais: comentários à Lei n. 9.605/98*. Porto Alegre: Sergio Antonio Fabris, 2004, p. 14-16, que situa no dever geral de comunicar às autoridades a prática de um delito e no dever geral de proteção ao meio ambiente estabelecido na Constituição (artigo 225, *caput*) a razão para

Apesar destas opiniões, o dispositivo é amplamente aceito pela doutrina e pela jurisprudência, com precedentes do Suprema Tribunal Federal[353].

4.5.2 O artigo 2º abrange qualquer crime ambiental cometido por um subordinado? Este delito deve ser cometido no interesse da empresa?

O primeiro impulso para responder à primeira pregunta é agarrar-se ao texto do artigo e afirmar que este é expresso ao

---

que o superior de uma empresa esteja obrigado a evitar os delitos de seus subordinados.

353 Conforme decisões do Supremo Tribunal Federal: HC 85.190-8/ SC, 2ª Turma, relator o Ministro Joaquim Barbosa, de 08 de novembro de 2005, disponível no Diário de Justiça de 10 de março de 2006, e HC 94.842-1/RS, 2ª Turma, relator o Ministro Eros Grau, de 26 de maio de 2009, disponível no DJe nº 148, de 07 de agosto de 2009; e acórdão do Superior Tribunal de Justiça: HC 97.484/SP, relator para tal o Ministro Napoleão Nunes Maia Filho, del 17 de junho de 2008, disponível no DJe de 13 de outubro de 2008: "*A conduta omissiva não deve ser tida como irrelevante para o crime ambiental, devendo da mesma forma ser penalizado aquele que, na condição de diretor, administrador, membro do conselho e de órgão técnico, auditor, gerente, preposto ou mandatário da pessoa jurídica, tenha conhecimento da conduta criminosa e, tendo poder para impedi-la, não o fez.*" O dispositivo ensejou importantes julgados. Neste pormenor é interessante realçar a atuação do Ministério Público do Estado de Minas Gerais, que separou um grupo especial para a investigação de crimes cometidos por agentes públicos, gerando decisões como a seguinte, relativa à poluição promovida por um depósito inadequado de residuos sólidos (lixão) em razão da omissão de um Prefeito: "*Apelação criminal - Ex-prefeito municipal - Crime ambiental - Artigo 54 da lei n. 9.605/98 - Instalação de depósito de lixo em local não apropriado - Crime de natureza material - Prova suficiente a respeito da prática pelo acusado do delito denunciado - Perícia técnica - Prova de causação de efetiva situação de perigo ou lesão à saúde dos moradores do município, bem como animais ou flora - Dolo - Art. 2º lei 9.605/98 - Comprovação - Condenação - Manutenção - Possibilidade - Recurso desprovido. Por se tratar de crime de natureza material, o aperfeiçoamento do tipo descrito no artigo 54 da Lei 9.605/98 exige a demonstração da existência de efetiva situação de perigo ou dano à saúde humana, bem como a destruição de animais ou flora, que deve ser demonstrado através de prova pericial específica. Convincentes, em si mesmas, as provas embasadoras da pretensão punitiva almejada pelo recorrente, caso é de manutenção da sentença condenatória de 1º grau. - Resta configurado o dolo do agente quando, podendo e devendo impedir a prática do resultado, concorre com este, executando o núcleo do tipo penal a que ora responde, conforme art. 2º da Lei 9.605/98*" (Apelação Criminal nº 1.0177.04.001173-2/001, 2ª Câmara Criminal, Relator o Desembargador José Antonino Baía Borges, de 06 de junho de 2007, publicada no Diário de Justiça de 17 de julho de 2007).

referir-se à *"prática dos crimes previstos nesta Lei"*, é dizer, crimes ambientais, razão pela qual o dever de garantia abrange somente eventuais delitos ambientais cometidos por um subordinado, excluindo-se qualquer delito que não esteja previsto na Lei 9.605 de 1998. De fato a garantia se refere tão somente aos crimes ambientais porventura cometidos por um subordinado, mas há que fazer uma observação: não se refere tal garantia a todo e qualquer delito ambiental que este venha a cometer. Basta imaginar um crime de caça cometido pelo empregado em seu período de folga, o que não guarda qualquer relação com a empresa, ou um desmatamento ilegal realizado pelo subordinado na área de preservação permanente de sua propriedade, que se percebe rapidamente não ser este o caminho correto para responder o questionamento. A solução passa necessariamente pelo exame do fundamento do dever de garantia.

Por conseguinte, a resposta à primeira pergunta é não, a responsabilidade do superior não abarca qualquer delito ambiental cometido por seu subordinado, pois, como ressaltado em diversas oportunidades, o fundamento do dever de garante é o controle de uma fonte de perigos. Tudo isto, e nada mais que isto. Se o dever do garante é establecer limites a determinada fonte de perigos, e nada mais, não poderá ser responsabilizado por delitos que não guardam qualquer relação com o aumento do risco da fonte de perigos que se pretende controlar, razão pela qual o dever que recai sobre o garante *"no puede abarcar cualesquiera delitos cometidos por miembros de la empresa, de los cuales tome conocimiento el titular, sino sólo aquellos que estén relacionados con la actividad específica de la empresa*[354]."

Não obstante, se é correto que o crime cometido pelo subordinado deve estar relacionado à fonte de perigos cujo controle é imputável ao garante, é dizer, relacionado à atividade específica da empresa, não é correto afirmar que o crime do

[354] STRATENWERTH, ob. cit., p. 475. A observação traz à baila a distinção entre criminalidade de empresa e criminalidade na empresa, em que esta última pode também ser vítima.

subordinado deve ser cometido no interesse da empresa, pelas mesmas razões anteriores. Se o fundamento do dever de garantia é o controle da fonte de perigos, o *neminem laedere,* não importa se o crime foi cometido no interesse da empresa, porque o que se intencionou com a previsão da posição de garante foi a proteção da sociedade – e do meio ambiente – frente aos perigos ocasionados pela própria empresa. Se ela teve ou não vantagens com o crime, se o subordinado agregou alguma vantagem à corporação com sua comissão, é um tema (ou um problema) da empresa, que não guarda qualquer relação com o fundamento da garantia, como analisa com precisão Gimbernat Ordeig:

> *"Lo único que importa para hacer responder al director de la empresa por una omisión impropia es si el hecho punible imprudente o doloso que no ha impedido – e independientemente de si se cometió en interés o en perjuicio de la empresa – consistió precisamente en que incidió en un foco de peligro relacionado con el establecimiento, provocando ese foco, posteriormente, menoscabos de bienes jurídicos[355]."*

Optar pela solução de que o injusto penal cometido pelo subordinado deva ser realizado no interesse da empresa, além de contrariar frontalmente o fundamento da garantia, implicaria discussões intermináveis, que somente servem para demonstrar o desacerto de tal interpretação quando justamente o que se quer é uma responsabilidade para cima, com o fito de que os diretores supervisem a atividade de seus subordinados.

Por exemplo: este interesse da empresa deriva de uma análise *ex ante* ou *ex post*? A pergunta é relevante, porque existem casos de crimes de contaminação que *ex ante* são do interesse da empresa, quando economizam custos e não são descobertos,

---

[355] Rechaçando, por conseguinte, a posição de Schünemman, GIMBERNAT ORDEIG, Enrique. "Omisión impropia e incremento del riesgo en el Derecho penal de empresa." *Anuario de Derecho y Ciencias Penales.* Madri: v. 54, 2001, p. 18, onde também esclarece que o fundamento da garantia serve para afastar os crimes que não tenham relação com a fonte de perigos.

mas em uma análise *ex post*, se condenada a empresa a indenizar os prejudicados e a reparar o dano ambiental, em valores milionários, ninguém poderia afirmar que a conduta, ao final, favoreceu a corporação. Outra questão: o surgimento de novas tecnologias, que permitissem a reciclagem do resíduo perigoso lançado ao rio e gerassem lucros para a empresa, implicaria, tal qual a existência de uma norma penal mais benéfica, a retirada do caráter delitivo do ato, pois se o subordinado houvesse guardado o resíduo em lugar de lançá-lo, agora a empresa teria lucros, e não prejuízos, como teve com sua conduta? E mais: um subordinado pensa estar atuando no interesse da empresa, lançando material em um rio que em verdade se fosse reciclado representaria mais lucros para a corporação. Feitas as contas, este subordinado tampouco atuou no interesse da empresa. E para demonstrar o absurdo da situação: como se poderá discutir o interesse da empresa em casos nos quais o subordinado e seu superior atuam culposamente, o que, conforme se verificará adiante, é plenamente possível (sem dizer que por tal forma de atuar catástrofes ambientais também ocorrem)?

Todos os exemplos possuem como denominador comum o condão de demonstrar que a posição doutrinária de exigir que a conduta do subordinado se realize no interesse da empresa contraria o fundamento do dever de garante, e mais, transforma a análise da comissão por omissão em um exame contábil, se a empresa teve ou não lucros com a ação do subordinado, o que contraria a própria razão de existir do Direito Penal Ambiental. Como restou salientado no capítulo anterior, a sanção penal surge para combater a mentalidade do empresário de que tudo se resume a uma análise de custos e benefícios e enfatiza que o descumprimento de importantes normativas, mais que uma decisão empresarial econômica, é uma grave violação aos interesses da sociedade.

Por fim, uma análise sistêmica da Lei 9.605/1998 também evidencia que a conduta do subordinado não tem que ser no interesse da empresa. Por certo a atuação no interesse da empresa (derivada de uma decisão dos superiores, e não de seus subordinados) é requisito para a responsabilidade penal da pessoa jurídica, conforme prevê expressamente o artigo 3º da Lei de Crimes Ambientais, no que é acompanhado pela jurisprudência[356]. Entretanto, nenhuma palavra traz neste sentido o artigo 2º para a comissão por omissão dos superiores, em razão de um fato delitivo de um subordinado. Se é certo que não existem palavras inúteis em um texto legal, e que quando a norma quer, prevê expressamente, e quando não quer, silencia, a interpretação conjunta dos artigos 2º e 3º da Lei de Crimes Ambientais brasileira evidencia que atuar no interesse da empresa é requisito expresso para a imputação de responsabilidade penal à pessoa jurídica, mas não o é para a responsabilidade em comissão por omissão de um superior na corporação.

4.5.3 O rol de pessoas elencado no artigo 2º é *numerus clausus*? A necessidade de efetivo controle

Uma parte da doutrina critica o dispositivo, afirmando ser desnecessária a exemplificação das figuras do diretor, administrador, conselheiro, auditor, gerente, preposto ou mandatário, pois seria suficiente referir-se ao integrante da pessoa jurídica que, sabendo, se omitira[357]. A crítica é em parte correta.

De fato, seria suficiente referir-se, como o faz o *Corpus Juris* no artigo 12, § 3, a "*pessoa com poder de decisão ou controle dentro da empresa*". Isso seria aceitável. Já a solução proposta pelos críticos, de referir-se a um "integrante da pessoa jurídica" não seria adequada. Primeiro, por excessiva, já que o integrante da pessoa jurídica pode ser uma pessoa que formalmente conste estar no comando, ainda que de fato não possua o controle da

[356] "*Artigo 3º. As pessoas jurídicas serão responsabilizadas administrativa, civil e penalmente conforme o disposto nesta Lei, nos casos em que a infração seja cometida por decisão de seu representante legal ou contratual, ou de seu órgão colegiado, no interesse ou benefício de sua entidade.*" (sem grifos no texto original).

[357] Conforme Paulo José da Costa Jr. e Fernando José da Costa, ob. cit., p. 55-6.

situação, caso em que não poderia ser responsável; e também por insuficiente, pois não abrange aqueles que, dentro de uma divisão da corporação, possuem o específico controle sobre a situação, sobre determinados subordinados, e não integram o quadro de associados que compõem a pessoa jurídica.

O certo é que a lista apresentada no artigo 2º não é *numerus clausus*[358], e tem, pelo menos, a virtude de esclarecer a inclusão de certas figuras mais polêmicas (*"auditor, gerente, preposto"*), e afastar argumentos defensivos em uma eventual ação penal. A relação exemplificativa tem esse denominador comum da posição de controle, que deve ser verificada no caso concreto, para que se possa imputar responsabilidade. Neste contexto, é muito importante recordar a possibilidade da existência de um testa-de-ferro, que se faz responsável dos fatos delitivos que tenham lugar em uma empresa, e como tal se apresenta em um processo, oferecendo obstáculo a que se alcance quem realmente controla a empresa, ou o responsável pelo setor específico em que se realizou o delito; isto não pode ser menosprezado, e daí a necessidade de verificar quem realiza o efetivo controle[359].

Justo por ter como denominador comum a posição de controle de uma fonte de perigos, fundamento que deve ser constantemente recordado, pouco importa o nome que se dê na estrutura da empresa a aquele que possui este controle. É comum que as empresas sejam muito criativas neste aspecto, e inventem os nomes mais variados. Assim como pouco importa o nome que se dê a um gato, vez que este não deixará de miar, tampouco interessa se a empresa confira a aquele que controla a fonte de perigos epítetos como *empregado sénior, colega master, colaborador*; dentre outros; se se configura que este tem o

---

358 Como reconhece ADEDE y CASTRO, ob. cit., p. 14.

359 Sobre o tema, ainda que especificamente no que se refere ao atuar em lugar de outro, GRACIA MARTÍN, ob. cit., p. 850-8, analisando as figuras do diretor testa-de-ferro, ou da atuação para uma empresa em favor daqueles que organizam o contexto (postura de Jakobs), ou que configuram o comportamento criminal do grupo (Schünemman e Marxen), e salientando a necessidade de encontrar as pessoas que estão por detrás e completar lacunas de punibilidade.

controle sobre um determinado setor da fonte de perigos, será responsável pelos fatos delitivos dos subordinados deste setor, no exercício da atividade específica da empresa.

A jurisprudência pátria, ainda que examinando os casos a ela submetidos sob o prisma do nexo causal, realça o acima exposto: não será qualquer diretor, somente porque figura no contrato social, o garante, quando na situação concreta se verifica que somente determinados diretores (ou outra pessoa em um setor específico de uma grande empresa) exerciam o efetivo controle. Por isso os Tribunais reforçam a necessidade de identificar o efetivo controlador e sua conexão com o fato ilícito cometido pelo subordinado no caso concreto, rechaçando ações penais que situam no banco dos acusados pelo simples fato de figurar como sócios ou presidentes de uma empresa[360].

---

360 Neste sentido o acórdão do Supremo Tribunal Federal, HC 83.554-6 PR, 2ª Turma, relator o Ministro Gilmar Mendes, de 16 de agosto de 2005, publicado no Diário de Justiça de 28 de outubro de 2005, rechaçou acusação de contaminação contra o presidente da empresa Petrobrás, realçando que este não possuía controle específico da situação, existindo diversos outros setores da empresa encarregados da supervisão e fiscalização da fonte de perigos, antes de alcançar o presidente: "*1 Habeas Corpus. 2 Responsabilidade penal objetiva. 3. Crime ambiental previsto no art. 2º da Lei nº 9.605/98. 4 Evento danoso: vazamento em um oleoduto da Petrobrás. 5 Ausência de nexo causal. 6. Responsabilidade pelo dano ao meio ambiente não-atribuível diretamente ao dirigente da Petrobrás. 7. Existência de instâncias gerenciais e de operação para fiscalizar o estado de conservação dos 14 mil quilômetros de oleodutos. 8. Não-configuração de relação de causalidade entre conduta dos dirigentes da empresa e atividades da própria empresa. 9. Problema da assinalagmaticidade em uma sociedade do risco. 10. Impossibilidade de se atribuir ao indivíduo e à pessoa jurídica os mesmos riscos.*" Outras decisões do Superior Tribunal de Justiça reforçam tal compreensão. No HC 209.413-BA, 6ª Turma, relatado pelo Ministro Sebastião Reis Júnior, de 14 de fevereiro de 2012, Dje de 28 de março de 2012, foi examinada ação penal em que invocada simplesmente a condição de sócio de una empresa para figurar como acusado: "*É inepta a denúncia que não descreve a conduta criminosa praticada pelo paciente, mencionando apenas sua condição de sócio de empresa nem sequer indicada como responsável pelo empreendimento que culminou na suposta prática dos delitos contra o meio ambiente. Não se pode presumir a responsabilidade criminal daquele que se acha no contrato social como sócio-gerente somente por revestir-se dessa condição*". Em igual sentido, o HC 24.239-ES, 6ª Turma, relatado pelo Ministro Og Fernandes, de 10 de junho de 2010, Dje de 01 de julho de 2010: "*Nos crimes que envolvem empresas cuja autoria nem sempre se mostra nítida e bem definida, exige-se que o órgão acusatório estabeleça, ainda que minimamente, ligação entre o denunciado e a empreitada criminosa*

4.5.4 Autoria ou participação?

Enfrenta-se aqui tema de extrema importância.

Sem embargo, à doutrina brasileira pouco lhe tem interessado fundamentar se a responsabilidade pelo fato delitivo de um subordinado constitui um caso de autoria ou participação. Os autores dos manuais escolhem uma ou outra opção, mas não apresentam nenhuma justificativa[361].

---

a ele imputada. O simples fato de ser sócio, gerente ou administrador não autoriza a instauração de processo criminal por crimes praticados no âmbito da sociedade, se não for comprovado, ainda que com elementos a serem aprofundados no decorrer da ação penal, a relação de causa e efeito entre as imputações e a sua função na empresa, sob pena de se reconhecer a responsabilidade penal objetiva." No HC 86.259-MG, 5ª Turma, relator o Ministro Napoleão Nunes Maia Filho, de 10 de junho de 2008, publicado no Dje de 18 de agosto de 2008, foi rechaçada a acusação de desmatamento formulada contra proprietário de imóvel em que o caseiro realizou o deflorestamento ilegal, pois não se identificou em que contribui o dono do bem: "*Colhe-se dos autos, especialmente das peças do Inquérito Policial, que a conduta não teria sido perpetrada diretamente pelo paciente, mas por um caseiro, que trabalha e reside no local, tanto que o Parquet aduziu que a responsabilidade do acusado derivaria de sua condição de proprietário do sítio (art. 2o. da Lei 9.605/98); entretanto, ainda nessa hipótese, mostrava-se indispensável que se declinasse qual a atitude ou a conduta que teria concorrido para o dano, de forma direta ou indireta, sendo vedada a imputação tão-somente pela relação da pessoa com a coisa (possuidor, proprietário, gerente, etc.).*" Destacando a necessidade de efetivo controle, o HC 119.511-MG, 5ª Turma, relator o Ministro Jorge Mussi, de 21 de outubro de 2010, publicado no Dje de 13 de dezembro de 2010: "*Somente deve ser punido aquele que tem o poder de direcionar a ação da pessoa jurídica e que tem responsabilidade pelos atos praticados, sempre tendo como fundamento a existência de culpa e dolo - sob pena de operar-se a responsabilidade objetiva - de tal sorte que na hipótese dos autos o paciente não tinha o domínio da maioria dos fatos narrados na exordial, porquanto sequer fazia parte da pessoa jurídica denunciada, sendo inadmissível, portanto, a sua responsabilização por atos pretéritos ao seu ingresso e gestão na empresa.*"

361 Para ADEDE y CASTRO, p. 14, REALE JÚNIOR, *"A Lei de Crimes Ambientais"...*, p. 122, bem como Eduardo Reale e Helena Regina Lobo da Costa, em SALVADOR NETTO, Alamiro Velludo; SOUZA, Luciano Anderson de (coord..) *Comentários à Lei de Crimes Ambientais – Lei n. 9.605/1998*. São Paulo: Quartier Latin, 2009, p. 247, se trata de autoria; para Marcelo Ovidio Lopes Guimarães, na mesmíssima última obra citada, se trata de participação (p. 37), no que coincidem NUCCI, Guilherme de Souza. *Leis penais e processuais penais comentadas*. São Paulo: Editora Revista dos Tribunais, 2006, p. 467, SIRVINSKAS, p. 83 e GOMES, Luiz Flávio. *Crimes ambientais: comentários à Lei 9.605/98 (arts. 1º a 69-A e 77 a 82)*/ Luiz Flávio Gomes, Silvio Maciel. São Paulo: Editora Revista dos Tribunais, 2011, p. 26.

A jurisprudência também oscila. O Supremo Tribunal Federal, apesar de ainda não haver enfrentado diretamente o tema, parece inclinar-se pela autoria. Nas três oportunidades em que impugnadas por *habeas corpus* ações penais que classificavam a atuação dos diretores como casos de autoria, a Suprema Corte rechaçou o remédio heróico, invocando o artigo 2º da Lei 9.605/98[362].

Não obstante, o Superior Tribunal de Justiça, em outra oportunidade, decidiu ser caso de participação. E no Estado de Minas Gerais, seu Tribunal de Justiça, enfrentando o tema em duas ocasiões, estabeleceu que era caso de autoria[363].

Tudo isto justifica a ampliação da discussão.

Como primeira aproximação, é necessário matizar que o omitir do superior se dá em um contexto completamente diferente da atividade delitiva do subordinado. São duas situações absolutamente distintas.

Primeiramente se exterioriza, de alguma forma, a conduta criminosa do subordinado.

Este pode sentir-se motivado pela filosofia da empresa a praticar o delito; pode, ainda, desconhecer se o superior conhe-

---

362 Conforme os mencionados HC 85.190-8/SC, HC 94.842-1/RS, e HC 94.484-8 SP, 2ª Turma, relatora Ministra Ellen Gracie, de 23 de junho de 2009, DJe nº 148, de 07 de agosto de 2009. Esta última, apesar de transcrever a mencionada doutrina de NUCCI pela participação, rechaça o *Habeas Corpus*, invocando o artigo 2º em uma ação penal que situava os diretores como autores.

363 Apelação Criminal 1.0514.03.010402-0/001, 2ª Câmara Criminal, relator o Desembargador Renato Martins Jacob, decidida aos 12 de fevereiro de 2009, publicada no Diário Oficial de 20 de fevereiro de 2009, onde se destaca: "*Ainda quanto à autoria, é de se salientar que o artigo 2º da Lei 9.605/98 estabelece que também incide nas penas cominadas naquele diploma legal, aquele que, de qualquer forma, concorrer para a prática de crimes ambientais, deixando de impedir a prática da conduta criminosa, quando podia agir para evitá-la, englobando, expressamente, a figura do administrador, mandatário, gerente etc.*" E a Apelação Criminal 1.0525.06.095649-3/001 , 4ª Câmara Criminal, relator o Desembargador Eduardo Brum, decidida aos 04 de outubro de 2012, publicada no Diário Oficial em 11 de outubro de 2012, na qual que se analisou mortandade de pássaros em virtude de contaminação por chumbo, e salientou que a condição de sócio-proprietário, que atua de fato na empresa, gera a autoria.

ce seu atuar delitivo, ou inclusive confiar que aquele ignora sua conduta típica.

Seja qual for o caso, de uma certeza não pode escapar o empregado travestido de delinquente: aquele que lhe comanda na empresa e o dirige na atividade de risco, caso saiba de sua ação típica, pode, em razão do controle ou domínio que possui na estrutura da empresa, determinar-lhe a cessação da atividade delitiva, que interrompa o que está fazendo, ou que trate imediatamente de reparar o dano que promoveu, em suma, que atue em sentido contrário ao do fato delitivo.

Em outras palavras, a fonte de perigos – e, neste caso, a pessoa do subordinado como fonte de perigos – se encontra em uma situação tal de dependência do garante que este pode decidir livremente se esta lesionará ou não os bens jurídicos de terceiros ou o meio ambiente; em qualquer momento, o garante, somente com sua decisão de deixar de controlar a fonte de perigos que domina, pode determinar a produção do resultado[364].

Distinguem-se os contextos do atuar delitivo do subordinado e da omissão de seu superior, em inúmeros casos, em uma sucessão temporal bastante nítida. Por exemplo: pode ocorrer que o superior saiba da conduta delitiva de seu subordinado quando este já esgotou todos os atos executivos, mas o crime ainda não se consumou. É possível que se cuide de um crime continuado: imagine-se que todas as noites, em uma siderúrgica, os operários desliguem os filtros que deveriam funcionar ininterruptamente, para economizar eletricidade e prolongar a vida útil do equipamento, provocando poluição atmosférica na cidade. O diretor da empresa, um mês após o início da prática delitiva, ao receber a conta de energia, percebe a economia e descobre sua causa, regozijando-se por saber que o fato seguirá ocorrendo nos meses seguintes[365]. São casos em que se evi-

---

364 Conforme GRACIA MARTÍN, ob. cit., p. 627.

365 Como esta era uma reclamação recorrente na atividade das Promotorias de Meio Ambiente em Minas Gerais, buscaram-se acordos para a reparação do dano em que também se estabelecia a instalação de equipamentos que registrassem

dencia que alguma potencialidade lesiva deve seguir existindo, para que tenha sentido discutir a evitação pelo superior hierárquico. O conhecimento do superior, deve, portanto, dar-se em um momento em que ainda possa evitar-se a execução ou o resultado da conduta delitiva de seu subordinado, tal como estabelece na Alemanha o § 138 StGB, que tipifica a omissão da denúncia de crimes planejados[366].

A conduta criminosa do empregado se apresenta, portanto, para o superior, como se fosse uma pergunta: e você, que é garante de controle desta fonte de perigos, incluso da atividade deste terceiro que lhe é subordinado, agora que conhece a situação, o que vai fazer?

O crime do empregado se apresenta ao superior, que decide entre duas opções: aceita-o, incorporando-o à prática da empresa (ainda que irrelevante se o ato seja no interesse da empresa, conforme já esclarecido, ou ainda que pouco lhe importe o que tenha ocorrido, uma vez que o meio ambiente não é uma de suas preocupações), ou, ao contrário, reconhecendo-se que se cuida de um crime contra o meio ambiente, inadmissível em sua esfera de controle, em sua competência de organização, o superior o rechaçará completamente.

Esta aproximação demonstra que não se examina o dilema apresentado a aquele que possui o dever de garantia sob o prisma do domínio do fato (teoria que também enfrenta controvérsias), conforme matizado *supra;* o garante não domina o fato desde um ponto de vista material, como ocorreu com seu

continuamente o consumo de energia dos filtros; sobre a atuação em relação a siderúrgicas, SANTIAGO, Alex Fernandes. "Impactos ambientais e siderurgia: as unidades independentes de produção de ferro-gusa em alto-forno a carvão vegetal em Minas Gerais." *Revista de Direito Ambiental,* São Paulo, n. 48, ano 12, out.-dez. 2007, p. 09-29.

366 "138 StGB. *Omisión de denuncia de delitos planeados.* El que llegare a saber de modo fidedigno acerca del propósito o la comisión de (determinados delitos que se enumeran) en un momento en que aún podía evitarse la ejecución o el resultado, y omitiere avisar a tiempo a las autoridades o a la persona amenazada, será castigado con prisión" (conforme nota de tradução em KAUFMANN, ob. cit., p. 121).

subordinado, que tampouco executa uma ordem específica de seu superior; o que se examina é, como dito, se o garante cumprirá ou não seu dever, se se omitirá ou não, se cometerá, por omissão, a infração de seu dever específico de controlar a fonte de perigos.

Pois bem. Este exame autônomo, em um contexto distinto, demonstra que o garante, caso se omita, somente pode ser autor. Ele não atua como partícipe, e nem o pode, em um contexto em que somente ele pode decidir que fazer, em que o subordinado já não cumpre função alguma, um momento temporal em que o empregado já não pode intervir na esfera de decisão de um órgão superior na empresa[367].

Esse é o único critério coerente e compatível com a normatividade que se confere às condutas omissivas, e que permite certeza ao intérprete, além de realçar a responsabilidade do garante, e seu controle sobre a atuação de seus subordinados.

Tal conclusão é reforçada quando se estabelece a confrontação deste critério com outras soluções propostas pela doutrina e pela jurisprudência.

Aqueles que defendem a posição de que somente seria possível a participação, fundamentam que o domínio do fato

367 Esta situação é identificada, na terminologia de Roxin, como uma infração de dever. Este delito de comissão por omissão é estruturalmente autônomo do crime comissivo do subordinado, é um crime de infração de dever, no qual não é possível que qualquer outro sujeito ingresse como interveniente em consideração, senão somente aquele que possui o dever especial de evitar o resultado: "*cuando el garante no evita el resultado, sólo podría ser visto según las reglas que en general rigen para los delitos de infracción de deber, esto es, como autor del delito*" (SÁNCHEZ-VERA GÓMEZ-TRELLES, ob. cit., p. 120, esclarecendo a posição de Roxin, explicada anteriormente). Não obstante, Roxin recorda que haverá dois grupos de casos em que o garante, em um crime de infração de dever, não responderá como autor, senão como partícipe: a) nos crimes de mão própria e b) nos poucos casos em que o garante não impede o injusto com qualidade de participação (o pai não impede que seu filho menor de idade favoreça um crime alheio facilitando a arma, ROXIN, *Autoría y dominio del hecho en derecho penal...*, p. 385 e ss). Nos crimes ambientais, semelhantes exceções são de difícil visualização, pois a garantia se refere à estrutura fechada das empresas, em um setor em que o garante domina.

reside no comportamento ativo do subordinado, que não permite ao garante o acesso direto ao resultado. Ademais, argumentam que a evitação do resultado seria complicada, frente à necessidade de superar-se uma ação contraposta, o que imporia a penalização com menos rigor para a omissão, exigência que somente seria satisfeita com a figura da participação.

Não é possível concordar com tal corrente, que reconhece mais poder na estrutura da empresa ao operário que ao patrão, contrariando a real dinâmica de decisões em uma corporação. Dito de outra forma, este setor da doutrina atribui ao domínio do fato um peso maior que ao poder de fato do garante omisso, em contra da equiparação que correspondem, em princípio, entre atuar e omitir[368].

---

368 STRATENWERTH, ob. cit., p. 492. Reproduzem-se neste trecho, além do ensinamento do professor da Universidade de Basel, o pensamento de FRISTER, ob. cit., p. 577-8, e de FIGUEIREDO DIAS, *Direito Penal...*, p. 970 e ss, que expõem as distintas correntes e adotam a posição aquí defendida da autoria autônoma nos delitos de omissão, corroborando a conclusão de Roxin (e também de Rudolphi). A opção pela autoria foi abraçada no projeto privado de um grupo de cientistas do direito europeu sob a direção de Klaus Tiedemann: "*Artículo 15. Responsabilidad por comportamientos ajenos. 1 Será también sancionado, como autor, en los supuestos a que se refiere el apartado segundo, quien debido a su dominio sobre otra persona está obligado legalmente a evitar que actúe ilícitamente, siempre que tenga conocimiento del hecho y hubiera podido impedir o dificultar esencialmente su realización mediante una supervisión adecuada. La pena se atenuará en un cuarto de su extensión si el autor únicamente podría haber dificultado la realización del hecho. 2. De acuerdo con el apartado primero, resultan responsables: a) Los miembros del gobierno, funcionarios y soldados por hechos cometidos por sus subordinados si los hechos forman parte de los negocios o actividades que deben ser supervisados. b) Los propietarios o directores de un establecimiento o empresa, así como las personas con poder de decisión o control por hechos realizados por subordinados pertenecientes al tráfico del establecimiento o de la empresa. 3. Los Estados miembros resultan competentes para establecer supuestos distintos a los enumerados en el apartado segundo, considerando autor (por omisión) a quien esté obligado jurídicamente a impedir la realización de un resultado procedente de un hecho antijurídico debido al dominio que ejerce sobre un tercero o sobre la protección de la víctima. En estos supuestos, la pena podrá aminorarse hasta una cuarta parte. 4 La delegación de responsabilidad solo exime de responsabilidad penal si se refiere a un determinado segmento de la actividad y existe certeza de que el delegado puede realizar eficazmente las tareas y competencias que le han sido transferidas. Lo anterior no modifica ni la responsabilidad por la elección, vigilancia y control, ni la responsabilidad general derivada de la organización.*" (texto integral da proposta em TIEDEMANN, ob. cit., p. 307-314).

Não bastasse, os argumentos de um suposta necessidade de menor pena para o omitente, assaz discutíveis, frente ao controle que o superior exerce na empresa e aos aspectos preventivos desta responsabilidade para cima, desnudam a debilidade desta corrente, que, visando a uma sanção menor, agarra-se à tábua de salvação da participação: não será por desejar-se uma sanção menor que se pode modificar a natureza das coisas.

Outra concepção propõe distinguir o dever de garantia: os garantes de controle de uma fonte de perigos seriam sempre partícipes, os garantes de proteção de um bem jurídico seriam autores. O fundamento desta distinção residiria no fato de que o garante de proteção deve proteger o bem de possíveis danos, sem importar-lhe de onde provenham, se de seres humanos ou de fatos naturais, enquanto que o garante de controle de uma fonte de perigos possui deveres de vigilância dirigidos às pessoas que cometem o crime[369].

Uma vez mais se incorre no equívoco de atribuir maior importância à autoria do crime pelo subordinado que ao poder

---

369 Resumindo as diversas posições, porém examinando um caso de maus tratos e lesões em que se omitiu a mãe, garante de proteção de um bem jurídico contra a ameaça de terceiros, frente à conduta delitiva de seu companheiro contra sua filha, a STS 6816, de 26 de outubro de 2009, relator Francisco Monterde Ferrer, quando destaca que "*dogmáticamente, se entiende que mayores problemas plantea aún la participación omisiva en un delito de comisión. Así, un sector de la doctrina sostiene que, en estos casos, el omitente es siempre partícipe, pues el dominio del hecho sólo se transmite al omitente en caso de que el que actúa deje de dominar el curso del hecho. Un segundo sector doctrinal mantiene que es preciso distinguir en función de cuál sea la fuente de la posición de garante, pues si el omitente tiene una función de protección de un bien jurídico deberá ser considerado autor, mientras que si lo que le corresponde es una función de control del peligro procedente de un tercero, deberá ser considerado partícipe, pues en tales casos, también, un interviniente activo solamente podría ser considerado partícipe. Finalmente, desde una tercera posición se argumenta que el garante que no evita la producción del resultado es siempre autor, y que la autoría en los delitos de omisión no puede ser explicada a partir del dominio del hecho. Si bien esta última posición admite como excepciones los delitos especiales propios, los delitos de propia mano y los delitos como elementos subjetivos especiales, en los que el omitente partícipe no puede ser autor y, por consiguiente, debe ser considerado partícipe.*" Não obstante, demonstrando que a questão é polêmica, neste caso o Tribunal Supremo aceitou a participação.

de decisão de seu superior, ignorando o esquema de decisões de uma empresa. E a distinção entre as duas formas de garantia é em tudo injustificável, especialmente quando se verifica o caráter intercambiável entre a garantia de controle e a garantia de proteção. Se é certo que o cidadão quer estar protegido do crime cometido na atividade específica da empresa, também espera a sociedade que se controlem os perigos que possam afetar os menores. Em resumo, a proteção de uma pessoa é o controle em seu favor dos perigos que possam ameaçá-la, e o controle de uma fonte de perigos é proteção para as pessoas que respectivamente estejam em perigo[370]. Tal concepção conduz a diferenças de responsabilidade injustificáveis, o que se verifica especialmente nos casos em que um garante de proteção e um de vigilância devam evitar o mesmo resultado delitivo.

Por conseguinte, a única solução que reconhece a real dinâmica de decisões em uma corporação, que corresponde ao que realmente ocorre em uma sociedade do risco e das grandes empresas, que adequadamente dimensiona o poder dos superiores em uma pessoa jurídica, que reforça o dever que lhes é inerente, de supervisionar e coordenar a atividade de seus subordinados, é a que classifica este omitir do garante em relação aos crimes praticados por seus controlados como autoria. Devido à posição deste garante, que controla o que sucede na estrutura cerrada da empresa, já não se discute o domínio do fato, e sim o incumprimento de seu dever, contrariando a expectativa social de que esteja controlada a fonte de risgos[371]. E é mister

[370] Conforme recorda SÁNCHEZ-VERA GÓMEZ-TRELLES (p. 124), baseado en Jakobs.

[371] Na mencionada STS 7059, o Tribunal Supremo reconhece a condição de autor: "*En consecuencia, conocida la situación generadora del deber, la omisión de las medidas que fácilmente podían haber sido puestas en práctica para la correcta eliminación de los residuos (reconocen que el Consejo del que formaban parte no adoptó medida alguna), realizada con conocimiento tanto de la propia situación generadora del deber, como de las condiciones que fundamentaban su posición de garante y de la posibilidad de realizar la acción debida, determina la comisión como autor (por omisión impropia) del delito medioambiental del art. 325 del Código penal, atribuido por la vía del art. 31.*" Também

esclarecer que se trata de una autoria colateral por omissão (e não coautoria), pois a omissão do garante se verifica em um contexto completamente distinto do agir do empregado. É um autor autônomo, sancionado paralelamente ao subordinado.

Argumentos como a necessidade de penalizar distintamente ao subordinado que cometeu um crime de ação e ao superior que incorreu em uma omissão, como se destacou, são assaz criticáveis. Primeiro, porque é injustificável esta distinção entre o atuar e o omitir, quando o que faz o ordenamento jurídico-penal é exatamente o contrário, pois promove a equiparação normativa. Aliás, não é de se espantar que no exame do contexto em que cada um realizou sua conduta delitiva, em muitos casos o operário, pressionado por circunstâncias de ordem vária, se apresentará como merecedor de uma pena menor que seu superior. *De lege ferenda* (para o ordenamento jurídico brasileiro), poderia discutir-se um dispositivo de atenuação da escala penal para a omissão do garante, como ocorre no § 13, II, StGB; o que não se pode é querer etiquetar como participação um caso de autoria.

Por fim, cumpre realçar aspecto essencial. Não é necessário sempre recorrer à responsabilidade em comissão por omissão para imputar algum crime ambiental ao superior hierárquico.

Somente se discute a aplicação da responsabilidade em comissão por omissão do dirigente quando este não ordenou a comissão do delito, quando este não atuou em uma planificação do fato delitivo comum ao seu subordinado.

---

na STS 6996, de 19 de outubro de 2006, Relator José Antonio Martín Pallin se reconheceu a condição de autor para o garante: "*La actuación del único acusado por parte de la empresa generadora de los ruidos, le convierte en autor. Dada su condición de representante legal de la industria, adquiere la condición de garante y tiene un pleno dominio funcional y la capacidad decisoria suficiente como para haber atendido la orden de cierre, ante las fundadas quejas de los numerosos denunciantes. La sentencia omite que cuando definitivamente se clausuró el cogenerador cesaron los ruidos y las protestas.*"

Como visto, a responsabilidade em comissão por omissão do dirigente evita a irresponsabilidade organizada, quando a estrutura cerrada da empresa é obstáculo para a imputação. Mas, como tal, é um caso de sintonia fina, de uma situação muito específica, em que não se pode identificar uma ordem para que o subordinado praticasse aquele crime. Então, é necessário analisar a prova no sentido de verificar-se inicialmente se houve alguma ordem no sentido da comissão do delito partida do superior.

Se verificada esta ordem, se constatado que o dirigente atuou no mesmo plano delitivo que seu subordinado, sequer será necessário discutir uma responsabilidade em comissão por omissão. Aqui o caso é de coautoria, pura e simples. Sem embargo, se verificado que o dirigente não atuou neste mesmo plano, aí sim passa-se ao exame seguinte, que é o da omissão. E neste exame posterior, se constatado que, uma vez sabendo do atuar delitivo do empregado, o seu superior se omitiu, podendo agir em sentido contrário, haverá autoria colateral[372].

Portanto, e esse é um aspecto essencial para todo este capítulo, a discussão de eventual responsabilidade em comissão por omissão de um dirigente é residual, posterior, em uma investigação.

Em outras palavras: somente se alcançará a discussão por eventual responsabilidade em comisssão por omissão de um dirigente em algum inquérito ou processo penal quando já superada uma outra questão que lhe antecede: a apuração não conseguiu comprovar uma ordem do superior hierárquico. E mais, o que demonstra que a responsabilidade em comissão por omissão é um caso de malha fina: sequer é necessário uma ordem expressa para que se afaste a discussão, residual, da responsabilidade em comissão por omissão.

---

[372] Neste sentido, Frister: "*En tanto el garante omita impedir el resultado típico en razón de un plan del hecho común al actuante, será punible como coautor por omisión; en caso contrario, como autor colateral por omisión.*" (Derecho penal..., p. 578).

Isso porque a coautoria, em um mesmo plano delitivo, entre dirigente e subordinado, não se caracteriza somente por uma ordem direta para a prática do crime ambiental. Também se equiparam às ordens dos superiores para cometer um crime as situações em que o dirigente cria dolosamente um ambiente propício para a aparição de uma política criminal da empresa, como, por exemplo, quando afirma que há que maximizar lucros a qualquer custo, que não importam preocupações com o meio ambiente, o cumprimento das normas ambientais, que o interesse da empresa está acima de tudo, situação que infelizmente é a prática de muitas empresas.

Nestes casos não será necessário discutir os detalhes de uma possível comissão por omissão, invocar o artigo 2º da Lei 9,605/95, segunda parte. O dirigente é diretamente coautor com seu subordinado, porque o orientou a agir como agiu, isso equivale a uma ordem para cometer o crime. Essa distinção é realçada nas doutrinas alemã e espanhola:

> *"...Como paso previo conviene dejar constancia de que no se van a tratar aquí los casos en que no se ordenó la realización del injusto típico, que sin embargo sí hubiera podido ser impedido a través de la vigilancia y el control de quienes ocupan posiciones dirigentes en la empresa, esto es, lo que se conoce como responsabilidad del superior por falta de vigilancia.*
>
> *En estos supuestos surge el problema de imputar el delito cometido por el subordinado al dirigente en comisión por omisión, o mediante un delito de omisión del deber de vigilancia o de impedir delitos, cuando éste no ha ordenado la comisión de delitos pero de forma imprudente o dolosa ha infringido su deber de control y vigilancia sobre las actividades de sus subordinados.*
>
> *En los casos que aquí nos ocupan, por el contrario, partimos de que el dirigente ha impartido la orden de cometer un delito, que la orden ha sido cumplida dolosamente por el subordinado y que el delito cometido por el subordinado está en relación con la actividad que desarrolla en la empresa. A estos supuestos se equiparan las situaciones en las que el dirigente ha creado dolosamente las condiciones necesarias para la aparición de una política criminal de empresa en cuya ejecución se cometen delitos (pensemos en defraudaciones tributarias, delitos contra el medio*

> *ambiente o blanqueo de bienes), sin haber necesitado nunca dar una orden concreta.*
>
> *Por ejemplo, bastándole insinuar que hay que maximizar beneficios a cualquier coste, que no importan los medios, que el interés de la empresa está por encima de cualquier consideración legal.*[373]"

Assim sendo, somente tem sentido passar-se à discussão de uma eventual responsabilidade em comissão por omissão quando a investigação já alcançou um estágio em que não conseguiu identificar uma ordem do superior para seu subordinado, ou pelo menos a criação desse cenário propício à realização do delito, tal como vimos acima. Somente na ausência desses é que a investigação alcançará o estágio seguinte, a malha fina da comissão por omissão. Já que não se conseguiu identificar essa ordem ou criação de um contexto favorável para a realização do crime ambiental, deverá perquirir-se se esse dirigente, que não deu a ordem nem criou o contexto para a prática do crime, ao saber de sua ocorrência, não se omitiu. Aí sim tem sentido invocar a segunda parte do artigo 2º da Lei de Crimes Ambientais.

Nos demais casos, em que comprovada a ordem, ou esse contexto empresarial próprio à realização do crime ambiental, sequer é necessário alcançar a discussão judicial os requintes da responsabilidade em comissão por omissão. Caberá ao Poder Judiciário diretamente condenar empregado e dirigente, sem necessidade de discutir se o dirigente soube e se omitiu. Em verdade, ele já havia fornecido a ordem, ou, pelo menos, criou o contexto favorável para a realização do crime, o que equivale a esta ordem direta, expressa, concreta.

Esse é aspecto ainda não realçado pela doutrina, olvidado pelas investigações, e que vem passando ao largo das decisões

---

373 FARALDO CABANA, Patricia. *Posibilidades de aplicación de la autoría mediata con aparatos organizados de poder en la empresa.* Em: *Derecho penal de la empresa: del derecho penal económico del estado social al derecho penal de la empresa globalizado / dirigido por Luis Arroyo Zapatero; Carlos Lascano; Martín Adan Nieto.* Buenos Aires, Ediar, 2012, p. 217-218, sem destaques no original, e citando diversos autores espanhóis e alemães que reiteram tal posição.

judiciais. Se demonstrado esse contexto empresarial favorável à realização do delito ambiental, isso equivale à ordem direta, e torna desnecessário provar que o dirigente soube do delito e se omitiu. Em verdade, ele já havia atuado antes, criando o cenário propício à efetivação do crime ambiental. E por isso deve ser condenado em um eventual processo penal.

4.5.5 O artigo 2º se refere ao efetivo conhecimento ou à cognoscibilidade do delito cometido pelo subordinado? A omissão imprópria culposa

A doutrina aceita em sua maioria a possibilidade da comissão por omissão culposa. Não há unidade contudo quanto a sua extensão. Esta discussão assume especial interesse na responsabilidade dos diretores. É essencial discutir se o superior deve possuir conhecimento atual da conduta delitiva de seu subordinado, ou se é suficiente para configurar a omissão imprópria a cognoscibilidade da conduta delitiva, isto é, se bastaria que o dirigente, exercendo a vigilância necessária da fonte de perigos, pudesse conhecer a conduta delitiva do subordinado. Dependendo da posição adotada se restringirá (conhecimento atual) ou se ampliará (cognoscibilidade) a extensão da omissão culposa.

Esta discussão reproduz a polêmica Kaufmann-Schünemman nos crimes de omissão imprópria. Para o primeiro autor, o conhecimento efetivo da situação típica, o conhecimento da situação que gera o dever de ação integra o crime omissivo[374]. Dita concepção limita a extensão dos crimes de omissão culposos na responsabilidade dos diretores; somente se omitiria culposamente o superior que, já sabendo da conduta criminosa de seus subordinados, deixasse de cumprir seu mandato porque atuou com falta de cuidado em sua evitação: *"si fracasa la acción encaminada a cumplir el mandato, hay que comprobar si este fracaso*

[374] Ob. cit., p. 62, 87-97, 104-149, 313-315:

se basa en una falta de cuidado que, en su caso, puede ser punible como imprudencia[375]." Para Schünemman esta posição privilegia o omitente indiferente ou desalmado[376], como no caso do diretor a quem pouco lhe importa o que sucede em sua empresa, que não se preocupa em saber que estão fazendo seus empregados, desde que possa fazer suas retiradas ao fim do mês. Para esta corrente, ao dever de evitar os ataques que provenham de uma fonte de perigos corresponde o dever de prestar atenção se a fonte está de fato gerando um perigo[377]. Portanto, o dirigente que se omita culposamente no controle da fonte de perigos, caso um subordinado seu cometa um crime, poderá responder por omissão culposa em sua evitação, não porque soube, porque teve o conhecimento atual da prática delitiva, senão porque poderia saber, lhe era cognoscível, se atuasse diligentemente.

A posição da segunda corrente é a preferível[378], pois se a ideia da comissão por omissão no controle de uma fonte de perigos é que os diretores exerçam a vigilância de sua empresa e de seus subordinados, evitando danos a terceiros e ao ambiente, esta prevenção se dará de forma mais intensa com a preocupação do diretor em conhecer o que se passa em sua empresa.

Sem embargo, não foi esta a posição adotada pela Lei 9;605/98, que se refere ao conhecimento atual da conduta criminosa dos subordinados, quando emprega a locução "*sabendo da conduta criminosa de outrem*", é dizer, sabendo da conduta criminosa do subordinado.

Tampouco se pode criticar demasiadamente o dispositivo, pois nestes casos também entra em jogo a responsabilidade dos subordinados, e a preocupação em evitar a responsabili-

---

375 KAUFMANN, ob. cit., p. 184.

376 *Fundamento y limites...*, p. 63-4 e 72-3.

377 Adaptando o pensamento de STRATENWERTH, ob. cit., p. 531. Também pela cognoscibilidade, FIGUEIREDO DIAS, *Direito penal...*, p. 960.

378 E a defende Ney Bello (ob. cit., p. 14-16), único autor brasileiro que enfrenta o tema conhecimento vs. cognoscibilidade na responsabilidade de dirigentes do artigo 2º de Lei 9.605/98.

dade objetiva dos superiores. Além disso, se o diretor não sabe o que está passando em sua empresa, não a está controlando de fato; alguém o estará fazendo por ele, e este sim deve ser responsabilizado penalmente[379]. Não obstante, pelas razões já mencionadas, esta exigência não contribui tanto ao espírito de prevenção do dano que a responsabilidade dos diretores tenta reforçar, pelo que seria preferível, *de lege ferenda*, uma redação que optasse pela cognoscibilidade (em vez de "*sabendo*", "*podendo saber*"), como o fez a versão final de 2000 do projeto do *Corpus Iuris* para a proteção dos interesses financeiros da Comunidade Europeia, em seu artigo 12, § 3[380], centrando a responsabilidade não no conhecimento da situação típica, e sim na vigilância necessária.

Pelo exposto, frente à dicção do artigo 2º, será restringida a possibilidade de omissão culposa àqueles casos em que o dirigente já sabia da conduta criminosa de seu subordinado, mas atua sem o devido cuidado na sua evitação; Kaufmann dá vários exemplos nestes parâmetros, e destaca que o garante, para que se configure a omissão culposa (e não dolosa) deve estar disposto a realizar o mandato; se falta esta tendência para cumprir o mandato de garante, haverá omissão dolosa. Se o diretor, para evitar a conduta criminosa de um subordinado, envia a mensagem para que seus empregados interrompam

379 A opção pelo conhecimento efetivo foi lobrigada no já mencionado artigo 15 do projeto privado sob a direção de Tiedemann: "*Artículo 15. Responsabilidad por comportamientos ajenos. 1 Será también sancionado, como autor, en los supuestos a que se refiere el apartado segundo, quien debido a su dominio sobre otra persona está obligado legalmente a evitar que actúe ilícitamente, siempre que tenga conocimiento del hecho y hubiera podido impedir o dificultar esencialmente su realización mediante una supervisión adecuada. La pena se atenuará en un cuarto de su extensión si el autor únicamente podría haber dificultado la realización del hecho.*" Na jurisprudência, a já mencionada STS 6816/2009 também optou pelo conhecimento efetivo.

380 "*3. Si uno de los hechos previstos en los artículos 1 a 8 fuere cometido por uma persona sometida a las órdenes de un empresario o a las órdenes de otra persona con poder de decisión o de control dentro de la empresa, también serán penalmente responsables el empresario y la otra persona cuando ellos omitieren la vigilancia necesaria y esto facilitare el hecho.*" (sem destaques no original, TIEDEMANN, ob. cit., p. 306). A também já citada STS 7059/2002 optou pela cognoscibilidade.

seus planos ilícitos através de uma criança, e todos se riem do garoto, haverá omissão culposa, caso o crime seja punível na forma culposa. Haverá, contudo, omissão dolosa, se o diretor, sabendo da conduta delitiva de seus subordinados, tarda muito em adotar medidas para proibi-la, ou para evitar seus efeitos. Exemplo disto seria o caso de um dirigente que, terminado o dia de trabalho, descobre o plano delitivo de seus empregados, e, em vez de opor-se de imediato, prefere ir descansar em casa, deixando para proibir a conduta no dia seguinte, quando o crime já se perfez. Também haverá omissão dolosa do empresário que, sabendo, por indiferença, não cogitou de opor-se, ou não adotou as medidas necessárias para contrariar o projeto criminoso de seus empregados[381]. Da mesma forma, "*aquele que se esquece de levar a cabo uma ação que com maior concentração poderia haver fixado em sua memória, a omite*[382]", o que seria aplicável a um diretor que soube da conduta criminosa, anotou em um papel que deveria evitá-la, mas depois se esqueceu de fazê-lo porque se pôs a conversar pelo telefone, consultar seu *facebook* ou correio eletrônico, ou se distraiu por outros motivos.

O que se deseja enfatizar é que, uma vez conhecida a situação típica, o diretor deve interromper tudo o que está fazendo para evitar a conduta criminosa de seus subordinados: esta deve ser sua prioridade. Assim sendo, a omissão culposa nestes parâmetros se dará em muitos poucos casos, que exigirão do diretor a tendência a cumprir o mandato, e, que o fracasso neste cumprimento derive de uma falta de cuidado daquele que, apesar de ter a evitação do dano como sua prioridade, não cumpriu bem sua obrigação. E somente será possível, obviamente, nos crimes que prevejam a sanção culposa, como no caso dos tipos penais dos artigos 40, 49, 54, 56 e 62 da Lei 9.605/98.

---

381 Adaptação de exemplos de KAUFMANN, ob. cit., p. 184-5 e 192-3. Agora, se apesar de enviar uma criança, ainda assim se cumpre o mandato, não haverá omissão culposa, pois, como realça o professor alemão, somente se discute esta quando não se cumpre o mandato (ob. cit., p. 185).

382 KAUFMANN, citando Welzel, ob. cit., p. 62.

Questão distinta da discussão conhecimento-cognoscibilidade é a prova do conhecimento da conduta criminosa dos subordinados. Frente à estrutura cerrada das empresas, não será possível apresentar muitas exigências probatórias, devendo-se aceitar a prova indireta para demonstrar que o diretor soube da conduta delitiva de seus subordinados[383]. Exigir prova direta, além de criar exigência não prevista em lei, vai em sentido contrário à ideia de uma responsabilidade para cima buscada pela comissão por omissão nestes crimes.

Por fim, a admissibilidade de uma omissão culposa dos dirigentes (nos crimes em que exista a forma culposa) enfatiza o acerto da opção por uma autoria nos casos de garantes de controle de uma fonte de perigos. O exame do seguinte exemplo o comprova de forma eloquente.

Suponhamos uma empresa em que o empregado, por imperito e mal treinado, confunde-se com a maquinaria utilizada para o tratamento dos residuos gerados pela atividade, e aperta o botão que realiza o lançamento dos resíduos *in natura*, imaginando apertar o botão que encaminha os resíduos para o tratamento adequado, causando, com sua conduta, poluição ambiental em níveis tais que possam ameaçar a saúde humana, ou que causem mortandade de animais, ou destruição de flora. E que siga assim agindo, todos os dias. Está configurado o

383 Como o fez o Tribunal de Justiça de Minas Gerais no *HC 1.0000.05.431199-8/000*, relator o Desembargador Armando Freire, decidido em 24/01/2006, publicado no Diário Oficial de 03/02/2006: "*De fato, o próprio réu admitiu, em depoimento prestado perante a autoridade policial, fl. 67-TJ, que era encarregado e gerente geral da empresa 'Laticínio Sul Minas Ltda.', senão vejamos: '(...) Que é encarregado e gerente geral do Laticínio SulMinas, localizado nesta cidade e desde que veio para cá procurou aumentar a produção dos derivados de leite...' Ora, é pouco crível que o paciente nada soubesse do lançamento de dejetos poluentes no rio que banha a empresa, mas, ao contrário, ele mesmo admite que já havia tomado providências no sentido de implantar uma estação de tratamento nos moldes exigidos pelos órgãos competentes, a fim de acabar coma poluição causada e, assim, também deve ser responsabilizado pela suposta prática do crime, sendo parte legítima para figurar no pólo passivo da lide, não existindo razões, portanto, para o trancamento sumário da ação penal, nesta fase.*"

crime do artigo 54, parágrafo 1º da Lei 9;605/98, que cuida da poluição culposa.

Prosseguindo com o exemplo, suponhamos agora que aquele que se encontre em posição hierarquicamente superior a este empregado descubra o equívoco de seu subordinado; sem embargo, conhecendo a conduta delitiva, sabendo que esta se repetirá no dia seguinte, não a evita, pois percebe que a conduta culposa de seu subordinado economiza custos para a empresa, e lhe permite vender mais barato seu produto final que a concorrência. Sem lugar a dúvidas, a conduta do superior hierárquico é dolosa.

E agora? Aqueles que defendem que a omissão imprópria do artigo 2º da Lei 9.605/98 se trata de participação se encontrariam em grandes dificuldades para justificar a punição desse superior, pois haveria uma participação dolosa em um crime culposo. E gerariam o absurdo de punir o empregado que atuou culposamente e não punir o dirigente que atuou dolosamente.

Já aqueles que distinguem as duas condutas, que as separam, e compreendem a comissão por omissão como um caso de autoria colateral (e não coautoria, é importante salientar), navegam em águas tranquilas, e não terão qualquer dificuldade em justificar a sanção por crime culposo com relação ao subordinado e por crime doloso quanto ao chefe de seu setor. São duas condutas distintas, em contextos distintos, que se valoram separadamente, como aclarado *supra*[384].

---

[384] A situação é muito parecida com a contravenção do artigo 130 OWiG, assim examinado por TIEDEMANN (ob. cit., p. 238-239): *"la comisión del delito o de la contravención por un subordinado constituye una condición objetiva de punibilidad, y, por lo tanto, la responsabilidad del obligado a controlar no tiene que extenderse hasta abarcar tal condición objetiva. Su culpa (dolo o imprudencia) se refiere, más bien, a la omisión de un control suficiente."* Assim sendo, encontra-se equivocada a compreensão de GOMES, *Crimes ambientais...*, p. 26, que exige homogeneidade subjetiva (se a conduta do subordinado é culposa ou dolosa, a do superior também deve sê-lo para que este último seja punido). Alcançando as mesmas

Mudando o *animus* no exemplo também se evidencia o acerto da posição de autoria colateral. Se o empregado atua dolosamente para poluir e seu superior descobre o crime, mas não o evita porque se equivocou chamando a outro setor em vez de comunicar-se com o setor do operário-delinquente, os que defendem a participação terão dificuldade em punir uma participação culposa num crime doloso, enquanto aqueles que defendem a autoria distinta da anterior visualizarão com maior facilidade a conduta dolosa do subordinado e a necessidade de sanção por culpa do superior.

4.6 CRIMES AMBIENTAIS OMISSIVOS PRÓPRIOS. O ARTIGO 54, PARÁGRAFO 3º DA LEI 9.605/98. PREVENÇÃO E PRECAUÇÃO DO DANO AMBIENTAL

Como já se destacou, a ampliação dos crimes omissivos próprios constitui um dos aspectos do Direito Penal do risco. Espera-se que se pratiquem determinadas condutas que evitem danos ao ambiente. Além da possibilidade de comissão por omissão dos crimes ambientais, vislumbram-se como delitos omissivos próprios os previstos nos artigos 48, 54, parágrafo 3º, 55, parágrafo único, 62, 66, 68, 69 e 69-A da Lei 9.605/1998[385].

---

conclusões aqui apontadas (mas situando a responsabilidade no dever de vigiar o correto funcionamento da organização empresarial, e não no dever de vigiar trabalhadores como fontes de perigo, pois pessoas responsáveis – posição interessante e respeitável), Feijoo Sánchez (*"Autoria e participação em organizações empresariais complexas"*..., p. 55-57).

385 *"Art. 48. Impedir ou dificultar a regeneração natural de florestas e demais formas de vegetação: Pena - detenção, de seis meses a um ano, e multa;"* (tal crime tanto pode ser de comissão como de omissão própria, como assinalou o Superior Tribunal de Justiça no HC 16.171-SP, 6ª Turma, relator o Ministro Paulo Medina, decidido em 25 de junho de 2004, publicado no Diário de Justiça de 30 de agosto de 2004); *"Art. 55. Executar pesquisa, lavra ou extração de recursos minerais sem a competente autorização, permissão, concessão ou licença, ou em desacordo com a obtida: Pena - detenção, de seis meses a um ano, e multa. Parágrafo único. Nas mesmas penas incorre quem deixa de recuperar a área pesquisada ou explorada, nos termos da autorização,*

Como o artigo 54, parágrafo 3º, é o que mais contribui para a prevenção (incluso precaução) do dano ambiental, somente dele se ocupará a presente análise, já que o artigo 55, parágrafo único, será examinado no capítulo sobre reparação, e os crimes dos artigos 66, 68, 69 e 69-A em rápida análise posterior sobre os crimes contra a administração pública ambiental.

Dispõe o artigo 54, parágrafo 3º:

> *"Incorre nas mesmas penas previstas no parágrafo anterior quem deixar de adotar, quando assim o exigir a autoridade competente, medidas de precaução em caso de risco de dano ambiental grave ou irreversível."*

Como foi dito no capítulo anterior, apesar de que o artigo se refira à precaução, abrange também a prevenção do dano ambiental, pois a precaução é mais ampla que a prevenção, é sua forma mais avançada; a prevenção vai até onde a Ciência sabe, soube e pôde ir, enquanto a precaução atua nos casos em

---

permissão, licença, concessão ou determinação do órgão competente"; "Art. 62. Destruir, inutilizar ou deteriorar: I - bem especialmente protegido por lei, ato administrativo ou decisão judicial; II - arquivo, registro, museu, biblioteca, pinacoteca, instalação científica ou similar protegido por lei, ato administrativo ou decisão judicial: Pena - reclusão, de um a três anos, e multa.Parágrafo único. Se o crime for culposo, a pena é de seis meses a um ano de detenção, sem prejuízo da multa"; "Art. 66. Fazer o funcionário público afirmação falsa ou enganosa, omitir a verdade, sonegar informações ou dados técnico-científicos em procedimentos de autorização ou de licenciamento ambiental: Pena - reclusão, de um a três anos, e multa"; "Art. 68. Deixar, aquele que tiver o dever legal ou contratual de fazê-lo, de cumprir obrigação de relevante interesse ambiental: Pena - detenção, de um a três anos, e multa. Parágrafo único. Se o crime é culposo, a pena é de três meses a um ano, sem prejuízo da multa; Art. 69. Obstar ou dificultar a ação fiscalizadora do Poder Público no trato de questões ambientais: Pena - detenção, de um a três anos, e multa; Art. 69-A. Elaborar ou apresentar, no licenciamento, concessão florestal ou qualquer outro procedimento administrativo, estudo, laudo ou relatório ambiental total ou parcialmente falso ou enganoso, inclusive por omissão: Pena - reclusão, de 3 (três) a 6 (seis) anos, e multa. § 1o Se o crime é culposo: Pena - detenção, de 1 (um) a 3 (três) anos. § 2o A pena é aumentada de 1/3 (um terço) a 2/3 (dois terços), se há dano significativo ao meio ambiente, em decorrência da informação falsa, incompleta ou enganosa."

que a Ciência não pôde ou não soube ir[386]. A menção na norma penal pátria da precaução absorve, logicamente, a prevenção.

O efeito preventivo deste tipo penal é evidente e uma miríade de casos pode ser visualizada. Vejamos.

Surge uma situação (em um procedimento de licenciamento ambiental, em uma atividade de fiscalização, em um acidente que ainda apresenta a possibilidade de maiores complicações, como, por exemplo, um vazamento petrolífero em alto mar que deve ser imediatamente contido para que não se propague) em que a autoridade ambiental verifica a necessidade de implementação de medidas para evitar um dano ambiental grave ou irreversível e determina que o responsável adote medidas preventivas. Caso este se recuse, ou deixe simplesmente de adotar as medidas determinadas, realizará, por sua omissão, o crime do artigo artículo 54, parágrafo 3º.

A tipificação desta omissão vem em reforço às normas administrativas e civis, na já mencionada contribuição do Direito Penal à complexa estratégia de prevenção do dano ambiental, conforme demonstrado no acórdão da 5ª Turma do Superior Tribunal de Justiça, Habeas Corpus 58.604-SP, relator Ministro Gilson Dipp, 19 de setembro de 2006, publicado no Diário de Justiça de 23 de outubro daquele ano[387].

---

386 Assinala criticamente Charbonneau que a interpretação da precaução dependerá da prioridade que a pessoa confere ao ambiente e à saúde. Frisa, ademais, a necessidade de incorporá-la de fato aos sistemas de licenciamentos ambientais, baseados exclusivamente em uma lógica tradicional de prevenção; e de que também os juízes se atenham à precaução, pois em geral buscam evitar os profundos debates que ela impõe, e escapam por uma ótica jurídica demasiado estreita, que resulta em decisões desfavoráveis ao meio ambiente (CHARBONNEAU, Simon. *O principio de precaução ou os limites de um principio político?* AAVV. *Desenvolvimento e meio ambiente. Riscos coletivos – ambiente e saúde.* Curitiba: Editora da UFPR, n. 5, 2002, p. 112-116).

387 Disponível, ainda, conforme acesso em 11 de março de 2013, em https://ww2.stj.jus.br/revistaeletronica/Abre_Documento.asp?sSeq=648995&sReg=200600964688&sData=20061023&formato=PDF. Selecionam-se alguns excertos da decisão: "*I . Hipótese em que a paciente foi denunciada como incursa na sanção do § 3.º, do art. 54, da Lei 9.605/98, nos termos do art. 3º da lei ecológica, porque, na qualidade de representante, superintendente e*

O acórdão transcreve a inicial da ação penal, onde se esclarece que as *Indústrias Químicas Matarazzo* desenvolveram atividades de produção de ácido sulfúrico, compostos de cloro, acetileno e BHC (hexaclorobenzeno) de 1932 a 1986 na cidade de São Caetano do Sul, estado de São Paulo e que, em razão destas atividades industriais, contaminaram o terreno em que situadas, em virtude dos resíduos tóxicos armazenados inadequadamente, pois a empresa, depois de haver retirado 1800 toneladas de BHC não comercializado, destruiu o galpão que o armazenava, deixando ali escombros e resíduos contaminados, representando risco de dano grave e irreversível, pela possibilidade de contaminação de aquíferos e emissão de vapores organoclorados. De acordo com o relatório dos órgãos de fiscalização, o solo já se apresentava contaminado pelos resíduos de BHC abandonados a céu aberto, e o incremento de casos de câncer em virtude da exposição aos contaminantes era muito superior ao limite aceitável. A ausência de adoção de medidas mitigadoras e remediadoras, apesar de determinadas pela autoridade administrativa ambiental, pela omissão dos empresários, permitia a difusão espacial de BHC e mercúrio, com alto risco de contaminação de águas subterrâneas.

administradora das INDÚSTRIAS QUÍMICAS MATARAZZO LTDA., teria deixado de adotar medidas determinadas pela autoridade competente para evitar a propagação de dano ambiental decorrente da contaminação da área na qual se situava a 'Indústrias Químicas Matarazzo S.A.'. II. Conduta lesiva ao meio ambiente iniciada em razão das atividades industriais desenvolvidas pelas antigas Indústrias Químicas Matarazzo S.A entre os anos de 1932 e 1986, ressalvando-se que os efeitos desta lesão perduram até os dias atuais. III. Evidenciada a existência de requisições da autoridade ambiental no sentido de que se solucionasse a problemática da contaminação do meio ambiente posteriores à vigência da Lei n.º 9.605/98, não se verifica a impropriedade da acusação sob o argumento de que o fato teria ocorrido em momento anterior ao da promulgação da lei. IV. O tipo do § 3.º do art. 54 da Lei n.º 9.605/98 cuida de delito omissivo próprio. V. Tratando-se de delito de mera conduta, o simples fato de não terem sido adotados os procedimentos de cautela tendentes a evitar o possível dano configura, em princípio, o crime, mormente se demonstrado que a resistência da denunciada em tomar as devidas atitudes somente vem agravando o problema e ampliando o prejuízo ambiental, apesar de demonstrado ter esta poder de mando, considerando-se sua posição na empresa, para determinar o cumprimento das medidas exigidas pela autoridade competente, com o fim de interromper a propagação do dano ambiental."

Não bastasse, esgotados todos os esforços administrativos para que se cumprisse a ordem da autoridade ambiental, os empresários também se recusaram a cumprir a decisão judicial imposta na ação civil pública proposta pelo Ministério Público, que determinava a destruição dos resíduos tóxicos que permaneciam no antigo terreno da indústria. Apesar da execução da multa pelo descumprimento, seguiram em sua omissão, motivando a ação penal[388].

Todo o exposto demonstra a necessidade da sanção penal em casos dessa natureza, onde os mecanismos administrativos e civis são insuficientes para a prevenção do dano ambiental. E em um exemplo de prevenção, pois, apesar de já ocorrido o dano, era possível que a situação piorasse, com mais danos ao ambiente e à saúde das pessoas[389].

Pois bem. É necessário, como prometido no capítulo anterior, examinar casos de precaução para o crime do artigo 54, parágrafo 3º, da Lei 9.605/98, hipótese, como já gizado, olvidada pela doutrina brasileira, que analisa o artigo somente sob o prisma da prevenção.

Deverá estar presente o risco de um dano ambiental grave e irreversível. Sem embargo, como o tipo penal se refere expressamente à precaução, não será necessário que este risco esteja definitivamente comprovado, porque então já estaríamos falando de prevenção; basta que exista controvérsia científica

---

388 Como frisado no acórdão: "*O que se verifica, na presente hipótese, é o sistemático descumprimento das requisições da autoridade ambiental – e mesmo judicial, eis que não foi acatada a decisão proferida na ação civil pública, transitada em julgado em 15/02/2000 – no sentido de que se solucione a problemática da contaminação do meio ambiente.*"

389 Como em excerto da decisão recorrida, transcrita no acórdão do HC 58.604-SP: "*Não há cogitar de atipicidade da conduta irrogada à paciente, porquanto dano ambiental apontado já se consumou há muitos anos, antes da vigência da lei cuja violação se atribui ao paciente. Trata-se de infração, na modalidade omissiva, permanente, à medida em que os efeitos da ação degradadora do ambiente estendem-se no tempo e agravam-se, conservando a potencialidade ofensiva a pessoas, flora e fauna; ao responsável pela ação danosa incumbe o dever de remover-lhe as conseqüências, pondo cobro à potencial lesividade a esses bens tutelados legalmente. E o enorme aumento do risco de causação da câncer às pessoas por certo constitui dano de alta gravidade; da mesma forma a forte probabilidade de afetação do lençol freático, aponta para o dano irreversível.*"

a respeito de sua existência, como em qualquer outro caso de precaução. Portanto, a prova pericial nestes casos não se poderá contentar com um simples sim ou não como resposta à pergunta sobre a existência de risco de um dano ambiental grave e irreversível. Apesar de uma eventual posição pessoal do perito no que pertine à existência ou não do risco, deverá este responder à pergunta dizendo que existem controvérsias sobre o risco, esclarecendo as distintas posições científicas sobre o assunto, e que, neste contexto de incerteza, este risco de um dano grave e irreversível se faz provável[390].

Os seguintes exemplos esclarecerão tais situações.

Imagine-se que em uma grande propriedade rural, seja intenção plantar sementes de um organismo geneticamente modificado, cujos efeitos danosos sobre a fertilidade dos pássaros que dele se alimentem ainda são discutidos. O órgão de fiscalização ambiental, sabendo que em parte do latifúndio existe um lago no qual costumam repousar durante alguns meses do ano aves migratórias, proíbe o plantio das sementes em um raio de vinte quilômetros ao redor das águas, em aplicação do princípio da precaução.

Em um segundo exemplo, suponha-se que uma empresa de telefonia celular queira instalar uma antena em um bairro densamente povoado. O órgão de fiscalização ambiental concede a licença para a instalação. Entretanto, temendo dano grave e irreversível à saúde das crianças (o que seria um caso

---

390 Observe-se que o multicitado acórdão HC 58.604 já esclarecera, em uma análise de prevenção, que sequer era necessária uma perícia específica para o caso, pois os diversos relatórios davam conta do dano grave e irreversível: "*Não prospera a alegação de inadequação da peça acusatória por ausência de laudo pericial que comprove a situação de dano ou risco de dano ambiental, se evidenciado que a denúncia baseou-se em diversas diligências e relatórios elaborados, no sentido da degradação do meio ambiente, pelo Órgão Estadual especializado em análises ambientais, devendo ser ressaltado que a capitulação efetuada na denúncia pode ser modificada a qualquer momento, caso se constate que a conduta se amolda a outro tipo penal, que não aquele inicialmente declinado.*"

de dano ambiental individual) determina que a antena se localize a uma distância mínima de um quilômetro dos colégios existentes na região.

Em ambas as situações havia o risco de um dano grave e irreversível, em um contexto de precaução. E, conforme abordado no capítulo anterior, se é certo que não se podem imputar penalmente danos graves e irreversíveis em casos nos quais predominava a incerteza, e o Estado esgotou sua análise de probabilidade de dano grave e irreversíveis, também é certo, como já foi dito, que em situações nas quais se aniquila o poder do Estado de exercer a precaução; em que se impossibilita que o Estado exerça uma de suas mais importantes funções na sociedade moderna, de árbitro dos riscos, sim se pode criminalizar estas condutas, não para punir os efeitos imprevisíveis e desconhecidos *ex ante*, e sim para sancionar o fato de impossibilitar que o Estado exerça seu dever de controlar os riscos. E isto abrange a possibilidade de sancionar criminalmente as condutas que desobedeçam as ordens emanadas do exercício deste controle, o que, ao fim e ao cabo, implica igual resultado: a inefetividade do controle de riscos.

Assim sendo, se o Estado dita medidas de precaução que devem ser adotadas, e o destinatário as descumpre, possível será sua sanção penal, pois sua postura anula o controle do Estado. Outra não é a razão do artigo 54, parágrafo 3º, da Lei de Crimes Ambientais[391].

---

[391] É importante distinguir o artigo 54, parágrafo 3º, do artigo 268 do Código Penal, que criminaliza a desobediência a determinação do Poder Público destinada a impedir a introdução ou propagação de doença contagiosa, exemplo de que a criminalização de condutas que impedem o Estado de exercer a precaução sequer constitui uma inovação. O fator ambiente poderá associar-se a questões sanitárias, como, por exemplo, alguma situação em que apareça, em uma região de exploração pecuária, um animal morto com sintomas de haver contraído a BSE (bovine spongiform encephalopathy), enfermidade conhecida como mal da vaca louca. A autoridade sanitária ainda não sabe exatamente, mas suspeita, que

4.7 CONCLUSÃO

A especial dificuldade de imputação no âmbito corporativo nada mais é que uma projeção muito específica, no âmbito penal, da irresponsabilidade organizada, conceito central no marco teórico da sociedade de risco, que traduz o círculo vicioso entre normalização simbólica e ameaça material, em que não se impõem limites efetivos aos danos ambientais: ainda que o Estado constate finalmente o descumprimento dos elásticos limites máximos de contaminação, a estrutura cerrada das empresas e suas múltiplas divisões costumam oferecer barreiras a que se alcance o responsável pela poluição.

Se nos Estados Unidos se busca superar tal obstáculo mediante a aplicação da teoría do *responsible corporate officer*, na maioria dos países de tradição jurídica romano-germánica se intenta sua superação pela responsabilidade em comissão por omissão dos superiores hierárquicos de uma empresa pelos crimes cometidos por seus subordinados, de que é exemplo o artigo 2º da Lei de Crimes Ambientais brasileira.

Constitui este instituto eminentemente preventivo, e derivado imediato da expectativa social de que do exercício de uma atividade arriscada não advirão danos às pessoas e ao ambiente, pois somente se permitiu tal atividade porque se confia que aqueles que controlam a empresa, que possuem o direito de dirigir e dar ordens nesta estrutura cerrada, e que podem repelir as decisões de seus subordinados, façam, por meio da fiscalização e supervisão, que o subordinados cumpram as normativas ambientais, e adotem, assim como seus superiores, todas

era esta a enfermidade, mas desconhece as causas do ocorrido. Temendo que o problema se propague, determina que em um raio de vinte quilômetros se extermine o gado ali presente, com sua cremação e adequado destino do material resultante. E, para evitar a contaminação ambiental e sanitária, que se isole e se descontamine o lugar onde enterrado o animal. O proprietário extermina o gado, mas deixa de isolar e descontaminar o solo.

as medidas necessárias para a prevenção do dano ambiental, ainda que para tanto tenham que reorganizar a empresa.

O mencionado artigo trata de um caso de autoria, e não de participação, pois a omissão do superior hierárquico se dá em um contexto absolutamente distinto do atuar do empregado. É um autor autônomo, sancionado paralelamente ao subordinado.

A lei brasileira exige o efetivo conhecimento da conduta delitiva do inferior hiererárquico, não se contentando com a mera cognoscibilidade, posição preferível, *de lege ferenda*, conforme compreensão da doutrina internacional majoritária, em um espírito de prevenção do dano ambiental.

Também contribui à prevenção a ampliação dos crimes omissivos próprios, em que se espera a adoção de medidas para proteção ambiental, como o artigo 54, parágrafo 3º da 9.605/98, que tipifica como delito a omissão de medidas preventivas ou precautórias determinadas pela autoridade ambiental em casos de risco ou dano grave ou irreversível, crime que evidencia a contribuição do Direito Penal à complexa estratégia de evitação do dano ambiental, por meio do reforço da atuação das autoridades administrativas ambientais.

5 A Prevenção do Dano Ambiental e os Crimes de Perigo

5.1 INTRODUÇÃO

No capítulo segundo se realçou que o sentimento de insegurança contemporâneo frente aos riscos derivados das vitórias da modernidade gera uma demanda social de maior proteção, fundamento para a reação do Direito Penal em forma de um Direito Penal preventivo que afronte os novos riscos tecnológicos, definido pelo adiantamento das barreiras de proteção dos bens jurídicos universais, pelo emprego de técnicas de perigo, em especial os crimes de perigo abstrato.

A definição de que riscos serão admitidos e quais serão rechaçados assume portanto aspecto central nesta sociedade, que se valerá de vários mecanismos de gestão dos riscos, desde sua análise, como nos estudos de impacto ambiental, até a definição legislativa dos riscos inadmissíveis. As normas penais, os magistrados, a doutrina, todos eles atuarão como definidores de riscos, explicitando-os e etiquetando-os, frente a sua admissibilidade ou inadmissibilidade.

A construção deste Direito Penal do risco gerará uma inevitável perplexidade no mundo jurídico, que deverá aprofundar sua relação com a Ciência, compreender complexas atividades arriscadas que são queridas e valoradas positivamente pela sociedade, e, concomitantemente, atender ao discurso desta mesma sociedade de conservar certos bens, também dotados de complexidade, como o meio ambiente. Esta perplexidade na compreensão das atividades e na definição do que é aceitável tem sua mais perfeita tradução nas intermináveis discussões teóricas sobre os crimes de perigo, onde, ao fim e ao cabo, se etiquetam atividades arriscadas, distinguindo-as entre permitidas e inadmissíveis.

A conciliação entre os interesses frequentemente antagônicos do desenvolvimento tecnológico/crescimento econômico e a conservação ambiental será tratada por meio da fórmula do desenvolvimento sustentável, que, conforme destacado em capítulo anterior, mais que conciliá-los, mascara as contradições existentes, e as intensifica. Geram-se tantas situações de riscos admissíveis que o debate teórico-penal perde um pouco de sua magnitude, como são testemunhas os crimes de perigo ambientais existentes no Brasil, que talvez não justificam tantos pruridos doutrinais, conforme se examinará neste capítulo.

5.2 A GESTÃO DOS RISCOS. A ANÁLISE DO RISCOS E A DEFINIÇÃO DOS RISCOS PERMITIDOS

Afirmou-se no capítulo segundo, profundamente imbricado com o que se desenvolverá em continuação, que a compreensão de um *Direito Penal do Risco*, que busca atender o afã de segurança, prevenir os grandes riscos provenientes de atividades tecnológicas e industriais e proteger os "novos" bens jurídicos[392], entre eles o meio ambiente, passa, necessariamente,

---

392 PAREDES CASTAÑON, "Sobre el concepto de derecho penal del riesgo...", p. 124, recorda que a questão essencial dos novos bens jurídicos não é tanto a novidade, e sim a complexidade.

pela compreensão da demanda social de maior proteção frente aos riscos manufaturados. Os cidadãos, vendo no Estado um protetor, a ele recorrem, com demandas de intervenção frente aos novos riscos que acompanharam as conquistas da Ciência e as novas tecnologias, consequência de decisões conscientes na aplicação do saber técnico e na busca da obtenção de vantagens econômicas, ameaças que antes desconheciam, e que se potenciam até termos inéditos, gerando uma sensação de insegurança[393], em uma sociedade etiquetada como sociedade do risco[394].

O risco converte-se em ubíquo, uma abordagem moderna de uma sociedade que reflete sobre os temas que lhe preocupam: quais riscos devem ser tolerados e quais não?; quem deve ser responsável? A gestão dos riscos, em suas diversas arenas sociais, com os já mencionados papéis de seus distintos atores, assume aspecto fundamental nesta sociedade, em que o Direito Penal será mais um dos muitos mecanismos de gestão. Deveria, inclusive por suas próprias características, ser o último deles, ainda que algumas vezes lamentavelmente isto não se verifique, empregando-se o Direito Penal como *prima ratio*.

Dois momentos se apresentam como cruciais na gestão dos riscos: sua análise e a definição do risco permitido[395].

---

[393] Esta sensação de insegurança dos cidadãos que vêem no Estado um protetor e a ele recorrem, com demandas de intervenção frente aos novos riscos, canalizadas especialmente para o Direito Penal, alcança tamanha importância que um setor da doutrina penalista tentará etiquetar a segurança como o valor diretamente protegido nos crimes de perigo, o fim da norma, razão pela qual a singela perda de segurança do bem jurídico, nos casos de perigo concreto ou abstrato, representará uma lesão. O perigo, para esta corrente, é um dano *sui generis* (KINDHÄUSER, Urs. *Derecho penal de la culpabilidad y conducta peligrosa*. Bogotá: Universidad Externado de Colombia, Centro de Investigaciones de Derecho Penal y Filosofía del Derecho, Colección de Estudios n. 9, 1996, p. 75).

[394] Observa PRITTWITZ, *Sociedad de riesgo y derecho penal*. Em: *Crítica y justificación ...*, p. 263, que o Direito Penal do risco serve a fins legítimos, necessários e justos; o problema é que na prática desborda para atender à segurança subjetiva, mais que a fins de minimização do risco.

[395] BOTTINI, ob. cit., p. 53-110, onde recorda outros exemplos de análise do risco, como as normas sobre biossegurança em organismos geneticamente modificados e as avaliações ambientais integradas.

Avaliar o risco que envolve determinada atividade é o primeiro passo no controle dos riscos. Neste ponto, sobressai a importância do estudo de impacto ambiental, disciplinado em diversas legislações latino-americanas, pois dele se vale a administração pública ambiental para a avaliação do risco, ou, em outros termos, para a avaliação do impacto ambiental.

Entretanto, o primeiro passo na gestão dos riscos já começa, muitas vezes, como um monumental (e intencional) tropeço. Os consultores contratados pelas empresas para elaborar estes estudos jamais concluirão sua pesquisa, ainda que tenham consciência disso, afirmando que determinada atividade é ambientalmente inviável, que contraria princípios da legislação ambiental, ou dispositivos específicos desta. Pelo menos não há registros de nenhuma empresa que tenha apresentado um estudo com esta conclusão. Aqueles que possuem um mínimo de experiência na área ambiental sabem que a primeira providência das empresas é celebrar um contrato de confidencialidade com os expertos contratados para a elaboração de seu estudo de impacto ambiental, ou alguma investigação preliminar para este fim, assegurando, nos casos em que os expertos neguem a viabilidade ambiental de uma determinada atividade, que tal informação nunca venha a lume.

Nos raros casos em que as conclusões dos expertos contrariam os interesses da empresa contratante, a solução é simples (apesar de significar mais custos, o que sempre é um estorvo empresarial): substituir os expertos anteriores contratando novos especialistas, que justificarão a atividade que se pretende iniciar. Predominará aqui o paradigma cartesiano: para todo problema há uma solução (ainda que o impacto ambiental seja grande). Quem conversar com um engenheiro nunca o verá admitir que algo é insolúvel. Ao revés: o verá buscar as mais diversas soluções, muitas das vezes desconsiderando os impactos ambientais.

Há que meter o dedo na ferida: o fato é que muitos expertos contratados pelas empresas não possuem qualquer compromisso com a Ciência, que deveria caracterizar-se pela busca da verdade, e sim com sua própria subsistência, exercendo uma Ciência de mandato, em que a conclusão de uma pesquisa depende do interesse de seu patrocinador. E assim nascem os estudos de impacto ambiental que, em vez de investigações baseadas em critérios científicos, mais se assemelham a memoriais apresentados ante o "juiz" que é a administração pública ambiental.

Os problemas verificados na prática são muitos. São conhecidos os casos em que os estudos de impacto ambiental não passam de meras reproduções de estudos anteriores de atividades semelhantes, em um copia e cola interminável, digitando as teclas *ctrl c ctrl v* do computador, apresentando estudos absolutamente anódinos, que mais ocultam que informam, transformando, como no caso dos estudos de impacto ambiental de atividades hidrelétricas, todos os rios em um único rio, igual a todos os demais. Também são exemplos os casos de ocultação de informações, pois não é do interesse da empresa que a população saiba de todos os riscos que aquela atividade envolverá. Também se constata o emprego de uma linguagem que mais confunde que esclarece, e impede o efetivo debate nas audiências públicas, transformando o acesso da população em mera formalidade de um *checklist* a ser superado pela empresa.

O estudo de impacto ambiental também deveria contemplar, como exigido comumente, alternativas tecnológicas e de localização da atividade, tal como prevê a Resolução Conama 01/86, em seu artigo 5º, I (*"Contemplar todas as alternativas tecnológicas e de localização de projeto, confrontando-as com a hipótese de não execução do projeto").*

Não obstante, geralmente os estudos não se ocupam de apresentar outras alternativas tecnológicas, tampouco outras localizações possíveis, e sim se preocupam em justificar a opção tecnológica, ainda que altamente impactante, e em criticar outras possíveis localizações. O que deveria ser um dos pilares do estudo, permitindo a análise de outras possibilidades menos agressivas ao ambiente, já se encontra maculado[396]. Por fim, o que é pior: a falta de isenção dos expertos contratados gera um estudo de impacto ambiental manipulado, que não corresponde à verdade[397].

396 Como realça FURLANETTO, Tiago. *Estudo de alternativas locacionais para a viabilidade ambiental de empreendimentos: o caso do aeroporto de Ribeirão Preto – SP*. Tiago Furlanetto; orientador Marcelo Pereira de Souza. São Carlos, 2012: "*A busca por alternativas e a comparação destas representa um dos pilares da avaliação de impacto ambiental (CARSON, 1992; McCOLD e SAULSBURY, 1998; VALVE, 1999). Segundo o CEQ (US Council on Evironmental Quality) a discussão a respeito de alternativas representa o 'coração' da avaliação de impacto ambiental, pois procura assegurar que o proponente considere outras abordagens factíveis, tanto para o projeto quanto para os meios de prevenir os impactos ambientais, de modo que se idealizem projetos ambientalmente menos agressivos e não simplesmente se decida se os impactos de cada projeto são aceitáveis ou não (TICKNER e GESNERR, 2004; BOND e MORRISON-SAUNDERS, 2009).*"(acesso em 09 de julho de 2013, em http://www.teses.usp.br/teses/disponiveis/18/18139/tde-14122012-082939/pt-br.php). Para uma lista de problemas, confira-se Ministério Público da União. *Deficiências em estudos de impacto ambiental.* Brasília: Ministério Público Federal. 4ª Câmara de Coordenação e Revisão. Escola Superior do Ministério Público da União, 2004. Vivenciou-se situação parecida naquele que ficou conhecido como o caso dos pequizeiros, em Sete Lagoas, Minas Gerais. Empresa cervejeira decidiu instalar suas atividades em local onde havia aproximadamente quatrocentos pequizeiros, árvore até então protegida por lei estadual em Minas Gerais como imune de corte. Expedida recomendação pelo Ministério Público Estadual para suspensão do licenciamento e anulação da autorização de corte das árvores, instalou-se o rebuliço. Como a posição ministerial era embasada em forte argumento legal, a solução encontrada foi modificar a legislação estadual para satisfazer o interesse da empresa, retirando o caráter de imune de corte do pequizeiro, e determinando o replantio de outros dez pequizeiros para cada um que fosse cortado, o que sequer é a solução ambientalmente mais correta, em termos de equilíbrio.

397 HANNIGAN, ob. cit., p. 173-174 etiqueta as audiências públicas como uma retórica de contenção, com apresentações feitas pela própria empresa interessada como se fosse imparcial, evitando questões importantes. Sobre estes e outros problemas, entre eles a falta de independência dos expertos contratados, vivenciados em audiências públicas quando da apresentação do Relatório de Impacto Ambiental (RIMA), FARIA, Ivan Dutra. "A 'síndrome de Genelício'. Sobre a participação da sociedade no licenciamento ambiental." Brasília: Senado Federal, Consultoria Legislativa, Núcleo de Estudos e Pesquisa do Senado Federal. Texto para discussão n. 31, outubro de 2006, disponível em http://www12.senado.gov.br/publicacoes/estudos-legislativos/tipos-de-estudos/textos-para-discussao/td-31-a-sindrome-do-genelicio-sobre-a-participacao-da-sociedade-no-licenciamento-ambiental, acesso em 09 de junho de 2013.

Tal situação alcançou patamares de escândalo no estudo de impacto ambiental da hidrelétrica de Barra Grande, entre os Estados de Santa Catarina e Rio Grande do Sul. O estudo de impacto ambiental simplesmente omitiu a existência de mais de quatro mil hectares de florestas, com predomínio de araucárias, vegetação esta de mata atlântica, de grande importância ecológica e desmatada durante séculos no país. Somente depois de obtidos a licença prévia, de instalação e construída a represa, comunicou-se a existência da floresta, solicitando sua derrubada, pois localizada na área inundada. E, na ação coletiva em que se discutiu a manutenção da floresta ou a prevalência da hidrelétrica, prevaleceu a teoria do fato consumado, perdendo o meio ambiente frente ao interesse econômico[398]...

Ainda que o crime de falsificação de documento público seja facilmente perceptível, este caso motivou a modificação da legislação penal ambiental pátria, com a criação de um tipo específico de crime contra a administração pública ambiental, o artigo 69-A da Lei 9.605 de 1998, conforme redação determinada pela Lei 11.284, de 02 de março de 2006:

> *Art. 69-A. Elaborar ou apresentar, no licenciamento, concessão florestal ou qualquer outro procedimento administrativo, estudo, laudo ou relatório ambiental total ou parcialmente falso ou enganoso, inclusive por omissão: Pena - reclusão, de 3 (três) a 6 (seis) anos, e multa.*

A importância de que os estudos apresentados pelos interessados em explorar os recursos naturais (expressão que carrega o conteúdo negativo de ver o meio ambiente como coisa a ser explorada) contenham informações reais se destaca quando estudado o tratamento que outros países dão à matéria. O cri-

---

[398] Para ampliação, AAVV. *Barra Grande - A hidrelétrica que não viu a floresta*/Organizadora: Miriam Prochnow. Rio do Sul-SC: APREMAVI, 2005, disponível no próprio sítio do Ministério de Meio Ambiente, conforme acesso em 09 de junho de 2013 a http://www.mma.gov.br/estruturas/pda/_arquivos/prj_mc_247_pub_liv_001_lic.pdf.

me do artigo 69-A tem seu congênere no Direito Comparado no tipo penal do artigo 314-B do Código Penal peruano, cujo capítulo III de seu título XIII (crimes ambientais) trata da responsabilidade funcional e da informação falsa nos crimes contra os recursos naturais:

> *Artículo 314-B. Responsabilidad por información falsa contenida en informes*
> *El que, conociendo o pudiendo presumir la falsedad o la inexactitud, suscriba o realice estudios, evaluaciones, auditorías ambientales, planes de manejo forestal u otro documento de gestión forestal, exigido conforme a ley, en los que se incorpore o avale información falsa o inexacta, será reprimido con pena privativa de libertad no menor de tres años ni mayor de cinco años.*

Também Nicarágua e Panamá sancionam penalmente a informação falsa nos procedimentos ambientais na esfera administrativa, conforme, respectivamente, artigos 372 e 412 de seus Códigos Penais:

> *Art. 372. Incorporación o suministro de información falsa*
> *Quien estando autorizado para elaborar o realizar estudios de impacto ambiental, incorpore o suministre información falsa en documentos, informes, estudios, declaraciones, auditorías, programas o reportes que se comuniquen a las autoridades competentes y con ocasión de ello se produzca una autorización para que se realice o desarrolle un proyecto u obra que genere daños al ambiente o a sus componentes, a la salud de las personas o a la integridad de los procesos ecológicos, será sancionado con pena de dos a cuatro años de prisión.*
> *La autoridad, funcionario o empleado público encargado de la aprobación, revisión, fiscalización o seguimiento de estudios de impacto ambiental que, a sabiendas, incorpore o permita la incorporación o suministro de información falsa a la que se refiere el párrafo anterior, será sancionado con pena de tres a cinco años*

> *de prisión e inhabilitación especial por el mismo período para el ejercicio de cargo público.*
>
> *Artículo 412. La persona debidamente autorizada para realizar estudios de impacto ambiental, auditorías ambientales o programas de adecuación y manejo ambiental, planes de manejo ambiental, planes de manejo forestal, inventarios forestales u otros estudios de naturaleza similar que, a sabiendas, incorpore o suministre información falsa o inexacta, u omita información fundamental, si con ello pone en peligro la salud humana o el ambiente, será sancionado con prisión de dos a cuatro años.*
>
> *La sanción se aumentará de una tercera parte a la mitad, si la conducta del agente causa daño a la salud humana o al ambiente o a alguno de sus componentes.*

Foi abordada no capítulo segundo a importância da Administração Pública ambiental. A especificação do que se pode fazer, se se pode poluir e quanto, o sistema de licenciamento, enfim, a fixação dos limites e sua fiscalização, tudo isto é rol do Direito Ambiental em sua projeção sobre a atividade da Administração Pública, e não do Direito Penal Ambiental. E lá se manifestarão as maiores deficiências do Direito em relação à proteção do meio ambiente, motivadas pelas pressões que acontecem já na criação da norma ambiental, convertendo o Direito Administrativo Ambiental em um sistema de concessão de licenças para contaminar. Além disso, a postura dos órgãos de licenciamento, que não discutem questões de fundo, como se se deve ou não aceitar a instalação de determinado empreendimento, muitas vezes altamente arriscado, seja quando insistem em proclamar uma segurança constantemente desmentida pela reiteração de danos ambientais, põe em xeque o próprio sistema administrativo ambiental. Depois, seguem os problemas com a fiscalização ineficiente, sem pessoal suficiente ou qualificação necessária, temendo aplicar as sanções correspondentes e desagradar a poderosos, ou sem possibilidade de oferecer contraprova aos dados fornecidos pelas indústrias, que fazem seu próprio controle. O que muitas vezes ocorre, ao final, é que a Administração Pública vive um fenômeno de captura, em que culmina por adotar a linguagem e o raciocínio dos empreendedores, a quem deveria controlar[399], e gera mais insegurança[400]. Isso quando não se percebe uma constante mudança: aquele que hoje está no setor privado amanhã dirige os órgãos de fiscalização ambiental, e depois retorna para o setor privado, e assim sucessivamente, muitas vezes em conflitos de interesses nunca confessados...

A Administração Pública enfrenta o problema de ter que conjugar a proteção ambiental com o crescimento econômico, e sente dificuldades em servir a estes dois senhores, pendendo notavelmente para o segundo; não bastasse, internamente os órgãos ambientais partem da ideia que invocar a lei penal rompe a boa relação que possuem com as indústrias[401], manifestação óbvia do fenômeno da captura, acima identificado, em que aquele que fiscaliza culmina dominado pelo fiscalizado, e passa a pensar como ele...

---

399 A Administração Pública cumpre um rol essencial na definição de um desenvolvimento sustentável – e por isso lhe corresponde uma responsabilidade penal: *"Cualquiera que sea el criterio y la técnica de tutela penal elegida en materia medio- ambiental (delitos de riesgo o peligro abstracto o concreto), la responsabilidad cabe extenderla, no sólo a los causantes o titulares de la fuente de contaminación, sino a los administradores públicos, a los que se debe exigir un escrupuloso cumplimiento de sus responsabilidades, aun reconociendo, que es necesario dejar en sus manos, una cierta discrecionalidad técnica, para conjugar las políticas de desarrollo sostenible, con la promoción de fuentes de creación de riqueza y desarrollo. Como se ha dicho por la doctrina, debemos resignarnos a un derecho penal intervencionista y preventivo, impuesto por las modernas sociedades de riesgo, que encuentra, en la materia ambiental, un campo que debe ser tutelado no solo en función de los intereses nacionales, sino también supranacionales."*(STS 3522, de 24 de maio de 2003, Relator José Antonio Martín Pallin)

400 *"La seguridad, en cuanto estado de cosas que permite el desarrollo normal de la vida individual y colectiva, se halla también agredida por la abdicación fáctica del poder público de responsabilidades que inmediatamente le incumben. Ahora, a los tradicionales motivos de inseguridad, basados en el temor ante el exceso de poder estatal, se añaden los que, a la inversa, dimanan por defecto de actuación pública eficaz, en temas que afectan al interés colectivo o a la consecución del bien común."*(PÉREZ LUÑO, Antonio Enrique. *La seguridad jurídica*. Barcelona: Ariel, 1991, p. 80).

401 ALBRECHT, "Environmental criminal laws and environmental crimes in Europe...", p. 173.

Outro problema, já de ordem prática, é que a existência da sanção penal pode dificultar a obtenção da prova no âmbito administrativo ou civil, pois a pessoa pode negar-se a contribuir nestas esferas, temendo sua auto-incriminação[402].

O fato é que o adequado funcionamento da Administração Pública ambiental evitaria muitas das discussões que desembocam no Direito Penal[403], em especial as críticas sobre seu caráter simbólico. Defender que o Direito Penal pode contribuir minimamente com a proteção do meio ambiente não significa abandonar o critério de subsidiariedade ou de *ultima ratio*, pois deve ser aplicado como reforço onde não é suficiente o Direito Administrativo Ambiental. Da mesma forma que não se deve permitir que o Direito Penal avance sobre outras áreas e assuma responsabilidades que não lhe incumbem, contribuindo para que a Administração não cumpra seus deveres e jogue suas responsabilidades sobre o aparato penal, tampouco é possível dizer que nada resta para o Direito Penal na proteção do ambiente. E uma das mais importantes funções que lhe toca é justamente sancionar os servidores que não cumprem adequadamente seus deveres no exercício de sua atividade de controle. Daí a importância da tipificação de condutas como as previstas nos artigos 65 a 69-A da Lei 9.605 de 1998, capítulo específico sobre crimes contra a administração pública ambien-

402 KUFFLER, Alfred J. "Prosecution of marine environmental crimes versus OPA-90's priority for response and spill prevention; a collision avoidance proposal." *Tulane Law Review*, vol. 75, 2001, p. 1635.

403 *"Si el ordenamiento territorial, lo mismo que los criterios racionales de desarrollo urbanístico, instalación de industrias y afines, son premisas básicas del desarrollo sustentable, cabría estudiar comportamientos de grave incidencia en estos asuntos, acorde con una concepción integral del ambiente y en sintonía con muchos otros códigos penales. Es verificable que la omisión o uso irregular de la principal herramienta jurídica en esta problemática, la evaluación de impacto ambiental, marcha a la cabeza de la generación de tales ilícitos y una elaboración cuidadosa parece necesaria, con miras a no invadir innecesariamente el territorio de la responsabilidad administrativa."* (COSTA, Mario Gustavo. "Las penas del ambiente y la 'reserva de código'", disponível em elDial.com – DC1A93, publicado em 04/06/2013, destaque do autor)

tal[404]. Sua eficaz sanção contribuirá em muito para a prevenção de danos ambientais[405].

Prosseguindo, ingressamos, assim, em discussões sobre a definição do risco permitido, a opção entre permitir, até estimular, atividades de risco, ou adotar medidas para sua restrição, momento em que se acentuará o paradoxo da sociedade do risco, que quer desfrutar dos avanços da Ciência e do crescimento econômico, mas não deseja sofrer certos efeitos negativos, recorrendo a fórmulas de acomodação como a do desenvolvimento sustentável:

---

404 *"Dos Crimes contra a Administração Ambiental. Art. 66. Fazer o funcionário público afirmação falsa ou enganosa, omitir a verdade, sonegar informações ou dados técnico-científicos em procedimentos de autorização ou de licenciamento ambiental: Pena - reclusão, de um a três anos, e multa. Art. 67. Conceder o funcionário público licença, autorização ou permissão em desacordo com as normas ambientais, para as atividades, obras ou serviços cuja realização depende de ato autorizativo do Poder Público: Pena - detenção, de um a três anos, e multa. Parágrafo único. Se o crime é culposo, a pena é de três meses a um ano de detenção, sem prejuízo da multa. Art. 68. Deixar, aquele que tiver o dever legal ou contratual de fazê-lo, de cumprir obrigação de relevante interesse ambiental: Pena - detenção, de um a três anos, e multa. Parágrafo único. Se o crime é culposo, a pena é de três meses a um ano, sem prejuízo da multa. Art. 69. Obstar ou dificultar a ação fiscalizadora do Poder Público no trato de questões ambientais: Pena - detenção, de um a três anos, e multa. Art. 69-A. Elaborar ou apresentar, no licenciamento, concessão florestal ou qualquer outro procedimento administrativo, estudo, laudo ou relatório ambiental total ou parcialmente falso ou enganoso, inclusive por omissão: Pena - reclusão, de 3 (três) a 6 (seis) anos, e multa. § 1o Se o crime é culposo: Pena - detenção, de 1 (um) a 3 (três) anos. § 2o A pena é aumentada de 1/3 (um terço) a 2/3 (dois terços), se há dano significativo ao meio ambiente, em decorrência do uso da informação falsa, incompleta ou enganosa."*

405 Para ampliação sobre a responsabilidade criminal dos servidores públicos ambientais, FAURÉ, Michael G.; KOOPMANS, Ingeborg M; OUDIJK, Johannes C. "Imposing Criminal Liability on Government Officials Under Environmental Law: a Legal and Economic Analysis." *Loy. L.A. Int'l & Comp. L.J.*, vol. 18, 1995-1996, p. 529-569; TELLENBACH, S. "La responsabilité pénale des fonctionnaires publics dans le domaine des atteintes a l'environnement." *Revue Internationale de Droit Penal. Le Droit Pénal de L'environnement. Colloques organisés par l'Association tunisiense de Droit Pénal. Tunis, 1985-1986.* Vol. 58, 1º e 2º trimestres de 1987, p. 195-202; CANCIO MELIÁ, Manuel. "La responsabilidad del funcionario por delitos contra el medio ambiente en el Código Penal español." *Anuario de derecho penal y ciencias penales.* Tomo LII, 1999, p.137-176.

> *"No estabelecimento de padrões de risco toleráveis é que o paradoxo estrutural da sociedade de riscos aparece com suas mais vivas cores. Será neste momento que a tensão entre os elementos organizacionais do sistema social transparece sob a forma de disputa política pela determinação do risco permitido. Esta tensão recairá sobre o gestor de riscos, seja ele o legislador, o administrador ou o magistrado, que deverá, dentro do marco legal, estabelecer o nível de periculosidade admitida nas atividades diversas, que colocam em movimento o sistema produtivo.*
>
> *Os textos jurídicos que tratam da tarefa de gerenciamento de riscos refletem a dificuldade em estabelecer critérios para definição do risco permitido. Expressões como 'desenvolvimento sustentável', 'modos de produção e consumo viáveis', 'uso racional dos recursos', e 'uso prudente dos recursos', determinam diretrizes e objetivos amplos e vagos para o gerenciamento de riscos, permitindo flexibilidade na definição de conteúdo e de sentido quando da aplicação de tais dispositivos a situações fática[406]."*

Apesar do paradoxo, o Direito Penal será convocado para auxiliar na prevenção do risco, nesta atormentada sociedade. É mais um dos mecanismos de gestão dos riscos, em um sem número de situações, como nos crimes culposos, nos critérios de imputação, em que claramente incorpora a linguagem do risco (criação do risco, incremento do risco, risco permitido), e na definição do que seja permitido/proibido. Como visto no capítulo anterior, os crimes de comissão por omissão também guardam relação com a temática do risco, uma vez que, para preservar a indenidade dos bens jurídicos de um sujeito, exigem condutas positivas de controle de riscos por parte de terceiros[407].

A tensão entre crescimento econômico e conservação ambiental, e sua acomodação sob a fórmula do desenvolvimento sustentável, se projetará sobre o Direito Penal, como demonstrado no primeiro capítulo. O discurso oficial do desenvolvimento sustentável penetra em várias áreas, entre elas a legislativa, e mascara os interesses diversos, com o foco no crescimento econômico. O Direito reforçará as contradições internas do siste-

---

406 BOTTINI, ob. cit., p. 58.

407 SILVA SÁNCHEZ, *La expansión del Derecho penal...*, p. 17-18.

ma, gerando mais uma contradição, a de um Direito Penal que quer enfrentar os novos riscos, mas também os aceita, motor que são desta nova sociedade[408], o que não escapará aos olhos do cidadão mais atento[409].

---

408 *"No entanto, esta elaboração de um direito penal de novos contornos se depara com o paradoxo do risco. A demanda social pela expansão do direito penal não postula a ruptura do modelo produtivo, não requer mudanças drásticas nas estruturas econômicas, mas, ao mesmo tempo, e em uma aparente incoerência, requer a supressão de um elemento basilar para a manutenção deste sistema – o risco. A incongruência subjacente deste discurso da sociedade civil terá efeitos sobre a norma penal, que não poderá determinar a supressão da raiz da produção destes riscos, mas deverá estabelecer patamares de redução dos mesmos, por instrumentos de contenção. Daí a dificuldade em estabelecer critérios, parâmetros e definições dogmáticas precisas quando se está diante do direito penal do risco. A falta de clareza na redação dos tipos penais, o largo emprego de normas abertas ou em branco, a fluidez dos bens jurídicos protegidos decorrem, em última instância, do paradoxo do risco, pois, ao mesmo tempo em que desejamos sua supressão, dependemos dele para a manutenção da estrutura econômica e social atual."* (BOTTINI, p. 90-91). Também neste sentido HERZOG, Félix. *Sociedad del riesgo, derecho penal del riesgo, regulación del riesgo. Perspectivas más allá del derecho penal.* Em: *Crítica y justificación ...*, p. 254: *"La sociedad moderna está impregnada por las ideas básicas del individualismo y la economía de mercado. La utilidad perseguida por los actores en su origen y sus fines es éticamente indiferente en el sentido de que no necesariamente se refleja si la utilidad propia podría alcanzarse en perjuicio de otros. (...) Al proceso de la globalización le es inherente el injusto reparto de cargas y riesgos. Por ello se afectan de hecho bienes jurídicos (en el sentido de intereses humanos) como la vida, la salud, la libertad, y la propiedad. En esa medida no es plenamente extraño que del concepto de Derecho Penal como protección de bienes jurídicos surja la idea de que puede ser misión del Derecho Penal oponerse a estos peligros y lesiones de la existencia humana. El Derecho Penal no surge sin embargo como instrumento de la política estructural proactiva, sino que es reactivo y orientado a la responsabilidad individual (...): el Derecho Penal no puede lograr la prevención del injusto estructural, sino sólo la manifestación del derecho intersubjetivo"*. PRITTWITZ, *Sociedad de riesgo y derecho penal...*, p. 282 anotará que os riscos ou danos que o Direito Penal quer evitar não têm origem em comportamentos desviados em relação aos processos de produção, e sim em comportamentos legais, sistêmica e normativamente conformes, razão pela qual não representam problemas sistêmicos, e se manifestam abertamente no contexto de nosso sistema econômico, apoiado tanto pela política como pela normativa econômica vigente, concluindo pela ineficácia do Direito Penal neste âmbito, crítica esta que, se não pode conduzir à paralisia, porque há limites para tudo, deve ser respeitada, frente às dificuldades enfrentadas pelo Direito Penal na proteção do meio ambiente.

409 *"... Los dogmáticos dirán fríamente que eso solo significa que el peligro jurídicamente relevante comienza allí donde termina el margen de peligro tolerable (riesgo permitido), pero los ciudadanos pueden apreciar una cierta contradicción entre el fomento y desarrollo de actividades peligrosas y esa pretensión de censurar penalmente el peligro."*

Como reagirá o Direito Penal? As complexas interações, os novos riscos, e o desafio de conciliar a prevenção dos riscos não desejados com a aceitação dos riscos de que depende esta mesma sociedade para a consecução de seus propósitos econômicos, geram uma reação de perplexidade no mundo jurídico-penal.

5.3 A PERPLEXIDADE

Como esclarece Sarrabayrouse[410], durante longo tempo os juristas simplesmente acompanharam o progresso da técnica, aceitando suas regras e os sacrifícios que o desenvolvimento trazia consigo.

Recorda o professor argentino que inicialmente a comunicação entre as Ciências Empíricas e o Direito era tão estreita que convergiam tais saberes nas mesmas pessoas: os juristas mais influentes eram, ao mesmo tempo, respeitados geômetras, matemáticos ou estudiosos das Ciências Naturais. Com o transcurso do tempo, o Direito se distanciou da Ciência, transformada em um saber alheio e refratário aos juristas, sem significar, ainda, um confronto, pois o Direito acompanhou o progresso e legitimou seus logros, incluso modificando o sentido do risco, para adicionar-lhe uma autorização, convertendo-o em risco permitido, certificado de legitimidade do avanço científico, já que a aplicação da técnica envolve *"necesariamente algunos sa-*

(QUINTERO OLIVARES, Gonzalo. *Sociedad del riesgo, derecho penal del riesgo, regulación del riesgo...*, p. 244). Salienta PRITTWITZ, *Sociedad de riesgo y derecho penal...*, p. 262, *"el comportamiento que va a ser tipificado no se considera previamente como socialmente inadecuado, al contrario se criminaliza para que sea considerado como socialmente desvalorado"*, o que afetará todo o Direito Penal Ambiental.

410 Reproduzido amplamente neste trecho, conforme capítulo segundo de SARRABAYROUSE, Eugenio C. *Responsabilidad penal por el producto*. Buenos Aires: Ad-Hoc, 2007, p. 123-247; e SARRABAYROUSE, Eugenio C. "Algunas soluciones a los problemas que plantea la responsabilidad por el producto en el derecho penal argentino." *Revista Brasileira de Ciências Criminais*, n. 83, 2010, p. 56-62.

crificios que el derecho acepta con resignación, como un tributo que debemos pagar para obtener los beneficios del progreso[411]."

Naquele momento era impensável que o Direito enfrentasse a Ciência; em verdade, todo o contrário. Os juristas aspiravam a ser também cientistas, daí o surgimento na dogmática penal das teorias jurídicas sobre a causalidade, que têm raízes na segunda metade do século XIX, em uma visão mecanicista; além disso, os crimes culposos nascem da aceitação de que a sociedade industrial, com suas técnicas, não podia evitar completamente alguns acidentes, devido à complexidade dos processos.

Sem embargo, na sociedade atual já não se aceitam resignadamente as consequências dos riscos, a fatalidade é rechaçada como dogma; devem-se buscar responsáveis pelos danos, ainda que gerados por atividades produtoras legítimas. O Direito, que antes acompanhava e legalizava as consequências indesejadas do progresso, agora as enfrenta e busca seu castigo. Hoje em dia se encontram no banco dos réus atividades que até pouco tempo eram consideradas o "motor do progresso", como a fabricação de um medicamento, a exploração de uma fábrica poluidora. O crime culposo perde sua posição de destaque para os crimes de perigo abstrato.

Semelhantes transformações geram uma situação de perplexidade no mundo jurídico, o que permite a compreensão das dificuldades verificadas em matéria de prova, da crise das figuras dogmáticas tradicionais, consequências da hoje complexa relação entre Direito e Ciência[412], que exige um saber hí-

---

[411] SARRABAYROUSE, *Responsabilidad penal por el producto...*, p. 125-126 e "Algunas soluciones a los problemas ...", p. 61.

[412] Detalha Sarrabayrouse: "*Con la palabra perplejidad pretendemos designar dos fenómenos: la imposibilidad del derecho de acompañar el progreso y la incapacidad de la propia ciencia para reconstruir el pasado y predecir acabadamente el futuro. Con esta idea quedan resumidas dos cuestiones fundamentales: que debe hacer el derecho frente al desarrollo tecnológico y cómo la ciencia colabora con él cuando pretende reconstruir un hecho del pasado.*" ("Algunas soluciones ...", p. 59-60, e também *Responsabilidad penal por el producto...*, p. 124). Repisa, ainda, que "*ha entrado en crisis el concepto*

brido, que conjugue o conhecimento das mais distintas áreas das ciências humanas e das ciências exatas, especialmente em questões relativas ao meio ambiente, onde palavras como saber holístico ou interdisciplinariedade serão de uso comum. Isto implicará a "intromissão" de expertos incluso no plano legislativo, um espaço antes reservado aos juristas, o que proporciona outros problemas:

> *"...Por otro lado, los juristas se ven forzados a embarcarse en el estudio de materias muy alejadas de su normal rama científica, si se pretende legislar con un mínimo de técnica jurídica y de garantías. Ante la escasez de juristas especializados en ramas, en principio, no jurídicas o con trascendencia jurídica novedosa, son técnicos no juristas – ingenieros, médicos, biólogos, informáticos, etcétera – quienes acaban construyendo las leyes con efectos poco convenientes*[413]*."*

Esta perplexidade encobre um conflito ainda mais profundo para o Direito, em que se discutirá sua concepção como instrumento do poder estatal, de um lado, e, do outro sua idoneidade para operar nos novos âmbitos em que se reclama sua intervenção[414].

A combinação destes intrincados fatores (sociedade do risco – perplexidade do mundo jurídico – acomodação da tensão entre crescimento econômico e evitação de efeitos indesejados, no meio ambiente, sob a fórmula do desenvolvimento

---

mismo de riesgo permitido, entendido como el precio que debía pagar la comunidad para gozar de los beneficios del progreso. Y esta crisis, expresada, a través de la aparición de los nuevos 'ámbitos' del derecho penal, ha golpeado las bases del sistema. Entonces, no se discute ya si una conducta ha generado un riesgo prohibido o permitido, sino directamente la capacidad del derecho penal para resolver estos casos sin violentar los principios que lo sustentan." (*Responsabilidad penal por el producto...*, p. 158-159). CUESTA AGUADO, "Tipificación del riesgo y delitos de peligro ...", p. 128, insinua que talvez a resistência à atuação do Direito Penal nestes novos âmbitos ocorra justamente porque se intervem em áreas que os penalistas não conhecem, de que é exemplo o meio ambiente.

413 CUESTA AGUADO, "Tipificación del riesgo y delitos de peligro ...", p. 128-129.

414 SARRABAYROUSE, *Responsabilidad penal ...*, p. 237, e "Algunas soluciones ...", p. 68.

sustentável) permite compreender por quê a estratégia desta nova sociedade, de outorgar proeminência à prevenção dos danos, por meio dos crimes de perigo, em especial os de perigo abstrato, assombra o mundo jurídico. Todos estes conflitos desembocam no Direito Penal e têm sua mais perfeita tradução nas profundas discussões teóricas sobre os crimes de perigo, mecanismo preventivo por definição do Direito Penal do Risco.

5.4 ALGUMAS DAS DISCUSSÕES SOBRE OS CRIMES DE PERIGO COMO REFLEXO DA PERPLEXIDADE DO MUNDO JURÍDICO FRENTE AOS PROBLEMAS DE UMA SOCIEDADE DO RISCO

A doutrina, tradicionalmente, distingue os crimes de resultado e os crimes de perigo em relação ao bem jurídico protegido: nos primeiros é necessária a efetiva destruição ou menoscabo do bem jurídico para sua consumação, enquanto que nos últimos é suficiente a ameaça ao bem protegido. Em continuação, a doutrina distingue entre os delitos de perigo concreto e de perigo abstrato. Nos primeiros é exigência do tipo a concreta exposição a perigo do bem jurídico, o perigo concreto é resultado típico, restando una conceituação negativa dos crimes de perigo abstrato, é dizer, aqueles que não incluem entre seus elementos típicos nem a lesão, nem a exposição a perigo de um bem jurídico: não se exige no caso concreto a efetiva exposição a perigo do bem jurídico protegido[415].

Muito bem. Este Direito Penal do Risco, que assume o propósito de prevenir os riscos manufaturados que driblam o controle das instituições e guardam ameaças para os usuários,

---

[415] RODRÍGUEZ MONTAÑÉS, Teresa. *Delitos de peligro, dolo e imprudencia*. Colección autores de Derecho Penal, dirigida por Edgardo Alberto Donna. Buenos Aires: Rubinzal-Culzoni, 2004, p. 29-30.

consumidores e meio ambiente[416], dentre outros, terá como peculiaridades dogmáticas[417] a natureza dos bens jurídicos protegidos, que será principalmente de bens supraindividuais, universais; a flexibilização das regras de imputação, objetiva e subjetiva; e a técnica de tipificação, com o predomínio dos de perigo, em uma decisão político-criminal de não aguardar que o pior aconteça, inspirada em razões de prevenção geral[418].

Em um discurso compatível com a sociedade do risco, o perigo penalmente sancionado é visto como uma ameaça que gera insegurança, questão examinada no capítulo segundo[419].

A explicação para o predomínio dos tipos de perigo na atualidade é singela. Como a existência dos bens jurídicos individuais já se encontra determinada, as novas matérias a serem enfrentadas pelo Direito Penal se ocuparão de bens jurídicos universais, como o meio o ambiente, que demandam sua proteção por meio de tipos de perigo, em especial tipos de perigo abstrato. Em um plano ideal, não haveria muito sentido, se o que se pretende é a prevenção dos danos ambientais, que o Direito Penal permitisse a lesão, o dano ambiental, daí porquê, especificamente para o Direito Penal Ambiental, a proteção deveria configurar-se por meio de crimes de perigo abstrato[420].

---

416 SUÁREZ GONZÁLEZ, *Derecho penal y riesgos tecnológicos...*, p. 289.

417 Listando tais características, PRITTWITZ, *Sociedad de riesgo y derecho penal...*, p. 262; NAVARRO CARDOSO, "El derecho penal del riesgo... ", p. 179 e SUÁREZ GONZÁLEZ, *Derecho penal y riesgos tecnológicos...*, p. 292. Para ampliação sobre os diferentes conceitos de risco, suas percepções positivas e negativas, e as diferentes posições sobre o risco na doutrina penal, SARRABAYROUSE, *Responsabilidad penal por el producto...*, p. 154-247.

418 QUINTERO OLIVARES, ob. cit., p. 245.

419 *"Con estos presupuestos, Demuth define el peligro como 'una situación que representa una amenaza exteriorizada para un bien jurídico ya no controlable con medios normales y que crea un sentimiento de inseguridad, porque la no producción de la lesión no puede ser controlada con las medidas normales de evitación del daño. O brevemente: Peligro es la amenaza a un bien jurídico ya no dominable a través de los medios normales de defensa.)"* RODRÍGUEZ MONTAÑÉS, Delitos de peligro, dolo e imprudencia... p. 56, grifos do original.

420 KINDHÄUSER, *Derecho penal de la culpabilidad y conducta peligrosa...*, p. 76-77. Faz coro a tal compreensão SCHULENBURG, Johanna. *Relaciones dogmáticas en-*

Como existem certas atividades que representam um alto grau de risco para bens jurídicos essenciais, o legislador, por sua experiência acumulada, que lhe permite constatar a potencialidade lesiva de certas condutas, as seleciona e tipifica, por entender presentes situações das quais resulta um perigo intolerável[421].

É importante adicionar à conceituação negativa dos crimes de perigo abstrato que o comportamento do legislador penal em sua criação é selecionar ações que, em determinado contexto, geram situações disvaliosas: "*el tipo penal describirá, positivamente, una acción que pertenezca a una clase de acciones con-*

tre bien jurídico, estructura del delito e imputación objetiva. Em: HEFENDEHL, *La teoría del bien jurídico...*, p. 359-360: "*Para los objetos del bien jurídico que concretan bienes jurídicos individuales es suficiente en la mayoría de los casos establecer la conducta dirigida al menoscabo como punto de referencia de una norma penal. Por el contrario, en los objetos del bien jurídico propios de los bienes jurídicos colectivos, la protección penal no tendría en muchos casos sentido alguno si el punto de referencia de la prohibición lo constituyera ya la conducta dirigida al inmediato menoscabo. Así, particularmente en el ámbito de los delitos contra el medio ambiente, la protección llegaría demasiado tarde si la sanción se vinculara a una modificación medioambiental ya sobrevenida. Si lo que se pretende es no llegar a esta situación, debe prohibirse ya la conducta que conlleve el riesgo de, en conjunción con otras formas de comportamiento (dirigidas a un mismo resultado), dar lugar a dicha modificación. (...) si la protección penal de los bienes jurídicos colectivos ha de tener algún sentido, la misma debes situarse en la fase previa al menoscabo propiamente dicho. De otro modo la funcionalidad de una norma penal no tendrá capacidad jamás para fundamentar por sí misma su legitimidad.*" (destaque do original) SILVA SÁNCHEZ, *La expansión del Derecho penal...*, p. 16-17, aponta outra razão para o predomínio dos crimes de perigo, associada à aproximação desenvolvida anteriormente: como nos coube viver em uma sociedade de enorme complexidade, con diversas interações que geram incerteza sobre a relação causa-efeito, os crimes de resultado se apresentam insatisfatórios, daí o recurso crescente aos tipos de perigo, especialmente os de perigo abstrato. E também frisa, posteriormente, a mudança do Direito Penal de um modelo de delitos de lesão de bens individuais para um modelo de delito de peligro suposto de bens supraindividuais, frente aos novos objetos de proteção (p. 132). Contrariamente à opção pelos crimes de perigo abstrato para a proteção do ambiente, preconizando a adoção de tipos de perigo concreto, com argumentos de mínima intervenção ou subsidiariedade, RUSCONI, *Algunas cuestiones referidas a la técnica legislativa del delito ecológico..*, p. 176.

[421] RODRÍGUEZ MONTAÑÉS, ob. cit., p. 168-169.

sideradas en general peligrosas con respecto a determinados bienes jurídicos[422]."

Os tipos de perigo abstrato descrevem uma ação ou uma situação que resulta causalmente dela, e que se considera típica ou geralmente perigosa para o bem jurídico protegido. As razões que impelem o legislador a delimitar uma causa em especial são variadas, como, por exemplo, a expectativa razoável de que o autor do fato não poderá controlar a ausência das condições restantes que desatariam o evento disvalioso que se quer evitar, ou que o controle dessa condição represente a única via eficaz para combater uma fonte de perigo.

Portanto, o que se abstrai nos crimes de perigo abstrato não é a ação que está descrita no tipo; esta deve realizar-se no caso concreto; o que sim se abstrai são as condições restantes necessárias que desencadeariam a condição disvaliosa caso ocorresse sua interação com a causa selecionada no tipo. Essa interação poderia gerar um resultado que a norma tem por finalidade evitar. Assim sendo, se se deseja discutir a razoabilidade do juízo de perigo abstrato, é necessário imaginar as condições necessárias que foram abstraídas da descrição típica[423].

Não obstante, como reflexo da perplexidade anteriormente mencionada, muitas são as controvérsias que impregnam o mundo jurídico-penal nas discussões sobre os tipos de perigo[424].

---

[422] KISS, Alejandro. *El delito de peligro abstracto.* Buenos Aires: Ad-Hoc, 2011, p. 307.

[423] KISS, ob. cit., p. 39 e 89-90. Registra ainda que por tal razão a descrição da ação nos tipos abstratos tende a ser mais exaustiva, à medida que se relaxam as exigências de um resultado material, previsto nos tipos de lesão. Se os tipos de perigo concreto já renunciam ao menoscabo material e delineiam a ação proibida com precisão, tal exigência se intensifica na descrição dos tipos abstratos (p. 39). E arremata: "*... Lo abstraído, lo que no forma parte del tipo y no necesita entonces producirse en concreto, no es justamente la acción típica, sino las restantes condiciones necesarias que hubieran detonado la ley causal.*" (p. 172)

[424] Ademais, como observa QUINTERO OLIVARES, ob. cit., p. 244, "*la peculiar naturaleza de ese resultado (situación de peligro) da lugar a la inseguridad con que legislación, jurisprudencia y doctrina abordan el tema*", problema que se potencializa com a expansão dos crimes de perigo e o afã "*de la ciencia penal por darle a todo una explicación coherente que encaje en la perfección del sistema conceptual*" (p. 245, destaques do autor).

Apesar de não ignorar sua existência, tampouco é pretensão desta obra discutir profundamente todas as acaloradas polêmicas, como a relação entre delitos de perigo abstrato e bem jurídico, a constitucionalidade dos crimes de perigo abstrato frente ao princípio de ofensividade, a função limitadora dos bens jurídicos, ou as inúmeras teorias materializantes dos crimes de perigo abstrato. Mais não se fará que um breve resumo de alguns pontos destas discussões, porque o que realmente se pretende debater é se os chamados crimes de perigo, tal como estão atualmente configurados, servem à prevenção do dano ambiental.

E verificaremos nesse exame que os profundos debates parecem perder um pouco de seu sentido prático, pois em verdade no Brasil não se antecipa tanto assim a proteção; de fato, muito danos são cometidos com o beneplácito do Direito Penal, e, apesar das inúmeras discussões europeias, reproduzidas em parte pelos juristas brasileiros, o que se tem por estas terras é um Direito Penal Ambiental extremamente ameno, que, ou diretamente não sanciona, ou, quando o faz, o realiza de uma forma tão branda, que não desperta maiores temores naqueles cujas condutas deveria disciplinar. Assentado isto, repassemos algumas das discussões de maior interesse.

A ausência de exigência de uma lesão, ou até de um perigo concreto para o bem jurídico é objeto de graves críticas na doutrina. Haverá importante corrente que diretamente rechaçará os crimes de perigo abstrato em sua pureza conceitual, exigindo sua materialização, é dizer, que exista no caso concreto uma ação individual perigosa ou descuidada em relação ao bem jurídico[425], o que culmina por reconduzir os crimes de perigo abstrato a requisitos de perigo concreto.

---

[425] *"Lo dicho en el párrafo final del apartado anterior se conecta de modo directo con la vigencia del Principio de Lesividad, según el cual la legitimación esencial de una reacción punitiva no apoya sólo en que la conducta guarde alguna relación con el bien jurídico, sino que reclama produzca una afectación verificable a éste. En esta cuestión, no dudo en sumarme al rechazo de la tendencia creciente a tipificar sobre la base del mero peligro abstracto (entendido como peligro presunto, tasado por el legislador). El principio de ex-*

Este setor intenciona, com isto, especialmente evitar os casos concretos em que queda excluído o perigo, em que se verifica que a conduta descrita no tipo abstrato não evoluiria até um perigo concreto, o que implicaria o cumprimento da norma por si mesma, sancionando-se penalmente um caso de mera desobediência, devendo ser atribuído à ação um conteúdo material de desvalor, sendo por isto etiquetadas como teorias ma-

trema o ultima ratio, juega en este campo un papel determinante. No cabe aquí abundar en el tema, pero sí señalar que es en materia de ambiente donde con harta frecuencia se recurre a la llamada anticipación de la tutela penal, so color de las complejidades para verificar los comportamientos ilícitos, sobre todo en el marco de la relación causal, siendo los tipos de peligro abstracto los que dominan en esa tendencia. Mantengo el rechazo a esa postura pese a la divergente sostenida por autores de gran valía, que específicamente la reivindican hoy en la materia que tratamos, casi a título de exclusivo sendero a transitar. Dentro del sistema argentino, la vigencia del P. de Lesividad impone límites a partir del art. 19 de la Constitución." (COSTA, "*Las penas del ambiente y la 'reserva de código'*", disponível em elDial.com – DC1A93, publicado el 04/06/2013). Ou, ainda: "*En principio, se apela muchas veces a la tipificación de actos preparatorios (anticipación de la prohibición). El resultado son tipos de peligro. Una forma de violar el principio de ofensividad sin caer en la grosería de subestimar o cancelar el concepto mismo de bien jurídico, consiste en admitirlo y requerir la afectación, pero apelando inmediatamente a una ficción de afectación por medio de un pretendido peligro abstracto.*" (ZAFFARONI, *Reflexiones sobre el derecho penal ambiental...*, p. 146, destaques do autor); "*... en cada situación concreta debe establecerse si hubo o no peligro para un bien jurídico y en caso negativo no es admisible la tipicidad objetiva*" (ZAFFARONI, Eugenio Raúl; ALAGIA, Alejandro; SLOKAR, Alejandro. *Manual de Derecho Penal, Parte general.* Buenos Aires: Ediar, 2005, p.371). Aqueles que aceitam o perigo abstrato, sobre a base de uma teoria pessoal, realçam os riscos para o Direito Penal: "*...Cuanto menos concreta sea la prueba del peligro que se considere necesaria para autorizar la utilización del instrumental penal, tanto mayor será la probabilidad de que se aleguen peligros más o menos generales para justificar de forma aparentemente objetiva y racional una prohibición que no se orienta de modo principal a la protección de bienes jurídicos concretos. Al hacerlo se corre el riesgo de que el Derecho penal sea utilizado de manera espuria como una ética coercitiva ... La protección penal de bienes jurídicos en el ámbito previo mediante la creación de delitos de peligro abstracto (o, tras la 'creación' de bienes supraindividuales de titularidad colectiva, de delitos de lesión), precisa de una especial legitimación. Conforme a una teoría personal del bien jurídico, la protección en el ámbito previo sólo puede justificarse mediante su puesta en relación con intereses individuales dignos de protección... De este modo, al legislador penal se le impone un agravado deber de motivación.*"(STERNBERG-LIEBEN, Detlev. *Bien jurídico, proporcionalidad y libertad del legislador penal.* Em: HEFENDHEL, *La teoría del bien jurídico...*, p. 115).

terializadoras[426], que acusam de inconstitucionais e violadores do princípio de culpabilidade os tipos de perigo abstrato nos casos em que não se demonstrou o perigo.

Apesar de respeitáveis, as opiniões materializadoras devem ser repelidas.

A primeira objeção é que seus partidários propõem substituir decisões de valor geral do legislador por juízos individuais do intérprete, quando justamente o que a lei intencionou com a criação de um tipo penal de perigo abstrato foi conscientemente frisar que era irrelevante o prognóstico de perigo em concreto. As teorias materializadoras propõem uma *contraditio in terminis*, pois abstrair do perigo remete exatamente a sua des-

---

426 Para ampliação, confira-se KISS, Alejandro. *El delito de peligro abstracto*... Seguindo seus ensinamentos (ob. cit., p. 15, 51, 54, 93-94), as teorias materializadoras podem resumir-se em: 1) teorias da presunção ou 2) teorias da contrariedade a cuidado. Além destas, outra corrente 3) rechaça qualquer interpretação harmonizadora para tipos penais de perigo abstrato, propondo sua inconstitucionalidade. Existem, ainda, aqueles que defendem o perigo abstrato como probabilidade de perigo concreto 4), e os que 5) estipulam o objeto protegido nestas figuras de forma tal que seja plausível considerá-lo afetado por uma ação não perigosa em concreto (teoria do bem jurídico intermédio). A característica comum entre estas teorias é a exigência de que o perigo constitua algo mais que o motivo de sanção da norma. Para as teorias da presunção (ob. cit., p. 93-125), o perigo é um elemento que deve apresentar-se no caso concreto, e a forma de comprová-lo se dá através de uma presunção que pode ser relativa ou absoluta, esta última verificável principalmente em tipos em que difícil a prova. Por estas teorias, o legislador presume o perigo nos tipos penais abstratos, mas esta presunção é geralmente relativa, caindo se não se materializa o perigo. E os partidários de uma presunção relativa defendem que se provada a inexistência da circunstância presumida, não se realizou o tipo penal. Tal posição sofre as objeções de contrariar o principio *in dubio pro reo*, modificar o ônus da prova e culminar por transformar os crimes de perigo abstrato em perigo concreto. Além disso, transformam o que a lei efetivamente desvalorou naquilo que devia ter desvalorado, até mesmo prejudicando aqueles que de fato infringem a norma, pois abrigam o conceito de perigo em condições objetivas de punibilidade. E nas teorias de contrariedade a cuidado (p. 126-151) também se rechaça que a imposição de pena se dê pela mera realização da conduta descrita no tipo, exigindo-se, pelo menos, uma atuação culposa em relação ao bem jurídico protegido, isto é, uma contrariedade a cuidado. Haverá aqueles que defenderão que se neutralizado através de medidas concretas o risco não existirá o delito, ou até aqueles que defenderão que quem atua sob a crença, ainda que errônea, de que eliminou o perigo, não deveria ser sancionado.

consideração no caso concreto. De fato, as teorias materializadoras propõem uma interpretação *contra legem*: seus defensores estão criando nova lei, contrariamente a uma decisão prévia do legislador, afrontando a divisão de poderes[427].

Como segunda objeção, tem-se que com a exigência de materialização, modela esta corrente um crime mais grave que o definido na descrição típica, e as condições relevantes para o ilícito devem ser estabelecidas pelo legislador[428]. Se, além da ação proibida houve um perigo concreto, que se aumente a pena para o autor.

As teorias materializadoras partem de uma concepção equivocada.

Para questionar um crime de perigo abstrato é necessário argumentar no mesmo plano, no mesmo terreno em que este se encontra, que é o da causalidade geral, e não substituir um eventual equívoco do legislador por um erro judicial, questionando no caso concreto o que deveria ser debatido constitucionalmente - o que reforça a ideia de que as críticas guardam relação com a aludida perplexidade, já que parecem não compreender que uma causa foi selecionada, e que se quer justamente evitar, mediante a tipificação penal, a possibilidade de interação desta causa com as demais condições disvaliosas, o que permitiria a produção de um evento disvalioso que se quere prevenir. O perigo constitui um dos motivos que conduziram o legislador a sancionar a conduta, e nada mais que isso: a conduta é proibida por sua periculosidade geral, ainda que, em determinados casos, se tenha neutralizado ou diretamente não tenha ocorrido no caso concreto nenhum perigo.

Não por outra razão esta postura se denomina teoria da periculosidade geral, ou também teoria do motivo, pois a ação resulta proibida em razão de sua periculosidade geral ou típica, o perigo é um dos motivos que levou o legislador a etiquetar

---

427 KISS, ob. cit., p. 144 e 234-237.

428 KISS, p. 145, baseado en Kindhäuser, e p. 146.

tal ação como indesejável, já que, querendo prevenir eventos disvaliosos, não pretende possibilitar sua interação com outras condições que o produziriam[429].

As teorias materializadoras jogam com a sorte, ou melhor, com o azar. É necessário reconhecer que as condutas descritas nos tipos penais de perigo abstrato são ações que apresentam uma singular capacidade de evoluir até uma lesão, e por isso são rechaçadas de plano pela lei penal. Permitir que estas condutas ocorram, para somente então examinar se houve o perigo no caso concreto, é brincar com os acontecimentos, levando a segurança a depender apenas da sorte, da casualidade. Daí o acertado ensinamento de Kindhäuser, que afirma que resta caracterizada uma conduta de perigo abstrato "*cuando se interviene de tal forma en el área de disposición sobre un bien que (desde el punto de vista del bien) sólo depende de la casualidad el que ese bien sea llevado o no a una situación concretamente peligrosa*" , ou, em outras palavras, frente à afetação das condições de segurança estandarizadas que a conduta proibida representa, "*solamente se debe señalar al azar como responsable de que dicho bien no se encuentre en una situación actual de falta de protección*[430]."

---

[429] KISS, p. 54, 90-91 e 169-170.

[430] Ob. cit., p. 81 e 98, respectivamente. Prossegue o profesor de Bonn (ob. cit., p. 84): "*Los peligros abstractos se pueden concebir (puestos en una fórmula general), por consiguiente, como menoscabo en las condiciones de disposición descuidada de los bienes. El peligro es abstracto, porque no se trata de la desprotección actual del bien, sino de intervenciones en las posibilidades garantizadas legalmente para su desarrollo seguro. El peligro abstracto es perjudicial porque un bien sobre el cual no se pueda disponer tranquilamente no es utilizable completa y racionalmente.*" E conclui (p. 86-87), evidenciando a necessária conexão entre crimes de perigo abstrato e meio ambiente: "*Finalmente, en las áreas en las cuales las consecuencias dañinas de acciones no pueden ser previstas por un destinatario de la norma, que sea fiel al derecho y que disponga de un conocimiento epistémico promedio, se deben formular condiciones de seguridad, las cuales deben ser respetadas incondicionalmente y a las que el individuo incluso no pueda afectar, cuando él (hasta con razón) en ciertos casos considere su acción no peligrosa. Más aún, las prohibiciones de exposición a peligro tienen su lugar allí donde se trata del aseguramiento de las condiciones básicas objetivas para el desarrollo de bienes, bien que esas condiciones básicas sean sólo recursos naturales del medio ambiente o condiciones marginales de la fluidez de la interacción social segura, más exactamente en el área de las relaciones comerciales.*"

Especialmente no que pertine ao meio ambiente, se compreende que os crimes de perigo abstrato não admitem restrições típicas e que se exija sua aplicação conforme seu teor literal. Somem-se aos fins da pena, nestes casos, razões de teoria didática, em que é desnecessário um perigo concreto, única maneira em que se contribui para controlar o risco de accidentes que ocorreria *"si cada uno pudiera decidir sobre la vinculación de la prohibición en el caso concreto en función de su concreta peligrosidad"*, limitando-se tais crimes de perigo abstrato *"a la descripción de formas de conducta formuladas con precisión y con una relación mediata con bienes jurídicos esenciales"* ou a *"elaborar 'delitos con sistema de prueba', esto es, en los que se exija la comprobación de su posible aptitud lesiva*[431]*"*.

Aceitar os crimes de perigo abstrato não implica que se deva aplicá-los acriticamente, pois condicionados pelo princípio da proporcionalidade, ferramenta adequada para que o jurista realize seu questionamento em um plano de causalidade geral, evitando, por conseguinte, as objeções de que a teoria da periculosidade geral permitiria simples normas de obediência e o exercício despótico do poder. Se as condutas selecionadas pelo legislador não se revestem das características identificadas no parágrafo anterior, então sim será possível questioná-las, em um plano de causalidade geral. Serão admissíveis, portanto, questionamentos relativos ao fato de que as ações descritas no tipo não podem ser consideradas condição necessária da categoria de resultados que se deseja evitar, que a lei causal é falsa, que houve um equívoco na generalização indutiva[432]. O

[431] As citações neste parágrafo referem-se à explicação da posição de Wolter elaborada por RODRÍGUEZ MONTAÑÉS, *Delitos de peligro...*, p. 337-8.

[432] KISS, p. 50, 173, 253-254. Sobre a aplicabilidade do princípio da proporcionalidade à legislação penal, o capítulo quarto (*El principio de proporcionalidad de la legislación penal*) de PULIDO, Carlos Bernal. *El derecho de los derechos. Escritos sobre la aplicación de los derechos fundamentales*. Bogotá: Universidad Externado de Colombia, 2005, p. 113-146, onde este demonstra, seguindo os passos do mais importante expoente da teoria do principio da proporcionalidade, Robert Alexy, que, desde uma perspectiva dos direitos fundamentais, as sanções penais significam uma intervenção e restrição legislativa no âmbito da liberdade dos indiví-

princípio de proporcionalidade é, portanto, limite à proibição penal por meio de tipos de perigo abstrato[433].

---

duos, e, como tal, devem estar justificadas em razão do favorecimento de outros direitos e bens constitucionais, e ser proporcionadas (p. 124), postura compatível com a mais moderna doutrina, que concebe o Direito Penal *"como el conjunto de límites constitucionales y derivados del sistema internacional de protección de los derechos humanos que son organizados y desarrollados sistemáticamente en todas sus consecuencias como obstáculos para la aplicación de una pena en forma legítima"* (RUSCONI, Maximiliano. *Derecho Penal: Parte General...*, p. 44). A análise da constitucionalidade dos crimes de perigo abstrato sob o princípio de proporcionalidade passa pelo exame de sua adequação aos subprincípios de idoneidade (ou aptidão), necessidade e proporcionalidade em sentido estrito, isto é: 1) a proibição da conduta descrita no tipo penal abstrato deve contribuir de alguma forma à proteção do bem jurídico relacionado, já que, se inexiste qualquer conexão entre a ação típica e o objeto de proteção, a norma é inconstitucional (isto porque o subprincípio de idoneidade *"tiene más bien el status de un criterio negativo, mediante el cual se puede detectar qué medios no son idóneos. Un criterio negativo de esta naturaleza no lo fija todo, sino que únicamente excluye algo: los medios no idóneos"*, conforme ALEXY, Robert. *Teoría de los derechos fundamentales*. Tradução e estudo introdutório de Carlos Bernal Pulido, 2ª ed. em castelhano, Madrid: Centro de Estudios políticos y constitucionales, 2007, p. 525); 2) não deve existir nenhum outro meio alternativo que revista pelo menos a mesma idoneidade para alcançar o objetivo proposto e que seja mais benigno para o direito afetado, ou, dito de outra forma, igual ou melhor resultado se alcançariam com uma intromissão menos severa (o princípio de necessidade também é conhecido como *"subprincípio da intervenção mais restrita possível"*, e se vale de uma extrapolação ao Direito do conhecido ótimo de Pareto, segundo o qual uma situação é eficiente, quando não é possível operar nenhuma modificação que melhore a posição de alguém, sem piorar a situação de outro, conforme BERNAL PULIDO, Carlos. *El principio de proporcionalidad y los derechos fundamentales. El principio de proporcionalidad como criterio para determinar el contenido de los derechos fundamentales vinculante para el legislador.* 3ª ed., Madrid: Centro de Estudios políticos y constitucionales, 2007, p. 741; a associação do principio constitucional da necessidade com a subsidiariedade e intervenção mínima é imediata, recordando-se que no Direito Penal Ambiental muitas vezes se reforçam as sanções administrativas) e, por fim, 3) o grau de afetação da liberdade deve ser equivalente ao grau de realização do objetivo da intervenção. Para aprofundamento, em análise da aplicação do princípio de proporcionalidade aos tipos abstratos, KISS, p. 251-298.

433 Posição de HEFENDEHL, Roland. *El bien jurídico como eje material de la norma penal.* Em: HEFENDEHL, *La teoría del bien jurídico...*, p. 192, corroborada por GRECO, Luís. *Modernização do direito penal, bens jurídicos coletivos e crimes de perigo abstrato (com um adendo: princípio da ofensividade e crimes de perigo abstrato).* Rio de Janeiro: Lumen Juris, 2011, p. 36-37.

Prosseguindo na análise das polêmicas, constata-se que os crimes de perigo abstrato abalam as estruturas do Direito Penal tradicional, como a noção de bem jurídico, o que realça o momento de perplexidade, frente à complexidade dos bens universais.

Para começar, aqueles que adotam uma concepção pessoal do bem jurídico terão dificuldades para lidar com os bens jurídicos supraindividuais. Haverá inclusive aqueles que negam a existência de um bem jurídico meio ambiente.

Nestes termos realmente se impossibilita o debate, o que conduzirá à acertada crítica de Frisch, que categoriza essa posição como uma fuga da realidade de alguns penalistas, quando se verifica que "*en las sociedades modernas la cuestión del bien jurídico está decidida desde hace tiempo y prácticamente en la totalidad de los ámbitos vitales significativos con carácter previo al Derecho Penal*[434]", causando estupefação os questionamentos ao meio ambiente como bem jurídico[435].

De fato, muitos dos adeptos das teorias materializantes criticam os bens jurídicos protegidos nos crimes de perigo abstrato. Esta é uma controvérsia corriqueira, que revela um equívoco detectado por Hefendehl, que com argúcia observa que as teorias centradas nos bens jurídicos individuais geralmente

---

434 FRISCH, Wolfgang. *Bien jurídico, derecho, estructura del delito e imputación en el contexto de la legitimación de la pena estatal.* Em: HEFENDEHL, *La teoría del bien jurídico...*, p. 316, destaques do original.

435 "*Un ejemplo de cómo aquí el penalista corre el riesgo de 'patinar' con sus construcciones (des-penalizadoras), lo constituye el Derecho Penal del medio ambiente, donde pese a los múltiples y evidentes reconocimientos legislativos, algunos penalistas ponen en duda la cualidad de bien jurídico de determinados sectores del medio ambiente, incluso habiendo éste encontrado acomodo constitucional.*"(Id., ob. cit., p. 316-7). Arremata Frisch: "*Que una realidad no se ajuste al concepto de bien jurídico que uno considera personalmente correcto no significa que no posea tal cualidad, sino que puede ser muestra de lo inapropiado de la estrechez doctrinal de la teoría que se sostiene. Un buen ejemplo de ello es la campaña dirigida por los partidarios de la teoría personal del bien jurídico contra los bienes universales o el medio ambiente. Por regla general, lo que en un discurso democrático y plural se llega a definir como sustrato valioso y requerido de protección, resulta serlo también realmente.*" (p. 318-9)

escolhem "pesos ligeiros" como adversários, isto é, tipos penais que, se corretamente analisados, não guardam relação com bens jurídicos coletivos, e sim com bens que aparentemente são coletivos, mas que, em verdade, se constroem desde a soma de vários bens individuais, como nos casos de crimes falimentares, ou crimes contra a paz pública, ou de droga[436].

O autor emprega, a partir daí, os critérios de não exclusão e de não-rivalidade no consumo para identificar os bens jurídicos coletivos, sublinhando:

> *"Los bienes jurídicos consistentes en contingentes agotables relevantes para la sociedad se ubican en el Derecho Penal del medio ambiente. Por lo que respecta a los recursos medioambientales protegidos, se trata en el fondo de bienes descriptivos que, a diferencia de los bienes jurídicos de confianza, son consumibles debido a su carácter limitado y la imposibilidad de que se reproduzcan a voluntad. Aquí reside la razón determinante de su especial merecimiento de protección*[437]*."*

É interessante observar, neste ponto, que Hefendehl realiza a necessária aproximação, tão reclamada nesta obra, entre a doutrina penal e o conhecimento ambiental, pois a doutrina ambientalista há muito salienta que são características do bem coletivo a indivisibilidade dos benefícios, o uso comum sustentável, a não exclusão dos beneficiários, o *status* normativo, a qualificação objetiva, a legitimação para agir difusa ou coletiva, a precedência da tutela preventiva, o ressarcimento através de patrimônios de afetação e a localização na esfera social[438].

---

436 HEFENDEHL, *El bien jurídico como eje ...*, p. 179-188, que conclui: "*Junto a los bienes jurídicos colectivos sistematizados hasta ahora, existen constelaciones especiales que están a caballo entre los bienes jurídicos individuales y los colectivos, por ejemplo, en forma de las así llamadas 'salud pública' en el Derecho penal en materia de drogas o 'seguridad del tráfico' en los delitos de tráfico rodado o de 'seguridad pública', esto es, 'monopolio estatal en el derecho de armas'. Hay que eliminar esas construcciones de bienes jurídicos colectivos aparentes para revelar las verdaderas condiciones de legitimación que atañen a la protección de bienes jurídicos individuales.*" (p. 191).

437 HEFENDEHL, *El bien jurídico como eje material de la norma penal...*, p. 190.

438 LORENZETTI, Ricardo Luis. *Teoría del Derecho Ambiental.* Buenos Aires: La Ley, 2009, p.7-10, obra em que nas páginas 1-28 explica com maior profundidade o paradigma ambiental.

O catedrático de Friburgo também destaca que, em realidade, um eventual problema de legitimação dos crimes de perigo não pertine aos bens jurídicos, e sim à estrutura delitiva dos tipos penais que protegem bens jurídicos coletivos, tema que estaria amplamente descuidado[439].

Esta observação entranha importantes consequências e destaca alguns equívocos de uma parte da doutrina brasileira, quando afirma inconstitucionais os crimes de perigo abstrato, por violar o princípio de ofensividade, uma vez ausente qualquer referência ao bem jurídico.

Eventuais problemas relativos aos tipos penais abstratos não residem no bem jurídico protegido, que é o mesmo dos crimes de lesão ou de perigo concreto. Sim podem apresentar-se problemas relativos à estrutura do delito, pertinentes a como se configura a proteção.

Da conjugação falsos bens coletivos-desvio de perspectiva em relação ao bem jurídico-estrutura do delito surgem alguns equívocos desta corrente, que culmina defendendo que somente podem existir tipos de perigo concreto e delitos de lesão. Some-se a isto o fato de que a correta análise dos delitos de perigo concreto não é *ex ante*, em que se consideram unicamente as circunstâncias cognoscíveis no momento da ação proibida, como defende parte da doutrina brasileira, reproduzindo argumentos dos penalistas italianos, e sim sob um prisma *ex post*, em que se consideram todas as circunstâncias reais, como geralmente aceita a doutrina penal alemã, implicando um conceito mais restrito de perigo concreto[440].

---

439 HEFENDEHL, *El bien jurídico como eje...*, p. 181, posição reiterada por KISS, ob. cit., p. 232 (*"la cuestión no es 'si se protege o no un bien jurídico' sino 'cómo se instrumenta esa protección'"*) e GRECO, *Modernização do direito penal...*, p. 97-112.

440 GRECO, *Modernização do direito penal...*, p. 97-112, onde resume as teorias alemãs sobre o bem jurídico, o conflito monista-dualista, e destaca o equívoco dos críticos de não examinar os tipos penais (p. 45), sob a ótica da estrutura do crime, e conclui: *"Resumindo esta segunda parte, podemos afirmar que: - o problema da proteção ao bem jurídico não se confunde com o problema da estrutura dessa proteção (estrutura do delito). Perguntar sobre a legitimidade de crimes de perigo abstrato é formular uma*

É imprescindível portanto examinar a estrutura delitiva de cada tipo penal que se assemelha a um possível crime de perigo a abstrato. A solução global, de definir os crimes de perigo abstrato como uma categoria residual, em que se aglutinam todos os tipos penais que não constituam crimes de lesão ou de perigo concreto, e ao final dar-lhes igual tratamento, traduz um desinteresse em um exame diferenciado dos crimes de perigo abstrato e na legitimação desses tipos[441].

Parte da doutrina já considera que a classificação tradicional e única de perigo abstrato para distintas situações é insuficiente, havendo muito que evoluir no assunto[442], o que é correto,

---

pergunta que, em princípio, nada tem a ver com a ideia de bem jurídico, mas tão só com a estrutura dos delitos de que se vale o legislador para protegê-lo. – a radicalidade da recusa total aos crimes de perigo abstrato é meramente aparente, porque, em primeiro lugar, trabalha-se com um conceito obscuro de perigo concreto, que transforma muitas condutas criadoras de perigo meramente abstrato em criadoras de perigo concreto, e, em segundo lugar, porque se recorre a bens jurídicos falsamente coletivos, que automaticamente legitimam proibições e sanções abusivas. – o caminho correto para a solução do problema está numa detalhada análise dos crimes de perigo abstrato e no desenvolvimento de critérios específicos de legitimidade. Talvez seja necessário inclusive distinguir alguns grupos de casos, segundo um critério diferenciador que ainda há de ser formulado. A utopia das soluções globais deve ser abandonada." (p. 111, grifos do original)

441 Observam VON HIRSCH; Andrew; WOHLERS, Wolfgang. *Teoría del bien jurídico y estructura del delito. Sobre los criterios de una imputación justa.* Em: HEFENDEHL, *La teoría del bien jurídico...*, p. 288. A partir daí os autores desenvolvem critérios para diferenciar os crimes preparatórios, os crimes cumulativos e os crimes abstratos de perigosidade concreta, e critérios para uma imputação justa (p. 288-308), reproduzidos por GRECO, *Modernização ...*, p. 105-107. Também RODRÍGUEZ MONTAÑÉS, p. 351, conclui que *"no es posible dar un tratamiento conjunto a todos estos delitos"*, ressaltando SARRABAYROUSE, *La responsabilidad penal por el producto...*, p. 610, que *"resulta inadecuado formular una crítica genérica a los delitos de peligro abstracto, desligada de un análisis de cada tipo en particular"*.

442 SARRABAYROUSE, *La responsabilidad penal por el producto...*, após estudar as diversas teorias sobre os crimes de perigo (p. 605-652), entre elas a tentativa de classificação de situações de crimes de perigo abstrato-concreto, ou como delitos de aptidão, pontifica: *"La revisión efectuada muestra que tanto en la doctrina extranjera como en la nacional reina un estado de insatisfacción con los delitos de peligro. La clasificación tradicional en delitos de peligro concreto y de peligro abstracto es insuficiente para captar su verdadera estructura, ya que cuando se los analiza con mayor detenimiento muchos tipos considerados 'abstractos' muestran particularidades que impiden ubicarlos dentro de las divisiones preexistentes"* (p. 651). Expressando a insuficiência da distinção tradicional entre crimes de lesão, de perigo concreto e de perigo abstrato, especificamente para o Direito Penal Ambiental, STRATENWERTH,

em especial se consideramos que ainda não pudemos superar o momento de perplexidade.

5.5 ANÁLISE DA ESTRUTURA DELITIVA DE ALGUNS TIPOS PENAIS AMBIENTAIS RELACIONADOS ÀS DISCUSSÕES SOBRE OS CRIMES DE PERIGO ABSTRATO

Dando consequência às observações anteriores, é imprescindível estudar as estruturas de alguns dos crimes relativos ao meio ambiente, atento ao fato de que a mera distinção tripartida (crimes de resultado, de perigo concreto e de perigo abstrato) pode ser insuficiente, frente às mui peculiares características destes tipos penais.

Derecho penal..., p. 147: "*... Todas estas distinciones tienen sentido, empero, sólo en la medida en que el contenido de ilícito de un delito pueda ser descripto justamente como lesión o puesta en peligro del bien jurídico, por tanto, dicho a modo de ejemplo, nuevamente no en los delitos contra el medio ambiente. Ello ha conducido en tiempos recientes a una crítica materialmente poco fundamentada a la categoría de los delitos de puesta en peligro abstracto.*" (destaque do autor) Também HEFENDEHL, *El bien jurídico como eje ...*, p. 193-4: "*Todavía más importante parece ser el descubrimiento, fruto de tal modelización diferenciadora, de que la estructura delictiva del delito de peligro abstracto es inadecuada para el grupo de los bienes jurídicos colectivos. Por el contrario, hay que desarrollar un tipo de delito propio para cada variedad estructural dentro de los bienes jurídicos colectivos. (...) Casi puede calificarse de curioso: normalmente no se va más allá de la clasificación tripartita de las estructuras delictivas en delitos de lesión, de peligro concreto y de peligro abstracto, por lo que en un análisis consecuente se concluye que en el enorme campo de bienes jurídicos colectivos más arriba esbozado sólo cabe remitirse a la forma delictiva del delito de peligro abstracto. Esto no encaja con las diversas estructuras de bienes jurídicos elaboradas. Al mismo tiempo, con ello se está enterrando el legítimo ámbito de aplicación de los delitos de peligro abstracto o incluso de los delitos de aptitud: las situaciones de riesgo para una pluralidad indeterminada de individuos, y de esa forma un aspecto importante de la actual sociedad industrial. En este sentido resulta inadecuada la crítica que considera que el delito de peligro abstracto no respeta los principios fundamentales del Estado de Derecho liberal y que atiende a inseguridades sociales de orientación a través de puros efectos simbólicos. El ejemplo de la protección penal de alimentos ilustra lo contrario: aquí se emplea el Derecho penal en el ámbito de peligros masivos en el momento preciso para impedir un Derecho penal por ineficiente y aleatorio.*" E, no Brasil, GRECO, *Modernização ...*, p. 108-109, se questiona se o conceito de perigo abstrato é um referencial suficiente para abranger os distintos e heterogêneos grupos que se encontram sob sua tipologia.

Indo além, tampouco constitui verdade apodítica que a configuração dos crimes, em especial os tipos penais de contaminação, como crimes de perigo abstrato, conduz necessariamente a uma maior proteção.

Cada uma das distintas abordagens comumente empregadas na tipificação dos crimes de contaminação tem suas vantagens e debilidades, e ao final dependerão em grande parte dos níveis de contaminação admitidos, conforme realçam os professores Faure e Visser, analisando as diferentes formas de sancionar criminalmente a poluição ambiental[443].

Em importante investigação, os mencionados juristas sistematizam os tipos penais ambientais de poluição, considerando especialmente a relação entre sua definição legislativa e as exigências probatórias. Distinguem, assim, modelos de perigo abstrato, de perigo concreto, de grave contaminação e de normas caracterizadas por conceitos vagos.

Os primeiros estariam caracterizados, de acordo com a proposta dos autores, pela sanção penal da violação de normas administrativas relacionadas ao meio ambiente, como por exemplo operar determinada atividade sem licença. Não exigiriam prova do dano, nem a ameaça concreta. Em princípio traduziriam maior proteção. No entanto, a definição de níveis muito altos de contaminação pode desmentir este raciocínio.

Os segundos restariam caracterizados pela exigência de uma concreta ameaça ao meio ambiente, mas ainda sem exigir prova do dano. Aqui também está presente a dependência das normas administrativas, pois se exige um ato ilícito, o que tam-

---

443 Conforme FAURE, M.; VISSER, M. "How to Punish Environmental Pollution? Some Reflections on Various Models of Criminalization of Environmental Harm." *European Journal of Crime, Criminal Law and Criminal Justice*, 1995-4, p. 316-368. Os professores examinam todos estes modelos, confrontando-os em relação ao bem jurídico protegido, origem dos limites de contaminação (administrativo, legislativo, ou prova judicial), exigência de dano, princípio de legalidade, culpabilidade, subsidiariedade, proporcionalidade, efetividade, exigências probatórias e atividade ministerial, em importante intento de sistematização.

bém fragiliza a proteção, quando as normas administrativas são muito elásticas.

Já nos terceiros se exige um dano ambiental grave, não sendo necessário um ato ilícito em relação às normas administrativas, mas a tendência é a de uma visão mais antropocêntrica, em atenção à saúde ou à vida.

E o quarto modelo chama a atenção sobre deveres de cuidado, que, infringidos, poderiam gerar a expectativa razoável de que o meio ambiente poderia ver-se atingido.

Neste sentido, iniciemos pelo exame da estrutura delitiva do mais importante crime de contaminação ambiental brasileiro, o artigo 54 da Lei 9.605 de 1998[444].

---

444 Registre-se que outros países latinoamericanos como Nicarágua, Paraguai e Peru também possuem em seus ordenamentos crimes ambientais de contaminação. Nicarágua tipifica a contaminação do solo e do subsolo, das águas e atmosférica, nos artigos 365 a 367 de seu Código Penal; Paraguai também trata separadamente da contaminação das águas, do ar ou do maltrato aos silos nos artigos 197 a 199 de seu Código Penal; e Panamá trata uniformemente da contaminação no artigo 399 de seu estatuto repressivo, assim como Peru no artigo 304 de seu estatuto penal, prevendo formas qualificadas em seu artigo 305: *"Artículo 304.- Contaminación del ambiente. El que, infringiendo leyes, reglamentos o límites máximos permisibles, provoque o realice descargas, emisiones, emisiones de gases tóxicos, emisiones de ruido, filtraciones, vertimientos o radiaciones contaminantes en la atmósfera, el suelo, el subsuelo, las aguas terrestres, marítimas o subterráneas, que cause o pueda causar perjuicio, alteración o daño grave al ambiente o sus componentes, la calidad ambiental o la salud ambiental, según la calificación reglamentaria de la autoridad ambiental, será reprimido con pena privativa de libertad no menor de cuatro años ni mayor de seis años y con cien a seiscientos días-multa. Si el agente actuó por culpa, la pena será privativa de libertad no mayor de tres años o prestación de servicios comunitarios de cuarenta a ochenta jornadas. Artículo 305.- Formas agravadas La pena será privativa de libertad no menor de dos ni mayor de cuatro años y con trescientos sesenta y cinco a setecientos treinta días-multa cuando: 1. Los actos previstos en el artículo 304º ocasionan peligro para la salud de las personas o para sus bienes. 2. El perjuicio o alteración ocasionados adquieren un carácter catastrófico. 3. El agente actuó clandestinamente en el ejercicio de su actividad. 4. Los actos contaminantes afectan gravemente los recursos naturales que constituyen la base de la actividad económica. Si, como efecto de la actividad contaminante, se producen lesiones graves o muerte, la pena será: a) Privativa de libertad no menor de tres ni mayor de seis años y de trescientos sesenta y cinco a setecientos días-multa, en caso de lesiones graves. b) Privativa de libertad no menor de cuatro ni mayor de ocho años y de setecientos treinta a mil cuatrocientos sesenta días-multa, en caso de muerte."*

5.5.1 O artigo 54 da Lei de Crimes Ambientais. Crime de resultado, de perigo concreto, abstrato, abstrato-concreto, de aptidão, de perigo hipotético, ou de perigosidade?

Repetindo seu comportamento apressado, quando do estudo da posição de garante do artigo 2º da lei penal ambiental, a doutrina brasileira não examina mais detidamente a estrutura delitiva dos tipos penais ambientais, etiquetando-os laconicamente como de resultado, perigo concreto ou perigo abstrato, e aglutina estes últimos sob o critério residual tradicional, é dizer, crimes de perigo abstrato são aqueles que não incluem entre os elementos típicos nem a lesão, nem a exposição a perigo de um bem jurídico, ou, de outra forma, não exigem no caso concreto que se exponha efetivamente a perigo o bem jurídico protegido. Determinada corrente inclusive manifesta notável preferência por etiquetar os tipos penais como crimes de perigo concreto, pois, como visto anteriormente, rechaça aprioristicamente os crimes de perigo abstrato, por entendê-los contrários ao princípio de lesividade.

Assim é que o delito de contaminação brasileiro, o artigo 54 da Lei 9.605 ("*Causar poluição de qualquer natureza em níveis tais que resultem ou possam resultar em danos à saúde humana, ou que provoquem a mortandade de animais ou a destruição significativa da flora: Pena - reclusão, de um a quatro anos, e multa*"), que prevê a modalidade culposa em seu parágrafo 1º, formas qualificadas no parágrafo 2º, e forma omissiva em seu parágrafo terceiro[445] (comentada no item 4.6 do capítulo anterior), não obteve da

[445] *§ 1º Se o crime é culposo; Pena - detenção, de seis meses a um ano, e multa. § 2º Se o crime: I - tornar uma área, urbana ou rural, imprópria para a ocupação humana; II - causar poluição atmosférica que provoque a retirada, ainda que momentânea, dos habitantes das áreas afetadas, ou que cause danos diretos à saúde da população; III - causar poluição hídrica que torne necessária a interrupção do abastecimento público de água de uma comunidade; IV - dificultar ou impedir o uso público das praias; V - ocorrer por lançamento de resíduos sólidos, líquidos ou gasosos, ou detritos, óleos ou substâncias oleosas, em desacordo com as exigências estabelecidas em leis ou regulamentos: Pena - reclusão, de um a cinco anos. § 3º Incorre nas mesmas penas previstas no parágrafo anterior quem deixar de adotar, quando assim o exigir a autoridade competente, medidas de precaução em caso de risco de dano ambiental grave ou irreversível.*

doutrina nacional mais que algumas linhas quanto à classificação do perigo, apesar de presente a controvérsia: uma corrente, levemente majoritária, aponta, sem maior aprofundamento, a existência de um tipo de perigo concreto em relação à saúde pública, e de resultado em relação aos recursos naturais[446], enquanto outro setor assevera ser crime de perigo

---

[446] Exemplificativamente, confira-se: Ney BELLO FILHO, em DINO NETO, *Crimes e infrações...*, p. 319: "*Na sua primeira parte – quando trata de poluição que possa causar dano à saúde humana – é crime de perigo concreto e se configura a partir da probabilidade de aquele ato vir a causar um dano. Na parte que se refere à mortandade de animais e plantas trata-se de crime de dano que somente vai se configurar se advierem os danos mencionados*"; PRADO, ob. cit., p. 248-250: "*Por poluição, em sentido amplo, compreende-se a alteração ou degradação de qualquer um dos elementos físicos ou biológicos que compõem o ambiente. Entretanto, não se pune toda emissão de poluentes, mas tão-somente aquela efetivamente danosa ou perigosa para a saúde humana, ou aquela que provoque a matança de animais ou destruição (desaparecimento, extermínio) significativa da flora. Isto é, exige-se a real lesão ou o risco provável de dano à saúde humana, extermínio de exemplares da fauna local ou destruição expressiva de parcela representativa do conjunto de vegetais de uma determinada região. (...) Já o termo em níveis tais exprime um certo quantum - suficiente -, elevado o bastante para resultar ou poder resultar em lesão à saúde humana. Por destruição significativa da flora deve ser entendida aquela realizada de maneira expressiva, de gravidade considerável. Tratam-se de corretivos típicos, excluindo-se do âmbito do injusto típico as condutas escassamente lesivas ou de pouca relevância para o bem jurídico tutelado (caráter fragmentário e subsidiário da intervenção penal). Também o estado de perigo exigido (possam resultar) deve ser grave, intenso e hábil para resultar em lesão à saúde humana.*"; SIRVINSKAS, ob. cit., p. 218: "*É crime comum, material ou de perigo concreto, simples, plurissubsistente, de forma livre, comissivo e omissivo impróprio.*"; SALVADOR NETTO; SOUZA; ob. cit., p. 252: "*No que se refere aos danos à saúde humana, verifica-se que a redação legislativa abarca tanto a situação de dano (que resulte em danos à saúde humana), quanto a de perigo concreto (que possa resultar em danos à saúde humana). Já no que tange à mortandade de animais ou destruição significativa da flora, não houve tipificação da colocação de animais ou da flora em perigo e exige-se não qualquer dano, mas um dano de certa magnitude.*" e GOMES, *Crimes ambientais: comentários à Lei 9.605/98 ...*, p. 231: "*O tipo penal ainda contém um elemento normativo do tipo, constante na expressão em níveis tais. Isso significa que só haverá o delito se ocorrer poluição em níveis elevados, que resultem (crime de dano) ou possam resultar (crime de perigo concreto), danos à saúde humana, mortandade de animais (silvestres, domésticos ou domesticados), ou destruição significativa da flora.*" (destaques do original). Na jurisprudência, pelo Superior Tribunal de Justiça, o HC 93.859/SP, relator o Ministro Gilson Dipp, 5ª Turma, de 06 de dezembro de 2011, disponível no DJe de 19 de dezembro de 2011: "*Para a caracterização do tipo citado, entretanto, mister a ocorrência de efetiva lesão ou perigo de dano à saúde humana, à flora ou à fauna. Verifica-se que o perigo deve ser concreto, real e presente para que o delito possa ser configurado. Deste modo, só é punível a poluição efetivamente perigosa*

abstrato em relação à saúde pública, também sem aprofundar sua argumentação[447].

Nenhuma das posições é satisfatória, uma vez que simplifica excessivamente questões de alguma complexidade, merecendo o debate ampliação.

Em primeiro lugar, deve-se recordar a distinção entre bens individuais ou suficientemente individualizáveis e entre bens coletivos ou supraindividuais no que pertine à saúde pública. No que se refere à saúde das pessoas cuidamos de bens jurídicos individualizáveis, enquanto que em relação ao meio ambiente de um bem jurídico claramente coletivo.

Afirmar que o crime é de perigo concreto em relação à saúde é incorreto.

O artigo 54 não exigiu a criação de uma situação de efetiva exposição a perigo da saúde humana, ou melhor, da saúde das pessoas, em bem jurídico individualizável. É desnecessário que o bem jurídico saúde seja exposto a perigo; ao contrário, o tipo penal expressou claramente que se contentava

---

ou danosa para a saúde humana, ou que provoque a matança de animais ou a destruição significativa da flora" ou, do mesmo relator, o RHC 17429/GO, DJ 01/08/2005 p. 476: "*Só é punível a emissão de poluentes efetivamente perigosa ou danosa para a saúde humana, ou que provoque a matança de animais ou a destruição significativa da flora, não se adequando ao tipo penal a conduta de poluir, em níveis incapazes de gerar prejuízos aos bens juridicamente tutelados, como no presente caso.*"

447 BUGALHO, Nelson Roberto. "Crime de poluição do art. 54 da Lei 9.605/98". *Revista de Direito Ambiental*, vol. 11, São Paulo: Revista dos Tribunais, 1998, p. 18: "*O crime de poluição do art. 54, na sua forma simples e no que diz respeito a causar poluição em níveis tais que possam resultar em danos à saúde humana, é de perigo abstrato, não se exigindo para o seu aperfeiçoamento (consumação) a necessidade de ocorrência do dano, nem tampouco a existência de perigo concreto (que deve ser provado), contentando-se a lei que a conduta do sujeito ativo (poluidor) seja apta a causar danos aos bens e interesses protegidos*"; NUCCI, *Leis penais e processuais penais comentadas...*, p. 554, quando afirma que se trata de "*crime material (exige resultado naturalístico para a consumação, consistente na efetiva mortandade de animais ou destruição da flora) quanto aos animais e plantas, mas formal (não exige resultado naturalístico necessário, consistente na afetação da saúde humana com relação aos seres humanos)*" reiterado por MARCÃO, Renato. *Crimes ambientais (anotações e interpretação jurisprudencial da parte criminal da Lei n. 9.605, de 12-2-1998)*. São Paulo: Saraiva, 2011, p. 390, onde defende o caráter de perigo abstrato.

para a realização da figura delitiva com a mera possibilidade – e não probabilidade, o que o conectaria à ideia de perigo concreto - de resultado de dano à saúde[448] (*"possam resultar em danos à saúde humana"*).

Tampouco basta afirmar que o tipo penal do artigo 54 é um caso de crime de perigo abstrato em relação à saúde humana, que não exige nem a lesão nem a efetiva exposição a perigo (perigo concreto), e que por consequência não exigiria prova do perigo. A questão está muito longe desta singeleza. É importante observar que o tipo exige uma aptidão da contaminação, e aptidão de dano (*"possam resultar em danos à saúde humana"*), aptidão esta mais restrita que uma mera aptidão de perigo, o que também demonstra um potencial distinto[449], e torna inviável reproduzir a tradicional solução global.

As peculiares características de tipos penais como o artigo 54 e a correspondente dificuldade em caracterizá-los como crimes de perigo abstrato ou concreto conduziram uma parte da doutrina a classificá-los como uma categoria intermédia[450], sendo que um dos primeiros intentos de classificá-los originou a compreensão de que seriam tipos mistos, em que se mesclam elementos de perigo concreto e abstrato, pelo que seriam crimes de perigo abstrato-concreto, em que o juiz se encarregará da constatação do perigo, o que nos aproxima de um contexto de

---

[448] A propósito, Paulo José da Costa Jr. e Fernando José da Costa, em MILARÉ, *Direito penal ambiental...*, p. 134-135 promovem confusão, pois, apesar de distinguir corretamente possibilidade e probabilidade, fundamentando que a probabilidade é mais que a possibilidade, entendem que deve existir probabilidade de dano à saúde humana, sendo portanto um caso de perigo concreto, quando o dispositivo legal menciona expressamente a possibilidade, o que se conecta a casos de perigo abstrato...

[449] A distinção entre aptidão de perigo e aptidão de dano é destacada por FARIA COSTA, José Francisco de. *O perigo em Direito Penal (contributo para a sua fundamentação e compreensão dogmáticas).* Coimbra: Coimbra Editora, 2000, p. 643.

[450] Como em KISS, ob. cit., p. 36-37, encaixando nesta categoria os delitos de perigosidade, de perigo potencial, de perigo abstrato-concreto e de aptidão, analisados a seguir, enfatizando que nos crimes de perigo abstrato não integra o tipo qualquer referência expressa ao perigo para o objeto bem jurídico protegido (p. 37).

perigo concreto, mas tal análise se realizará abstraindo-se das circunstâncias do caso concreto, o que volve a empurrar-nos a um contexto de perigo abstrato. Ditos crimes de perigo abstrato-concreto seriam especialmente retratados em tipos penais

> *"... donde la aptitud para la producción de un resultado lesivo es elemento del tipo, sin que se establezca una caracterización más precisa del ataque contra bienes jurídicos individuales. Ejemplo de esta clase de delitos serían aquellos contra la salud pública en los que la Ley prohíbe fabricar alimentos 'que sean aptos para dañar la salud humana'*[451]*"*

Como qualquer boa polêmica penal, a discussão estava apenas começando. A proposta de Schröder de crimes de perigo abstrato-concreto foi largamente repelida, liderando a crítica primeva de Gallas de que a amplidão do conceito de perigo abstrato permitia abranger tais situações, incompatíveis com o perigo efetivo exigido nos tipos de perigo concreto. Também se ponderou que a necessidade de constatação judicial, com atenção a critérios gerais de lesividade, nada mais é que a exigência de um perigo geral da ação, do desvalor da ação, constatável *ex ante,* situação própria de um contexto de crime de perigo abstrato.

As posições daí derivadas podem ser resumidas: alguns autores ainda aceitam uma categoria intermediária, classificável como delitos de perigo abstrato-concreto, mas a maioria da doutrina nega sua existência, considerando os tipos penais com tais características como delitos de aptidão, que podem ser etiquetados como delitos de perigo concreto, para una minoria, ou como uma espécie do gênero perigo abstrato, para a maioria[452].

Deve-se nesse caso seguir a maioria, afirmando que se trata de uma situação de crime de perigo abstrato, desde que os

---

451 RODRÍGUEZ MONTAÑÉS, ob. cit., p. 35, onde esclarece a classificação de perigo abstrato-concreto proposta por Schröder , rebatida por Gallas, conforme se reproduz neste excerto (p. 34-36).

452 Conforme resume, com extensa citação de autores, RODRÍGUEZ MONTAÑÉS, ob. cit., p. 36-37.

elementos de aptidão se refiram a uma relevância lesiva geral da conduta, valorada *ex ante* (tal como ocorre no artigo 54, que considera possibilidade de dano – e não probabilidade, o que demandaria um exame da efetiva exposição a perigo). Estaremos nestes casos frente a um crime de aptidão, espécie do gênero crime de perigo abstrato[453].

Reforçando a dificuldade de lidar com tipos penais deste jaez, não deixará de existir quem, na doutrina brasileira, já realizando um exame mais aprofundado do artigo 54, afirmará que se refere a uma situação de perigo concreto, mas um perigo concreto de proteção antecipada[454], o que, ao fim e ao cabo, não discrepa muito de uma compreensão de aptidão de perigo abstrato, pois se entende que tais condutas não necessitam

[453] RODRÍGUEZ MONTAÑÉS, p. 37-38: "*En mi opinión, y desde la perspectiva diferenciadora aquí adoptada, el que el legislador incorpore elementos de aptitud al tipo no modifica el carácter de delito de peligro abstracto de éste, si esos elementos se refieren a la relevancia lesiva general de la conducta valorada ex ante. Por tanto, dentro de los delitos de peligro abstracto, pueden diferenciarse tipos en los que la peligrosidad de la conducta va implícita en la descripción típica, en los que la valoración de su aptitud lesiva general es llevada a cabo por el legislador (...) y tipos en los que se incorporan elementos normativos de aptitud, que deben cumplirse para que la conducta sea típica, cuya constatación corresponde al juez y respecto de los cuales será necesaria la imputación subjetiva ... Ahora bien, si ese elemento de aptitud estuviera formulado de tal forma que lo que el tipo exige no es la idoneidad lesiva general de la conducta, sino una concreta puesta en peligro, estaríamos ante delitos de peligro concreto.*"

[454] Como o faz D'ÁVILA, Fábio Roberto. "O ilícito penal nos crimes ambientais. Algumas reflexões sobre a ofensa a bens jurídicos e os crimes de perigo abstrato no âmbito do direito penal ambiental." *Revista Brasileira de Ciências Criminais*, vol. 15, n. 67, julho/agosto de 2007, p. 35 "*E diferente não é no que tange à legislação brasileira. Muito embora o crime de poluição previsto no art. 54, da Lei 9.605/98, pelo fato de constituir, alternativamente, um delito de dano ("que resultem") ou um delito de "perigo concreto de proteção antecipada" ("ou possam resultar"), tenha a vantagem de manifestar, expressamente, a necessidade de uma ofensa ao bem jurídico-tutelado, mesmo em uma hipotética previsão na forma de um crime de perigo abstrato, uma análise dos efeitos da conduta sobre o objeto jurídico não estaria dispensada, mas apenas redimensionada. Ao invés dos elementos necessários ao reconhecimento da ofensa nos crimes de dano ou de "perigo concreto de proteção antecipada", bastaria a verificação de uma ofensa de cuidado-de-perigo, nos termos em que é exigida para os crimes de perigo abstrato. O que, inclusive, parece bem ilustrar o art. 29, da Lei 9.605/98.*" Também BOTTINI (ob. cit., p. 116) anota que o artigo 54 é um caso de crime de perigo abstrato-concreto, mas entende que predomina a exigência de um perigo concreto (p. 111-112).

ser concretamente idôneas para criar um perigo para um bem jurídico[455].

Também se deve registrar a posição de Hirsch, que, depois de explicar a diferenciação tradicional entre perigo concreto e abstrato, considerando-se o perigo em relação ao bem jurídico, critica a insuficiência desta classificação, afirmando que na atualidade se discutem crimes de idoneidade, de perigosidade ou de exposição a perigo potencial, e opta pela terminologia crimes de perigosidade, esclarecendo que cabe diferenciar a exposição a perigo de um bem da perigosidade de uma ação. Na avaliação do perigo da ação deve-se adotar um ponto de vista *ex ante*, de uma pessoa experta e imaginária, e para caracterizá -lo esta pessoa se contentará com a *possibilidade* de uma lesão, e nada mais que isto, quedando em aberto se realmente houve uma situação de perigo.

Neste contexto se encontrariam os crimes de perigosidade, que não exigem uma exposição a perigo. Não aceitou Hirsch a classificação de crimes de idoneidade para estas situações,

---

455 Esclarece o que significa esta categoria um de seus defensores en Portugal, FARIA COSTA, José Francisco de. *O perigo em Direito Penal...*, p. 641-643, sem destaques no original: "*Em uma zona onde impera – devemos dizê-lo abertamente – uma grande indefinição dogmática e onde se fazem sentir algumas flutuações sobre a intencionalidade que deve presidir aos crimes de perigo abstracto não é, pois, de se estranhar que se surpreendam formas atípicas dentro da construção destas precisas normas incriminadoras. Assim, vemos, por exemplo, que os arts. 265º, 272º e 273º, mas já não o art. 271º, - todos do CP – estruturam os seus elementos na seguinte formulação proposicional " (...) de forma a criar perigo para a vida..." É indiscutível que olhando para esta concretização dos elementos típicos se não está perante um (normal) crime de perigo concreto – este define-se, repetimo-lo, pela determinação de um concreto perigo para um certo bem jurídico. No entanto, é também verdade não se estar defronte de um comum, normal, crime de perigo abstracto, pois, de uma qualquer maneira o perigo é, se bem que rarefeito, ainda elemento do tipo. Porém, se assim é, que representam, em termos de tipologia dos crimes de perigo, tais incriminações? Quanto a nós propendemos a classificá-las como crimes de perigo (concreto) de proteção antecipada (...). Resulta claro que, para haver preenchimento do tipo, no que toca a qualquer uma das normas já referidas, necessário não é que se tenha verificado, por exemplo, um concreto e efectivo perigo para a vida de outrem.(...) O emprego da formulação 'de forma a criar perigo' não é, por certo, o mesmo que dizer criando perigo.*" De qualquer forma, aquí se defende que tal raciocinio não é trasladável ao caso do artigo 54, que não emprega a fórmula portuguesa ("de forma a criar perigo") e sim cuida tão-somente da *possibilidade* de dano.

pela insuficiência do adjetivo "idôneo". E, com base nos estudos de Zieschang, afirma que no crime de poluição atmosférica (§ 325, inciso 1 do Código Penal alemão, que se refere a uma contaminação apropriada para prejudicar, danificar, a saúde de outrem) está presente um crime de perigosidade, em que não é necessária a exposição a perigo do bem jurídico, diferença principal com os crimes de perigo real[456].

Para auxiliar-nos neste exercício interpretativo da caracterização do artigo 54 da lei penal ambiental brasileira, é de bom alvitre estudar a discussão que se produziu no Direito Comparado, mais precisamente quanto ao artigo 347 *bis* do revogado Código Penal espanhol de 1973, e prosseguiu quando surgiu em 1995 o artigo 325 do atual Código Penal (que, por sua vez, seria modificado na ampla reforma de 2010).

No Código revogado era previsto um crime de poluição decorrente de emissões ou efluentes que "*pudieren perjudicar gravemente*" as condições da vida animal, florestas, espaços naturais ou plantações úteis, redação que, como frisa Silva Sánchez, em raciocínio transponível ao artigo brasileiro, também trata de mera possibilidade, o que abona literalmente a tese de um perigo abstrato[457].

---

[456] HIRSCH, Hans Joachim. "Sistemática y límites de los delitos de peligro." *Revista Latinoamericana de Derecho*, ano V, n. 9-10, janeiro-dezembro de 2008, p. 157-181. Resume a posição de Hirsch SARRABAYROUSE, *La responsabilidad penal por el producto...*, p. 627-628: "*... frente a ellos se encuentran los delitos de peligrosidad, caracterizados no por un resultado de peligro, sino por la peligrosidad de una conducta, establecida desde la perspectiva de una persona normal ubicada en la posición del autor, sin que sea necesaria la producción de un peligro como resultado (...) Los delitos de peligrosidad admiten, a su vez, una subdivisión de la peligrosidad en concreta o abstracta, según que se requiera una peligrosidad real (concreta) o baste con una general (típica) Este último grupo coincide con los denominados en forma imprecisa e inexacta 'delitos de peligro abstracto'. No son de modo estricto delitos de peligro, pues en ellos no se valora la generalización del comienzo del peligro como resultado sino sólo las circunstancias de la acción. En síntesis: la distinción apropiada es: a) delitos de peligro (concreto), en el que ha entrado un bien jurídico (equivalente a peligro en sentido propio), y b) delitos de peligrosidad de una acción (concreta, entendida como capacidad o aptitud de riesgo, Riskanheit).*" (grifos do autor)

[457] Não obstante, como observa SILVA SÁNCHEZ; Jesús-María. *Delitos contra el*

Atualmente, o Código Penal de 1995, desde sua entrada em vigor, e ainda com a reforma de 2010, emprega a expressão emissões ou efluentes *"que puedan perjudicar gravemente el equilibrio de los sistemas naturales"*.

Tal como no artigo 54 da lei penal ambiental brasileira, frente ao bem jurídico saúde humana, a mera possibilidade de prejuízo, de dano, demonstra que estamos frente a um crime de perigo abstrato, mas um claro caso de delito de aptidão, idoneidade ou perigosidade, de acordo com as distintas posições anteriormente expostas. Sim, crime abstrato, porque, como ensina Cerezo Mir para os crimes de aptidão, a produção de um resultado de perigo concreto não pertence ao tipo, basta que a ação apresente uma aptidão ou possibilidade para produzir um determinado resultado[458].

---

medio ambiente. Valencia: Tirant lo Blanch, 1999, p. 73-74, pelos problemas de técnica legislativa, vez que o artigo 347bis do Código derrogado utilizava duas formas verbais distintas em função do bem jurídico protegido ("pusieren en peligro grave la salud de las personas" e "pudieren perjudicar gravemente" as condições da vida animal, florestas, espaços naturais e plantações), em *"anómala y contradictoria técnica de protección que se traducía en un mayor rigor frente a los atentados contra animales y plantas que contra las personas"* (TERRADILLOS BASOCO, Juan. *Derecho Penal del Ambiente*. Madrid: Trotta, 1997, p. 48), pois exigia um perigo abstrato para os danos aos recursos naturais e perigo concreto para os danos à saúde e à vida humana, a doutrina espanhola, procurando conciliar esta contradição, se encaminhou para a forma mais exigente, e concluiu pela existência de um crime de perigo concreto. Esta contradição foi superada no Código Penal de 1995, com a previsão no artigo 325 da expressão *"que puedan perjudicar gravemente el equilibrio de los sistemas naturales"*, mantida na ampla reforma promovida pela LO 5/2010, que a seu turno também modificou o artigo examinado, que ao final assim quedou: *"Será castigado con las penas de prisión de dos a cinco años, multa de ocho a veinticuatro meses e inhabilitación especial para profesión u oficio por tiempo de uno a tres años el que, contraviniendo las leyes u otras disposiciones de carácter general protectoras del medio ambiente, provoque o realice directa o indirectamente emisiones, vertidos, radiaciones, extracciones o excavaciones, aterramientos, ruidos, vibraciones, inyecciones o depósitos, en la atmósfera, el suelo, el subsuelo o las aguas terrestres, subterráneas o marítimas, incluido el alta mar, con incidencia incluso en los espacios transfronterizos, así como las captaciones de aguas que puedan perjudicar gravemente el equilibrio de los sistemas naturales. Si el riesgo de grave perjuicio fuese para la salud de las personas, la pena de prisión se impondrá en su mitad superior."*

458 CEREZO MIR, José. *Curso de Derecho Penal Español. Parte General, tomo I*. 3 ed., Madri: 1985, p. 329.

Portanto, não é o artigo 54 qualquer crime de perigo abstracto, senão, na linguagem adotada por parte da doutrina espanhola, seguindo a Torio, um crime de perigo hipotético:

> *"En los delitos de peligro hipotético, el tipo no reclama la producción de un peligro efectivo o concreto ulterior a la acción típica; en este punto coinciden con la generalidad de los delitos de peligro abstracto. Pero, como señala Torio, los delitos de peligro hipotético exigen 'una acción apta para producir un peligro del bien jurídico como elemento material integrante del tipo de delito'. En este sentido, el tipo de peligro hipotético no describe tan sólo acciones que, con carácter general, se presumen peligrosas para los bienes jurídicos según un juicio proporcionado por la experiencia, a diferencia de cuanto acontece con el resto de los delitos de peligro abstracto stricto sensu. Por tanto, en el supuesto analizado (emisiones o vertidos que puedan perjudicar gravemente la flora o la fauna, el legislador no se limita a describir una acción 'generalmente peligrosa' según la experiencia, pero tampoco exige la concurrencia de un plus a la acción típica, centrado en la concurrencia de un resultado de peligro concreto para el bien jurídico. Se trata, por consiguiente, de una subespecie de los delitos de peligro abstracto, en la que la presencia de la aptitud o posibilidad para el peligro de la acción (de ahí la referencia legal a 'puedan perjudicar") es decisiva para conformar la tipicidad del delito, a diferencia de los delitos de peligro abstracto stricto sensu, en los que la falta de peligrosidad de la acción en particular es irrelevante para la configuración del delito[459]."*

Pois bem. Já possuímos elementos suficientes para concluir que o artigo 54 da Lei 9.605/98 é um crime de resultado quanto aos recursos naturais, pois exige uma contaminação com resultado quanto à fauna e à flora, de morte ou destruição significativa (*"que provoquem a mortandade de animais ou a destruição significativa da flora"*). Por outro lado, é de perigo abstrato quanto à saúde humana, pois não reclama a produção de um perigo efetivo ou concreto ulterior à ação típica, contentan-

---

459 MORALES PRATS, Fermín. *La estructura del delito de contaminación ambiental. Dos cuestiones básicas: Ley Penal en blanco y concepto de peligro.* Em: VALLE MUÑIZ, J. M. *La protección jurídica del medio ambiente.* Pamplona: Aranzadi, 1997, p. 245.

do-se com a mera possibilidade deste perigo (*"Causar poluição de qualquer natureza em níveis tais que resultem ou possam resultar em danos à saúde humana"*).

É, portanto, um crime do gênero perigo abstrato quanto à saúde humana, mas da espécie crime de aptidão, de idoneidade, ou de perigosidade.

Mas o que interessa é que na prática o crime de aptidão presente no artigo 54 da Lei 9.605/98 apresentará um elevado umbral de exigências para sua comprovação. Afirmar que é um crime de perigo abstrato quanto à saúde humana não elimina uma série de deveres probatórios para o órgão de acusação. O primeiro, demonstrar que houve uma poluição. Em seguida, que esta contaminação gerou um dano à saúde humana, o que implica sérias exigências de imputação, ou provar, pelo menos, no que já examinamos especificamente quando se fala de um perigo abstrato neste tipo penal, que tal contaminação tinha a capacidade de causar dano à saúde das pessoas.

Ainda que a possibilidade de dano à saúde humana abarque menos exigências probatórias que o resultado ou o perigo concreto quanto à saúde humana, não significa que o caminho probatório será tranquilo. A prova deve ser no sentido de que houve uma poluição, e que aquela específica contaminação, naquela situação concreta, podia (e somente isto!) causar danos à saúde humana. Será necessária a demonstração, com base no conhecimento das leis de experiência aplicáveis – o que em meio ambiente é sempre complexo – e nas circunstâncias concretas do caso, que se podia formular um juízo *ex ante* do perigo, configurando a ação proibida. Por conseguinte, não se afastarão questões causais. A expressão *"em níveis tais"* cumprirá a função de excluir contaminações que de plano não implicariam risco à saúde, por insignificantes. Agora, se o perigo de dano à saúde não se concretizou (por exemplo, durante a poluição atmosférica de uma industria próxima a uma cidade sobreveio um forte vento que direcionou as partículas a um lugar não habitado, ou durante a contaminação hídrica[460] sobreveio uma forte chuva que causou a diluição dos materiais contaminantes, ou ocorreu um desvio das águas, impedindo por mera casualidade, que a poluição alcançasse casas habitadas), persistirá o delito, porque, quando se produziu a poluição, presente estava a *possibilidade* de dano[461]: os fatores que intervieram posteriormente somente impediram que tal possibilidade evoluísse para una probabilidade ou diretamente para um dano efeti-

---

460 Não se deve confundir os casos de poluição hídrica que podem causar danos à saúde humana, mortandade de animais ou destruição significativa da flora, com a previsão, para casos menos graves de contaminação hídrica, do artigo 33 da Lei 9.605/98, que incrimina as emissões que provocarem perecimento (e não uma mortandade) da fauna aquática, conforme bem distingue GOMES, *Crimes ambientais...*, p. 165.

461 Assinalando tais dificuldades probatórias, que conduziram a não poucas absolvições, em raciocínio trasladável ao tipo penal do artigo 54, contudo prestando atenção à possibilidade de prejudicar gravemente o equilíbrio dos sistemas naturais, prevista no artigo 325 do Código Penal espanhol, SILVA SÁNCHEZ, *Delitos contra el medio ambiente...*, p. 77-78: "*La cuestión decisiva es la de qué repercusiones prácticas ha de tener la adopción bien de la tesis del delito de peligro concreto, o bien la de peligro abstracto. Puede plantearse que, por de pronto, si se acoge la postura del delito de peligro abstracto no sería necesaria la configuración (y la prueba de una relación de causalidad entre la conducta y un resultado de peligro para el medio ambiente. En esa medida, no sería necesario constatar el riesgo inminente de lesión, separado del ámbito de dominio del sujeto activo, sino que bastaría con atribuir a la conducta de éste, todavía situada en su ámbito de dominio, la <u>capacidad de perjudicar gravemente</u>. Sin embargo, la atribución a una conducta de la capacidad de perjudicar gravemente el equilibrio de los sistemas naturales requiere un detallado conocimiento de las leyes de experiencia aplicables (algo muy difícil en lo relativo al medio ambiente) y de las concretas circunstancias del caso sobre cuya base formular un juicio <u>ex ante</u> de peligro. Esto último, en particular, en buen número de supuestos requerirá la constatación de algunos resultados físico-naturales temporal y, en su caso, espacialmente separados de la conducta. Quiere indicarse con esto que incluso la comprobación de la peligrosidad abstracta efectiva probablemente no podrá eludir el abordaje de cuestiones causales. Se tratará de la constatación de la producción de ciertos efectos derivados de las conductas descritas y sobre los que se asentará el juicio acerca de la capacidad de la misma de perjudicar gravemente el equilibrio de los sistemas naturales. Por expresarlo de otro modo: el delito es de peligro abstracto respecto al equilibrio de los sistemas naturales. Pero la formulación de un juicio de peligro abstracto para un bien jurídico así configurado puede requerir la constatación de resultados de peligro, concreto, o incluso de lesión, de determinados objetos (elementos del ecosistema correspondiente), lo que impedirá, en la práctica, eludir la consideración de consideraciones de causalidad a la hora de decidir sobre la realización del tipo.*"(destaques do autor)

vo. Nestes casos, para usar o dito popular, o se não joga; basta que a poluição tivesse a aptidão quando foi originada[462]: os casos de perigo abstrato não podem quedar jogados ao azar dos acontecimentos.

Também o dolo deverá ser provado no sentido de que o autor era consciente, pelo menos eventualmente, da aptidão lesiva de sua conduta nos termos descritos no tipo penal, e, no caso da comissão culposa do artigo 54, parágrafo 1º, que não tinha tal consciência, mas devia e podia tê-la[463].

---

462 Alcançando as mesmas conclusões, de que os fatos posteriores à ação proibida que impedem o perigo concreto não retiram o caráter típico daquela, mas assumindo uma concepção materializante de contrariedade a dever de cuidado, que não compartilhamos, RODRÍGUEZ MONTAÑÉS, p. 366: "*Por tanto, la regla general es que la realización de la conducta típica lleve implícita la peligrosidad, la infracción del cuidado, la imprudencia. Y sólo excepcionalmente si, con carácter previo a la realización de la acción, el autor o un tercero adoptan medidas de aseguramiento que excluyan el peligro desde esa perspectiva ex ante, reconduciéndolo a los límites de lo permitido, no se dará la peligrosidad de la conducta, lo que excluirá la tipicidad*" (grifos do original).

463 Detalhando o dolo nos crimes de aptidão, RODRÍGUEZ MONTAÑÉS, p. 366-369 (grifos do original): "*En los delitos de aptitud el legislador introduce elementos de valoración acerca de la potencialidad lesiva de la conducta en la descripción típica. Ejemplos de ello tenemos en los delitos contra la salud pública: En el artículo 341 la acción típica consiste en elaborar sustancias nocivas para la salud o productos químicos que puedan causar estragos; (...)Esta exigencia de nocividad o aptitud lesiva es un elemento normativo típico, de carácter relativo, necesitado de una valoración concreta en cada caso 'del riesgo potencial que determinados productos, a determinadas dosis y cantidades, llevan aparejado normalmente para la salud de las personas, esto es, de la peligrosidad ex ante de tales sustancias para la salud, de su adecuación para menoscabar la salud. Al pertenecer esta exigencia al tipo ha de ser abarcada por el dolo, siquiera eventualmente. Para la comisión dolosa es preciso, por tanto, que el autor sea consciente de la aptitud lesiva de su conducta en los términos descritos en la ley de la nocividad en los ejemplos propuestos), y para la comisión imprudente, que no lo sea pero hubiera debido y podido serlo. Ahora bien, al tratarse de un elemento normativo valorativo, el conocimiento del mismo exige tan sólo una 'valoración paralela en la esfera del profano'. No es preciso que el autor conozca la peligrosidad de su acción en su exacta dimensión técnica, que formule un juicio preciso acerca de la misma. Con todo, serán frecuentes los supuestos de error normalmente vencible) sobre esa aptitud o idoneidad lesiva, lo que excluirá el dolo y dará lugar a la comisión imprudente. De forma paralela a lo que ocurría en los delitos de peligro concreto, pero con referencia aquí a la aptitud típica, basta para el dolo la conciencia de la capacidad lesiva de su conducta, peligrosidad ex ante, y actuar pese a ello, siendo irrelevante que se consienta o no en el riesgo.*" A autora defende ainda, em suas conclusões, que o dolo ou a culpa nos tipos de perigo abstrato, em relação a

O Ministério Público brasileiro tem enfrentado sérias dificuldades nos casos em que submete à análise judicial por sentença o artigo 54. Talvez por isso, não só quanto ao artigo 54, como em outros tipos penais semelhantes, o legislador brasileiro, que prioriza a reparação do dano, previu para lei penal ambiental um sistema bastante flexível, que evita essas profundas discussões, tema que merece ser aprofundado.

5.5.2 Problemas dos tipos penais ambientais, a dificuldade probatória, o flexível sistema da Lei de Crimes Ambientais e suas sanções. Direito contravencional, Direito Penal de duas velocidades, ou um Direito Penal fanfarrão?

Preconiza Sarrabayrouse, frente às inúmeras discussões sobre a legitimação dos crimes de perigo abstrato, sua abordagem no âmbito contravencional, com a introdução de mecanismos alternativos que minorem suas consequências:

> *"Hasta el momento ninguna posición parece responder satisfactoriamente al problema de legitimación de los delitos de peligro abstracto y en general las anticipaciones de la punibilidad. Quizás la solución*

bens coletivos como o meio ambiente, *"han de referirse sólo a los elementos del tipo legal, sin necesidad de corrección alguna. Basta la lesión del objeto o bien 'representante' y que el dolo o la imprudencia se refieran a ella."* (p. 398). E que nos crimes de perigo abstrato que não incluem elementos de aptidão não se exige a valoração paralela do profano da perigosidade, *"sino tan sólo de aquellos elementos del tipo que el legislador ha considerado suficientes para fundamentar la creación de un riesgo a no permitido"* (p. 399) Para ampliação sobre o tema do dolo nos crimes de perigo, com uma visão distinta, apresentando a interessante distinção do perigo como coisa em si, e não como coisa para algo, em que é potencialmente apto para provocar o dano (p. 2-7), bem como o raciocínio de que ao final todo perigo é concreto, seja como um fenômeno mental, seja como um fenômeno causal (p. 17-36), a obra de BAIGÚN, David. *Los delitos de peligro y la prueba del dolo*. Colección Maestros del Derecho Penal, n. 23, dirigida por Gonzalo D. Fernández. Buenos Aires: Bdef, 2007. De observar que no epílogo o diretor da coleção, alimentando a polêmica, se alinha na fileira que entende inconstitucionais os crimes de perigo abstrato (p. 47-51), postulando sua recondução a um desvalor de resultado (p. 51-54), caracterizando os crimes de perigo abstrato como "a pedra no sapato" do Direito Penal (p. 56).

más adecuada pase por recrear en forma global nuestro sistema penal y establecer algunas pautas: así, las conductas que en abstracto pueden afectar un bien jurídico deberían pertenecer al ámbito contravencional. En nuestro país la cuestión reviste verdadera importancia, dado el carácter particularmente estigmatizante del sistema de penas. Por ello, cabría pensar que si se decidiera proteger penalmente determinados bienes deberían existir mecanismos alternativos que morigeraran sus consecuencias: ampliación de la suspensión del juicio a prueba, introducción del principio de oportunidad, nuevas formas de composición, ampliación de la pena de multa, etcétera.[464]"

Ainda que no Brasil inexista um sistema penal diferenciado para o processamento das contravenções, ou um juiz de faltas, distintamente do que se passa na Argentina[465], se confrontamos o sistema adotado na lei penal ambiental brasileira e a proposta do jurista argentino, veremos que não existe tanta diferença.

Tendo como viga mestra a reparação (com prioridade para a restauração) do dano ambiental, a Lei 9.605/98 em diversas passagens prevê sua contemplação[466]. E, para conseguir tal

---

464 *Responsabilidad penal por el producto...*, p. 651-652.

465 Para maior aprofundamento sobre o sistema contravencional argentino, MAIER, Julio B. J. "El derecho contravencional como derecho administrativo sancionatorio." Disponível em elDial.com – DC 1265, publicado em 30/11/2009.

466 Selecionam-se alguns dispositivos: a) "*Art. 17. A verificação da reparação a que se refere o § 2º do art. 78 do Código Penal será feita mediante <u>laudo de reparação do dano</u> ambiental, e as condições a serem impostas pelo juiz deverão relacionar-se com a proteção ao meio ambiente*"; *b) "Art. 20. A sentença penal condenatória, sempre que possível, fixará o valor mínimo para <u>reparação dos danos</u> causados pela infração, considerando os prejuízos sofridos pelo ofendido ou pelo meio ambiente"; c) "Art. 27. Nos crimes ambientais de menor potencial ofensivo, a proposta de aplicação imediata de pena restritiva de direitos ou multa, prevista no art. 76 da Lei nº 9.099 de 26.09.1995, <u>somente poderá ser formulada desde que tenha havido a prévia composição do dano ambiental</u>, de que trata o art. 74 da mesma lei, salvo em caso de comprovada impossibilidade"; d) "Art. 28. As disposições do art. 89 da Lei nº 9.099 de 26.09.1995, aplicam-se aos crimes de menor potencial ofensivo definidos nesta Lei, com as seguintes modificações: I - a declaração de extinção de punibilidade, de que trata o § 5º do artigo referido no caput, <u>dependerá de laudo de constatação de reparação do dano ambiental</u>, ressalvada a impossibilidade prevista no inciso I do § 1º do mesmo artigo; e) "Art. 23. A prestação de serviços à comunidade pela pessoa jurídica consistirá em: I - custeio de programas e de projetos ambientais; II - execução de obras de recuperação de áreas degradadas; III - manutenção de espaços públicos; IV - contribuições a entidades ambientais ou culturais públicas."* (sem grifos no original)

objetivo, abranda muitas das exigências do sistema penal tradicional, com previsões de sanções pequenas, que permitem, em sua maioria, a composição, em atenção ao princípio de oportunidade (transação penal), ou a suspensão do juízo a prova (suspensão condicional do processo). Superadas estas etapas, ainda assim será possível a substituição da pena privativa de liberdade pelas penas restritivas de direitos, enfim, é um sistema que em nada se confunde com o sistema penal comum, conforme se verifica a seguir.

A primeira e mais impactante medida que distancia a lei penal ambiental de um sistema tradicional é a *transação penal*, prevista no artigo 27 da Lei 9.605/98, que permite ao Ministério Público, antes de iniciar a ação penal, propor ao investigado a aplicação imediata de pena restritiva de direitos ou multa, sempre que previamente o Ministério Público e o infrator tenham acordado como será feita a reparação do dano ambiental:

> *"Art. 27. Nos crimes ambientais de menor potencial ofensivo, a proposta de aplicação imediata de pena restritiva de direitos ou multa, prevista no art. 76 da Lei nº 9.099 de 26.09.1995, somente poderá ser formulada desde que tenha havido a prévia composição do dano ambiental, de que trata o art. 74 da mesma lei, salvo em caso de comprovada impossibilidade."*

Abordaremos os mecanismos que estimulam a reparação com mais vagar no próximo capítulo. Para o momento, já se pode adiantar que da conjugação do artigo 27 da Lei 9.605/98, com os artigos 76 e 61 da Lei 9.099/95 ("*Lei dos Juizados Especiais*"), a transação penal será possível em crimes com pena máxima de dois anos; por conseguinte abarcará catorze dos trinta e seis tipos penais previstos na Lei 9.605, o que não é pouco. E mais: abrangerá situação muitas vezes repetida, que é a da poluição culposa – artigo 54, parágrafo 1º da Lei 9.605/98, com pena máxima de um ano.

Nota-se, portanto, que em vários casos não haverá processo penal, e sim uma transação entre Ministério Público e investigado, homologada pelo Poder Judicial, que não gera reincidência (artigo 76, parágrafo 4º da Lei 9.099/95), o que constitui um importante mecanismo de exclusão do processo.

Continuando com o estímulo à reparação, se apresentada a denúncia pelo Ministério Público, este poderá oferecer ao acusado, antes de sua defesa, a suspensão condicional do processo, que terá como exigência a reparação do dano ambiental:

> *"Art. 28. As disposições do art. 89 da Lei nº 9.099 de 26.09.1995, aplicam-se aos crimes de menor potencial ofensivo definidos nesta Lei, com as seguintes modificações: I - a declaração de extinção de punibilidade, de que trata o § 5º do artigo referido no caput, dependerá de laudo de constatação de reparação do dano ambiental, ressalvada a impossibilidade prevista no inciso I do § 1º do mesmo artigo..."*

Da conjugação com o artigo 89 da Lei 9.099 de 1995 se conclui que a suspensão condicional do processo poderá ocorrer sempre que o crime imputado tenha pena mínima de um ano, o que exclui (sem contar eventuais formas qualificadas de um tipo penal) somente três situações da Lei 9.605/98: o artigo 41 (*"Provocar incêndio em mata ou floresta"*), o artigo 50-A (*"Desmatar, explorar economicamente ou degradar floresta, plantada ou nativa, em terras de domínio público ou devolutas, sem autorização do órgão competente"*) e o artigo 69-A.

Por fim, ainda que condenado o acusado, a possibilidade de que lhe seja imposta uma pena privativa de liberdade é quase nenhuma, uma vez que, segundo o artigo 7º da Lei 9.605/98[467],

[467] *Art. 7º As penas restritivas de direitos são autônomas e substituem as privativas de liberdade quando: I - tratar-se de crime culposo ou for aplicada a pena privativa de liberdade inferior a quatro anos; II - a culpabilidade, os antecedentes, a conduta social e a personalidade do condenado, bem como os motivos e as circunstâncias do crime indicarem que a substituição seja suficiente para efeitos de reprovação e prevenção do crime. Parágrafo único. As penas restritivas de direitos a que se refere este artigo terão a mesma*

sempre será possível sua substituição por uma pena restritiva de direitos, quando a pena imposta não supere quatro anos – o que é muito difícil de ocorrer, pois apenas três crimes possuem pena máxima de cinco anos (artigos 35, 40 e 54, § 2º) e um possui pena máxima de seis anos (artigo 69-A). Afora algum óbice subjetivo – a reincidência do condenado – não será imposta pena privativa de liberdade[468].

Pois bem. Não é negativo que o sistema da lei penal ambiental brasileira estimule a reparação do dano. De nada serviria levar infratores à cadeia e abandonar as florestas desmatadas, os rios poluídos, e assim sucessivamente.

Contudo, a questão também deve ser abordada sob outra perspectiva, com uma visão um pouco mais crítica.

E esta nos impele a indagar até que ponto a lei penal ambiental brasileira, sabendo o que implicaria levar eventuais empresários às grades, sabendo das reações negativas do setor econômico à sanção penal ambiental e, mais especificamente, sabendo da dificuldade probatória que enfrentaria o Ministério Público frente aos problemas já conhecidos (inexistência de um aparato estatal investigador adequado, de uma Polícia especializada, altos custos, complexidade da prova penal ambiental) não engendrou um sistema em que, se de um lado não leva ninguém à cadeia, tampouco oferece muitas garantias (e uma parte da doutrina critica os mecanismos da transação penal e da suspensão do processo, afirmando que até os inocentes se veem obrigados a aceitá-los, em virtude do temor das consequências negativas de um processo penal), ou, pelo menos, facilita a solução do caso, sem que seja necessário provar muito, que é o que verifica no cotidiano da prática dos membros do Ministério Público, com as investigações e os processos abreviados pelas salvadoras saídas da transação e da suspensão condicional do processo?

duração da pena privativa de liberdade substituída.

468 SIRVINSKAS, ob. cit., p. 126-127.

Tais questionamentos invocam outros mais: a lei penal ambiental brasileira não converteu em um Direito contravencional tal como preconizado por Sarrabayrouse para os crimes de perigo abstrato?

Além disso, é fundamental questionar, não se converteu a lei penal ambiental no tão criticado Direito Penal de duas velocidades propalado por Silva Sánchez, em que se abandonam as características de um Direito Penal tradicional, das sanções privativas de liberdade, caracterizado pela rígida observância dos princípios clássicos, das regras de imputação e garantias processuais, rasgos distintivos de um Direito Penal de primeira velocidade, e adotou as características de um Direito Penal de segunda velocidade, em que se afasta a pena de prisão, com a generalização de sanções pecuniárias ou restritivas de direitos, o protagonismo da reparação penal, e a correspondente flexibilização das regras processuais?

Prosseguindo: já não estaríamos, sem dar-nos conta, vivenciando no Direito Penal Ambiental brasileiro o próprio Direito de intervenção imaginado por Hassemer – demonstrando que as reações críticas no Brasil contra uma suposta severidade penal ambiental são destituídas de qualquer sentido[469]?

---

[469] Esclarece SILVA SÁNCHEZ, *La expansión del Derecho penal...*, p. 170-171: "*En efecto, la disminución de garantías y de 'rigor' dogmático podrían explicarse (e incluso legitimarse) en el Derecho Penal contemporáneo si ello fuera el correlato de la generalización de sanciones pecuniarias o privativas de derechos, o – más aún – de la 'reparación penal' (en los casos en que ésta pudiera acogerse) en lugar de las penas privativas de libertad. En realidad, ello no tendría por qué preocupar pues no sería sino manifestación del mismo fenómeno que explica que la dogmática en el Ordnungswidrigkeitenrecht (Derecho de las infracciones de orden; Derecho penal administrativo alemán) sea más flexible o que, en todo caso, en el Derecho administrativo sancionador español no se den los criterios de imputación y principios de garantía que reivindicamos para el núcleo del Derecho penal, o no en la misma medida(...) La clave radica, pues, en admitir esta gradualidad de la vigencia de las reglas de imputación y de los principios de garantía en el propio seno del Derecho penal, en función del concreto modelo sancionatorio que éste acabe asumiendo. Una idea, ésta, que tiene muchos puntos de contacto con la propuesta, ciertamente todavía muy imprecisa, efectuada por Hassemer y otros, de construir un Interventionsrecht (Derecho de la intervención), entre el Derecho penal nuclear y el Recht der Ordnungswidrigkeiten, entre el Derecho civil y el público para ilícitos en materia de drogas, económicos, ecológicos, etc. Dicho Derecho sería menos pretencioso en cuanto a las garantías*

E, por fim: tudo isto é bom ou ruim?

E apenas para alimentar a polêmica (esclarecendo que não é essa a posição aqui defendida, mas recordando a necessidade de fazer-se o questionamento), deve-se trazer à baila outra inquietude que a análise do Direito Penal Ambiental brasileiro provoca.

Quando se verifica que a retribuição a certas condutas contaminantes de grandes empresas e seus executivos, ou a desmatamentos de consequências tão graves, e diversos outros casos mais, se dá em um nível tão ameno, surgem críticas ácidas, reiterando não ser esse nosso posicionamento, de que se trata de um Direito Penal fanfarrão, etiquetado por Kuhlen como aquele em que as pequenas sanções, associadas à reparação dos danos e flexibilidade do sistema, trazem como consequência sérias dúvidas sobre sua competência sancionadora.[470]

---

materiales y procesales, pero, a la vez, dispondría de sanciones menos intensas que las penales tradicionales".

470 Registre-se que Kuhlen previu o risco de um Direito Penal fanfarrão para outros casos, ainda que visualizasse negativamente a flexibilidade para o Direito Penal Ambiental: "*En el derecho penal más nuclear y sobre todo en relación a los delitos más cotidianos (pequeños delitos contra la propiedad y el patrimonio, lesiones, injurias, daños amenazas...) existe una necesidad de control creciente, que podría incluso aumentar si continúan debilitándose aún más los mecanismos informales de control social, como consecuencia de tendencias tan constantes como la concentración de la población en grandes ciudades, el individualismo, el anonimato, el debilitamiento de los deberes más tradicionales etc. La solución actual y seguramente futura de este problema radica en mantener la presencia del derecho penal pero configurando procesos, a través de distintas formas de diversión, y consecuencias jurídicas flexibles y no tan costosas. Todo ello podría ir unido a un nivel sancionador más bajo que el actual, tal como hoy ya se concibe la reparación civil de daños y perjuicios e incluso la consideración como sanción del procedimiento de instrucción, y a la aminoración de la certeza del derecho penal. Los límites de esta opción se sitúan cuando el grado mínimo de retribución implícito en todo derecho sancionador da paso a un derecho penal 'fanfarrón', cuya competencia sancionadora no resulte ya creíble. Mayor necesidad de control existe en el ámbito del denominado 'moderno derecho penal', como por ejemplo en el derecho penal económico o del medio ambiente y en sectores similares. También aquí cabe esperar y observar una flexibilidad de las consecuencias jurídicas y de los procedimientos similar a la del derecho penal nuclear. En esta dirección apunta los tipos necesariamente abiertos e indeterminados (leyes penales en blanco, conceptos jurídicos indeterminados, delitos de peligro abstracto), las formas de imputación*

Neste diapasão, não seria uma reação a tais questões e um retorno ao sistema penal tradicional o projeto nº. 236/2012 do novo Código Penal brasileiro, que, no título XIV, capítulo I, de sua parte especial, incorpora os crimes ambientais e prevê, em seus artigos 388 a 426, 36 tipos penais, a maioria com penas mais altas que as atuais[471]?

Todas estas são questões que não podem ser ignoradas, e não escapam aos olhos do observador mais atento, e entranham um desafio inadiável para o Direito Penal ambiental brasileiro, conectado à pergunta motriz desta obra. Tal como se encontra atualmente configurada, a lei penal ambiental brasileira certamente contribui à reparação do dano ambiental, e isto será examinado com maior vagar no próximo capítulo.

Sem embargo, não se pode dizer o mesmo, pelo menos com tanta ênfase, com respeito à prevenção do dano ambiental. A Lei 9.605/98, de tanto estimular a reparação, de alguma forma parece olvidar-se da prevenção, aspecto que deveria ser sua primeira e essencial preocupação, uma vez que em muitos casos será impossível restaurar o ambiente danificado, retornar

---

específicas referidas a organizaciones (como la punibilidad de la propia organización) la existencia de sanciones financieras elevadas (comiso, penas patrimoniales) y los acuerdos entre las partes como forma de terminación, a la vista de los grandes costos que puede originar el proceso. En estos ámbitos existirá una regulación mayor y apenas puede contarse con una marcha atrás." (KUHLEN, Lothar. El Derecho penal del futuro. Em: Crítica y justificación..., p. 228, sem destaques no original)

471 No relatório final, a comissão que apresentou o projeto reconhece a importância da Lei 9.605 e afirma que mantinha seu posicionamento quase na sua integralidade, mas adequando algumas sanções merecedoras de maior rigor: "*Tal o amadurecimento legislativo a esse respeito que a Comissão entendeu de mantê-lo na sua quase integralidade, seja pela qualidade, profundidade e mesmo pela técnica legislativa adotada, apenas adequando algumas sanções e pequenas modificações nas condutas definidas ao que os novos tempos passaram a exigir, com destaque para os crimes contra os animais, merecedores, aqui, no texto proposto, de uma nova e rigorosa criminalização.*"(AAVV. Relatório Final da Comissão de Juristas para a elaboração de anteprojeto de Código Penal, p. 406. Acesso em 23 de junho de 2013, em http://www12.senado.gov.br/noticias/Arquivos/2012/06/pdf-veja-aqui-o-anteprojeto-da-comissao-especial-de-juristas.

ao estado anterior. Esta conclusão se alcança em especial se considerado um de seus tipos fundamentais – o crime de poluição. O que se observa na prática é que este não representa ameaça efetiva, e culmina como um custo calculado pelo empresário; se não é surpreendido, excelente; se é penalizado, representará um custo adicional reparar o dano e cumprir eventual pena de multa ou outra restritiva de direito, e nada mais, autêntica perversão do princípio do poluidor pagador para quem paga polui. Isto para não falar de distorsões comuns na prática, que poderíamos etiquetar como efeitos colaterais do estímulo à reparação por meio da diminuição de exigências prevista na lei penal ambiental brasileira, como nos nada raros casos em que o membro do Ministério Público, duvidando de sua própria capacidade de provar os fatos, tipifica como culposa uma poluição que sabe ser dolosa, a fim de valer-se do princípio de oportunidade e ingressar em uma composição com o investigado, por meio da transação penal, garantindo, por vias tortuosas, uma sanção mínima e a reparação do dano...

Sem abandonar o louvável propósito da reparação, a lei penal ambiental brasileira deveria ser repensada de forma a que esta seja sua segunda opção (e também a do destinatário de suas normas), de maneira a que a sanção efetivamente cumpra tarefas de prevenção.

E tal somente se conseguirá com um mecanismo estatal eficiente, com Polícia, Ministério Público e Poder Judicial especializados, que garantam a aplicação efetiva das normas penais ambientais. E com alguns ajustes, de forma a que a lei penal ambiental não seja tão branda; algumas penas devem ser revistas, como o faz o projeto n. 236/2012.

É necessário reconhecer que, tal como se apresenta atualmente, a lei penal ambiental de alguma maneira se assemelha ao Direito contravencional imaginado por Sarrabayrouse, ou ao Direito Penal de duas velocidades de Silva Sánchez. Seria um exagero afirmar que também se cuida de um Direito Penal fanfarrão, mas que tem uma certa queda por alguns chistes isso é certo, pois em alguns casos a transação penal ou a suspensão condicional do processo configuram um benefício desproporcional para condutas graves, e dão a impressão que é uma lei que não pune ninguém.

De lege ferenda, com o objetivo de sanar estes problemas, além da adequação para cima de algumas sanções, tal como o faz o mencionado projeto, as exigências para alcançar a ponte de ouro da reparação deveriam crescer à medida que se superara cada patamar em que possível sua concretização, evitando que o acusado procrastine, a seu talante, uma solução do processo penal que já poderia haver sido concretizada anteriormente.

Desta forma, a lei penal ambiental poderia prever que, se recusada a primeira oportunidade que contempla a reparação, isto é, a transação penal (que obviamente contemplará uma reparação sempre integral, pois se cuida de um interesse indisponível), o patamar seguinte já deveria ser mais severo, isto é, a suspensão condicional do processo deveria prever uma reparação que incorporasse a figura dos danos punitivos[472], e assim sucessivamente: se recusada a suspensão condicional do processo, e alcançado um decreto condenatório, o juiz, ao determinar a reparação, deveria fixar um valor ainda superior aos danos punitivos da suspensão anteriormente oferecida, e fixar-lhes valor ainda mais alto.

Não bastasse o obstáculo de tais questões estruturais, o crime de poluição do artigo 54, tal como redigido, está muito

---

[472] Sobre a necessidade de interlocução entre o Direito Penal e o instituto dos danos punitivos, COSTA, "Las penas del ambiente y la 'reserva de código'", disponível em elDial.com – DC1A93, publicado el 04/06/2013: "*En cualquier caso, adosada a las respuestas penales o prevista de modo alternativo, reviste interés incorporar en esta clase de asuntos el instituto de los daños punitivos, que apenas en tiempo muy reciente se ha abierto paso en nuestra normativa (art. 52 bis de la ley 24.240, según la reforma dispuesta por la ley 26.361). Y, por cierto, abarcando también los supuestos de responsabilidad de personas físicas, habida cuenta de valiosas experiencias en el derecho comparado.*"

distante de contribuir à prevenção do dano ambiental, conforme se constata a seguir.

5.5.3 O artigo 54 da Lei 9.605/98 como crime de resultado qualificado quanto ao meio ambiente. Comparação com tipos correspondentes na Alemanha e Espanha. Os crimes cumulativos. A influência do discurso do desenvolvimento sustentável, com uma restrita compreensão do dano ambiental relevante (ou, em outros termos, do risco permitido)

Em um plano ideal, a configuração dos crimes contra o meio como crimes de perigo abstrato, intimamente conectados à sociedade do risco, deveria servir para contribuir à prevenção do dano ambiental, considerando situações em que é necessário proibir sem exceções certas condutas, em que o bem jurídico não pode ficar à mercê de um juízo pessoal do autor do fato sobre o perigo de sua conduta, princípio que também é aplicável aos crimes de aptidão, em que o perigo abstrato surge da criação pelo autor da fonte de risco[473].

Apesar de que o tipo penal do artigo 54 seja, como demonstrado, de perigo abstrato, aptidão ou idoneidade quanto à saúde, não se aplicam, quanto ao meio ambiente, os argumentos acima transcritos sobre a prevenção de riscos e crimes de perigo abstrato.

Isto porque, no que tange ao meio ambiente, o crime do artigo 54 é de resultado, e de um resultado agravado, porque exige expressamente uma poluição, e que esta cause – atenção, não é que "possa causar" – a mortandade de animais ou a destruição significativa da flora ("*Causar poluição de qualquer natu-*

[473] Conforme exposição do pensamento de Hoyer feita por RODRÍGUEZ MONTAÑÉS, p. 308-309.

reza em níveis tais que ... provoquem a mortandade de animais ou a destruição significativa da flora").

Assim redigido, o artigo 54 não previne o dano ambiental. Primeiro porque já houve a poluição, e não qualquer contaminação, pois se exige para a configuração do crime muito mais que isto: que esta poluição tenha provocado a morte de animais, ou um dano expressivo à flora.

Desta forma, o tipo penal do artigo 54 não se apresenta como uma feliz opção do legislador brasileiro. Evidencia o predomínio de uma visão marcadamente antropocêntrica; quer prevenir, com a técnica do perigo abstrato, de aptidão, o dano à saúde, mas não se preocupa tanto com a prevenção do dano ambiental, pois exige um resultado bastante pesado para o meio ambiente a fim de que se configure[474]. Conforme observado no capítulo três desta obra, apesar do discurso de prevenção, o que predomina é um controle de poluição[475], e nada mais.

De lege ferenda, melhor solução para o artigo 54 seria a previsão do perigo abstrato tanto para a saúde como para o meio ambiente, na linha do que estabelecem o Código Penal alemão (§§ 324a e 325, para contaminação do solo e do ar, respectivamente) e espanhol (artigo 325). Uma lástima que o projeto do atual Código Penal não promova em seu artigo 415 nenhuma mudança em relação à previsão do artigo 54 da Lei 9.605/98[476].

---

474 Também criticando o dano elevado que se exige, REALE JÚNIOR, Miguel. "Meio ambiente e direito penal brasileiro." *Revista da Associação Brasileira de Professores de Ciências Penais.* Ano 2, n. 2, janeiro-julho 2005, p. 76.

475 STRASSER, "Cleaner technology, pollution prevention and environmental regulation...", p. 1-106, especialmente p. 3-6, e WEINBERG, "Environmental protection in the next decades: moving from clean up to prevention...", p. 1145-56. Sobre o assunto, o interessante título de FREELAND, Alejandro. "¿Permiso para contaminar, permiso para matar? Las autorizaciones administrativas y el delito ambiental." *Cuadernos de doctrina y jurisprudencia penal.* Ano VII, n. 12, 2001, p. 253-271.

476 *Art. 415. Causar poluição de qualquer natureza em níveis tais que resultem ou possam resultar em danos à saúde humana, ou que provoquem a mortandade de animais ou a*

Registre-se que a atual Comissão encarregada de apresentar o anteprojeto de reforma do Código Penal argentino, presidida pelo penalista e ministro da Suprema Corte do país vizinho, Eugenio Raúl Zaffaroni, nitidamente buscou inspiração na Lei 9.605, e apresenta no artigo 204 de sua proposta dispositivo que em muito se assemelha ao artigo 54 da lei penal ambiental brasileira.

Reproduzamos nosso artigo 54:

> *Art. 54. Causar poluição de qualquer natureza em níveis tais que resultem ou possam resultar em danos à saúde humana, ou que provoquem a mortandade de animais ou a destruição significativa da flora:*
>
> *Pena - reclusão, de um a quatro anos, e multa.*
>
> *§ 1º Se o crime é culposo:*
>
> *Pena - detenção, de seis meses a um ano, e multa.*
>
> *§ 2º Se o crime:*
>
> *I - tornar uma área, urbana ou rural, imprópria para a ocupação humana;*
>
> *II - causar poluição atmosférica que provoque a retirada, ainda que momentânea, dos habitantes das áreas afetadas, ou que cause danos diretos à saúde da população;*
>
> *III - causar poluição hídrica que torne necessária a interrupção do abastecimento público de água de uma comunidade;*
>
> *IV - dificultar ou impedir o uso público das praias;*
>
> *V - ocorrer por lançamento de resíduos sólidos, líquidos ou gasosos, ou detritos, óleos ou substâncias oleosas, em desacordo com as exigências estabelecidas em leis ou regulamentos:*
>
> *Pena - reclusão, de um a cinco anos.*
>
> *§ 3º Incorre nas mesmas penas previstas no parágrafo anterior quem deixar de adotar, quando assim o exigir a autoridade competente, medidas de precaução em caso de risco de dano ambiental grave ou irreversível.*

---

destruição significativa da flora: Pena - prisão, de um a quatro anos.

Agora, a proposta argentina:

> *"ARTÍCULO 204º*
>
> *Contaminación*
>
> *1. El que violando leyes o reglamentos contaminare aguas, aire o suelo, diseminare enfermedad, plaga o especies biológica o genéticamente alteradas, con grave peligro para la salud humana, de mortandad de animales o de alteración o destrucción significativa de la flora, será penado con prisión de TRES (3) a OCHO (8) años y multa de SESENTA (60) a TRESCIENTOS SESENTA (360) días.*
>
> *2. El máximo de la pena de prisión será de DIEZ (10) años cuando el hecho se cometiere mediante la utilización de residuos legalmente calificados como peligrosos o industriales, o de actividades de servicios.*
>
> *3. El máximo de la pena será de QUINCE (15) años y el de la multa hasta SETECIENTOS VEINTE (720) días cuando el hecho:*
>
> *a) Tornare impropia para la ocupación humana un área urbana o rural.*
>
> *b) Impidiere el uso público de los ríos, lagos, o lagunas.*
>
> *c) Provocare el desplazamiento, aunque fuere temporal, de los habitantes de las áreas afectadas.*
>
> *d) Causare daños directos a la salud de la población.*
>
> *e) Provocare la interrupción del abastecimiento público de agua de una comunidad.*
>
> *4. El máximo de la pena será de TREINTA (30) años si se produjere muerte o lesiones gravísimas a una o más personas. Si el resultado fuere por imprudencia o negligencia y se verificare una pluralidad de víctimas, el máximo será de VEINTE (20) años.*
>
> *5. Cuando el hecho se cometiere por imprudencia o negligencia, las escalas de penas de los incisos anteriores se reducirán a un tercio del mínimo y a la mitad del máximo.*
>
> *6. Las personas jurídicas podrán ser sancionadas por estos hechos, en los términos del presente Código.*

Percebe-se claramente a influência do crime de poluição brasileiro na proposta argentina. A forma qualificada do tipo penal argentino repete em boa parte a fórmula brasileira quanto às qualificadoras. Também o *caput* possui redação muito assemelhada.

Não obstante a similitude, não passou desapercebida à Comissão argentina a brandura das sanções brasileiras. Percebe-se que o país vizinho escolheu penas muito mais altas, em retribuição adequada à conduta.

Além disso, é de máxima importância realçar que a comissão pampeana não exigiu um crime de resultado para o meio ambiente, tal como o faz o artigo 54 brasileiro.

Contenta-se a comissão argentina, para sua caracterização, com o grave perigo para a saúde humana, ou o perigo de que ocorra uma mortandade de animais, uma alteração ou destruição significativa da flora. É dizer, emprega a mesma fórmula quanto aos recursos naturais (mortandade, destruição significativa da flora), mas não repete a exigência brasileira de um resultado. Basta o grave perigo. No caso, diante da redação, a conclusão é a de um perigo concreto, fiel ao pensamento do doutrinador argentino. Ainda assim, é bom repisar que apesar de exigir um perigo concreto para o meio ambiente, oferece o dispositivo argentino mais proteção que o brasileiro, que exige o resultado mortandade de animais ou destruição significativa da flora[477].

---

[477] Afirma a comissão, por meio da exposição de motivos, quanto ao crime de poluição argentino: "*ARTÍCULO 204º Contaminación. Correlaciones: art. 259º (propagación de una enfermedad en las plantas o en los animales) Proy. 1941; art. 202º (corrupción de aguas, sustancias alimenticias o medicinales, aire, suelo y subsuelo), 211º a 213º (exposición a peligro del medio ambiente) Proy. 1989-90; art. 206º Proy. 2006. El delito de contaminación, previsto en el inciso 1º proyectado, se cometería sin importar si los daños son reversibles o irreversibles. A diferencia del proyecto de 2006 y de otros modelos de la legislación comparada, no exige la alteración del equilibrio ambiental o de la integridad ecológica de sistemas naturales, expresiones limitativas del tipo que han ocasionado problemas interpretativos con espacios de grave impunidad. En cuanto a la voz contaminación, cuenta con algunos antecedentes en la labor legislativa de proyectos anteriores, aunque previos a la importancia que se le asigna al tema, en particular después de la relevancia que cobró con la Declaración de Estocolmo (1972). En efecto: se había proyectado la inclusión en el artículo 200º del Código Penal en el Proyecto Soler de 1960, aunque limitado a la salud humana. En el artículo 255º del mismo proyecto se empleaba el mismo verbo para abarcar procesos de irradación u otros medios de infección de aguas, sustâncias alimenticias o medicinales, destinadas al público o a una comunidad. También se lo empleaba en el artículo 256º, sobre adulteración de otras sustancias. El delito de contaminación agravada por los medios empleados, previsto en el inciso 2º del*

Tudo isso demonstra que o legislador brasileiro foi muito tímido na repreensão ao crime de poluição. Se uma comissão presidida pelo jurista Zaffaroni, internacionalmente conhecido por seu posicionamento libertário no Direito Penal, apresenta uma proposta de tipificação da poluição muito mais severa, devemos refletir, em especial a doutrina brasileira que tanto reclama de supostos excessos da nossa lei penal ambiental. Em verdade, a nossa lei penal ambiental é muito branda, e nosso próprio vizinho, capitaneado pelo grande doutrinador Zaffaroni, o demonstra, não somente quanto ao tipo de poluição, mas

artículo 204º proyectado, recoge los supuestos previstos en la ley de residuos peligrosos (ley 24.051) y en la ley de gestión de residuos industriales y de actividades de servicios (ley 25.612). El artículo 55º de la ley 24.051 dispone que será penado con las penas del vigente artículo 200º del Código Penal, el que utilizando los residuos a que se refiere dicha ley, envenenare, adulterare o contaminare de un modo peligroso para la salud, el suelo, el agua, la atmósfera o el ambiente en general. El aspecto más destacable de la ley 24.051 es que amplía la punición del artículo 200º vigente, siempre que las acciones se realicen mediante el empleo de residuos peligrosos, lo que son definidos en el artículo 2º de la ley como todo residuo que pueda causar daño directa o indirectamente a seres vivos o contaminare el suelo, el agua, la atmósfera o el ambiente en general. En sus anexos 1 y 2 se establecen cuáles despojos presentan esa particularidad. El anexo 1 enumera categorías de desechos, en tanto que el anexo 2 hace lo propio con determinadas características peligrosas, pero ambas enumeraciones sólo tienen carácter ejemplificativo. La figura culposa del artículo 56º de la ley 24.051 queda comprendida en el inciso 4º in fine y por el inciso 5º del artículo 204º proyectado. La ley de gestión de residuos industriales y de actividades de servicios (ley 25.612), en su artículo 60º primer párrafo, derogaba expresamente la ley de residuos peligrosos y estipulaba nuevas figuras penales en sus artículos 51º a 54º. El Poder Ejecutivo vetó las disposiciones penales en su decreto de promulgación, por lo que permanecieron vigentes los tipos penales de la ley 24.051. En el presente texto se propone extender las disposiciones penales procedentes de esa ley vigente, incluyendo a los residuos industriales o de actividades de servicios. El artículo 2º de la ley 25.612 establece que se entiende por residuo industrial a cualquier elemento, sustancia u objeto en estado sólido, semisólido, líquido o gaseoso, obtenido como resultado de un proceso industrial, por la realización de una actividad de servicio, o por estar relacionado directa o indirectamente con la actividad, incluyendo eventuales emergencias o accidentes, del cual su poseedor, productor o generador no pueda utilizarlo, se desprenda o tenga la obligación legal de hacerlo. El inciso 3º proyectado prevé cinco supuestos de contaminación agravada por el resultado. En el inciso 4º se distingue la pena según que un resultado de muerte sea producido por dolo o por negligencia o imprudencia. El inciso 5º prevé la pena por culpa del propio hecho de contaminación. El inciso 6º establece la responsabilidad de las personas jurídica."

também propondo penas muito mais altas que as brasileiras para outros crimes ambientais.

Comparando a previsão do crime de poluição brasileiro aos dos dispositivos estrangeiros, talvez se aplique o raciocínio de Suárez González, de que sociedades em vias de desenvolvimento toleram níveis de risco superiores aos tolerados em outras sociedades que já alcançaram níveis de desenvolvimento mais altos[478]. Mas também é necessário recordar, tal como observado no capítulo segundo, que muitas das empresas dos países ditos desenvolvidos se aproveitam do nível mais baixo de exigências dos países de terceiro mundo e aqui instalam suas indústrias, para poluir mais.

O estatuto repressivo alemão considera crime uma contaminação do solo *"de uma forma apropriada para prejudicar a saúde de outrem, de animais, plantas ou outras coisas de valor significativo ou um recurso hídrico"* (§ 324a), ou alterações do ar *"apropriadas para prejudicar ...a saúde de outrem, de animais, plantas ou outras coisas de valor significativo"* (§325), o que evidencia uma igual preocupação de prevenção, seja quanto à saúde, seja quanto aos recursos naturais. Já o mencionado dispositivo espanhol prevê a sanção das contaminações que *"puedan perjudicar gravemente el equilibrio de los sistemas naturales."*

São, portanto, crimes de perigo abstrato, de aptidão, <u>para o meio ambiente</u>, e não somente para a saúde, como no Brasil. Preveem a exigência de uma contaminação que possa afetar negativamente o meio ambiente, mas não exigem o dano significativo, o que significaria um crime de resultado, como no Brasil, ou um real perigo, concreto, contentando-se com a possibilidade de dano para a incriminação. É inequívoco que a forma escolhida pelos dois países protege de forma mais apropriada o meio ambiente que o dispositivo pátrio. E aqui há muito mais espaços naturais que proteger que os disponíveis naqueles países.

---

[478] SUÁREZ GONZÁLEZ, *Derecho penal y riesgos tecnológicos...*, p. 297.

E se o legislador brasileiro quer manter-se fiel a suas características antropocêntricas, que reproduza a experiência de seu congênere espanhol, que prevê no artigo 325 o aumento da pena à metade caso *"el riesgo de grave perjuicio fuese para la salud de las personas"*. É possível proteger o meio ambiente sem deixar de ser antropocêntrico...

Por outro lado, da leitura atenta dos dispositivos brasileiro e estrangeiros se conclui que não é possível querer trasladar alguns argumentos europeus e afirmar que no nosso crime de poluição estamos frente a um crime de perigo abstrato da modalidade delitos cumulativos, que demonstram uma conexão entre ação típica e bem jurídico protegido, através de uma equivalência material, que supriria a falta de uma causalidade lesiva real entre ação e bem jurídico, como aclara Hefendehl:

> *"... El pensamiento de la acumulación desarrollado en los delitos de cohecho o contra el medio ambiente encarna tal equivalencia. Se aplica a acciones individuales en sí inocuas dado que sin una prohibición reforzada con una sanción habría que contar con que se cometerían en gran número y, como consecuencia, resultarían perturbadas funciones protegidas*[479]*"*

De fato, a doutrina alemã geralmente se apoia no exemplo do § 324 StGB para apresentar um delito cumulativo, o que tem sentido, já que o tipo penal nada mais exige que uma contaminação de águas[480] (*"Quem ilicitamente contamine águas ou de outra*

---

479 HEFENDEHL, *El bien jurídico como eje...*, p. 195, que após reconhecer que o campo de aplicação dos crimes cumulativos é bastante limitado, os justifica afirmando que resultaria *"inadmisible una defensa del sujeto en el sentido de que su contribución aislada es irrelevante para el bien jurídico, ya que no hay ninguna razón evidente por la que el ordenamiento jurídico deba privilegiar a este destinatario de la norma o a un grupo de ellos frente a los demás"* (p. 195).

480 Como explica SARRABAYROUSE, *Medio ambiente y derecho penal...*, p. 41, quanto ao § 324: *"... De acuerdo con la interpretación dominante, el resultado típico exigido por la norma, realizado por una acción individual de contaminar, no presuponía una lesión ni un peligro para el bien jurídico protegido. Por esta razón, el fundamento de la pena sólo podía basarse en que sería peligroso para el bien jurídico que tal tipo de acción se repitiera en forma masiva, es decir, que la ejecutara un número indeterminado de personas; de allí la denominación de 'delito acumulativo.'"*

forma mude suas características prejudicialmente") ou, nos casos de contaminação do solo (§324a) ou atmosférica (§325), exige contaminações aptas para causar danos à saúde ou ao meio ambiente, mas nunca o dano efetivo ao meio ambiente, tal como é a realidade brasileira.

A poluição do artigo 54 da lei de crimes ambientais está muito distante das "*conductas que por sí solas no pueden menoscabar o no en una medida relevante un interés protegido jurídicamente, pero que unidas a otras realizadas en la misma dirección pueden conducir a un menoscabo*[481]" porque a poluição prevista no tipo penal pátrio, por si só, já causou um menoscabo relevante: a mortandade de animais ou a destruição significativa da flora. Somente se déssemos uma interpretação amplíssima aos crimes cumulativos, entendendo-os como aqueles insuficientes para menoscabar todo o meio ambiente, o artigo 54 se encaixaria entre eles, o que implicaria o absurdo de que todos os delitos ambientais fossem cumulativos, pois se a condição é afetar todos os recursos naturais da Terra, aí já estaríamos discutindo sua aniquilação...

---

481 VON HIRSCH; WOHLERS *Teoría del bien jurídico y estructura del delito. Sobre los criterios de una imputación justa. ...*, p. 289, original sem grifos. Não estamos, assim, diante dos casos em que (p. 300) "*cada actor ha contribuido con su pequeña aportación a que el conjunto de las acciones haya rebasado el umbral del menoscabo relevante*", pois a poluição do artigo 54 não é uma pequena aportação. Indo além: com todo o respeito que merece a teoria dos crimes cumulativos, esta me parece bastante questionável, especialmente quando transplantada aos crimes contra a fauna. Parece cumulativo para nós, mas certamente não o é para a criatura morta, e permite alguns questionamentos: matar a até pouco tempo viva tartaruga *Solitário George*, o último de sua espécie, era um delito cumulativo de perigo abstrato? Cortar as barbatanas dos tubarões em Galápagos, atirando-os ao mar para uma morte lenta, sem poder nadar, também? Matar a fêmea prenha é acumulação? A compreensão de crimes cumulativos nos atentados contra a fauna parecem retratos que claramente evidenciam o predomínio de uma visão antropocêntrica, e todos os problemas de crise de vínculo e de limite, abordados anteriormente na perspectiva de François OST.

Uma observação fundamental para a presente obra agora tem lugar: o artigo 54 da lei penal ambiental brasileira é a síntese acabada do que se veio discutindo até aqui, uma vez que espelha: 1) uma definição de desenvolvimento sustentável em que predomina uma visão de crescimento econômico sobre a conservação da natureza[482] (capítulo primeiro), 2) os conflitos de uma sociedade que estimula o risco, mas não aceita conviver com os efeitos colaterais das condutas que estimula (capítulo segundo), e 3), como resultado da conjugação de 1) e 2), uma concepção bastante restrita de um dano ambiental relevante (capítulo terceiro).

Desta maneira, o artigo 54 nada mais é que um reflexo da disputa entre crescimento econômico *vs.* conservação ambiental pela definição de um desenvolvimento sustentável. Em uma sociedade que reconhece sua necessidade de conviver com os riscos, o artigo 54 legitima um nível de contaminação[483]; não será qualquer poluição que interessará ao Direito Penal brasileiro, longe disso: deverá ser uma poluição que mate animais ou destrua a flora para chamar-lhe a atenção.

Serão tantas as condutas poluidoras excluídas, na aplicação de um conceito muito restrito de dano ambiental relevan-

---

[482] Em uma concepção equivocada do que deveria ser um autêntico desenvolvimento sustentável, como alerta COSTA: *"No se deberá caer en la trampa conceptual, extendida y reiterada, que confunde –o maquilla- el principio del Desarrollo Sustentable con el objetivo económico de crecimiento sostenido. Algunas referencias al asunto he volcado en otros trabajos. Si ese punto de vista resultase aceptable, el fiel de la balanza deberá desplazarse a la lesividad del comportamiento eventualmente punible."* (COSTA, *"Las penas del ambiente y la 'reserva de código'*... grifos do autor)

[483] Tal como observa SARRABAYROUSE, *Medio ambiente y derecho penal...*, em relação ao artigo 206 do anteprojeto de Código Penal argentino, fruto do trabalho da Comissão criada pelas resoluções do Ministério de Justiça e Direitos Humanos 303/04 e 136/05. Este dispositivo, ao exigir o resultado de afetar a resiliência (*"en perjuicio de la integridad ecológica de los sistemas naturales"*) apresentava *"ostensibles dificultades de aplicación"*, como destaca COSTA, *"Las penas del ambiente y la 'reserva de código'"...*, e tampouco pareceria destinado a prevenir danos ambientais.

te, que o tipo penal do artigo 54 não oferecerá muita proteção, como deveria, ao meio ambiente. O crime do artigo 54 permite um sem número de contaminações que, isso sim, de fato se acumularão, e causarão um dano ambiental que posteriormente gerará as reclamações de sempre e ocupará durante algum tempo a primeira página dos jornais, contaminações estas que o Direito Penal ambiental brasileiro não quis reprimir. O membro do Ministério Público que maneje o tipo penal do artigo 54 se sentirá como um solitário pescador em alto mar, munido de um anzol atado a uma pequena linha, enquanto milhares de peixes (alguns bem grandinhos) vagueiam alegremente debaixo de sua embarcação.

As variadas contaminações empresariais admitidas sob o discurso do desenvolvimento sustentável na projeção administrativa e civil do Direito Ambiental, terão o efeito perverso de minar a confiança do penalista na capacidade de a *ultima ratio* contribuir à proteção do ambiente[484]. Frente a tantas condutas previamente excluídas, tantos riscos permitidos em razão das licenças (para poluir) concedidas pela Administração Pública ambiental, é inevitável que o estudioso do Direito Penal se encontre dominado pela perplexidade, e indague se há algum sentido em tanta discussão doutrinária sobre os crimes

[484] Aspecto realçado por VON HIRSCH; WOHLERS. *Teoría del bien jurídico y estructura del delito...*, p. 303-4: "*...en principio no deben llevarse a cabo conductas que tengan como consecuencia una perturbación de los medios naturales; sin embargo, cuando parece recomendable que se desarrollen conductas consideras socialmente como valiosas a pesar de sus repercusiones perturbadoras del medio ambiente, éstas pueden excluirse del ámbito de aplicación de la norma penal mediante la conexión de un permiso. De lege lata este enfoque conduce a que una gran parte de perturbaciones medioambientales atribuibles a las actividades empresariales queden ya por ello fuera del ámbito de aplicación de los §§ 324 y ss. del StGB, por cuanto tiene lugar sobre la base de un permiso y por eso no constituyen perturbaciones medioambientales 'no autorizadas'... En vista de que los daños al medio ambiente debidos a actividades empresariales representan una parte no insignificante podrá dudarse de la idoneidad de un Derecho penal del medio ambiente basado sólo o prioritariamente en la perturbación medioambiental del ciudadano de a pie.*" (destacamos)

de perigo abstrato (discussões estas que por si só representam um dano ambiental, tanto é o papel gasto para reproduzi-las), diante do âmbito tão restrito de proteção a que se dedicam os tipos penais ambientais.

Não bastasse, a prática demonstra que os processos por crimes de perigo abstrato se dão quando geralmente algo já sucedeu, o que lhes retira sobremaneira o aspecto preventivo, e converte a distinção entre crimes de perigo e crimes de resultado em algo um tanto forçado[485]...

Seja como for, o crime do artigo 54 não previne o dano ambiental. Ao contrário: exige a poluição, grave, para sua configuração, recordando a noção de dano ambiental relevante examinada no capítulo terceiro. Isto transforma as profundas discussões dogmáticas sobre os crimes de perigo, inegavelmente importantes, quando examinadas nesta perspectiva, em um problema secundário da proteção penal do ambiente.

E trazem consigo um questionamento. A noção de que os crimes de perigo abstrato promovem o adiantamento da punibilidade, e com isso uma melhor proteção dos bens jurídicos, constitui uma ideia imprecisa. Deve-se perguntar o que se adianta, e a resposta, como se constata do exame deste tipo penal ambiental, certamente não é a proteção do meio ambiente. Pode ser da saúde, mas não a prevenção do dano ambiental. É importante essa recordação, para desmitificar muitas das

---

485 *"... es evidente que sólo forzando el sentido de las palabras se ha compuesto la diferencia entre delitos de 'resultado material' y 'resultado de peligro', pues lo cierto es que el parecido entre una puesta en peligro y una lesión efectiva puede declararlo el jurista, pero no la realidad. Es cierto que la sensación de riesgo describe una situación perceptible por los sentidos, mas también es cierto que no es comparable a la lesión. Tal vez por eso pueda explicarse algo que es fácil percibir en la práctica, y es que, si se repasa la relación de fallos dictados por los Tribunales en aplicación de los tipos que describen delitos de peligro, la práctica totalidad son casos en los que ya había sucedido algo, esto es, que ya se percibían efectos dañosos en personas, animales o la naturaleza."* (QUINTERO OLIVARES, ob. cit., realces do original, p. 247).

críticas que se dirigem ao Direito Penal Ambiental. Em verdade, adiantamento da punibilidade, melhor proteção e crime de perigo abstrato são conceitos assimétricos, razão pela qual não devem ser confundidos[486], especialmente se considerado, em consonância com a observação anterior, que na prática os processos por crimes de perigo abstrato se dão quando algo já ocorreu, um dano efetivo, o que esvazia bastante a discussão.

5.5.4 Os crimes de posse. Os artigos 52 e 56 da Lei 9.605/98.

Há casos em que o tipo penal de fato previne o dano ambiental. Exemplo disto é o artigo 52 da Lei 9.605/98, que determina:

> *Art. 52. Penetrar em Unidades de Conservação, conduzindo substâncias ou instrumentos próprios para caça ou para exploração de produtos ou subprodutos florestais, sem licença da autoridade competente. Pena – detenção, de 6 (seis) meses a 1 (um) ano, e multa.*

Para a caracterização do crime não é necessário que se demonstre que a pessoa se encontrava caçando ou explorando produtos florestais. Basta que se encontre em uma unidade de conservação (como as definidas na Lei 9.985, de 2.000) na posse de instrumentos apropriados para tal. Isso sim é prevenção, com evidentes facilidades probatórias. Imaginem-se as unidades de conservação latino-americanas, no caso as brasileiras, com milhares de hectares, cuja fiscalização é difícil e custosa. Encontrada a pessoa com estes instrumentos, está caracterizado o crime. Não haveria sentido exigir que seja surpreendida efetivamente caçando, quando não por outra razão ali está. Proíbe-se, portanto, a posse de um instrumento cuja utilização é perigosa para um objeto protegido, no caso a fauna e a flora.

---

486 KISS, ob. cit., p. 40-42.

Também em uma classe de crimes de perigo abstrato de tenência, mas agora já relacionada à posse de coisas cuja mera existência é perigosa, está o artigo 56 da Lei de Crimes Ambientais:

> *Art. 56. Produzir, processar, embalar, importar, exportar, comercializar, fornecer, transportar, armazenar, guardar, ter em depósito ou usar produto ou substância tóxica, perigosa ou nociva à saúde humana ou ao meio ambiente, em desacordo com as exigências estabelecidas em leis ou nos seus regulamentos:*
> *Pena - reclusão, de um a quatro anos, e multa.*
> *§ 1º Nas mesmas penas incorre quem:*
> *I - abandona os produtos ou substâncias referidos no caput ou os utiliza em desacordo com as normas ambientais ou de segurança;*
> *II - manipula, acondiciona, armazena, coleta, transporta, reutiliza, recicla ou dá destinação final a resíduos perigosos de forma diversa da estabelecida em lei ou regulamento.*
> *§ 2º Se o produto ou a substância for nuclear ou radioativa, a pena é aumentada de um sexto a um terço.*
> *§ 3º Se o crime é culposo:*
> *Pena - detenção, de seis meses a um ano, e multa.*

Trata-se de substâncias tóxicas, perigosas ou nocivas, à saúde ou ao meio ambiente, o que demonstra a tenência de coisas perigosas. Aquele que as tenha de forma incorreta, sem obedecer às leis ou normas administrativas, incidirá neste delito. As críticas à tipificação da mera desobediência não procedem, pela relevância da coisa armazenada, que é perigosa à saúde ou ao meio ambiente. Repete-se a ideia de que os crimes de perigo abstrato não permitem que se jogue com o azar, em ações que apresentam uma singular capacidade para evoluir até uma lesão, e por isso são rechaçadas de plano pela lei penal[487].

---

[487] Renovam-se as controvérsias na doutrina se o crime é de perigo abstrato ou concreto. Contudo a opção pela fórmula de acessoriedade administrativa também empurra para o perigo abstrato. Neste sentido, Ney BELLO FILHO, em DINO NETO, *Crimes e infrações...*, p. 347; MARCÃO, *Crimes ambientais...*, p. 452 e FREITAS, Vladimir Passos de. *Crimes contra a natureza*: Vladimir Passos de Freitas, Gilberto Passos de Freitas. 9. ed., São Paulo: Revista dos Tribunais, 2012,

Deve-se registrar a interessante aplicação que se deu ao dispositivo na cidade de Itaúna, Estado de Minas Gerais. Em operação conjunta, envolvendo o Núcleo de Combustíveis da Fundação Estadual de Meio Ambiente, a Polícia Militar Ambiental, o órgão tributário estadual e o Ministério Público, foram fiscalizadas todas as empresas que armazenavam combustível petrolífero, seja para consumo próprio, como mineradoras, empresas de transportes, ou os postos de combustíveis da cidade, totalizando vinte e sete postos de abastecimento, que possuíam tanques com mais de 15.000 litros ou tanques subterrâneos.

Foram detectadas irregularidades na maioria das empresas, relativas à instalação dos tanques, à segurança dos equipamentos, e contaminação do solo ou possibilidade de contaminação, o que originou diversas prisões dos responsáveis.

O Ministério Público, tendo em mãos os relatórios dos expertos da divisão de combustíveis do órgão estadual ambiental, onde se apontavam as medidas mitigadoras, adequação e como recuperar o dano ambiental (apresentar estudo do solo, para depois adotar medidas, sob o controle dos órgãos públicos) celebrou compromisso de ajustamento de conduta com as vinte e sete empresas[488], em que estas assumiam as obrigações de adequar o armazenamento dos combustíveis. E as indenizações pelos danos em que já não era possível a restauração ou recuperação originaram valores aplicados em projetos urbanísticos-ambientais da cidade.

O compromisso de ajustamento foi possível, como já abordado, frente ao disposto no artigo 27 da Lei 9.605/98, para a transação penal, admissível nos casos em que a pena máxima

---

p. 243. Pelo perigo concreto, SIRVINSKAS, ob. cit., p. 275 e PRADO, ob. cit., p. 257.

[488] Como, por exemplo, os compromissos constantes nos *Autos de inquérito civil 05/2004* e *29/2004* da *Promotoria de Defesa do Meio Ambiente da Comarca de Itaúna/ MG.*

é de dois anos, caso da forma culposa do artigo 56, parágrafo terceiro da Lei 9.605/98. Sem oferecer denuncia, o Ministério Público realiza a composição com os autores do fato (os responsáveis, pessoas físicas, também participaram) para a recuperação e reparação do dano ambiental, e, em sequência, se impôs alguma pena (prestação de serviços à comunidade, multa...), além da recuperação ou indenização do dano ambiental. Tudo em uma solução consensual, que se submete à homologação judicial, e que permite a reparação do dano sem necessidade de um processo penal.

Também se exigiu a reparação do dano, via compromisso de ajustamento de conduta, nos casos de modalidade dolosa do artigo 56, pois esta também é requisito para a suspensão condicional do processo (possível nos casos em que a pena mínima é de um ano). Inicia-se a ação penal, mas o processo queda suspenso, subordinada sua extinção à demonstração, por prova pericial, da efetiva reparação do dano (artigo 28 da Lei 9.605/98).

O caso exposto constitui um pequeno exemplo de como a interlocução entre as normas administrativas e de responsabilidade civil com o Direito Penal, em reforço àquelas, pode ofertar resultados interessantes na proteção do meio ambiente e, mais especificamente, na prevenção do dano ambiental.

5.5.5 Os crimes de perigo abstrato e as infrações administrativas. Os artigos 55 e 60 da Lei 9.605/98. A instalação de atividades sem licença

Dois tipos penais da Lei de Crimes Ambientais brasileira são exemplos por definição do emprego do Direito Penal como uma das ferramentas de gestão dos riscos: eles sancionam a mera instalação ou funcionamento de atividades potencialmente poluidoras sem licença, é dizer, criminalizam a conduta daqueles que, querendo escapar dos mecanismos de gestão dos riscos, implantam suas atividades, sem antes conseguir a correspondente licença ou autorização oficial O artigo 60, para qualquer atividade potencialmente poluidora, e o artigo 55, especificamente para a atividade mineira[489], querem combater aqueles que impedem, com sua conduta, que o Estado cumpra uma de suas principais funções nos dias atuais, que é a definição e gestão dos riscos modernos.

Há no Direito Comparado outros exemplos de tipos penais que evidenciam a preocupação com o sistema de licenciamento ambiental, como o artigo 373 do Código Penal nicaraguense:

> *Art. 373 Aprovechamiento ilegal de recursos naturales*
> *El que, sin autorización de la autoridad competente o excediéndose de lo autorizado, aproveche, oculte, comercie, explote, transporte, trafique o se beneficie de los especímenes, productos o partes de los recursos de la fauna, de los recursos forestales, florísticos, hidrobiológicos, genéticos y sustancias minerales, será sancionado con prisión de seis meses a dos años de prisión y de cien a trescientos días multa.*

Reforça o Direito Penal com esta tipificação a importância do sistema de licenciamento, que, conforme destacado em diversas passagens, tem um papel essencial na preservação e conservação ambiental, cuidando-se muitas vezes da primeira fronteira de proteção: aí se define o que se pode e o que não se

---

[489] *Art. 55. Executar pesquisa, lavra ou extração de recursos minerais sem a competente autorização, permissão, concessão ou licença, ou em desacordo com a obtida: Pena - detenção, de seis meses a um ano, e multa. Parágrafo único. Nas mesmas penas incorre quem deixa de recuperar a área pesquisada ou explorada, nos termos da autorização, permissão, licença, concessão ou determinação do órgão competente. (...) Art. 60. Construir, reformar, ampliar, instalar ou fazer funcionar, em qualquer parte do território nacional, estabelecimentos, obras ou serviços potencialmente poluidores, sem licença ou autorização dos órgãos ambientais competentes, ou contrariando as normas legais e regulamentares pertinentes: Pena - detenção, de um a seis meses, ou multa, ou ambas as penas cumulativamente.*

pode, quais atividades se aceitarão (e em que lugares), e quais não. Subtrair do Estado esta possibilidade de controle implica quitar-lhe a gestão dos riscos, o que incrementa a sensação de insegurança, conforme abordagem sociológica anteriormente exposto, e, o que realmente é importante, pode significar danos irreversíveis, afetando o bem jurídico meio ambiente, além de riscos desconhecidos. Se o Direito Penal quer de fato contribuir à prevenção do dano ambiental, essa tipificação é bem-vinda, já que fortalece o primeiro mecanismo de proteção, que é o controle administrativo dos riscos por meio do sistema de licenças ambientais; este, se bem empregado (e não tergiversado a um sistema de licenças para contaminar) possui efetivo potencial de proteção.

Compreendidos esses crimes neste contexto, não lhes é aplicável a objeção de Frisch, quando afirma que constitui âmbito autenticamente problemático dos crimes de perigo abstrato, considerados frente ao bem jurídico protegido, aqueles casos em que os tipos penais se contentam com o mero agir sem a respectiva autorização administrativa[490].

De fato, os artigos 55 e 60 castigam a realização de determinadas atividades sem autorização. Não obstante, no caso específico destes tipos penais, foi impedida a efetiva gestão dos riscos pelo Estado; convém recordar ainda que a licença ou autorização não se impõe a toda e qualquer atividade; em verdade, está orientado somente para aquelas reconhecidas previamente como potencialmente poluidoras, pela legislação administrativa ambiental correspondente. Sobre o tema, a Lei Complementar 140/2011, e a Resolução Conama 237/1997, e os diversos documentos estaduais que estatuem quais atividades

[490] FRISCH, Wolfgang. *Bien jurídico, derecho, estructura del delito e imputación en el contexto de la legitimación de la pena estatal.* Em: HEFENDEHL, *La teoría del bien jurídico...*, p. 335.

se submeterão a licenciamento[491]. O bem jurídico meio ambiente sim se encontra ameaçado se admitimos a implantação de atividades potencialmente poluidoras sem qualquer controle. A análise da aptidão lesiva de tais atividades já ocorreu em um momento anterior, pela Administração Pública ambiental, quando reconheceu seu potencial poluidor, razão pela qual se exige a autorização administrativa[492].

Desta forma, o artigo 60, ao tipificar a conduta de implantar determinada atividade sem autorização ou licença, trata de atividades já reconhecidas de antemão como potencialmente poluidoras. O fato de que sua implantação vá ou não causar poluição constitui mera casualidade, e, diante dos riscos envolvidos, prefere-se a criminalização dessa conduta. A técnica de tipificação atende, portanto, a uma necessidade originada da natureza das coisas, vinculada ao perigo inerente que a conduta encerra. Não há forma de separar o perigo da conduta[493]. A experiência demonstra que a instalação de atividades sem controle acarreta um perigo ao meio ambiente. Justifica-se, pois, a opção pelo perigo abstrato, pelas razões já expostas[494].

---

491 Para aprofundar-se, especialmente quanto ao sistema de licenciamento da atividade de mineração, confira-se PINTO, Carlos Eduardo Ferreira; MIRANDA, Marcos Paulo de Souza; PIMENTA, Reinaldo Paulino. *Atividades minerárias e proteção ao meio ambiente no Brasil*. Em: AAVV. *Minería y actuación del Ministerio Público en Latinoamérica*. Organizadores: Alex Fernandes Santiago e Luciano Furtado Loubet. Porto Alegre: Letra&Vida: Red Latinoamericana de Ministerio Público Ambiental, 2012, p. 94-130.

492 Sobre o assunto, RODRÍGUEZ MONTAÑÉS, ob. cit., p. 302.

493 SILVA, Ângelo Roberto Ilha da. *Dos crimes de perigo abstrato em face da constituição*. São Paulo: Editora Revista dos Tribunais, 2003, p. 73 e 78.

494 Ainda que não existam maiores discussões quanto à classificação do artigo 55 como crime de perigo abstrato, o mesmo não se pode dizer quanto ao artigo 60. Optam pela exigência de um perigo concreto SIRVINSKAS (ob. cit., p. 282), PRADO (ob. cit., p. 261) e GOMES, *Crimes ambientais: comentários à Lei 9.605/98...*, p. 261, enquanto MARCÃO (ob. cit., p. 473) e BELLO (ob. cit., p. 359) se afiliam a um perigo abstrato. Como demonstrado, opta-se aqui pela existência de um delito de perigo abstrato.

E com ainda maior razão se tipifica a instalação de atividade de mineração sem o correspondente licenciamento, pois intrinsecamente impactante, tanto em seu início, como na prospecção, conforme se verifica a seguir.

5.5.5.1 Os impactos ambientais da mineração na América Latina

Alguns breves exemplos históricos devem ser recordados quando se abordam os impactos ambientais da mineração na América Latina. Conhecer a história ambiental é estabelecer o vínculo entre o passado insustentável e um futuro que se pretende sustentável, entre o que foi, a realidade presente e o que ainda será: permite visualizar a complexidade ambiental da história passada e a oportunidade de uma ação prospectiva no sentido da construção de uma racionalidade ambiental[495].

Especificamente quanto à mineração, possui esta um largo histórico de danos ambientais na América Latina.

As culturas autóctones latino-americanas incorporavam nas suas práticas produtivas as condições ecológicas e culturais da sustentabilidade, o que se refletia em suas formações simbólicas e nos seus instrumentos tecnológicos. As práticas produtivas baseadas no uso múltiplo e sustentável dos ecossistemas eram fundadas na simbolização cultural do ambiente, em crenças religiosas e em significados sociais assignados à natureza, que refletiram distintas formas de percepção e apropriação, padrões de produção e de consumo de recursos. Existia uma racionalidade ecológica no padrão de desenvolvimento das culturas indígenas americanas[496].

---

495 A assertiva é de LEFF, *Saber ambiental. Sustentabilidad, racionalidad, complejidad, poder...*, p. 331.

496 LEFF, *Saber ambiental. Sustentabilidad, racionalidad, complejidad, poder...*, p. 74-76.

A dominação dos colonizadores espanhóis e portugueses promoveria mudanças radicais. O novo mundo seria visto por estes como bem a ser explorado intensamente, para a glória e grandeza da metrópole. A natureza era o objeto selvagem a ser dominado, explorado até as últimas consequências, submetido ao jugo do homem[497].

Por mais profundas que se apresentem as diferenças entre os países da América Latina, por mais distintos que hajam sido as implementações das colonizações hispânica e portuguesa, encontram-se pautas históricas comuns de destruição, pobreza e subdesenvolvimento. E uma nota predominante se identifica na relação sociedade-naturaleza na América Latina, desde os tempos coloniais: a crença na inesgotabilidade dos recursos naturais, geradora de crescente degradação ambiental, que se deu de forma desmedida na exploração mineira.

Bom exemplo disto é a extração da prata.

Contam os registros históricos que em 1545[498], quando o índio Hualppa ficou perdido nas montanhas peruanas buscando uma lhama, acendeu uma fogueira para aquecer-se e as pedras brilhavam: a montanha era de prata. Surpreendido, o índio realizaría a exclamação que denominaria a montanha, a cidade, e traduziria (ainda que não intencionalmente, por óbvio) verdadeiro *slogan* da crença na inesgotabilidade dos recursos naturais: ¡*Potosí*!, que significa brotou.

---

497 Apesar tudo, havia aqueles que sabiam admirar a natureza, como o visitante D'Orbigny, ao ingressar no Rio de Janeiro, em belo excerto sobre a Baía de Guanabara: "*A medida que los objetos se dibujaban más nítidamente ante mi vista, me recreaba la belleza del paisaje. ... Por fin entramos en el canal, entre verdeantes laderas y los valles más rientes, pasamos entre los dos fuertes de la entrada encontrándonos en esa inmensa rada, una de las más hermosas del mundo A la izquierda, toda la ciudad de San Sebastián o Rio de Janeiro se nos mostraba, dominada por altas cumbres arboladas. ... En el momento de nuestra llegada, indefinibles emociones se habían apoderado de mí. Mi corazón desbordaba y me causaba vivo pesar la imposibilidad de comunicar a alguien los diversos sentimientos que lo agitaban a la vez. Nada me faltaba para ser feliz... Estaba en América.*"(citado em BRAILOVSKY, *Historia...*, p. 44.)

498 Todos os dados históricos deste fragmento reproduzem o ensinamento de BRAILOVSKY, *Memoria verde...*, p. 41-46.

E assim foi. A economia mercantilista colonial, orientada para a extração de metais preciosos, concentrou seus esforços na montanha de Potosí, atualmente em território boliviano. De 1503 a 1660 chegaram à Espanha 16 milhões de quilos de prata, a maioria originados das minas de Potosí. A economia mineira transformou a *Villa Imperial del Potosí* no centro da vida colonial durante os séculos XVI e XVII: em 1660 contava com 160.000 habitantes, igual que Londres e mais que Sevilha, Madri, Roma ou Paris.

A prata, explorada em Potosí, hoje Bolívia, fazia um longo percurso: era destinada ao porto de Buenos Aires, continuidade distante das riquezas de Potosí e daí era destinada à metrópole colonial. O recurso natural mineral conformou a geografia de amplos territórios; deu seu nome ao "Río de la Plata" e também a um país – a Argentina, que provém do latim *argentum*, prata. O porto de Buenos Aires não tinha relação com as atividades produtivas das áreas mais próximas, e sim com a atividade realizada em Potosí: a exportação de prata chegou a representar oitenta por cento das mercadorias que saiam de Buenos Aires. Naquela época foi cunhada a expressão "*Vales un Potosí*", sinônimo de riqueza extraordinária[499].

As autoridades espanholas não regulamentaram a produção da prata, o que gerou acelerada inflação. Durante os duzentos anos de intensa exploração prevaleceu a crença de que a prata de Potosí era inesgotável. Também surgiram as primeiras intoxicações em massa pela poluição industrial, casos de silicose entre os mineradores, envenenamento com mercúrio. Ao menos três milhões de mineiros morreram na atividade, em virtude das duras condições de trabalho.

---

[499] FERNÁNDEZ TARDÍO, Jorge. *La minería y la problemática medioambiental en Bolivia.* Em: AAVV. *Minería y actuación del Ministerio Público en Latinoamérica.* Organizadores: Alex Fernandes Santiago y Luciano Furtado Loubet. Porto Alegre: Letra&Vida: Red Latinoamericana de Ministerio Público Ambiental, 2012, p. 68.

Potosí definiu o uso do espaço econômico da colônia. Chile exportava trigo, cavalos, carne seca, peles e vinhos; Peru fornecia mercúrio, o atual território argentino carne seca, vinhos; suas províncias de Tucumán e Santiago del Estero enviavam roupas de algodão.

A crença que os recursos eran infinitos possuía inclusive base teórica. A fins do século XVIII foi discutida, com absoluta seriedade, examinando as jazidas de prata de Potosí, se estam se reproduziam por sementes e quais os mecanismos para a circulação de sua seiva[500].

Situação semelhante à de Potosí viveu Ouro Preto, em Minas Gerais, durante o ciclo do ouro. Hoje patrimônio histórico mundial, as igrejas de Ouro Preto são testemunho de um passado de esplendor.

Casos como os de Potosí e Ouro Preto se integram a um marco mais amplo, onde certas reiterações são detectáveis durante distintas fases históricas da relação sociedade-natureza na América Latina, o que permite visualizar um cenário comum, com as seguintes características[501], que atravessam o período colonial e alcançam os dias atuais:

a) Exploração sem controle dos recursos naturais, em visão imediatista e de rentabilidade a curto prazo, como nos ciclos da prata em Potosí, do ouro em Minas Gerais e da borracha no Acre.

b) Inadequada distribuição geográfica do crescimento populacional e de atividades, com concentração espacial das atividades urbano-industriais, fenômenos de subdesenvolvimento e esvaziamento demográfico no interior e diminuição da qualidade de vida urbana.

c) adoção de pautas de consumo deteriorantes.

---

500 BRAILOVSKY, *Historia ecológica de Iberoamérica II. De la Independencia a la Globalización*. Buenos Aires: Capital Intelectual, 2009, p. 43.

501 Este fragmento amplia as características da história ecológica argentina anotadas por BRAILOVSKY, Antonio. *Memoria verde*. ..., p. 339-342, para a América Latina.

d) resposta tardia dos organismos de gestão, com prevalência de razões econômicas ou sociais, em prejuízo da proteção ambiental.

Atualmente, apesar de existir mais controle – o que tampouco significa muito ou adequado, persistem os problemas com a mineração latino-americana.

Na mesmíssima Bolívia se apresentam problemas como a contaminação das águas de superfície, subterrâneas e do solo; a acumulação de resíduos sólidos, emissões de pó e, por fim, o alto consumo de água, gerando escassez em muitas das áreas de mineração. A falta de barragens adequadas, ou sua deficiente existência fazem que parte da água residual contaminada seja lançada à natureza; o problema da utilização de substâncias ácidas na exploração "DAR - drenaje ácido de roca" constitui um dos principais fatores da contaminação ambiental em virtude da atividade mineira, com diversos impactos negativos[502].

Na Argentina, também se enumeram danos ao solo, a liberação de substâncias tóxicas, a utilização de ácidos, emissões atmosféricas, poluição sonora e desmatamentos. Além disso, registra-se a falta de consideração dos direitos culturais e o não reconhecimento do direito à terra dos povos originários[503].

Neste cenário é imprescindível frisar que o conflito entre a concepção de vida dos povos americanos originários e a atividade mineira não constitui um registro histórico destinado aos livros e museus, e sim uma realidade bem viva na América Latina atual. Como exemplo, recentemente a *Confederación de Nacionalidades Indígenas de la Amazonia Ecuatoriana* (CONFENIAE) editou a "*Resolución del Congreso Ordinario de las Nacionalidades*", reunido de 17 a 19 de fevereiro de 2010, onde se opõe aos avanços das atividades extrativas em seus territórios, e enfatiza a vontade dos povos indígenas de controlar

---

[502] Conforme FERNÁNDEZ TARDÍO, ob. cit., p. 90-93.

[503] BRUNO, José Luis. *Recopilación de estudios sobre la minería en Argentina.* Em: AAVV. *Minería y actuación del Ministerio Público en Latinoamérica...*, p. 18-25.

suas vidas, comunidades e territórios, segundo os princípios de *Sumak Kawsay* (Bem Viver) e *Tarimat Matsamsatin* (Normas e Leis do Direito Próprio)[504].

Já no Brasil, a mineração representa aproximadamente 7% do PIB, e 17% de todas as exportações. Os impactos ambientais relacionados à prospecção são os desmatamentos, a poluição das águas, os efeitos negativos sobre a fauna silvestre, a poluição sonora e o impacto visual. Na extração se verificam, além dos já mencionados impactos, problemas como a poluição de águas superficiais, interferência em sítios arqueológicos e espeleológicos, alteração na qualidade e quantidade das águas subterrâneas, surgimento de dolinas, especialmente em áreas cársticas, a onipresente drenagem ácida de minas, e a poluição atmosférica e do solo.

Como cada fase da atividade tem suas peculiaridades, os impactos relacionados à disposição de resíduos da mineração no Brasil são o deflorestamento, a poluição das águas superficiais, os impactos relacionados à população que vive próxima às barragens, a poluição sonora e os efeitos sobre a fauna. Some-se a tudo isto os impactos relativos ao transporte dos minerais[505].

---

504 POTES, Veronica. *Análisis de la aplicación del Derecho Ambiental en la Amazonia Ecuatoriana y el rol de las Fiscalías Ambientales.* Quito: CEDA, 2010, p. 23-24. A resolução inclui, dentre outros: a) o rechaço à extração dos recursos (mineração, hidroelétricas, megaprojetos) sobre territórios de nacionalidades ainda não exploradas; b) a exigência de saída imediata das missões evangelizadoras da Amazônia por constituir veículos de colonização; c) a repulsa ao projeto de cultura de teca em uma comunidade Kichwa do norte, uma vez impostos sem consentimento, devastar as florestas primárias, a biodiversidade, os ecossistemas, a integridade da harmonia e o sistema organizativo da comuna; e d) a recusa a megaprojetos como a *Iniciativa de Infraestructura para la Integración Regional Sudamericana* - IIRSA (POTES, ob. cit., p. 24). O princípio do bem viver está consagrado em diversas passagens da Constituição equatoriana (artigos 14, 26, 32, 74, 83, 85, 97, 250, 258, 275, 277, 278, 283, 290, 319 e 387). Também está presente no artigo 8º, I, da Constituição da Bolívia.

505 PINTO; MIRANDA; PIMENTA; *Atividades minerárias e proteção ao meio ambiente no Brasil.* Em: AAVV. *Minería y actuación del Ministerio Público en Latinoamérica...*, p. 94-114.

O potencial poluidor da mineração está expressamente reconhecido na Constituição Federal, que enfatiza a necessidade de recuperação da área degradada:

> *Art. 225 - Todos têm direito ao meio ambiente ecologicamente equilibrado, bem de uso comum do povo e essencial à sadia qualidade de vida, impondo-se ao Poder Público e à coletividade o dever de defendê-lo e preservá-lo para as presentes e futuras gerações. ... § 2º - Aquele que explorar recursos minerais fica obrigado a recuperar o meio ambiente degradado, de acordo com solução técnica exigida pelo órgão público competente, na forma da lei.*

Repetem-se no Peru os problemas de seus vizinhos. E se somam os verificados especificamente na mineração artesanal ilegal, atividade econômica desenvolvida principalmente nas zonas geográficas de Madre de Dios, Sur Medio, Puno e La Libertad, envolvendo aproximadamente 60.000 pessoas. Tais regiões experimentam uma série de dificuldades comuns, a saber, a pobreza dos assentamentos, a degradação ambiental, as condições de saúde, a presença do trabalho infantil, a ganância de empresários que adquirem o produto ilegal ouro a baixo custo, ausência de aplicação da lei, perda de institucionalidade do setor mineiro, do governo, ausência de ordenamento territorial, enfim, consumam-se múltiplas infrações e se multiplicam os problemas[506].

Todos os exemplos demonstram a essência impactante da atividade mineira, e a necessidade de controle oficial, exigência esta que deve ser reforçada pela sanção penal, como o faz o artigo 55 da Lei 9.605 de 1998.

---

506 A lista de problemas é de DE LOS RÍOS, Raúl Mauricio. *La minería y el Ministerio Público en Latinoamérica: la minería artesanal en Perú – experiencia en la región de Madre de Dios*. Em: AAVV. *Minería y actuación del Ministerio Público en Latinoamérica...*, p. 331-332.

*5.5.5.2 Proposta de modificações, **de lege ferenda**, para os dispositivos brasileiros. O projeto de Código Penal e seus artigos 416 e 419*

Os artigos 55 e 60 da Lei 9.605/98 contribuem efetivamente à proteção ambiental. O estigma que recai sobre uma empresa acusada de funcionar ilegalmente é importante fator de prevenção. Os grandes empresários não querem enfrentar essa publicidade negativa, que pode inclusive causar a queda das ações na bolsa, conforme já verificado em algumas oportunidades. Neste sentido, o Direito Penal pode, por meio destes tipos penais, contribuir à prevenção do dano ambiental, estimulando o empresariado à atuação conforme as previsões da normativa ambiental.

Por outro lado, se a Administração Pública ambiental de fato cumpre seus deveres e exerce um controle real em prol da proteção ambiental já é outra questão, que deve ser encarada com seriedade: de nada valerá que o Direito Penal reforce algo que não possui muito compromisso com a efetividade. Para situações assim, melhor faz o Direito Penal em preocupar-se com a própria Administração Pública Ambiental, sancionando condutas inadequadas, que convertem o sistema de licenciamento ambiental no cabaré de definições de ameaças mencionado por Beck[507], e abordado no capítulo segundo.

Muito embora necessários e amplamente empregados os tipos penais dos artigos 55 e 60 da Lei 9.605/14998, algumas melhorias, *de lege ferenda,* podem ser promovidas.

E a primeira começa pela sanção, que é muito pequena: máximo de um ano para a mineração, e de seis meses, para as demais atividades. Imagine-se a instalação de uma siderurgia, uma hidrelétrica, ou alguma outra atividade altamente impactante e se perceberá facilmente que a sanção é desproporcional, e não possui o condão de desestimular ditas condutas.

---

507 BECK, ob. cit., p. 54.

Outro aspecto que também contribuiria à prevenção do dano ambiental e desestimularia essas condutas seria a previsão expressa no tipo penal da sanção de confiscação dos lucros e demais vantagens obtidas com a instalação da atividade sem licença, à similitude da previsão, por exemplo, do artigo 17, parágrafo 4, da OWiG[508]. É sabido que se poderia conseguir igual efeito em medidas cautelares, pois os lucros são produto do crime, mas implicaria intermináveis discussões, que a previsão expressa obviaria.

E é comum detectar situações em que os empresários, sem lhes importar a criminalização da conduta, implantam suas indústrias sem licença, movidos pela ganância, impulsionados pelo objetivo de cumprir contratos já celebrados com empresas extrangeiras, para o fornecimento de matérias-primas. Esta situação se verifica especialmente em contextos de alta do dólar, acelerando as exportações, como ocorreu com o setor siderúrgico de Minas Gerais, nos anos em que o mercado se encontrava favorável. Indústrias então abandonadas ressurgiram, sem licença, muitas com contratos já firmados com a China ou outros países para fornecer materiais[509].

Por isso se deve prestar especial atenção, nos casos de condutas relacionadas aos artigos 55 e 60 da Lei 9.605/1998, à aplicação da sanção de suspensão de atividades, ou de interdição temporária de obra ou atividade (nos casos em que ainda possível obter a licença, por exemplo). Conforme previsto na Lei 9.605, em seu artigo 22, I e II, (c/c artigos 21 e 11[510]) ditas

---

508 Como exemplifica TIEDEMANN, *Derecho Penal Económico...*, p. 264-265.

509 Situação constatada nos autos de inquérito civil 009/2004 da Promotoria de Defesa do Meio Ambiente da Comarca de Carmo da Mata. Para ampliação sobre o tema das indústrias siderúrgicas em Minas Gerais, SANTIAGO, Alex Fernandes. "Impactos ambientais e siderurgia: as unidades independentes de produção de ferro-gusa em alto-forno a carvão vegetal em Minas Gerais." *Revista de Direito Ambiental*, São Paulo, n. 48, ano 12, out.-dez. 2007, p. 09-29.

510 *"Art. 11. A suspensão de atividades será aplicada quando estas não estiverem obedecendo às prescrições legais"... "Art. 21. As penas aplicáveis isolada, cumulativa ou alternativamente às pessoas jurídicas, de acordo com o disposto no art. 3º, são: I - multa; II - restri-*

sanções são algumas das penas possíveis, isolada, cumulativa ou alternativamente, para a pessoa jurídica. Se se executa uma atividade estabelecida sem a correspondente autorização administrativa, sua suspensão, total ou parcial, ou a interdição da obra, é corolário inevitável a ser observado em eventual sentença condenatória. Nestes casos, condenar penalmente pela instalação da obra ou atividade e não suspendê-la ou proibi-la constituiria uma contradição que destituiria de sentido a pena e o processo penal.

Mais que isso, muitas vezes a suspensão das atividades realizadas sem o respectivo licenciamento deve ser já imposta como medida cautelar pelo juiz criminal, a fim de evitar a continuidade e agravamento dos danos ambientais.

Prosseguindo neste raciocínio, observa-se que às vezes a suspensão parcial pode ser a mais recomendada, nos casos em que a suspensão integral geraria mais dano. Muitas vezes, para evitar danos (ou mais danos), é necessário que a atividade funcione minimamente, ou, pelo menos, alguns de seus mecanismos de controle, já tendendo a uma reparação futura. É o caso, por exemplo, de quando já houve um desmatamento e o solo está exposto, em época de chuvas. Será necesario protegê-lo, para evitar que seja carreado. Ou ainda quando estão expostos materiais que podem perder-se, ou incendiar-se, em fim, pode ser necessário ter que permitir algumas atividades que evitem maior risco que a paralisação em si mesma. Tudo isso evidencia a necessária interlocução entre o saber jurídico e os outros saberes no processo penal ambiental, razão pela qual o Ministério Público e o Poder Judiciário deverão estar necessariamente assessorados por expertos para definir o melhor caminho a seguir.

Voltando a um plano *de lege ferenda*, a ausência de licença deveria qualificar outros delitos, como prevê o artigo 326 do

tivas de direitos; III - prestação de serviços à comunidade. Art. 22. As penas restritivas de direitos da pessoa jurídica são: I - suspensão parcial ou total de atividades; II - interdição temporária de estabelecimento, obra ou atividade;..."

Código Penal espanhol para a contaminação do artigo 325[511]. Assim sendo, o atual artigo 54 da Lei 9.605 de 1998 deveria abranger um tipo qualificado, quando a poluição se verificasse em atividade promovida sem a licença ambiental.

Atendendo a algumas destas considerações, o já mencionado projeto de novo Código Penal brasileiro mantém as proibições dos artigos 55 e 60, respectivamente em seus artigos 416 (no que tange à mineração) e 419 (em relação a qualquer atividade potencialmente poluidora sem licença), e em alguns aspectos as aperfeiçoa:

> *Art. 416. Executar pesquisa, lavra ou extração de recursos minerais ou explorar matéria prima pertencente à União, sem a competente autorização, permissão, concessão ou licença, ou em desacordo com a obtida: Pena – prisão, de um a três anos. § 1º Nas mesmas penas incorre quem: I - deixar de recuperar a área pesquisada ou explorada, nos termos da autorização, permissão, licença, concessão ou determinação do órgão competente; II - sem autorização legal, adquirir, transportar, industrializar, tiver consigo, consumir ou comercializar produtos ou matéria-prima, obtidos na forma prevista no caput deste artigo. §2º Aumenta-se a pena de um terço a dois terços quando a atividade for em área indígena .*

> *Art. 419. Construir, reformar, ampliar, instalar ou fazer funcionar, em qualquer parte do território nacional, estabelecimentos, obras ou serviços potencialmente poluidores, sem licença ou autorização dos órgãos ambientais competentes: Pena - prisão, de um a três anos, ou multa. Parágrafo único. Incorre na mesma pena*

511 "*Artículo 326. Se impondrá la pena superior en grado, sin perjuicio de las que puedan corresponder con arreglo a otros preceptos de este Código, cuando en la comisión de cualquiera de los hechos descritos en el artículo anterior concurra alguna de las circunstancias siguientes: a) Que la industria o actividad funcione clandestinamente, sin haber obtenido la preceptiva autorización o aprobación administrativa de sus instalaciones.*" TERRADILLOS BASOCO, *Derecho Penal del Ambiente,*. ..., p. 50, em sentido contrário ao aqui preconizado, questiona essa agravante, que não castigaria um maior conteúdo de injusto ou de culpabilidade, senão reforçaria os mecanismos administrativos de controle, quando aqui se defende que este reforço é necessário, e evita danos ao meio ambiente. Esta crítica não mereceu acolhida na jurisprudência espanhola.

quem deixa de adotar as medidas de precaução, mitigadoras, compensatórias, de controle e monitoramento estipuladas na licença ou autorização dos órgãos ambientais competentes ou determinadas pela autoridade competente.

Houve alguns aperfeiçoamentos, porque o projeto estabelece, conforme pretendido *supra*, um aumento da sanção penal nos dois novos tipos penais. Além disso, no artigo 416, parágrafo primeiro, II, esclarece que também é crime adquirir o produto da exploração minerária ilegal, situação hoje em dia contemplada em distinto documento legislativo, o artigo 2º, parágrafo 1º da Lei 8.176 de 1991. Observe-se, *de lege lata*, que aquele que explora minerais sem licença ou autorização, conforme compreensão jurisprudencial, além de cometer o crime ambiental previsto no atual artigo 55 da Lei 9.605/1998, incide em um concurso formal com o crime previsto no artigo 2º, *caput*, da Lei 8.176 de 1991, pois o artigo 2º protege o patrimônio do Estado Nacional (*União*), aí incluídos os minerais, enquanto o artigo 55 protege o meio ambiente[512].

Outra modificação positiva do projeto legislativo é o aumento de pena quando as atividades mineiras se realizarem em área indígena.

Também digna de encômios é a modificação do parágrafo único do artigo 419, que abrange mais situações que as previstas no atual artigo 60 da Lei 9.605/98. Pelo futuro disposi-

512 *"Art. 2° Constitui crime contra o patrimônio, na modalidade de usurpação, produzir bens ou explorar matéria-prima pertencentes à União, sem autorização legal ou em desacordo com as obrigações impostas pelo título autorizativo. Pena: detenção, de um a cinco anos e multa. § 1° Incorre na mesma pena aquele que, sem autorização legal, adquirir, transportar, industrializar, tiver consigo, consumir ou comercializar produtos ou matéria-prima, obtidos na forma prevista no caput deste artigo. § 2° No crime definido neste artigo, a pena de multa será fixada entre dez e trezentos e sessenta dias-multa, conforme seja necessário e suficiente para a reprovação e a prevenção do crime.§ 3° O dia-multa será fixado pelo juiz em valor não inferior a quatorze nem superior a duzentos Bônus do Tesouro Nacional (BTN)."* A jurisprudência brasileira posicionou-se pela existência de um concurso formal entre os crimes do artigo 55 da Lei 9.608/98 e o artigo 2º da Lei 8.176 de 1991 (STJ, HC 149247 / SP Ministra LAURITA VAZ DJe 07/02/2011, dentre outros)

tivo, não somente a instalação ou funcionamento sem licença será sancionada, mas também a conduta daquele que, tendo a autorização, deixa de cumprir eventuais condicionantes ali impostas, medidas de precaução, mitigação, compensação ou monitoramento estipuladas na autorização administrativa.

Semelhante proibição representa um importante mecanismo de reforço ao sistema de licenciamento ambiental, que lhe confere um peso antes desconhecido, constituindo dispositivo mais abrangente que o atualmente previsto no artigo 54, parágrafo terceiro da Lei 9.605/98[513]. Este, como examinado anteriormente no capítulo terceiro, trata somente da omissão daquele que deixa de adotar medidas precautórias ou preventivas determinadas pela autoridade competente, em casos de risco de dano grave ou irreversível. O artigo 419, parágrafo único do projeto não abrange somente esse contexto, de risco de dano grave ou irreversível, para que se sancione penalmente aquele que descumpre as medidas requeridas pela autoridade. Vai além, e abrange a omissão no cumprimento de condições estabelecidas quando da concessão da licença ou autorização. Desde uma ótica de prevenção, quer fortalecer a licença concedida, motivando o destinatário da norma, o licenciado, a cumprir as condicionantes ali estabelecidas.

5.5.5.3 A aquisição de produtos de exploração de recursos naturais sem licença constitui crime?

Volvendo ao assunto da aquisição de matéria-prima mineral explorada sem licença, outra questão deve ser examinada com mais vagar.

---

513 *Art. 54. Causar poluição de qualquer natureza em níveis tais que resultem ou possam resultar em danos à saúde humana, ou que provoquem a mortandade de animais ou a destruição significativa da flora: Pena - reclusão, de um a quatro anos, e multa. ... § 3º Incorre nas mesmas penas previstas no parágrafo anterior quem deixar de adotar, quando assim o exigir a autoridade competente, medidas de precaução em caso de risco de dano ambiental grave ou irreversível.*

Discutiu-se profundamente no COPAM – Conselho de Política Ambiental de Minas Gerais, se as indústrias cimenteiras que utilizam matéria-prima mineral (calcário) podiam adquirir de minerações ainda sem licença, na região conhecida como província cárstica de Minas Gerais, envolvendo os municípios de Arcos, Pains, Córrego Fundo, Doresópolis e Formiga. Muitas eram as fornecedoras sem licença, e o órgão ambiental sugeria nos seus pareceres uma condicionante em que as cimenteiras teriam o prazo de dois anos para regularizar seu cadastro de fornecedoras, comprando, a partir de então, somente de quem possuía licença. O Ministério Público rebateu fortemente tal proposta, com êxito, pois estimularia a exploração ilegal, e ignoraria o crime previsto na Lei 8.176. Além disso, o que é pior, persistiriam os extensos danos nas grutas e cavidades da província cárstica, em situação sem qualquer controle[514].

Estendendo tal discussão além da aquisição de matéria -prima mineral, o fato é que ainda não se atinou que aquele que adquire produto derivado da exploração de recursos naturais, sabendo que tal exploração se deu sem licença ou autorização, também comete um crime, pois é tipificada a instalação de obra ou atividade sem licença – artigo 60 da Lei 9.605/1998.

Neste caso, estamos diante do vetusto tipo penal de receptação[515], isto é, a conduta de adquirir coisa que sabe ser produto de crime.

---

514 Temas abordados en SANTIAGO, Alex Fernandes. "O dever legal de adquirir matéria-prima mineral de atividade licenciada." *Revista de Direito Ambiental*, v. 55, julho-setembro de 2009, p. 09-14.

515 Artigo 180 do Código Penal brasileiro: "*Art. 180 - Adquirir, receber, transportar, conduzir ou ocultar, em proveito próprio ou alheio, coisa que sabe ser produto de crime, ou influi para que terceiro, de boa-fé, a adquira, receba ou oculte: Pena - reclusão, de 1 (um) a 4 (quatro) anos, e multa. Receptação Qualificada § 1º - Adquirir, receber, transportar, conduzir, ocultar, ter em depósito, desmontar, montar, remontar, vender, expor à venda, ou de qualquer forma utilizar, em proveito próprio ou alheio, no exercício de atividade comercial ou industrial, coisa que deve saber ser produto de crime: Pena - reclusão, de 3 (três) a 8 (oito) anos, e multa. § 2º - Equipara-se à atividade comercial, para efeito do parágrafo anterior, qualquer forma de comércio irregular ou clandestino, inclusive o exercício em residência. § 3º - Adquirir ou receber coisa que, por sua natureza ou pela*

Esta compreensão, corriqueira nos casos em que o crime antecedente é estritamente patrimonial, ainda representa postura inovadora no âmbito dos crimes ambientais, mas desde já é aqui defendida. No Brasil, assim como em todos os outros países que criminalizem a exploração de recursos naturais sem licença, também cometerá crime (de receptação) aquele que adquirir o produto desta exploração ilegal sabendo que esta não possuía o respectivo licenciamento. O produto da exploração ilegal dos recursos naturais tem valor patrimonial, e isto é o que importa para a caracterização da receptação; aquele que o adquire, sabendo, também cometerá delito.

A vivificação deste entendimento implica maior efetividade para a legislação penal ambiental: as próprias empresas cuidariam de fiscalizar seus fornecedores de matérias-primas, e somente adquiririam daqueles que apresentassem a correspondente licença. Imaginemos as usinas de cana de açúcar: somente poderiam adquirir de atividades agrícolas com a correspondente licença, que cumprem a normativa ambiental; isto estimularia a regularização ambiental de atividades desenvolvidas em milhares de hectares. As cimenteiras, as siderurgias, somente podem adquirir minerais de fornecedores com licença, cumpridores da legislação ambiental respectiva. Tudo isto é um cenário de estímulo, por meio da sanção penal, ao cumprimento da legislação ambiental, para o qual ainda não atinaram a doutrina e o Ministério Público brasileiro, com o singelo manejo de dispositivos penais já existentes. A revisitação da previsão penal da receptação, nestes casos, promoveria a mudança da postura empresarial, em prol da maior efetividade das normas ambientais, e, por tabela, da proteção ambiental.

---

desproporção entre o valor e o preço, ou pela condição de quem a oferece, deve presumir-se obtida por meio criminoso: Pena - detenção, de 1 (um) mês a 1 (um) ano, ou multa, ou ambas as penas. § 4º - A receptação é punível, ainda que desconhecido ou isento de pena o autor do crime de que proveio a coisa. § 5º - Na hipótese do § 3º, se o criminoso é primário, pode o juiz, tendo em consideração as circunstâncias, deixar de aplicar a pena. Na receptação dolosa aplica-se o disposto no § 2º do Art. 155."

E nem sequer pode-se afirmar que tal postura representaria uma grande inovação. Na prática sim, seria. Contudo, na doutrina, aquele que é considerado o mais importante penalista que o Brasil já teve, Nelson Hungria, já antevira esta possibilidade, *a contrario sensu.*

Analisando o artigo 180 do Código Penal, que exige que a infração antecedente seja um crime, excluindo, portanto, as contravenções, Hungria ensinava[516] que, em virtude dessa exigência (que a infração penal antecedente seja um crime) – e somente por isso – aquele que adquirisse produto de caça não cometeria uma receptação, pois naquela época a caça era considerada uma contravenção, quando regia o artigo 22 da Lei 5.197, de 3 de janeiro de 1967[517].

E tal raciocínio, com a existência dos artigos 55 e 60 da Lei 9.605 de 1998, se estende a qualquer produto resultante de uma exploração de recursos naturais brasileiros sem licença ou autorização. Se explorar recursos naturais em atividades potencialmente poluidoras é crime, os produtos daí obtidos são produtos de crime. Assim sendo, aquele que adquirir tais produtos cometerá o crime de receptação, previsto no artigo 180 do Código Penal.

5.6 CONCLUSÃO

A prevenção do dano ambiental por meio dos crimes de perigo, em especial os crimes de perigo abstrato, constitui um dos mecanismos de gestão dos riscos adotado pela sociedade moderna. Deve ser este o último dos mecanismos, assumindo

---

516 HUNGRIA, Nelson; FRAGOSO, Heleno. *Comentários ao Código Penal.* 4 ed., São Paulo: Forense, 1980, v. 7, p. 306.

517 *"Artigo 27. Constituem <u>contravenções penais</u>, puníveis com três meses a um ano de prisão simples ou multa de uma a dez vezes o salário-mínimo mensal do lugar e da data da infração, ou ambas as penas cumulativamente, violar os arts. 1º e seu § 2º, 3º, 4º, 8º e suas alíneas a , b , e c , 10 e suas alíneas a , b , c , d , e , f , g , h , i , j , l , m , 13 e seu parágrafo único, 14 § 3º, 17, 18 e 19."* (sem grifos no original. Os artigos mencionados se referem à proibição da caça)

posição de destaque a análise do risco e a definição dos riscos permitidos, por meio de instrumentos como os estudos de impacto ambiental e as normas administrativas que definem os limites permitidos de poluição.

Neste âmbito, uma das importantes funções que toca ao Direito Penal é sancionar os servidores que não cumprem adequadamente seus deveres no exercício de sua atividade de fiscalização ambiental, ou os particulares que manipulam o sistema de licenciamento, apresentando informações falsas em seus estudos de impacto ambiental. Daí a importância da tipificação de condutas como as previstas nos artigos 65 a 69-A da Lei 9.605 de 1998, no Brasil, capítulo específico sobre crimes contra a administração pública ambiental, ou o artigo 314-B do Código Penal peruano, e ainda os artigos 372 e 412, respectivamente, dos Códigos Penais da Nicarágua e do Panamá.

As discussões sobre o risco, é dizer, a opção entre permitir, incluso estimular, atividades de risco, ou adotar medidas para sua restrição, acentuam o paradoxo de uma sociedade que deseja desfrutar dos avanços da Ciência e do crescimento econômico, mas não quer sofrer certos efeitos negativos, recorrendo a fórmulas de acomodação para esta tensão, tal como a do desenvolvimento sustentável. Este paradoxo motivará uma reação de perplexidade no mundo jurídico-penal, que tem sua mais perfeita tradução nas acaloradas discussões teóricas sobre os crimes de perigo, que deveriam outorgar preponderância à prevenção dos danos.

Os crimes de perigo abstrato descrevem uma ação ou situação que resulta causalmente desta, e que se considera típica ou geralmente perigosa para o bem jurídico protegido. Proíbem-se, assim, ações que apresentam uma singular capacidade de evoluir para um resultado, e que por isso são rechaçadas de plano pela lei penal. O que se abstrai não é a ação que está descrita no tipo; esta deve ocorrer no caso concreto; o que sim é abstraído são as condições restantes necessárias para desencadear a condição desvaliosa, caso ocorresse a interação com a causa selecionada no tipo. Essa interação poderia desencadear um resultado que a norma quer evitar. Permitir que estas condutas ocorram, para somente então examinar se houve o perigo no caso concreto, é jogar com o azar, pois somente se dependeria da casualidade para que o bem jurídico não se encontrasse afetado.

Para discutir a razoabilidade do juízo de perigo abstrato, é necessário imaginar as condições necessárias para desencadear o resultado indesejado que foram abstraídas da descrição típica. Nestes casos, o princípio de proporcionalidade será o parâmetro para a análise crítica dos tipos penais abstratos, estabelecendo limites à proibição penal.

Em um plano ideal, não haveria muito sentido, se o que se pretende é a prevenção dos danos ambientais, que o Direito Penal permitisse o resultado, o dano ambiental. Por isso, especificamente para o Direito Penal Ambiental, a proteção deveria configurar-se por meio de crimes de perigo abstrato. Como existem certas atividades que representam um alto grau de risco para bens jurídicos essenciais, o legislador, por sua experiência acumulada, que lhe permite constatar a potencialidade lesiva de certas condutas, as seleciona e tipifica, por entender presentes situações das quais resulta perigosidade intolerável.

A tradicional divisão tripartida, entre crimes de resultado, crimes de perigo abstrato e crimes de perigo concreto pode ser insuficiente para a compreensão dos tipos penais ambientais, frente a suas mui peculiares características, devendo ser investigadas suas estruturas delitivas.

As profundas discussões teóricas sobre os crimes de perigo, apesar de importantes, perdem um pouco de seu sentido quando constatadas as inúmeras situações de riscos excluídas pela definição dominante de um desenvolvimento sustentável. O exame da estrutura delitiva dos tipos penais brasileiros, especialmente seu crime de poluição, desmitifica a ideia de que os crimes de perigo promovem um adiantamento da punibilidade, e com isso uma inevitável melhor proteção dos bens jurídicos.

São conclusões a respeito dos tipos penais ambientais brasileiros:

a) O crime de poluição brasileiro, presente no artigo 54 da Lei 9.605 de 1998, é um crime de resultado quanto aos recursos naturais, pois exige uma poluição com resultado relativo à fauna e à flora, resultado este de mortandade ou destruição significativa. Por outro lado, é de perigo abstrato em relação à saúde humana, pois não reclama a produção de um perigo efetivo ou concreto ulterior à ação típica, contentando-se com a mera possibilidade deste perigo. É, portanto, um crime do gênero perigo abstrato quanto à saúde humana, da espécie crime de aptidão, de idoneidade, ou de perigosidade.

b) O crime do artigo 54 apresenta um elevado umbral de exigências para sua comprovação, e não prevê o dano ambiental, senão o contrário, o exige, para sua caracterização. O tipo penal do artigo 54 é a síntese acabada do que se veio discutindo até aqui na presente obra, uma vez que espelha: 1) uma definição de desenvolvimento sustentável em que predomina uma visão de crescimento econômico sobre a conservação da natureza (discussão do capítulo primeiro), 2) os conflitos de uma sociedade que estimula o risco, mas não aceita conviver com os efeitos colaterais das condutas que estimula (análise do capítulo segundo), e 3), como resultado da conjugação de 1) e 2), uma concepção bastante restrita de um dano ambiental relevante (exame do capítulo terceiro).

c) O sistema penal ambiental previsto na Lei 9.605/98 possui como objetivo central a reparação do dano ambiental, e em diversas passagens prevê sua concretização. Para conseguir tal objetivo, abranda muitas das exigências do sistema penal tradicional, com previsões de sanções mais baixas, que permitem, em sua maioria, a composição, em atenção ao princípio de oportunidade (transação penal), ou a suspensão condicional do processo). Superadas estas etapas, ainda assim será possível substituir a sanção privativa de liberdade por penas restritivas de direitos. Estas características conduzem a questionar-se até que ponto a lei penal ambiental brasileira, sabendo o que implicaria levar eventuais empresários às grades, sabendo das reações negativas do setor econômico à sanção penal ambiental e, mais especificamente, sabendo da dificuldade probatória que enfrentaria o Ministério Público não engendrou um sistema em que, se de um lado não leva ninguém à cadeia, tampouco oferece muitas garantias, ou, pelo menos, facilita a solução do caso, sem que seja necessário provar muito.

d) *De lege ferenda*, com o objetivo de sanar estes problemas, além da adequação para cima de algumas sanções, as exigências para alcançar a tábua de salvação da reparação deveriam crescer à medida que se superasse cada degrau em que possível sua concretização, evitando que o acusado procrastine, a seu talante, uma solução do processo penal que já poderia haver ocorrido anteriormente. Neste sentido, o projeto nº. 236/2012 do novo Código Penal brasileiro, que, em seu título XIV, capítulo I, de sua parte especial, incorpora os crimes ambientais e prevê, nos seus artigos 388 a 426, 36 tipos penais, a maioria com penas mais altas que as atuais, constitui, em alguma medida, uma reação a estas questões.

e) Os crimes de posse dos artigos 52 e 56 da Lei 9.605 de 1998, ao contrario do crime de poluição, previnem o dano ambiental, ao cuidar da posse de apetrechos de caça em unidades de conservação ou da inadequada posse de coisas cuja mera existência já é perigosa para o meio ambiente.

f) O artigo 60, para qualquer atividade, e o artigo 55, especificamente para a atividade mineira, da Lei 9.605 de 1998, ao sancionar a instalação ou operação de atividades potencialmente poluidoras sem licença, querem combater aqueles que impedem, com sua conduta, que o Estado cumpra um de seus principais papéis nos dias atuais, que é a definição e gestão dos riscos modernos. Esta tipificação fortalece o primeiro mecanismo de proteção, que é o controle administrativo dos riscos pelo licenciamento ambiental, e contribui para a prevenção do dano ambiental.

g) *De lege ferenda*, é necessário promover algumas mudanças nos artigos 55 e 60, a começar pela sanção, que é muito baixa, não tendo a capacidade de desestimular essas condutas, preocupação atendida no atual projeto de Código Penal. Outro aspecto que também contribuiria para a prevenção do dano ambiental seria a previsão expressa no tipo penal da sanção de confisco dos lucros e demais vantagens obtidas com a instalação da atividade sem licença, à semelhança da previsão, por exemplo, do artigo 17, parágrafo 4, da OWiG.

h) Deve conceder-se especial atenção, nos casos dos artigos 55 e 60, à aplicação da sanção de suspensão de atividades, ou de interdição temporária de obra ou atividade (esta nos casos em que ainda possível obter a licença, por exemplo), previstas no artigo 22, I e II (c/c artigo 21 e 11) da Lei 9.605/1998. Desenvolvendo-se uma atividade estabelecida sem a correspondente licença, sua suspensão, total ou parcial, ou a interdição da obra, é corolário inevitável que deve ser observado em eventual sentença condenatória. De qualquer forma, antes mesmo da sentença, o juiz penal deve estar atento para já suspender as atividades em medidas cautelares, evitando a criação de novos danos ou intensificação dos danos já causados.

i) Também em um plano *de lege ferenda*, a ausência de licenciamento deveria aumentar a pena de outros crimes, como prevê o artigo 326 do Código Penal espanhol para a poluição do artigo 325. Dessa forma, o atual artigo 54 da Lei 9.605 de 1998 deveria abranger um tipo qualificado, quando a poluição se verificasse em atividade realizada sem o devido licenciamento.

j) Aquele que adquire produto de exploração ilegal dos recursos naturais comete o crime do artigo 180 do Código Penal, pois a atividade potencialmente poluidora sem licença constitui crime, cumprindo, assim, a exigência de um crime antecedente para a configuração do tipo penal de receptação.

6 A Reparação do Dano nos Crimes Ambientais

6.1 INTRODUÇÃO

O desenvolvimento histórico do Direito Penal produziu, sob a influência da concepção do Estado Moderno, da doutrina do contrato social e, mais especificamente, da teoria do bem jurídico e dos fins preventivos da pena, um progressivo esquecimento da vítima. Esta, que originariamente ocupava um rol protagônico na reação aos delitos, se viu progressivamente afastada, até ser considerada apenas uma prova, ou simplesmente aquele que leva ao sistema penal a notícia do delito.

Se é correto que o Direito Penal tem funções preventivas, não tem sentido que este, uma vez que ocorram os delitos, se esqueça das pessoas que antes quis proteger. Isso não resolve o conflito social, e gera mais descontentamento.

Por tais razões, é compreensível que hoje em dia se discuta com vigor a necessidade de reconsideração da vítima no Direito e em especial no processo penal. E, de todas as discussões sobre o tema, a mais compreensível é a que envolve a reparação do dano em sede processual penal, especial interesse das vítimas.

Semelhante discussão adquire cores ainda mais vivas quando considerada a expansão do Direito Penal à proteção do ambiente, onde a reparação do dano assume um rol essencial. É mister, portanto, verificar como hodiernamente se discute no Direito Penal a consideração das vítimas, em especial a reparação do dano, e, por fim, destacar o protagonismo que esta última deve gozar em um Direito Penal que pretenda proteger o meio ambiente.

6.2 BREVE RESUMO HISTÓRICO. O PROGRESSIVO ESQUECIMENTO DA VÍTIMA.

No princípio, a vingança. A primeira reação aos delitos surge impulsionada por um dos mais primitivos sentimentos. Uma ofensa contra o indivíduo representava uma ofensa contra seu clã ou tribo. As vítimas eram os únicos protagonistas da resposta aos delitos[518]: os próprios particulares reagiam às ofensas que sofriam, na vingança de sangue. Isso gerava excessos retributivos que implicavam em mais e renovadas necessidades de retaliação[519].

Quando as tribos começaram a converter-se em comunidades mais estáveis, surgiram costumes que buscavam de alguma forma paralisar o ciclo vicioso de vingança[520]. Nesse sentido, a *lex talionis* nasce como uma evolução, pois restringe o poder sancionador da vítima e introduz a reparação pecuni-

518 BERISTAIN, Antonio. *Nuevo proceso penal desde las víctimas.* Em: AAVV. *Direito Criminal.* Coordenador José Henrique Pierangeli. Belo Horizonte: Del Rey, 2001, p. 16.

519 A vingança não é drama de um só ato, recorda HERRERA MORENO, Myriam. *La hora de la víctima. Compendio de Victimología,* Madri: Edersa, 1996.

520 Será empregada amplamente nesse excerto a resenha histórica de CÂMARA, Guilherme Costa. *Programa de política criminal: orientado para a vítima de crime.* São Paulo: Editora Revista dos Tribunais; Coimbra: Coimbra Editora, 2008, p. 21-61.

ária nos delitos menos graves como forma de evitar a vingança de sangue. As vítimas podem seguir vingando-se, mas não de forma ilimitada, e sim proporcional à ofensa. A reparação do dano progressivamente assume aspecto central, seja no primitivo Direito romano, seja na composição pecuniária germânica (*Wergeld*). É importante recordar que a palavra penal deriva do latim *poena*, que, em um primeiro sentido, designava a composição pecuniária, assim como a palavra grega *poiné*.

Com a queda do Império Romano, os germânicos volvem à vingança privada, no que comumente se denomina apogeu da idade de ouro da vítima. O delito gera a inimizade (*Faida* o *Fehde*) que insere em polos antagônicos a vítima (e seus parentes ou *Sippe*) e o ofensor (e seus partidários). A atuação da vítima se divide entre dois caminhos bastante nítidos: a vingança e a reparação, ambos com caráter sancionador, em vivificação de um direito subjetivo da vítima. A reparação implicava a renúncia à vingança; se descumprida, a vingança voltava a ser exercida. Posteriormente, com a judicialização da *compositio*, os juízes determinariam o montante indenizatório; a vingança seria progresivamente substituída pela reparação econômica, e, por fim, parte dos bens ou valores destinados à reparação da vítima seriam destinados ao Estado, no que desaguará na distinção entre multa e reparação.

Não obstante, em uma atmosfera de vingança privada ninguém está protegido, e isso assinalou Thomas Hobbes quando retratou como seria uma sociedade de indivíduos. Para o filósofo inglês, atormentado pelas experiências das guerras religiosas na França e da guerra civil inglesa, seria esta uma sociedade de insegurança total, na qual os indivíduos, liberados de toda regulação coletiva, viveriam sob o signo da ameaça permanente, porque não possuíam em si mesmos a possibilidade de proteger e de proteger-se[521].

---

521 *"Por consiguiente, todo aquello que es consustancial a un tiempo de guerra, durante el cual cada hombre es enemigo de los demás, es natural también en el tiempo en que los hombres viven sin otra seguridad que la que su propia fuerza y su propia invención pue-*

Para escapar da vida "*tosca, embrutecida e breve*" que menciona Hobbes é necessário estar protegido, imperativo categórico para poder viver em sociedade. Concluirá Hobbes que o fim do Estado será, particularmente, a segurança[522], e assim evitar a guerra permanente, a guerra de todos contra todos. Com a irrupção do Estado Nacional e conforme procuram explicar as teorias do contrato social, as pessoas, cansadas "*de la defensa y venganza aislada de su libertad y seguridad renuncian al uso individual de la venganza y encargan al Estado la protección de su vida, su libertad y sus pertenencias, por medio de la sanción racional y limitada*[523]".

Era o começo do afastamento das vítimas. A ameaça penal precede os interesses reparatórios e punitivos das vítimas concretas. Como consequência das teorias do contrato social, o delito, além da lesão da vítima concreta, deve ser compreendido como infração cometida frente à comunidade, como realça Eser, em análise do pensamento de Locke. O delito rompe o consenso social básico, pelo que o delinquente ataca não somente a vítima individualmente afetada, mas também os demais partícipes do contrato social, concepção que obriga a vítima a partilhar seu posto – já então de menor destaque – com

den proporcionarles.
En una situación semejante no existe oportunidad para la industria, ya que su fruto es incierto; por consiguiente no hay cultivo de la tierra, ni navegación, ni uso de los artículos que pueden ser importados por mar, ni construcciones confortables, ni instrumentos para mover y remover las cosas que requieren mucha fuerza, ni conocimiento de la faz de la tierra, ni cómputo del tiempo, ni artes, ni letras, ni sociedad; y lo que es peor de todo, existe continuo temor y peligro de muerte violenta; y la vida del hombre es solitaria, pobre, tosca, embrutecida y breve" HOBBES, Thomas. *El leviatán.* Biblioteca del político, INEP AC, p. 52. Disponível em <http://isaiasgarde.myfil.es/get_file/hobbes-leviat-n.pdf>. Acesso em 26 de fevereiro de 2012. Sobre as múltiplas interpretações de Hobbes e sua influência sobre o Direito Penal, confira-se *Thomas Hobbes penalista.* Paulo César Busato (org.). Rio de Janeiro: Lumen Juris, 2010.

522 Ob. cit., p. 70.

523 BERISTAIN, ob. cit., p. 18.

a comunidade[524]. Foucault recorda que o delito ataca, além da vítima imediata, o próprio soberano, pessoalmente e fisicamente, pois a lei é a vontade do soberano e a força da lei é a força do príncipe[525].

No âmbito específico da dogmática penal, as teorias do bem jurídico dão o golpe de misericórdia no afastamento da vítima. A superação da concepção inicial de Feuerbach do crime como a lesão de um direito subjetivo em prol do paradigma da lesão de um bem jurídico produziu uma progressiva espiritualização e abstração da doutrina e legislação penal que implicou um indesejável esquecimento das vítimas, de seus interesses, da lesão individual[526].

As vítimas foram neutralizadas, com a definição do crime como uma ofensa ao Estado; se antes ocupavam um rol protagônico, agora são consideradas meros sujeitos passivos do delito; por fim, "*la víctima no es la persona ofendida, sino un dato que es menester aportar al proceso; la víctima no es más persona, es una*

524 ESER, Albin. *Sobre la exaltación del bien jurídico a costa de la víctima.* Cuadernos de conferencias y artículos, n. 18. Bogotá: Universidad Externado de Colombia, 1998, p. 11-12.

525 "*Deve-se conceber o suplício, tal como é ritualizado ainda no século XVIII, como um agente político. Ele entra logicamente num sistema punitivo, em que o soberano, de maneira direta ou indireta, exige, resolve e manda executar os castigos, na medida em que ele, através da lei, é atingido pelo crime. Em toda infração há um crimen majestatis, e no menor dos criminosos um regicida em potencial.E o regicida, por sua vez, não é nem mais nem menos que o criminoso total e absoluto, pois em vez de atacar, como qualquer delinqüente, uma decisão ou uma vontade particular do poder soberano ele ataca seu princípio na pessoa física do príncipe.*"(FOUCAULT, Michel. *Vigiar e punir: nascimento da prisão.* Petrópolis: Vozes, 1987, p. 46.)

526 ESER, ob. cit., p. 18-42. Roxin observa que a separação estrita entre o Direito Penal e o Direito Civil somente se impôs já na segunda metade do século XIX, sob a influência de Binding, pois a pena foi originariamente reparação, e, a partir da concepção de que a pena é prestada ao Estado, e a reparação a quem sofre o dano, o Direito Penal se distanciou da reparação do interesse individual, porque não possuiria nenhuma relação com a pretensão punitiva do Estado (ROXIN, Claus. *Fundamentos político-criminales del Derecho Penal.* Buenos Aires: Hammurabi, 2008, p. 212-213).

prueba[527]", ou mero *gate-keeper* do sistema penal, aquele que leva à polícia o conhecimento do crime[528].

Como consequência, a reparação migra para o Direito Civil. O Direito Penal evoluiu, mas, com o esquecimento da vítima, inviabiliza uma solução real dos conflitos.

6.3 A RECONSIDERAÇÃO DAS VÍTIMAS, ESPECIALMENTE POR MEIO DA REPARAÇÃO

Não é razoável que o Direito Penal, que tanto se preocupa com a vítima *ex ante* (vítima potencial), enfatizando seus fins preventivos, uma vez ocorrido o delito se olvide solenemente daquele que antes queria proteger, ocultando envergonhado seu fracasso preventivo. O esquecimento da vítima *ex post* (vítima concreta) originou críticas da doutrina e seu redescobrimento[529], especialmente a partir dos anos 70 do século passado. Muito contribuíram nesse sentido as macrovitimizações da Segunda Grande Guerra Mundial.

Para justificá-lo, todo um arcabouço teórico foi produzido.

Eser, em seu já mencionado artigo, propõe um conceito dual – institucional-individual – do crime, que englobe os ataques ao ordenamento jurídico, aos bens jurídicos, mas também abarque a consideração da lesão aos interesses individuais das vítimas[530].

Também é bastante conhecida a posição de Roxin, que propõe a inversão do desenvolvimento histórico, e conduzir

527 ZAFFARONI, Eugenio Raúl. Prólogo à obra de MESSUTTI, Ana. *El tiempo como pena*. Buenos Aires: Campomanes Libros, 2001.

528 CÂMARA, Guilherme Costa, ob. cit., p. 86, baseado na lição de Hindenlang e Gottfredson.

529 GALAIN PALERMO, Pablo. *La reparación del daño a la víctima del delito*. Valencia: Tirant lo Blanch, 2010, p. 76.

530 ESER, *Sobre la exaltación del bien jurídico a costa de la víctima...*, p. 41-42.

novamente por caminhos comuns o Direito Civil e o Penal[531]. Defende a reparação como uma terceira via, ao lado da pena e das medidas de segurança[532]. Para os partidários da terceira via, a reparação: a) não é uma pena nem busca cumprir algum fim penal autônomo; b) serve à prevenção especial e geral; c) é um terceiro nível punitivo, junto das penas e medidas de segurança; e d) permite atenuar ou substituir as penas[533].

E esse parece ser um caminho louvável. A reparação é mais nobre para o autor, que de alguma forma se reconcilia com a vítima; serve à recomposição do equilíbrio rompido pelo crime; pesquisas psicológicas mostram que para muitos delinquentes existe a necessidade de reparar, vontade que vai decaindo enquanto permanecem mais tempo em uma unidade de execução penal[534]; além disso, a reparação também pode contribuir à prevenção geral e especial.

Quanto à prevenção geral, Roxin destaca que a reparação também pode contribuir para os propósitos de motivação pedagógico-social de aprendizagem, de confiança e de satisfação, pois, respectivamente, provoca a exercício na fidelidade ao Direito, permite que o cidadão note que o Direito se realiza e, por fim, apazigua a consciência jurídica geral, quando o criminoso se esforça e tanto faz que a sociedade dá por concluído o conflito com o autor. E, no que pertine à prevenção especial, a reparação obriga o autor a entender-se com os danos causados,

---

531 ROXIN, *Fundamentos...*, p. 218. Neste pormenor é interessante recordar a observação do professor Edmundo Hendler, que na França antiga, a expressão civilizar possuía significado estritamente jurídico: a conversão de um processo penal em outro de caráter civil, conforme HENDLER, Edmundo S. *La comparación de sistemas penales. Una propuesta.* Em: ZAFFARONNI, Eugenio Raúl... (et. al.) *Criminalidad, evolución del derecho penal y crítica al derecho penal en la actualidad.* Buenos Aires: Del Puerto, 2009, p. 132-133.

532 ROXIN, *Fundamentos...*, p. 234

533 Resumo de GALAIN PALERMO, ob. cit., p. 243-244, também identificável em ROXIN, *Fundamentos...*, p. 232.

534 Menciona ROXIN, *Fundamentos...*, p. 217.

fornecendo um sentido de justiça e lhe conduz ao reconhecimento do Direito, além da reconciliação entre autor e vítima[535].

Por tais razões, a reparação contribui para a restauração do equilíbrio, a resolução do conflito e à pacificação social, dever da política criminal e fim do processo penal. Ademais, é preferível que se resolva já no processo penal, endo-processualmente, sem adiar a solução para uma execução de sentença condenatória[536].

Talvez pelas virtudes da reparação *supra* assinaladas, talvez por motivos menos nobres, de economia processual, com o nítido propósito de descongestionar o Tribunais penais[537], por meio da diminuição de processos em sistemas judiciais que já não conseguem responder ao aumento de conflitos em uma população crescente e em um cenário de expansão (ou adequação aos novos interesses) do Direito Penal, talvez por todas essas razões juntas, o fato é que a reparação ingressou no sistema processual penal de diversas legislações no mundo, pelo que adequado nesse momento ter uma breve visão panorâmica de sua entrada nos ordenamentos jurídicos.

6.4 A REPARAÇÃO DO DANO NO SISTEMA PENAL DE ALGUNS PAÍSES

Roscoe Pound, na década de 70 do século passado, ao examinar as causas do descontentamento dos cidadãos com o sistema judicial assinalou a necessidade de inclusão das vítimas dos delitos na busca de acordos para pacificar o conflito social[538]. Este questionamento é a base dos movimentos de justiça restaurativa, que pretendem influenciar especialmente os países do sistema de *common law*, mas também ressoou nos países

535 ROXIN, *Fundamentos...*, p. 227 e 233.

536 CÂMARA, ob. cit., p. 219.

537 GALAIN PALERMO, p. 29.

538 GALAIN PALERMO, p. 132-133.

do sistema continental. Não obstante, cuida-se de um modelo em que se propõe uma solução consensual sem necessidade de uma sentença judicial. A própria ONU, em julho de 2000, por seu Conselho Econômico e Social, adotou uma Resolução sobre Princípios Básicos no Uso de Programas de Justiça Restaurativa em Matéria Criminal, retornando ao assunto em 12 de março de 2003, nas regras e normas e, matéria de prevenção do crime e justiça penal. Antes, em 29 de novembro de 1985, através da Resolução 40/34, a Assembleia Geral das Nações Unidas editou a "*Declaração sobre os princípios fundamentais de justiça para as vítimas de crime e do abuso de poder.*"

No âmbito da União Europeia, desde o relatório do Comitê europeu de 1978 sobre os problemas de compensação às vítimas de crime a questão evoluiu de forma tal que alcançou, em 22 de março de 2001, uma Decisão Marco do Conselho, relativa ao Estatuto da Vítima no Processo Penal (DO L 82), em que se deposita ênfase na evitação da sobrevitimização ou vitimização secundária (o dano adicional que representa a própria mecânica da justiça penal) e a Diretiva 2004/80/CE sobre Indenização das vítimas de crimes, de 29 de abril de 2004.

6.4.1 Alemanha

É importante começar, diante de sua inegável influência em matéria penal, pela Alemanha, e abordando o Projeto Alternativo sobre a Reparação (*Alternativ-Entwurf Wiedergutmachung – AE -WGM*), elaborado em 1992 por um grupo de professores de Direito Penal da própria Alemanha, Áustria e Suíça, base da reforma penal alemã, que admite que a reparação sirva como substituição, suspensão ou atenuação da pena ou meio para permitir a liberdade condicional. A ideia central é a espontaneidade da reparação, e, como consequência, a possível renúncia à pena, quando inoponíveis fins preventivos especiais ou gerais (§ 4 AE-WGM). A base filosófica é a figura do sujeito responsável, derivado da teoria da ação comunicativa de Habermas, na qual os cidadãos são sujeitos com capacidade de autogestão, razão pela qual, especificamente quanto à reparação, o autor se entende com o ofendido para alcançar um acordo que lhes seja satisfatório[539].

As legislações alemã e portuguesa permitem um amplo campo de atuação e incidência à reparação, conforme se verificará a seguir.

Na Alemanha[540] é possível considerar a reparação em três vertentes: a) no sentido de mediação ou conciliação entre au-

---

539 GALAIN PALERMO, p. 147-149 e 181-183.

540 Id., ibid., p. 248. Transcrevem-se alguns dos dispositivos citados: "*§ 46. Principios de la fijación de la pena. ...(2) En la fijación sopesa el tribunal las circunstancias favorables y desfavorables del autor. 2 En esta relación deben tomarse en consideración de manera particular: - los móviles y objetivos del autor, - el ánimo, que habla del hecho y la voluntad empleada en el hecho, - la medida de la violación al deber - la clase de ejecución y el efecto culpable del hecho, - los antecedentes de conducta del autor, sus condiciones personales y económicas, así como su conducta después del hecho, especialmente su esfuerzo para reparar el daño, así como el esfuerzo del autor de lograr una acuerdo con la víctima. (3) No se permite tomar en cuenta circunstancias que ya son características del tipo legal.*"
"*§ 46a. Arreglo entre autor y víctima, reparación del daño Si el autor: 1. en su empeño para lograr un acuerdo con el lesionado (arreglo autor-víctima) haya reparado su hecho enteramente o en su mayor parte o esté aspirando seriamente a su reparación; o, 2. en el caso en que la reparación del daño haya exigido por él un considerable desempeño personal o una renuncia importante, indemniza a la víctima enteramente o en su mayor parte, entonces el tribunal puede atenuar la pena de acuerdo con el § 49 inciso primero o, puede prescindir de la pena cuando no se ha incurrido en pena grave tal como privación de la libertad hasta un año o multa hasta 360 importes diarios.*" "*Título IV Suspensión de la pena por libertad condicional § 56. Suspensión de la pena (1) En la condena a pena privativa de la libertad no mayor a un año el tribunal suspende la ejecución de la pena por libertad condicional, cuando es de esperar que al condenado le sirva ya la condena para enmienda y en el futuro no cometa más hechos punibles aún sin la influencia de la ejecución de la pena. En relación con esto se deben tener en cuenta especialmente la personalidad del condenado, su vida anterior, las circunstancias de su hecho, su conducta posterior al hecho, sus condiciones de vida y los efectos que de la suspensión deben esperarse para él. (2) El tribunal puede también, conforme a los presupuestos del inciso primero, suspender por libertad condicional, la ejecución de una pena privativa de la libertad más alta que no sobrepase los dos años, cuando de acuerdo con la valoración en conjunto del hecho y de la personalidad del autor existan circunstancias especiales. En la sentencia deben considerarse también particularmente los esfuerzos del condenado por reparar los perjuicios causados por el hecho.*" "*§ 59a. Periodo de libertad condicional, obligaciones y órdenes (1) El tribunal determina la duración del periodo de libertad condicional. El periodo de libertad condicional no puede superar tres años ni ser inferior a un año. (2) El tribunal puede ordenar al amonestado, 1. esforzarse para lograr un convenio con el lesionado o de otro modo repararle los daños causados por el hecho; 2. cumplir con sus obligaciones alimentarias; 3. pagar una suma de dinero a favor de una institución sin ánimo de lucro o al erario público. 4. someterse a un tratamiento curativo ambulante*

tor e vítima; b) para a remissão da pena ou exclusão da pena; c) junto ou substituindo as penas ou medidas de segurança. E como a reparação se relaciona com os fins das penas, pode cumprir distintas funções, tais como: a) atenuante ou eximente de pena (cfr. §§ 46 e 46a, 49 StGB, o Código Penal alemão); b) condição ou obrigação imposta ao condenado (cfr. §§ 56 b e 59a StGB e 153a StPO, o Código Processual Penal); c) substitutivo da sanção penal (§ 153ª StPO) e, por fim, d) consequência jurídica autônoma no Direito Penal de menores (§§ 10 e 15 JGG).

Sem lugar a dúvidas, a disposição que gera mais interesse é a prevista no § 153aStPO, do Código Processual Penal alemão, que é mister transcrever:

> "§ **153a. Prescindir provisionalmente de la acusación; sobreseimiento condicional.** *(1) Con el consentimiento del inculpado y del tribunal competente para la apertura del plenario, la fiscalía puede prescindir provisionalmente de la interposición de la acción pública en un delito, y al mismo tiempo fijar al inculpado 1. aducir una determinada prestación para la reparación del daño ocasionado, 2. pagar un importe a favor de una institución de interés común o del Tesoro Público. 3. aducir otras prestaciones de interés común; o 4. cumplir con deberes de alimentos de un determinado valor, si estas imposiciones e instrucciones son apropiadas para suprimir el interés público en la persecución penal, y si no se opone la gravedad de la culpa. ... Si el inculpado cumple las imposiciones e instrucciones, entonces el acto ya no puede ser perseguido como delito. Si el inculpado no cumple las imposiciones e instrucciones, entonces no se presentan las prestaciones que haya aducido para su cumplimiento. ... (2) Si ya ha sido interpuesta la acusación, entonces, con el consentimiento de la fiscalía y del inculpado, el Tribunal puede sobreseer el proceso provisionalmente hasta el final de la vista oral, en la que las constataciones reales pueden ser comprobadas por última vez, y al mismo tiempo puede*

---

o a una cura de desintoxicación ambulante; o, 5. asistir a un curso sobre comportamiento en el tráfico. Al respecto no se puede hacer exigencias a la conducta del amonestado imposibles de cumplir. Tampoco las obligaciones y órdenes según la frase primera numeral tercero al quinto referentes a la significación del hecho cometido por el autor, no pueden estar fuera de proporción. El § 56c incisos tercero y cuarto rigen en lo correspondiente."

otorgar al inculpado las imposiciones e instrucciones designadas en el apartado 1º, inciso 1º. ... (3) Se suspende la prescripción durante el transcurso del plazo establecido para el cumplimiento de las imposiciones e instrucciones."

Presente está o princípio de oportunidade, pelo qual o Ministério Público pode deixar de oferecer a ação penal à espera do cumprimento das imposições por parte do autor, em uma solução consensual, vez que depende do consentimento do autor do fato. O modelo não se confunde com as propostas de justiça restaurativa pura, já que depende da homologação judicial. Isto permite a reparação do dano sem necessidade de um processo penal. O autor do fato evita a acusação ministerial, em casos de pequena e média gravidade. É um arquivamento condicionado, segundo Roxin[541]. Se já proposta a ação penal, outra oportunidade surge: a suspensão condicional do processo, subordinada ao cumprimento da reparação; ocorrerá o arquivamento provisório do processo (§153.2a.StPO).

As obrigações impostas nestes casos não constituem pena, e, para a doutrina alemã, possuem a natureza jurídica de prestação voluntária, prestação expiatória, quase-sanção, medida quase penal, pena encoberta, expressões estas que demonstram a simplificação, a forma consensual de resolução do conflito. O autor se exime de uma acusação formal, segue gozando do beneficio da presunção de inocência; o Ministério Público tem um processo a menos; o Tribunal se vê descongestionado. É uma norma funcional aos interesses da vítima, do Ministério Público, do Poder Judiciário, e do próprio autor, diante da rápida solução do conflito, para aqueles, e pela ausência de uma acusação formal, da imposição de pena e de um antecedente penal para este último[542].

541 GALAÍN PALERMO, p. 261-263.

542 GALAÍN PALERMO, p. 266-270.

6.4.2 Portugal e Brasil

O Código de Processo Penal português distingue a pequena e média criminalidade da criminalidade grave, utilizando soluções de consenso para as primeiras e a tradicional forma de conflito para a última. A desburocratização, simplificação, desformalização, celeridade, participação, oportunidade e consenso são a tônica para as formas mais simples de criminalidade. Esta tendência se cristaliza no Código Penal Tipo Iberoamericano, que defende a reparação como causa de extinção da punibilidade para crimes de pouco gravidade.

O sistema processual penal português dá um passo adiante na erradicação do conflito pela pacificação social, pois insere a participação da vítima no acordo de suspensão condicional do processo, homologável judicialmente (artigo 281 do Código de Processo Penal). Pelo dispositivo, crimes com pena máxima de cinco anos permitem a suspensão condicional do processo, mediante a imposição de deveres, entre eles a realização de atos de reparação (artículo 281.2.a). A proposta ministerial deve contar com a concordância do acusado e da vítima, e ser homologada pelo juiz.

Nos crimes delitos com pena de prisão até três anos, de acordo com o artigo 392 do Código Processual português, o Ministério Público pode imediatamente propor uma pena ou medida de segurança não privativa de liberdade, que deve contar com a aprovação do juiz e do autor do fato, prescindindo da instância oral, valendo a decisão de homologação como condenação.

Estas tendências influenciaram amplamente a legislação brasileira. A transação do artigo 76 e a suspensão do processo do artigo 89 da Lei 9.099 de 1995 repetem casos de pena imediata sem necessidade de iniciar a ação penal, para o primeiro, em crimes com pena máxima de dois anos, e a suspensão condicional do processo, mediante o cumprimento de obrigações, uma vez já iniciada a ação penal, para crimes com pena mínima de um ano. Em ambos os casos, o Ministério Público faz a proposta, que precisa da aprovação do autor do fato e homologação do juiz.

Os acordos para a reparação do dano são facilmente imagináveis nos casos de vítimas diretas, especialmente em crimes contra o patrimônio. Mas o que dizer da reparação dos danos em crimes que pretendem proteger o meio ambiente?

6.5 PODE-SE DISCUTIR A REPARAÇÃO DO DANO AMBIENTAL NO PROCESSO PENAL?

Maier realçou a possibilidade de discussão da reparação do dano nos bens jurídicos coletivos ou universais, "*y en su reparación por medio de una acción que procure la restitución al estado deseado*[543]", dando como exemplo os crimes ambientais.

E não somente a reparação do bem ambiente, pois tampouco se pode esquecer que no dano ambiental, além do dano difuso, também ocorrem danos individuais. Essa comumente a dinâmica do dano ambiental, conforme capítulo terceiro.

Agora, como ficam o dano ambiental e sua reparação no processo penal?

Varios países possuem atualmente um catálogo de crimes ambientais. É importante indagar se nos países que tipificaram as agressões ambientais é possível considerar a possibilidade de reparar o dano ambiental no processo penal. E isto repetindo que, nos bens jurídicos supraindividuais ou coletivos, este

[543] MAIER, Julio B. J. *La víctima y el sistema penal*. Em: AAVV. *De los delitos y de las víctimas*. Comp. por Julio B.J. Maier. Buenos Aires: Ad-Hoc, 2008, p. 212-213. Sobre justiça restaurativa e crimes ambientais, BOYD, Carrie C. "Expanding the arsenal for sentencing environmental crimes: would therapeutic jurisprudence and restorative justice work?" *Wm. & Mary Envtl. L. & Pol'y Review*, vol. 32, 2007-2008, p. 483-512.

fenômeno dual está presente: além da lesão ao ambiente natural (solo, água, ar, vegetação, fauna) interesses individuais concretos são lesionados (saúde, interesses patrimoniais, vida). A ideia de supraindividualidade não elimina a possibilidade de ofensa de um número significativo de vítimas reais, concretas, especialmente nos crimes ambientais, em que uma catástrofe ambiental pode significar a desaparição da própria espécie[544].

É sabido que os dois principais trilhos da proteção ao ambiente são a prevenção e a reparação. Se o Direito Penal tenta contribuir com a prevenção nos crimes de perigo abstrato, ou com a criminalização da omissão, conforme analisado nos capítulos anteriores, a discussão agora pertine à possibilidade de do Direito Penal contribuir à reparação, por meio de seu processo penal.

A conclusão é de que nada servirá um Direito Penal que pretenda proteger o meio ambiente e não se ocupe da reparação do dano ambiental. A reparação é essencial, imanente a qualquer discussão sobre a proteção do ambiente. Primeiro prevenir, e, em seu fracasso, imediatamente buscar a reparação. De que servirão sanções como a pena privativa de liberdade para aqueles que desmatam a floresta amazônica, por exemplo, se também não lhes é exigida a recomposição do ambiente danificado?

A reparação do dano ambiental encontra-se diretamente ligada aos fins das penas. Os danos ambientais originados de condutas delitivas, especialmente os de grande magnitude, podem, além dos efeitos diretos e indiretos sobre os recursos naturais, a saúde e a vida das pessoas, erosionar a confiança da sociedade nas instituições e romper o equilíbrio na comunidade afetada[545], motivo pelo qual a reparação do dano ambiental

---

544 CÂMARA, ob. cit., p. 117-118.

545 LIN, Albert C. "The unifying role of harm in environmental law." *Wisconsin Law Review*, 2006, p. 946.

cumpre a função de restituir a confiança da sociedade na vigência das normas, de que existe uma responsabilidade para as empresas e os empresários que descumprem as normas ambientais e causam danos. Sob este prisma, a reparação do dano ambiental no caso do rompimento da barragem de resíduos de mineração da empresa Mineração Rio Pomba Cataguases Ltda., com descarga de dois bilhões de litros de lama tóxica, afetando várias cidades dos Estados de Minas Gerais e Rio de Janeiro, com diversos danos ambientais coletivos e individuais, em 2007, constitui um exemplo que demonstra a função de restituir a confiança da sociedade nas instituições[546].

A reparação também cumpre fins preventivos, dissuadindo aqueles que acreditam que quem paga polui. A imposição sistemática da reparação integral àqueles que causam danos culmina por prevenir, pois os degradadores não desejarão enfrentar os altos custos da responsabilidade ambiental[547].

Por isso a resposta é sim, deve o Direito Penal, por seu respectivo processo, ocupar-se da reparação do dano ambiental. E aqui se modifica a visão: deve priorizar-se a reparação do dano ao ambiente considerado em si mesmo: a recomposição da floresta desmatada, a despoluição do rio, a indenização do que não se possa recuperar, enfim, a busca de todos os meios para reparar o dano causado ao ambiente.

---

[546] Para ampliação, LARCHER, Marta Alves. "A responsabilidade civil decorrente de acidentes ambientais deflagrados por eventos da natureza: o caso do rompimento da barragem de rejeitos em Miraí". *MPMG Jurídico*, Belo Horizonte: Ministério Público do Estado de Minas Gerais, 2012, p. 47-51.

[547] Neste aspecto, quanto aos efeitos preventivos da responsabilidade civil ambiental, PINHO, *Prevenção e reparação dos danos ambientais: as medidas de reposição natural, compensatórias e preventivas e a indenização pecuniária...*, p. 246-248, corroborando, assim, a já mencionada afirmação de Zaffaroni de que constitui um "*narcisismo penalístico*" imaginar que a prevenção geral é uma exclusividade da pena, subestimando-se o resto do ordenamento jurídico (ZAFFARONI, *Reflexiones sobre el derecho penal ambiental...*, p. 148)

Além disso, sim é possível e necessário procurar – o que seguramente é tarefa hercúlea – a reparação do dano causado às vítimas concretas, uma vez identificadas, e mensurados os danos sofridos[548].

É possível colher no Direito Comparado alguns exemplos de documentos penais latino-americanos que se preocupam com a reparação do dano ambiental, conforme se constata abaixo.

6.6 A REPARAÇÃO DO DANO AMBIENTAL E O PROCESSO PENAL NA AMÉRICA LATINA.

A prática nos países latinoamericanos evidencia que, seja empregando a lei penal e processual penal ambiental específica, seja utilizando dispositivos do Código Processual Penal que se ocupem genericamente da reparação do dano, é possível tratar da reparação do dano ambiental nos crimes correspondentes.

Como exemplo de lei específica, na República Dominicana, a Lei 64 de 2000, sobre Meio Ambiente e Recursos Naturais, determina em seu artigo 183 a reparação do dano ambiental individual e coletivo: a) em relação ao primeiro, quando dispõe a obrigação de indenizar economicamente a pessoas que sofreram danos e/ou prejuízos, em consideração ao dano ambiental individual; b) quanto ao segundo, quando determina a obrigação de reparar, repor, ressarcir, restituir, restaurar ou reabilitar a seu estado original, na medida do possível, o recurso natural eliminado, destruído, menoscabado, diminuído, deteriorado ou modificado negativamente.

[548] Sobre a consideração das vítimas concretas nos crimes ambientais, STARR, Judson W.; FLACK, Brian L.; y FOLEY, Allison D.. "A New Intersection: Environmental Crimes and Victim's Rights." *Nat. Resources & Env't*, 2008-2009, p. 41-49.

Geralmente os países latinoamericanos não tratam especificamente em suas legislações da reparação do dano ambiental em seu processo penal. Sequer é imprescindível tal previsão, uma vez que nada impede sua observância onde exista a tipificação de danos ambientais e sejam previstos mecanismos, ainda que gerais, em que se exija a reparação do dano causado, por óbvio.

E é o que ocorre na prática latinoamericana. Na Costa Rica, as políticas de persecução incluem protocolos de atuação que o membro do Ministério Público deve seguir, entre eles

> *"... la negociación de medidas alternas al debate (conciliación y suspensión del proceso a prueba), en el cual se sugieren parámetros de proporcionalidad, racionalidad y magnitud del daño ambiental, y se sugieren medidas de mitigación o actividades para la restauración de los ecosistemas como parte del plan reparador propuesto por el imputado para acceder al beneficio de las medidas alternativas.*[549]*"*

Também em El Salvador, onde é possível utilizar-se o mecanismo de conciliação para crimes menos graves e entabular um acordo para a reparação do dano[550].

No Paraguai, o Código Procesal Penal – Lei 1286, de 1998 – estabelece, por meio das figuras *"del Juicio Abreviado (art. 310), Suspensión del Procedimiento a Prueba (art. 21 y 308 CPP), Criterio de Oportunidad (art. 307) y la Conciliación (art. 311) como salidas*

---

549 FALLAS, Sergio Valdelomar; HERNÁNDEZ ARAYA, Luis Diego. *La fiscalía ambiental de Costa Rica y la persecución penal de los delitos contra el medio ambiente.* Em: *El Derecho Ambiental en Latinoamérica y la actuación del Ministerio Público.* Tomo II – Centroamérica, México y República Dominicana. Organizadores: Annelise Monteiro Steigleder, Luciano Furtado Loubet. Porto Alegre: Suliani Letra & Vida, 2010, p. 29-30.

550 URBINA GÓMEZ, Bruno; LISETTE RIVERA, Susy. *La fiscalía ambiental de la República de El Salvador.* Em: *El Derecho Ambiental en Latinoamérica y la actuación del Ministerio Público.* Tomo II – Centroamérica, México y República Dominicana..., p. 49.

alternativas para concluir los procesos penales iniciados[551]", meios para obter a reparação do dano ambiental.

Interessante debate pode desenvolver-se quanto à participação no processo penal das vítimas concretas difusas no dano ambiental.

No Paraguai, no caso "*Supuesto Hecho Punible c. El Medio Ambiente (Delito Ecológico A.I. del Tribunal de Apelaciones de San Juan Bautista Misiones*", de 08 de outubro de 2003, a Corte decidiu por maioria a legitimação ativa como "*querellantes adhesivos*" "*a toda persona que se sienta afectada por el daño ambiental*[552]".

Neste ponto, é mister reconhecer que constitui dispositivo avançado o artigo 84 do *Código Procesal Penal de la Provincia de Buenos Aires,* que, por seu turno, guarda consonância com o Código de Procedimento Penal italiano de 1988, que prevê o exercício dos direitos e faculdades que correspondem aos entes coletivos, mas exige o consentimento da pessoa ofendida. A preocupação com as vítimas difusas já havia sido objeto de discussão no *XVII Congreso Argentino de Derecho Ambiental,* em 1993, quando se debateu a incorporação de um capítulo referente aos direitos da vítima, atendendo aos crimes com vítimas difusas[553]. A acolhida no processo penal da vítima coletiva ou difusa no artigo do Código de Processo Penal provincial é expressão de uma tendência superadora da concepção somente individual das vítimas do delito.

---

551 MERLO FAELLA, Ricardo; SOSA GARCIA, Jorge A.; LEVEDICH, Jorge. *La fiscalía ambiental en Paraguay.* Em: *O Direito Ambiental na América Latina e a atuação do Ministério Público.* Tomo I – América do Sul. Centroamérica, México y República Dominicana. Organizadores: Annelise Monteiro Steigleder, Luciano Furtado Loubet. Porto Alegre: Suliani Letra & Vida, 2009, p. 299.

552 Recordam ABED, Sheila R; POLETTI, Alma. *El Derecho Ambiental en Paraguay.* Em: *O Direito Ambiental na América Latina e a atuação do Ministério Público.* Tomo I – América do Sul..., p. 282-283.

553 Registros de CAFFERATTA, Néstor A. *El artículo 84 del Código Procesal Penal de la Provincia de Buenos Aires.* Em: CAFFERATTA, Néstor (dir.). *Summa Ambiental. Doctrina – Legislación – Jurisprudencia. Buenos Aires: Abeledo-Perrot, 2011, v. II,* p. 1603-1604. Também discorre sobre o tema RUSCICA, Gabriel A. "La legitimación activa en el derecho penal ambiental." Disponível em elDial.com, DC 356.

6.7 O QUE REPARAR, COMO E QUANDO REPARAR NO PROCESSO PENAL AMBIENTAL? A DIFERENÇA ENTRE REPARAR, RESTAURAR, RECUPERAR E INDENIZAR

Do exposto até o momento já se conclui que o princípio da reparação do dano ambiental é um dos princípios do próprio Direito Penal Ambiental, que orienta seu respectivo processo penal. Deverá buscar-se sempre a reparação, e reparação integral, do dano ambiental.

Assentado isto, a pergunta seguinte é como fazê-lo.

Volta aqui a incidir o que se defende desde o princípio desta obra: a necessidade de interlocução do Direito Penal com outros áreas do conhecimento, e outras ramos do próprio Direito. O princípio da reparação do dano ambiental, pilar do Direito Ambiental, se projeta sobre o Direito Penal, devendo o penalista conhecer os postulados da reparação para que esta se vivifique na prática penal.

Não cabe aqui aprofundar sobre a responsabilidade de reparar o dano ambiental mais do que já se escreveu sobre o tema. Literatura muito boa foi produzida neste âmbito, que deve ser necessariamente consultada por aqueles que militam na área penal ambiental, e foi mencionada no capítulo terceiro, quando se analisou o dano ambiental relevante[554]. Cabe, isto sim, destacar mui sinteticamente conceitos centrais.

A Constituição brasileira estabelece o dever de reparar o dano ambiental como paradigma em suas previsões relativas à proteção do ambiente, conforme se verifica no artigo 225, parágrafo terceiro, da Constituição brasileira:

> *Art. 225, § 3º. As condutas e atividades consideradas lesivas ao meio ambiente sujeitarão os infratores, pessoas físicas ou jurídicas,*

[554] Também na doutrina penal existem obras que tratam extensamente da reparação do dano ambiental, como FREITAS, Gilberto Passos de. *Ilícito penal ambiental e reparação do dano.* São Paulo: Editora Revista dos Tribunais, 2005.

a sanções penais e administrativas, independentemente da obrigação de reparar os danos causados.

A legislação infraconstitucional caminha em igual sentido. A Lei 6.938, de 1981, que trata da política nacional de meio ambiente, estabelece em seu artigo 4º, VII, o dever de recuperar e/ou indenizar os danos ambientais; prevê, no seu artigo 14, parágrafo 1º, a responsabilidade civil e penal pelos danos causados ao meio ambiente.

Da investigação destes documentos, ademais do que ensina a doutrina, tem-se que a reparação é o gênero, relativo à responsabilidade daquele que causa dano ambiental.

Neste gênero, a espécie prioritária é a restauração: a restituição do bem lesado ao *status quo ante*, ou seja, ao estado em que se encontrava antes da agressão, opção principal que deve ser perseguida pelo responsável e exigida pelos órgãos oficiais[555].

A doutrina reforça tal compreensão, e a restauração é definida pelo artigo 2º da Lei 9.985/2000, que alude às unidades de conservação, como "*restituição de um ecossistema ou de uma população silvestre degradada o mais próximo possível de sua condição original*".

Tal definição possui a virtude de realçar que a reparação é um sucedâneo, e que a restauração, a restituição exata ao que era antes será impossível; em verdade o que se buscará é restituir o ecossistema degradado a uma situação o mais próxima possível de sua condição prístina.

---

555 Neste sentido, entre outros autores, BESALÚ PARKINSON, *Responsabilidad por daño ambiental...*, p. 265 e ss; SAUX, Edgardo Ignacio; MÜLLER, Enrique Carlos. *El daño ambiental. Requisitos.* Em: LORENZETTI, *Derecho Ambiental y Daño...*, p. 241 e ss, e PINHO, *Prevenção e reparação de danos ambientais,* p. 321 e ss.. Lembre-se que na Argentina a restauração será chamada de *recomposición*, ou *reparación in natura.*

Por conseguinte, a restauração é prioritária, decorrente de mandamentos constitucionais e infraconstitucionais, e se projeta não somente no âmbito civil como também no penal[556].

Apesar de prioritária, a restauração nem sempre será possível (o que reforça a necessidade de uma atuação preventiva, incluso no Direito Penal, para evitar o dano ambiental). Haverá casos em que inviável tecnicamente ou economicamente restaurar o *status quo ante*, o que dependerá de prova, obviamente. Os casos de inviabilidade do retorno ao *status quo ante* são reconhecidos pela Constituição brasileira no seu artigo 225, parágrafo segundo, em relação à mineração, ao estabelecer o dever de recuperar, e não de restaurar, o ambiente degradado pelo responsável pela atividade de mineração.

Nestes casos, a restauração será substituída por outra espécie do gênero reparação: a recuperação. O degradador, sabendo que a restauração não será possível, buscará recuperar o ambiente lesado.

Entretanto, muitas vezes não será possível sequer tratar de recuperar *in situ*. A perícia pode concluir que não é possível restaurar, e que recuperar tampouco é viável. Nestas situações, passa-se a outro degrau, imediatamente inferior, do gênero reparação: a compensação ecológica, as medidas compensatórias que possam oferecer resultado prático equivalente. Será procurada, na impossibilidade de restaurar ou recuperar *in situ* o próprio ambiente lesado, a compensação por equivalente ecológico, isto é, recuperar outras áreas degradadas, distintas do lugar do dano, desenvolver projetos ambientais, enfim, implementar medidas que compensem ecologicamente o dano provocado, e que já não se pode mais restaurar ou recuperar[557].

Como última das opções, não sendo possível a restauração, a recuperação, e nem mesmo encontrada alguma possi-

---

[556] Como realça STEIGLEDER, *Responsabilidade civil ambiental: as dimensões do dano ambiental no direito brasileiro...*, p. 214, confrontando a legislação civil e penal brasileira.

[557] Sobre os patamares da reparação do dano ambiental, PINHO, ob. cit., p. 319-326.

bilidade de medida compensatória, deve-se pensar na indenização pecuniária, remédio subsidiário em relação à reparação em espécie[558].

Demonstra-se assim a inevitável interlocução do saber penal com o saber ambiental, o que implica inúmeros temas interdisciplinares. As perícias, elaboradas por expertos das mais diversas áreas, serão imprescindíveis; deverão, além de registrar detalhadamente no que se constituiu e como se produziu o dano ambiental, assinalar como se dá sua reparação. Deverão ainda precisar se é possível a restauração, ou, pelo menos, a recuperação *in situ*. Em continuidade, caso o perito conclua pela negativa da reparação *in situ*, deverá sugerir medidas compensatórias equivalentes, o mais próximas possíveis do local onde verificado o dano ambiental, seguindo critérios territoriais ambientais como a bacia hidrográfica, por exemplo. E, por fim, deve valorar economicamente o dano ambiental, tarefa que tem seus problemas, mas também indispensável[559]. Pior que atribuir um "preço" ao dano ambiental é não exigir reparação alguma, ainda que em forma de uma indenização pecuniária, que como se vê, é a última opção[560].

Observar esta ordem (restaurar, recuperar, compensar, indemnizar) constitui um desafio para os que se dedicam ao tema ambiental, seja no âmbito civil, seja no âmbito penal. Restaurar dá muito trabalho, assim como recuperar. A opção seguinte, compensar, exige criatividade e compromisso com o meio ambiente, para buscar outras soluções, projetos de interesse ambiental. Indenizar, por fim, parece mais cômodo, mas sequer é fácil: é necessário valorar o dano, e esta não é uma tarefa das mais simples. Os órgãos administrativos deverão estar em profunda interlocução com o Ministério Público e o Poder

558 BESALÚ PARKINSON, ob. cit., p. 267.

559 Para aprofundar, PINHO, p. 333-353.

560 Sobre o assunto há muita literatura, que examina os diversos métodos de avaliação monetária do dano ambiental, razão pela qual se reporta às já mencionadas obras de responsabilidade civil citadas nesta obra.

Judiciário para poder cumprir tais metas, e estes últimos, a seu turno, deverão contar com órgãos especializados, para que seja possível este diálogo.

Se constitui um desafio seguir esta ordem, também é imperativo observá-la, seja por previsões legais, seja pelos próprios fins preventivos da responsabilidade pelo dano ambiental: não serão evitados futuros danos ambientais se não se buscar prioritariamente na prática a recomposição; ou se a indenização se traduzir mais em uma perversão do princípio do poluidor pagador para o indesejável quem paga polui. Muito menos será possível cogitar de prevenção nos inúmeros casos em que os valores obtidos nas indenizações, além de não corresponder à correta valoração do dano ambiental (exigindo-se muito menos do que corresponde, muitas vezes fixando o valor o próprio membro do Ministério Público nos acordos, ou o juiz nas sentenças, sem qualquer embasamento) são destinados a atividades que nenhuma relação guardam com o meio ambiente[561].

E é fundamental que não se abandone o marco da *restitutio in integrum*. A reparação deve abranger: a) o dano imediato causado ao bem ambiental, assim como toda a extensão dos danos produzidos em consequência do evento ambiental danoso, incluindo-se aí os efeitos ecológicos da agressão inicial, encadeados causalmente; b) os danos interinos, isto é, a perda de qualidade ambiental verificada no intervalo entre o momento em que se produziu o dano até sua efetiva recomposição; c)

561 SANTIAGO, Alex Fernandes. *A atuação ambiental do Ministério Público na esfera cível e a destinação de recursos*. Em: *XVI Congresso Nacional do Ministério Público, 2005, Belo Horizonte. Anais do XVI Congresso Nacional do Ministério Público*. Brasília: CONAMP - Associação Nacional dos Membros do Ministério Público, 2005. p. 940 – 950; SANTIAGO, Alex Fernandes. *A atuação ambiental do Ministério Público na esfera penal e a destinação de recursos*. Em: *XVI Congresso Nacional do Ministério Público, 2005, Belo Horizonte. Anais do XVI Congresso Nacional do Ministério Público*. Brasília: CONAMP - Associação Nacional dos Membros do Ministério Público, 2005, p.931 – 939.

os danos ambientais futuros, que se apresentem como certos; d) os danos irreversíveis e e) o dano moral ambiental[562].

Haverá casos em que a reparação terá que conjugar a recuperação do ambiente degradado, e a indenização pecuniária do que não se pôde recuperar, uma vez que este dano, irreversível, não pode ficar esquecido[563]. Até o momento em que se concretize a recuperação, houve um dano (dano interino), irreversível, já que não se pode voltar no tempo, e este dano também deve ser reparado, mediante uma indenização.

Também é necessário, na reparação do dano ambiental, velar para que se se contemple a prevenção de futuros danos ambientais. Isto é aplicação do principio de prevenção do dano ambiental, que se conecta à prevenção do próprio Direito Penal. De nada valerá reparar se não se eliminam as causas do dano já produzido. Do contrário, será mantido o paradigma, mencionado nesta obra, de um mero controle de contaminação,

---

562 Conforme MIRRA, Álvaro Luiz Valery. "Responsabilidade civil pelo dano ambiental e o princípio da reparação integral do dano." *Revista de Direito Ambiental*, out-dez. 2.003, n. 32, p. 72-73.

563 Na jurisprudência são encontradiços exemplos da reparação integral, como o Recurso Especial n. 1.164.587-MG, 2ª Turma, relator o Ministro Herman Benjamin, Superior Tribunal de Justiça, publicado no DJe de 13 de abril de 2012: "*ADMINISTRATIVO. AÇÃO CIVIL PÚBLICA. QUEIMADA EM ÁREA DE PRESERVAÇÃO PERMANENTE. DANOS CAUSADOS AO MEIO AMBIENTE. PRINCÍPIOS DA REPARAÇÃO INTEGRAL E DO POLUIDOR-PAGADOR. CUMULAÇÃO DE OBRIGAÇÃO DE FAZER (REPARAÇÃO DA ÁREA DEGRADADA) E DE PAGAR QUANTIA CERTA (INDENIZAÇÃO). POSSIBILIDADE. NATUREZA PROPTER REM. ART. 3º DA LEI 7.347/1985. INTERPRETAÇÃO DA NORMA AMBIENTAL. 1. A jurisprudência do STJ está firmada no sentido de que a necessidade de reparação integral da lesão causada ao meio ambiente permite a cumulação de obrigações de fazer, de não fazer e de indenizar, que têm natureza propter rem. Precedentes: REsp 1.178.294/MG, Rel. Ministro Mauro Campbell Marques, j. 10/8/2010; REsp 1.115.555/MG, Rel. Ministro Arnaldo Esteves Lima, j. 15/2/2011; AgRg no REsp 1170532/MG, Rel. Ministro Hamilton Carvalhido, j. 24/8/2010; REsp 605.323/MG, Rel. para acórdão Ministro Teori Albino Zavascki, j. 18/8/2005, entre outros. 2. Recurso Especial parcialmente provido para que se reconheça a possibilidade, em tese, de cumulação de indenização pecuniária com as obrigações de fazer voltadas à recomposição in natura do bem lesado, devolvendo-se os autos ao Tribunal a quo para que verifique se, na hipótese, há dano indenizável e fixe o eventual quantum debeatur.*"

em vez de privilegiar a prevenção da poluição. A responsabilidade não é somente resposta ao dano, mas também resposta ao risco[564].

6.8 A REPARAÇÃO DO DANO AMBIENTAL NO PROCESSO PENAL BRASILEIRO. AS PREVISÕES DA LEI 9.605/98

Atento aos parâmetros da responsabilidade pelo dano ambiental, é hora de analisar a experiência brasileira, onde se valora sobremaneira a reparação do dano ambiental. Como frisado no capítulo segundo, o sistema penal ambiental imaginado pelo legislador pátrio, atendendo à natureza jurídica da reparação[565], contempla uma profunda interlocução de mecanismos civis e penais, em um "Direito Penal Reparador"[566], considerando o notório propósito da principal lei penal ambiental, a Lei 9.605/98, de efetiva reparação do dano ambiental, conforme se constata em diversas passagens do documento legislativo, a seguir analisadas.

6.8.1 A reparação como requisito para a transação penal. A prévia composição do dano ambiental e a atuação ministerial

No capítulo anterior já foi dito que a primeira medida que afasta a lei penal ambiental de um sistema tradicional é a tran-

---

564 PINHO, ob. cit., p. 543-547 e 556-586. "*Ambientalmente no se puede entender el concepto de responsabilidad únicamente como respuesta al daño, ligando responsabilidad con daño e indemnización. También debemos entender la responsabilidad como respuesta al riesgo, uniendo responsabilidad con riesgo y prevención. Esta responsabilidad es por el riesgo de la cosa o la actividad riesgosa en sí misma. Se trata de achicar el riesgo (prevención) para que el daño (indemnización) no se produzca.*"(HUTCHINSON, Tomás. *La responsabilidad estatal por omisión en cuestiones ambientales.* Em: AAVV. *Daño ambiental.* Tomo I. Bogotá: Universidad Externado de Colombia, 2007, p. 65, destaque do autor).

565 GALAÍN PALERMO, ob. cit., p. 94, com base em MÛLLER-DIETZ.

566 LECEY, "Direito ambiental penal reparador...".

sação penal prevista no artigo 27 da Lei 9.605/98, que permite ao Ministério Público, antes de iniciar a ação penal, propor ao investigado a aplicação imediata de uma pena restritiva de direitos ou multa, sempre que antes o Ministério Público e o infrator tenham acordado como se fará a reparação do dano ambiental (*"composição civil"*), sendo esta última exigência a principal nota distintiva de um sistema tradicional:

> *"Art. 27. Nos crimes ambientais de menor potencial ofensivo, a proposta de aplicação imediata de pena restritiva de direitos ou multa, prevista no art. 76 da Lei nº 9.099 de 26.09.1995, somente poderá ser formulada desde que tenha havido a prévia composição do dano ambiental, de que trata o art. 74 da mesma lei, salvo em caso de comprovada impossibilidade."*

Também foi ressaltado no capítulo anterior que da conjugação do artigo 27 da Lei 9.605/98 com os artigos 76 e 61 da Lei 9.099/95 (Lei dos Juizados Especiais), a transação penal será possível nos crimes com pena máxima de dois anos; por conseguinte abarcará catorze dos trinta e seis tipos penais previstos na Lei 9.605. Desta forma, em vários casos não haverá processo penal, e sim uma transação entre o Ministério Público e investigado, homologada pelo Poder Judiciário, o que não gera reincidência (artigo 76, parágrafo 4º da Lei 9.099/95).

Como se realiza esta *"prévia composição do dano ambiental"*, isto é, o acordo para a reparação do dano ambiental?

Formalmente, de acordo com o sistema previsto na lei penal ambiental, que se conjuga à Lei 9.099/95, que prevê um rito abreviado, cometido um crime ambiental com pena máxima de dois anos, será confeccionado (artigo 72 da Lei 9.099/95) pela Polícia Civil um documento singelo, o termo circunstanciado de ocorrência – TCO, que será enviado ao Poder Judiciário. Este documento resume brevemente o fato e identifica seu suposto autor. Em audiência, o Ministério Público examinará se o infrator possui direito à transação penal, e formulará a proposta para a prévia composição do dano ambiental, é dizer, sua reparação, além da imediata aplicação de pena.

Este é o sistema imaginado em princípio pelo legislador. Não obstante, em muitos casos as coisas não se dão assim.

Primeiro porque investigar o dano ambiental, suas múltiplas causas, extensão, reparação e valoração, muitas vezes não será tão simples. Não será suficiente a singela apresentação de um TCO que, cabe destacar, nada tem a ver com uma perícia, vistoria, ou com a investigação policial tradicional. E o próprio sistema da Lei 9.099/95 prevê em seu artigo 77, parágrafo segundo, que os casos mais complexos, que demandam uma maior investigação e não se satisfaçam com o registro de um TCO, não serão de competência do Juizado Especial, e sim do juiz criminal comum.

Prosseguindo, ainda que a Polícia Civil brasileira, encarregada de realizar a investigação dos crimes, quisesse dedicar-se mais profundamente ao fato, indo além da singela confecção do TCO, não teria estrutura para fazê-lo em relação aos crimes ambientais. Ou diretamente não possui os expertos necessários para confeccionar a perícia, ou são muito poucos.

Conhecendo estes problemas, o próprio legislador penal ambiental brasileiro buscou uma saída no artigo 19, parágrafo único, da Lei 9.605/98: a perícia sobre o dano ambiental produzido na investigação civil do Ministério Público para interesses difusos (inquérito civil) ou em eventual processo civil poderá ser utilizada no processo penal ambiental:

> *Art. 19. A perícia de constatação do dano ambiental, sempre que possível, fixará o montante do prejuízo causado para efeitos de prestação de fiança e cálculo de multa. Parágrafo único. A perícia produzida no inquérito civil ou no juízo cível poderá ser aproveitada no processo penal, instaurando-se o contraditório.*

A partir daí um novo universo se descortina para a investigação criminal e reparação penal do dano ambiental. O Ministério Público brasileiro, com ampla experiência na investigação do dano ambiental no âmbito civil – e neste ponto é necessário realçar que quase 98 % das ações coletivas ambientais são propostas pelo Ministério Público - manejando sua ferramenta própria de investigação, o inquérito civil, previsto no artigo 8º, parágrafo primeiro, da Lei 7.347/85, Lei da Ação Civil Pública, presidirá a investigação, ouvindo testemunhas, determinando a realização de perícias, indagando os possíveis infratores, e poderá empregar a prova aí obtida para embasar sua atuação penal, que, aí sim, será submetida ao contraditório.

E, na maioria dos casos, o inquérito civil culmina com uma solução extrajudicial: a celebração entre o Ministério Público e o responsável pelo dano ambiental do compromisso de ajustamento de conduta, previsto no artigo 5º, parágrafo 6º da Lei 7.347/85, em que o causador do dano se obriga a repará-lo e a adotar medidas preventivas. Este compromisso tem o valor de título executivo extrajudicial, e coroa a investigação do Ministério Público. Se o investigado se nega a celebrar o compromisso de ajuste, proporá o Ministério Público a ação civil pública[567].

O Ministério Público desenvolve sua atividade ambiental de forma intensa, contando atualmente em vários Estados, além de Promotores ambientais, com Promotores de Bacia Hidrográfica, que constitui a experiência mais avançada em atuação ministerial ambiental[568]. Os compromissos de ajustamento constituem experiências exitosas, nas quais se obtem a reparação integral do dano ambiental nas mais diversas atividades, muitas de grande porte: mineração, siderurgia, hidrelétricas...

---

567 Para ampliação sobre a atuação ministerial no âmbito civil, exemplificativamente: CARVALHO FILHO, José dos Santos. *Ação civil pública.* Rio de Janeiro: Freitas Bastos, 1995; MAZZILLI, Hugo Nigro. *A defesa dos interesses difusos em juízo.* 11a. ed.. São Paulo: Saraiva, 1999; MAZZILLI, Hugo Nigro. *Inquérito civil.* 3ª ed.. São Paulo: Saraiva, 2008 e RODRIGUES, Marcelo Abelha. *Ação civil pública e meio ambiente.* Rio de Janeiro: Forense Universitária, 2003.

568 Conforme SANTIAGO, Alex Fernandes. *O Ministério Público do Estado de Minas Gerais e a atuação por bacia hidrográfica...*, p. 185-200, onde são listados diversos casos de atuação ministerial ambiental.

Contemplam em suas cláusulas a reparação, muitas vezes estabelecendo montantes milionários na indenização, a prevenção mediante diversas obrigações na atividade, enfim, exercem a mais ampla função de reparação do dano ambiental. E tudo isto sem processo, submetido o ajuste a um controle interno do Ministério Público, pelo Conselho Superior da instituição[569].

E se, além da responsabilidade objetiva para o dano ambiental, também restou caracterizada a comissão de um crime ambiental, a perícia sobre o dano ambiental produzido na investigação civil servirá de prova, e o compromisso de ajustamento substituirá a composição civil que exige o artigo 27 da Lei 9.605 como requisito da transação penal.

A perícia assume, portanto, aspecto central. Como se destacou, deve ser o mais completa possível: deverá relatar a causa do dano ambiental, sua dimensão, como repará-lo, apresentar eventuais medidas compensatórias, e valorar o dano ambiental, se necessária sua indenização, além de, para efeitos penais, servir esta valoração para a fixação da fiança e da multa (artigo 19 da Lei 9.605/98).

Para realizar as perícias, os distintos Ministérios Públicos, estaduais ou Federal, têm seu próprio corpo de peritos, como em Minas Gerais, ou recorrem aos órgãos administrativos ambientais, ou, ainda, estabelecem convênios com as Universidades, que elaboram os estudos, exigindo os membros do Ministério Público o ressarcimento dos honorários dos peritos no compromisso de ajustamento de conduta ou na ação civil pública, em aplicação do princípio quem contamina paga, ou poluidor pagador.

Com as perícias, os membros do Ministério Público podem celebrar o compromisso de ajustamento de conduta, que, como visto, pode substituir a composição civil, exigida como

[569] Para uma ampla investigação sobre os compromissos de ajustamento no Brasil, JELINEK, Rochelle. *Compromisso de ajustamento ambiental: análise e sugestões para aprimoramento.* São Paulo: Instituto O Direito por um Planeta Verde, 2011.

requisito para a transação penal. Na prática, portanto, a composição civil é em geral celebrada no gabinete ministerial, especialmente nos mais complexos, e posteriormente submetida à apreciação do juiz penal para homologação, em audiência preliminar, quando o Ministério Público apresentará a proposta de transação penal, com imediata aplicação de pena não privativa de liberdade.

Um pequeno exemplo evidencia a importância da perícia na obtenção da reparação integral.

No Estado de Minas Gerais é bastante comum o desmatamento ilegal de vegetação nativa para abastecer de carvão vegetal as siderúrgicas[570]. Milhares de hectares são deflorestados, não somente no próprio estado mineiro, onde se concentram as siderúrgicas, senão também nos estados vizinhos. A madeira obtida se converte em carvão, em fornos onde também já foi detectada a exploração de trabalho infantil, envolvendo por vezes famílias miseráveis. Este carvão geralmente é transportado por largas distâncias em caminhões até as siderúrgicas, que realizam a aquisição ilegal (quando não promovem diretamente o corte ilegal).

Uma das formas mais comuns de surpreender estas condutas é a abordagem dos caminhões pela Polícia nas rodovias, ou já próximo das siderúrgicas. Essa conduta configura o crime do artigo 46 da Lei 9.605/98, que sanciona não somente a aquisição ilegal de madeira ou carvão, mas também o transporte ou venda ilegal:

---

570 Sobre o assunto, SANTIAGO, Alex Fernandes. "Impactos ambientais e siderurgia: as unidades independentes de produção e ferro-gusa em alto-forno a carvão vegetal em Minas Gerais." *Revista de Direito Ambiental*. n. 48, out.-dez. de 2007, p.9 – 29 e a dissertação de PAULA, Luciana Imaculada. *Cenários ambientais de produção de ferro-gusa no contexto legal: o setor siderúrgico não-integrado a carvão vegetal de Sete Lagoas – Minas Gerais*. Luciana Imaculada de Paula; orientadora Auxiliadora Maria Moura Santi. Ouro Preto: Universidade Federal de Ouro Preto, 2010.

> *"Art. 46. Receber ou adquirir, para fins comerciais ou industriais, madeira, lenha, carvão e outros produtos de origem vegetal, sem exigir a exibição de licença do vendedor, outorgada pela autoridade competente, e sem munir-se da via que deverá acompanhar o produto até final beneficiamento. Pena – detenção de 6 (seis) meses a 1 (um) ano. Parágrafo único. Incorre nas mesmas penas quem vende, expõe à venda, tem em depósito, transporta ou guarda madeira, lenha, carvão e outros produtos de origem vegetal sem licença válida pra todo o tempo da viagem ou do armazenamento, outorgada pela autoridade competente."*

Não obstante a configuração do crime, quanto ao transporte ilegal, na maioria dos casos não é possível detectar onde ocorreu o desmatamento não autorizado. O caminhoneiro guarda silêncio sobre tal fato, e a investigação não tem êxito quanto a este aspecto (além de todos os problemas estruturais que enfrenta a Polícia no Brasil).

Inicialmente, o Ministério Público se ocupava da apreensão da carga de carvão – geralmente setenta metros cúbicos, na maioria dos caminhões – e posteriormente sua alienação conforme artigo 25 da Lei 9.605/98. Também realizava a transação penal com o motorista do caminhão, em geral pelo valor de um salário mínimo, e nada mais: aí detinha sua atuação, restando como questão pendente a reparação integral, a efetiva recomposição da vegetação derrubada, ou alguma compensação ou indenização substitutiva. Essa dinâmica do Ministério Público não favorecia a prevenção do dano ambiental, pois não desestimulava futuros delitos: restaria definida pela sorte a questão, caso surpreendido ou não o caminhoneiro pela Polícia, e nada mais. E, como se verificou, nada fazia quanto à reparação, anulando qualquer efeito positivo da aplicação da lei penal.

Atento a estas questões, o corpo técnico do Ministério Público de Minas Gerais se encarregou de elaborar uma perícia, confeccionada por um engenheiro florestal e um agrônomo, avaliando o dano ambiental por metro cúbico de carvão nativo[571], para casos em que se apreenda a carga, mas se desconheça o exato lugar do desmatamento. Nesta perícia se concluiu que é necessário em geral derrubar 2,62 hectares mata nativo para obter setenta metros cúbicos de carvão vegetal. Feitas as contas, de acordo com a metodologia de valoração do dano ambiental, se concluiu que indenizar pecuniariamente tal desflorestamento representa o montante de R$48.947,03 (quarenta e oito mil, novecentos e quarenta e sete reais e três centavos), aproximadamente vinte mil dólares.

Desde então, passou-se a exigir dos autores do fato, caminhoneiros, ou proprietários das siderúrgicas, a indenização pecuniária deste valor, por cada caminhão com setenta metros cúbicos de carvão vegetal nativo transportados ilegalmente. Esta atuação representou um avanço, que desestimulou a prática de futuros delitos, contribuindo para a prevenção do dano ambiental, e também para a reparação, já que os montantes obtidos são destinados aos fundos de interesses difusos, que repassam os valores para a execução de projetos ambientais. Além disso, medidas cautelares como a apreensão do carvão, sua alienação, e, em alguns casos, a alienação do próprio veículo que transportava a carga, instrumento que é para a prática do crime, também contribuem para enfrentar aquela que é conhecida como *"máfia do carvão"*. Ao mesmo tempo, outra linha de atuação simultânea contra essa delinquência é a de manejar outros delitos e técnicas de investigação, enfrentando questões como crimes tributários e de quadrilha em um comércio ilegal que envolve milhões de reais, e extenso dano ambiental.

Retornando aos aspectos gerais, é importante observar que se exige a composição civil, isto é, o acordo entre Ministério Público e autor do fato para a reparação do dano, e não a efetiva reparação do dano, que pode levar anos, para que se alcance a transação penal.

---

571 Disponível em www.mpmg.mp.br > Auxiliares > Central de Apoio Técnico > Meio Ambiente > Valoração de Danos à Flora > Carga de Carvão, conforme acesso em 17 de setembro de 2013.

De todo o exposto se constata a combinação de elementos civis e penais na transação penal. Do lado civil, a reparação do dano, sua composição, com cláusulas que contenham deveres para obter a reparação integral e previnam a reiteração do dano já verificado. De outro lado, a imposição de uma pena.

A correta aplicação dos postulados da Lei 9.605/98 (e não a solução *fast* para casos *light*[572], como em deformações da prática, tais como não exigir a reparação integral, ou destinar os valores da indenização para fins não ambientais) atende tanto ao princípio da reparação do dano, como à sua prevenção, e, em especial, observa os fins do Direito Penal:

> *"... Para que el acuerdo de reparación pueda ser considerado como una reacción penal, tiene que satisfacer la necesidad de punición y la expectativa social de prevención. La reparación del daño social es una de las finalidades de las consecuencias jurídico-penales y, en ese sentido, es también una función que debe cumplir el sistema penal cuando interviene como medio idóneo para mantener el control social*[573]*."*

Não se objete, por outro lado, que tudo isso se alcançaria simplesmente com a atuação civil, ou simplesmente administrativa. Os três âmbitos funcionam como engrenagens que se complementam. O reforço da sanção penal já foi examinado em outras passagens desta obra, e quem milita na área sabe que muitos dos acordos, via compromisso de ajustamento de conduta, somente foram entabulados porque os causadores do dano ambiental sabiam que por detrás do compromisso se posicionava a ameaça penal, e que somente com a assunção das obrigações previstas no ajustamento de conduta o autor do fato se livraria do processo penal, mediante a transação. Observa-se durante muitas reuniões que o acordo não é fechado até o momento em que o Ministério Público ameaça encerrar o debate e iniciar a respectiva ação penal.

---

572 GALAÍN PALERMO, ob. cit., p. 455.

573 GALAÍN PALERMO, ob. cit., p. 305.

Além disso, também foi enfatizado que a atuação civil, por meio da reparação do dano, muitas vezes conseguida pela celebração de acordos com o infrator como o compromisso de ajustamento de conduta, somente é possível porque antes foi levado ao conhecimento do membro do Ministério Público a infração penal. E tal conhecimento somente foi possível, em muitos casos, porque a Polícia Militar Ambiental, com seu pessoal que trabalha intensamente na fiscalização ostensiva do meio ambiente, ao constatar una infração penal, comunica sua ocorrência ao Ministério Público, o que funciona como gatilho de sua atuação. E se somente foi possível a atuação do Ministério Público porque a Polícia Ambiental levou a infração penal ao conhecimento daquele, a Polícia Militar Ambiental somente pôde atuar (e até mesmo existir) porque existem tipos penais ambientais. Não se pode menosprezar a importância deste aspecto, conforme melhor explicitado no capítulo segundo.

Por fim, cabe examinar a questão da comprovada impossibilidade, mencionada expressamente ao fim do artigo 27 ("*salvo em caso de comprovada impossibilidade*") que exime o autor da infração penal da prévia composição do dano ambiental para fazer-se merecedor da transação penal. Esta impossibilidade é técnica, financeira, ou qualquer uma das opções?

Entender que a impossibilidade é técnica significaria afirmar que somente nos casos em que possível a restauração ou recuperação do dano ambiental seria exigível a composição civil, o acordo para a reparação. Restariam excluídos, por conseguinte, as situações em que impossível restaurar ou recuperar, e onde somente se poderia cogitar de uma compensação ecológica ou uma indenização pecuniária[574].

[574] Posição de Sirvinskas, ob. cit., p. 145: "*Caso a composição do dano seja irreparável, ou seja, quando comprovada a impossibilidade de se reparar o estrago causado ao meio ambiente, poder-se-á efetivar a transação penal. No dizer de José Carlos Barbosa Moreira, 'destruída a rocha que embelezava a paisagem, o dano é irreparável'.*" Que se indenize por meio da composição, valorando-se a rocha perdida, o dano ambiental, é o que aqui se defende.

Esta interpretação é um equívoco que não se pode admitir. Como demonstrado, a reparação é o gênero, de que são espécies a restauração, a recuperação, as medidas compensatórias e a indenização. Todas elas são formas de reparação, e a adoção de cada uma, ou de mais de uma, combinadas, pode conduzir à reparação integral, que se espera da composição civil do dano ambiental. Entender que a impossibilidade é técnica significaria excluir da exigência de composição exatamente os casos mais graves, pelo que esta é uma interpretação que conduz ao absurdo: exigir-se-ia a reparação dos casos mais simples, em prejuízo daquele que causou um dano menos intenso, uma conduta menos reprovável, e não seria exigida a reparação, ainda que em forma de indenização pecuniária, daqueles que realizaram infrações mais graves. Não bastando, é a própria lei penal ambiental que, na fase de sentença, admite a indenização pecuniária, conforme se verificará do exame do artigo 20 da Lei 9.605/98.

Assim sendo, o artigo 27 da lei penal ambiental brasileira não se refere a uma impossibilidade técnica, que sirva de obstáculo a uma composição civil.

Por outro lado, tampouco é correto afirmar que em princípio o legislador se referiu a uma impossibilidade técnica, e não econômica; e que, como tecnicamente a reparação é sempre possível, ainda que sob a forma de uma indenização pecuniária, deve-se sempre exigir a composição civil[575]. Esta interpretação ignoraria a locução legislativa *"salvo em caso de comprovada impossibilidade"*, contida no artigo 27 da Lei 9.605, e culmina por negar o que consta expressamente na lei. E, em um país de terceiro mundo, com imensa população carente, carrega inaceitável distinção: os ricos conseguiriam aceder à transação penal, já que teriam os meios econômicos para suportar a composição

[575] Como o faz AKAOUI, Fernando Reverendo. *Da ação e do processo penal (artigos 26 a 28)*. Em: AAVV. *Crimes ambientais: comentários à lei 9.605/98*. Ana Maria Moreira Marchesan, Annelise Monteiro Steigleder (org.). Porto Alegre: Livraria do Advogado Editora, 2013, p. 117-118.

civil; e, por outro lado, os pobres, que não poderiam realizar a reparação do dano, por faltar-lhes condições financeiras, não poderiam cogitar do benefício da transação. Esta distinção é odiosa, e não pode prevalecer.

Resta examinar a impossibilidade econômica de celebrar a composição civil. O artigo não a menciona expressamente. Não obstante, em uma interpretação sistêmica, é inevitável concluir que a locução se refere a uma impossibilidade econômica.

Já no artigo seguinte, o artigo 28, I, da Lei 9.605, também se menciona que a extinção de punibilidade na suspensão condicional do processo depende da reparação do dano ambiental, *"ressalvada a impossibilidade prevista no inciso I do § 1º do mesmo artigo"*, isto é, a exceção da impossibilidade mencionada no artigo 89 da Lei 9.099/95, Lei dos Juizados Especiais, em que também se trata da reparação do dano, nos crimes de menor potencial ofensivo. E neste âmbito nunca houve muitas dúvidas de que a impossibilidade de reparação é a econômica, quando a pessoa se encontra insolvente.

De fato, se, de um lado, conforme observado no capítulo primeiro, é indispensável promover a aproximação e interlocução entre o Direito Ambiental e o Direito Penal, devendo os penalistas aprofundar seus conhecimentos de Direito Ambiental, também é certo que se trata de uma rua de mão dupla, em que os ambientalistas também devem aprofundar seus conhecimentos de Direito Penal. E é da tradição do Direito Penal brasileiro, em institutos despenalizadores pertinentes à reparação do dano ou ao pagamento de pena de multa, isentar aquele que não possui condições financeiras para realizá-lo. Semelhante previsão já consta dos artigos 78, parágrafo segundo, e 83, IV, do Código Penal, que se ocupam da suspensão condicional da pena e do livramento condicional, respectivamente, referindo-se à insolvência do devedor, que o exime do pagamento.

Dessa maneira, a impossibilidade de reparação do dano a que se refere o artigo 27 da Lei 9.605/98, que não constitui empecilho a que o Ministério Público ofereça a proposta de transação penal ao autor do fato delitivo, é a impossibilidade financeira, econômica, daquele que cometeu o crime. Esta é a única conclusão compatível com uma interpretação sistêmica, que reflete a tradição do Direito Penal brasileiro, e que não implica a odiosa distinção entre ricos e pobres, para alcançar um benefício da lei penal[576].

De qualquer forma, a impossibilidade, como deriva do próprio termo, deve ser absoluta, e não relativa. Não será qualquer valor que gere alguma dificuldade econômica para o autor do fato delitivo que impossibilitará a reparação, e sim aquele que implique sua ruína caso efetivo o pagamento.

Questão distinta é aquela em que o autor do fato não pode arcar com a reparação, mas eventual pessoa jurídica, envolvida com o dano, sim. Isso demandará outras discussões, seja quanto à responsabilidade penal da pessoa jurídica, ou, com menos exigências, a própria responsabilidade civil da pessoa jurídica, que possui responsabilidade objetiva quanto à reparação do dano. Tudo isto dependerá de cada caso.

---

576 Neste sentido o ensinamento de BUGALHO, Nelson. Proteção penal do ambiente. Em: *A efetividade e a atuação do Ministério Público na proteção do meio ambiente. Bonito, Mato Grosso do Sul, 26 a 28 de novembro de 2008: Associação Brasileira do Ministério Público de Meio Ambiente, p. 30-31: "Um outro aspecto da transação penal que merece ser rapidamente abordado é a ressalva prevista nesse mesmo artigo 27, que condiciona a transação à prévia composição do dano ambiental, 'salvo em caso de comprovada impossibilidade.' E a pergunta é: Referida impossibilidade é técnica ou econômica, ou pode ser as duas? É da tradição do nosso Direito determinar a reparação do dano ou o pagamento da multa salvo efetiva impossibilidade de fazê-lo (arts. 78, par. 2º, 83, IV, ambos do CP), sendo que nestes casos está se referindo à insolvência do infrator, à sua falta de capacidade econômico-financeira. É evidente que o dispositivo em estudo se refere à insolvência do infrator, à sua falta de suporte financeiro, senão estar-se-ia premiando o rico e sacrificando o pobre que cometeram o delito ambiental. Assim, a incapacidade econômica do autor do fato não se constituirá num óbice à proposta de transação penal, que, nestes casos, poderá ser formulada mesmo sem a prévia composição do dano ambiental. Ocorre que em se tratando de dano a bens ambientais, por vezes poderemos estar diante de um dano incomensurável ou, noutras vezes, embora comensurável, pode ele atingir proporções astronômicas, incalculáveis. nestas duas hipóteses – valor incomensurável ou de proporções incalculáveis, teremos também a impossibilidade de composição do dano."* (sem destaques no original)

6.8.2 A reparação como requisito para a suspensão condicional do processo

Patamar imediatamente seguinte à transação penal é a suspensão condicional do processo. Negada a transação, o Ministério Público deve propor a ação penal, e, ao fazê-lo, oferecer ao acusado a suspensão condicional do processo. A suspensão é condicional porque se submete, necessariamente, à reparação integral do dano ambiental.

Aceita a suspensão condicional, o acusado somente conseguirá a extinção da punibilidade quando se comprove a efetiva reparação do dano, mediante uma perícia posterior.

> *Art. 28. As disposições do art. 89 da Lei nº 9.099 de 26.09.1995, aplicam-se aos crimes de menor potencial ofensivo definidos nesta Lei, com as seguintes modificações: I - a declaração de extinção de punibilidade, de que trata o § 5º do artigo referido no caput, dependerá de laudo de constatação de reparação do dano ambiental, ressalvada a impossibilidade prevista no inciso I do § 1º do mesmo artigo;II – na hipótese de o laudo de constatação comprovar não ter sido completa a reparação, o prazo de suspensão do processo será prorrogado, até o período máximo previsto no artigo referido no caput, acrescido de mais 1 (um) ano, com suspensão do prazo da prescrição; ... IV – findo o prazo de prorrogação, proceder-se-á à lavratura de novo laudo de constatação de reparação do dano ambiental, podendo conforme seu resultado, ser novamente prorrogado o período de suspensão, até o máximo previsto no inciso II deste artigo, observado o disposto no inciso III; V – esgotado o prazo máximo de prorrogação, a declaração de extinção de punibilidade dependerá de laudo de constatação que comprove ter o acusado tomado as providências necessárias à reparação integral do dano.*

Percebe-se, portanto, que a perícia sobre a reparação, e reparação integral, conforme prevê expressamente o dispositivo, assume posição central na suspensão condicional do processo, que será posposta enquanto não se alcance a efetiva reparação do dano ambiental.

6.8.3 A sentença e a reparação

Eventual sentença condenatória também terá que ocupar-se da reparação do dano. Por isso determina o artigo 20 da Lei 9.605/98:

> *Art. 20. A sentença penal condenatória, sempre que possível, fixará o valor mínimo para reparação dos danos causados pela infração, considerando os prejuízos sofridos pelo ofendido ou pelo meio ambiente. Parágrafo único. Transitada em julgado a sentença condenatória, a execução poderá efetuar-se pelo valor fixado nos termos do caput, sem prejuízo da liquidação para apuração do dano efetivamente sofrido.*

Este artigo se conjuga à previsão do artigo 19, que, conforme transcrito *supra*, determina que a perícia de constatação do dano deverá fixar o valor indenizatório.

Não obstante, a interpretação deste dispositivo não pode ser literal, pois sua leitura isolada pareceria fazer crer que na sentença o juiz somente poderá considerar condenar o acusado à indenização, e não à restauração.

Esta conclusão representaria um disparate, já que etapas em que sequer está presente a certeza da culpabilidade, como na transação ou uma suspensão condicional do processo, exigem (e a suspensão o faz expressamente, conforme artigo 28, V), a reparação integral, que é um *prius*, pois, como exposto acima, cuida-se de gênero que abrange a restauração, a recuperação, a compensação ecológica, e, por fim, a indenização, sendo possível inclusive conjugar as espécies, como no exemplo da recuperação somada à indenização do que não foi possível recompor.

Se fosse feita somente uma interpretação literal do artigo 20, somente seria possível determinar a indenização, e nunca a restauração, e isso em um momento processual em que já está presente a certeza da culpabilidade, em que foi julgado procedente o pedido condenatório.

A interpretação deve ser sistêmica, e parece evidente que se em momentos processuais anteriores o legislador determinou a busca prioritária da recomposição, com maior razão deve ser esta buscada em uma sentença condenatória. Aliás, o próprio legislador entra em contradição quando, no artigo 17 da lei penal ambiental, ao tratar da suspensão condicional da pena, determina que será necessária a reparação (gênero, e não espécie, como a indenização) do dano ambiental:

> *Art. 17. A verificação da reparação a que se refere o § 2º do art. 78 do Código Penal será feita mediante laudo de reparação do dano ambiental, e as condições a serem impostas pelo juiz deverão relacionar-se com a proteção ao meio ambiente.*

Deve-se assim interpretar o artigo 20 como um comando para o magistrado no sentido de dever estabelecer, no caso de não ser possível a restauração, nem os demais escalões da reparação ambiental (recuperação, compensação), desde já o montante da indenização na sentença[577]. E isso realça uma vez mais a importância das perícias, que devem, como destacado *supra*, ser o mais completas possível, identificando o dano, e como repará-lo, em sua integralidade.

6.8.4 Outros artigos que cuidam da reparação do dano ambiental na Lei 9.605/98. A suspensão condicional da pena, a pena de prestação de serviços à comunidade para a pessoa física e a pessoa jurídica, a pena pecuniária

Em outras passagens a lei penal volta a abordar a reparação do dano ambiental.

---

577 Também concluindo que a sentença prevista no artigo 20 deve tratar da reparação como gênero, incluindo a restauração, recuperação, medidas compensatórias e, ainda, eventual indenização, e não somente esta última, SALTZ, Alexandre Sikinowski. *Fixação do valor mínimo para reparação dos danos ambientais*. Em: AAVV. *Crimes ambientais: comentários à lei 9.605/98*. Ana Maria Moreira Marchesan, Annelise Monteiro Steigleder (org.). Porto Alegre: Livraria do Advogado Editora, 2013, p. 117-118.

Conforme adiantado, o artigo 17, acima transcrito, ao tratar da suspensão condicional da pena, determina que será necessária a reparação, como gênero, do dano ambiental.

A pena de prestação de serviços à comunidade, prevista no artigo 9º para a pessoa física, em substituição à pena privativa de liberdade, contempla a reparação do dano:

> *Art. 9º. A prestação de serviços à comunidade consiste na atribuição ao condenado de tarefas gratuitas junto a parques e jardins públicos e unidades de conservação, e, no caso de dano da coisa particular, pública ou tombada, na restauração desta, se possível.*

Interessante observar que a reparação do dano à coisa, de que se ocupa o artigo, é exigível concomitantemente com a prestação de serviços à comunidade em parques, praças ou unidades de conservação, como pena substitutiva, como bem observam Flavio Dino e Nicolao Dino Neto[578]. Do contrário, a reparação substituiria a pena na sentença, o que implicaria um absurdo, pois isso não se dá nem sequer na transação penal, que é um *minus*: ali se exige a reparação conjugada à pena. Não é o espírito da lei penal ambiental que a reparação substitua a pena, e sim que se incorpore como efeito da sanção penal.

Entretanto, dizer que a reparação da coisa deve somar-se à prestação de serviços não implica que nas outras modalidades de sanções substitutivas, nas quais não se mencionou expressamente a reparação, não se considerará a reparação do dano ambiental[579]. Esta interpretação se choca com o já mencionado artigo 20 da Lei 9.605/98, que determina ao juiz estabelecer, sempre que possível, na sentença condenatória, a reparação do dano ambiental. É uma norma geral que deve prevalecer. Se a

---

578 DINO NETO, *Crimes e infrações...*, p. 76.

579 Como, agora equivocadamente, *data venia*, querem fazer crer os mesmos Flavio Dino e Nicolao Dino Neto, ob. cit., p. 76, sugerindo que o ideal seria que as outras penas substitutivas dos artigos 10 a 13 da Lei 9.605/98 também estivessem conectadas à reparação do dano, quando, em verdade, já estão.

transação penal e a suspensão exigem a reparação, com maior razão esta deve ser exigida na sentença penal.

E como deve ser interpretada a expressão "*no caso de dano da coisa particular, pública ou tombada, na restauração desta, se possível*', presente no artigo 9º da Lei 9.605/98?

É de se observar que o artigo 9º não mencionou reparação do dano ambiental, expressão reiteradas vezes empregada na lei penal especial. Em verdade, o dano ambiental é muito mais amplo que o dano à coisa, conforme se demonstrou, e deverá, repita-se, sempre ser reparado. O artigo 9º não fez menção à reparação do dano ambiental, e sim ao dano à coisa, porque quis de fato distinguir, para definir que a prestação de serviços à comunidade pelo próprio condenado (já que é um princípio que a pena não pode transcender a pessoa do condenado) pode dar-se, quando é possível a restauração, e mais, quando é possível que o próprio condenado realize a restauração[580], cumulativamente à realização de tarefas em espaços tarefas em áreas verdes, na reparação de danos à coisa que sofreu a agressão. Contudo aí se exige o grau máximo da reparação: a restauração, a recomposição. E, obviamente, conjugando-se aos demais artigos já mencionados, também será efeito da condenação que repare os outros danos verificados, em especial o dano coletivo ambiental.

Reforçando esta compreensão, o artigo 17 da Lei 9.605/98 estabelece que a suspensão condicional da pena tem como requisito a reparação do dano, a ser constatada mediante prova pericial, conforme transcrito acima.

A reparação espontânea do dano constitui, ainda, circunstância que atenua a pena (artigo 14, II).

---

580 Conforme observam Ulisses Augusto Pascolatti Júnior, em SALVADOR NETTO, Alamiro Velludo; SOUZA, Luciano Anderson de (coord.). *Comentários à Lei de Crimes Ambientais* – Lei nº 9.605/1998. São Paulo: Quartier Latin, 2009, p. 56 e CARVALHO, Antônio César Leite de. *Comentários à lei penal ambiental: parte geral e especial (artigo por artigo).* 3 ed. Curitiba: Juruá, 2013, p. 110.

Cabe frisar que também é possível sancionar penalmente as pessoas jurídicas com a determinação de execução de obras de recuperação de áreas degradadas (artigo 23, II[581]), o que evidencia o objetivo de melhorar as condições ambientais, mas não o de reparação do dano ambiental especificamente produzido pelo injusto penal, já que a reparação do dano ambiental será sempre exigível. Além disso, se quisesse determinar que fossem realizadas as obras de recuperação na área degradada específica, diria o dispositivo *"da área degradada"* e não *"de áreas degradadas"*. Reparação é uma coisa, pena é outra. Avançando neste raciocínio, pode ocorrer que a pessoa jurídica tenha que, em um processo penal ambiental, enfrentar a recuperação de áreas degradadas mais de uma vez. A primeira, como eventual medida compensatória do dano ambiental. Isto constituirá a reparação específica do dano ambiental. E a segunda vez não como reparação do dano ambiental, e sim como pena, tal como estabelecido no artigo 23, II da Lei 9.605/98.

Por fim, cabe anotar uma incongruência do sistema penal ambiental brasileiro, retratada no artigo 12 da Lei 9.605:

> *Art. 12. A prestação pecuniária consiste no pagamento em dinheiro à vítima ou à entidade pública ou privada com fim social, de importância, fixada pelo juiz, não inferior a um salário mínimo nem superior a trezentos e sessenta salários mínimos. O valor pago será deduzido do montante de eventual reparação civil a que for condenado o infrator.*

Nesta modalidade de pena substitutiva da pena privativa de liberdade a reparação substitui a pena. Isto porque a multa pecuniária assume um caráter de multa reparadora, pois o valor pago será deduzido de eventual reparação civil.

[581] *Art. 23. A prestação de serviços à comunidade pela pessoa jurídica consistirá em: I - custeio de programas e de projetos ambientais; II - execução de obras de recuperação de áreas degradadas; III - manutenção de espaços públicos; IV - contribuições a entidades ambientais ou culturais públicas.*

Esta confusão entre reparação e pena é criticada por parte da doutrina, seja pela destinação do valor (à vítima ou a alguma entidade pública ou privada com fim social, o que pode não guardar nenhuma relação com o dano ambiental específico), que não se confunde com a reparação efetiva do dano ambiental, seja pela confusão que promove entre pena e reparação civil[582], quando estabelece que o valor pago será deduzido de eventual reparação. Observe-se que esta segunda contradição acentua a primeira, já que não há forma de compensar planos absolutamente distintos, em que envolvidos credores e devedores diversos: se a pena pecuniária se destina a alguma entidade que não tem relação com a reparação do dano ambiental específico, é um disparate que este montante sirva para que o obrigado a reparar o dano ambiental o utilize como "reserva" a ser deduzida em eventual condenação a uma reparação civil.

Pelas razões expostas, a dedução do valor não constituiu uma das opções mais felizes do legislador. De fato, aquele que for sancionado com a pena pecuniária será injustamente beneficiado, em relação àquele que cumpre a transação penal, a suspensão condicional do processo, ou alguma outra pena, pois nesses casos a reparação já é um dever, além de outras exigências.

Por isso a interpretação mais consentânea para o assunto é a que entende que a dedução na reparação ambiental somente será possível quando este valor é pago à vítima do dano ambiental, evitando-se, nesse caso, o enriquecimento sem causa da vítima (e não quando se paga a entidades públicas ou privadas com fim social, que, como visto, não tem nada a ver com o dano ambiental).

[582] DINO NETO, *Crimes e infrações...*, p. 82-84 e STIFELMAN, Anelise Grehs. "Direcionamento dos recursos oriundos das transações penais em crimes ambientais". *Revista de Direito Ambiental*, n. 32, out.-dec. 2.003, p. 204.

6.9 A SITUAÇÃO NA ARGENTINA

Na Argentina a reparação pode, conforme exposição de Cesano, incidir para atenuar a reação penal (como circunstância atenuante na determinação do *quantum* da pena, como pauta positiva em uma possível concessão da suspensão condicional da pena ou como requisito para tornar efetivo o benefício da reabilitação); ou pode incidir como requisito de institutos com efeito extintivo ou impeditivo da repressão penal (pagamento voluntário da multa, suspensão condicional do processo, além de institutos específicos relativos a crimes contra a honra ou contra a integridade sexual)[583]. Sem embargo, escassa é a sua aplicação nos processos penais ambientais, onde a diretriz do artigo 41 da Constituição Nacional de restauração do dano ambiental "*parece un convidado ausente*[584]".

De fato, algumas questões merecem modificação. O professor de Direito Penal Ambiental da Universidad de Buenos Aires, Mario Gustavo Costa, expõe a prioridade da restauração, e a necessidade de que as futuras reformas penais promovam o adequado enfoque da reparação do dano nos crimes ambientais, propondo pautas para as reformas, que convém transcrever:

> *"A partir de la reforma constitucional de 1994, 'el daño ambiental generará prioritariamente la obligación de recomponer, según lo establezca la ley' (art. 41, primer párrafo in fine, C.N.). En la legislación derivada de ese precepto supremo, la Ley General del Ambiente 25.675 fijó en sus arts. 2º -inc. 'k'- (limitado erróneamente al daño resultante de contaminación), 28 (que no hace distingos) y ctes., reglas que orientan hacia el cumplimiento de esa manda.*

[583] CESANO, José Daniel. *Reparación y resolución del conflicto penal: su tratamiento en el Código Penal argentino.* Em: AAVV. *Nuevas formulaciones en las ciencias penales. Homenaje a Claus Roxin.* Córdoba: Universidad Nacional de Córdoba, Facultad de Derecho y Ciencias Sociales, 2001, p. 497-531.

[584] COSTA, Mario Gustavo. *Ambiente, penas y recomposición. Una relación compleja...*, p. 381.

Al profundizar el análisis, he inferido que de la Constitución fluye así una directriz que debe prevalecer sobre la totalidad del ordenamiento jurídico argentino, incluida su vertiente penal y doblegando hasta la acendrada preponderancia del principio de legalidad procesal; con el añadido, si mis razonamientos hacen pie firme, que se trataría de una concatenación normativa especialísima, a la que otras legislaciones se aproximan pero no igualan._

Parece una verdad de Perogrullo, pero vale insistir. A la finalidad primaria de evitar el daño al entorno como condición de la vida sana en la comunidad (uso ex professo términos propios de una clásica generalización del bien jurídico), debería seguirle la restitución al estado previo -en los casos que ese detrimento se haya producido- y en la medida de lo posible. La conveniencia, evidente, de obtener ese resultado socialmente provechoso, justifica en mi criterio resignar la sanción penal –o morigerarla- cuando el agente dirija su conducta en esa dirección. De la mano de ello, la articulación de procedimientos que se traduzcan en efectiva observancia del principio y no en un 'negocio' para el incumplidor o torticero.

La reflexión previa acarrea una digresión, inevitable. Décadas de incertidumbre respecto a la tan meneada cuestión de la secuela del juicio, han sido en parte superadas mediante una corrección legal (Ley 25.990) que algunos siguen considerando inconstitucional, etc. Me limito aquí a señalar:

a) De modo genérico, que por precisas y bien armonizadas que sean las reformas procesales a encarar, resulta ingenuo pretender que la prescripción de la acción penal se interrumpa sólo con la sentencia de mérito no firme. En especial en las causas complejas, donde los sospechados/imputados pueden hacer valer su poder económico a través de defensas entorpecedoras y mil artilugios de dilación que no están al alcance del resto, es donde se advierte la necesidad de fijar pautas anticipadas a ese momento de la causa; en suma, se trata de preservar la garantía a la duración razonable del proceso sin abrir la puerta a impunidades adobadas por la desigualdad.

b) En lo que aquí se trata, bien que extensible a otros asuntos afines, a esa urgencia cabe sumarle la de formas de 'congelamiento' de los hechos y la prueba durante el lapso destinado a la recomposición o remediación del ambiente, utilizando modos más severos que el de la vigente suspensión del juicio a prueba –con cuando menos la suspensión del curso prescriptivo que hasta hoy rige-, teniendo presente que las medidas acordadas

> *estarán vinculadas con procesos biológicos, cuya dinámica no depende del arbitrio humano, más bien lo contrario.*
>
> *En más de una ocasión he abogado por tener en cuenta la interesante institución del derecho brasileño conocida como 'transaçao', en cuyo marco juegan un papel notorio los 'términos de ajustamiento de conducta' (TAC), que tienden a producir el efecto indicado más arriba. Reitero esa tesitura, siempre pensando en aprovechar las experiencias antes que copiarlas sin reflexión*[585]"

Aguarda-se, assim, que na reforma penal argentina sejam contempladas as questões propostas pelo doutrinador, que refletem a projeção do princípio de reparação do dano ambiental sobre o Direito Penal.

6.10 O DISTINTO SISTEMA PENAL AMBIENTAL NORTE-AMERICANO

Por fim, depois de muito tratar da reparação, é interessante analisar um sistema muito distinto, que volta seus olhos essencialmente à prevenção, como é o caso do sistema penal norte-americano.

Também nos Estados Unidos poderão os membros do Ministério Público, principalmente nos acordos (*plea bargaining*), tratar da reparação do dano nos crimes ambientais.

Mas o mais chamativo é que nos principais textos normativos ambientais, como o *Clean Water Act* (CWA), o *Clean Air Act* (CAA) ou o *Resource Conservation and Recovery Act* (RCRA), o dano ambiental não integra os tipos penais.

Estes atos normativos não mencionam explicitamente que causar dano constitui crime, ou agrava a pena, e sim que serão puníveis criminalmente as violações à regulamentação administrativa ambiental. Sancionam-se, em previsões o mais abrangente possíveis (*catch-all*) as falhas nos sistemas de pre-

---

585 COSTA, Mario Gustavo. "Las penas del ambiente y la 'reserva de código'", disponível em elDial.com – DC1A93, publicado em 04 de junho de 2013.

venção, punindo com a mesma sanção máxima quem deixou de apresentar algum dado ao sistema ambiental como quem causou uma mortandade de peixes[586].

O sistema norte-americano reforça sobremaneira as normas administrativas ambientais. Não requer, tampouco, a prova do dano ambiental, contentando-se com a violação das normas administrativas. É uma abordagem distinta da realizada nos demais sistemas, que evidencia uma exasperação da preocupação com os riscos modernos, reforçando a obediência aos mecanismos administrativos de proteção, com fins de prevenir o dano ambiental, como de fato o consegue em diversos aspectos.

Não obstante, esta ausência de menção do dano, de um resultado, assombra o penalista tradicional. Deve-se punir igualmente quem causou um dano e quem, por mera mera casualidade não o causou, sendo que os dois sabiam que sua conduta geraria risco de um dano ambiental[587]? Em outras palavras, pune-se pelo que se faz ou pelo que sucede?

Isso traz à baila a discussão se o Direito Penal deve privilegiar uma responsabilidade por ações ou uma responsabilidade por resultados. O sistema estadunidense opta claramente por uma responsabilidade por ações, posição diametralmente oposta à dos países de tradição romano-germânica.

---

586 Conforme MANDIBERG, Susan. "Locating the environmental harms in environmental crimes" *Utah Law Review*, 2009, p. 1177-1178, amplamente empregada neste excerto (p. 1177-1222).

587 MANDIBERG destaca ainda que, quando mantém contato com alunos de Direito Ambiental lhes parece correto o posicionamento da legislação penal estadunidense, já que previne o dano ambiental, em virtude da diminuição dos riscos, mas causa espanto aos criminalistas (ob. cit., p. 1198). E arremata que alguns juristas estadunidenses defenderão que sim, é possível punir igualmente quem põe em risco e causa dano, como quem apenas expõe a risco, enquanto outros dirão que não, o dano importa: "*Should punishment for environmental crime vary according to whether the defendant's conduct caused environmental harm? Assume two actors who know their conduct risks environmental harm. In one case, such harm occurs; in the other case, serendipitously, it does not. Some commentators urge that given the equivalent conduct and mental state, these two should be irrelevant – while others say that harm matters.*" (p. 1216)

Na Argentina, ainda que minoritário, Sancinetti se afilia claramente a uma responsabilidade por ações, e não deixa de apresentar interessantes argumentos, que merece, reflexão, em especial para o Direito Penal Ambiental:

> *"...Un modelo de norma que pretende motivar sólo puede hablar a favor de una relación de oposición entre norma y acción, una oposición que, a más tardar, rige hasta el último instante en que el autor puede tomar aún una decisión de acción. Cuando ya no puede influir más sobre el suceso, ya no hay nada que imputar, porque al autor no le queda nada por hacer. Pero es que el resultado se produce siempre después de ese último instante de relación entre norma y autor, justamente cuando ya no hay nada que imputar, porque no resta nada por hacer*[588]*."*

No mesmo sistema norte-americano se reconhece que não está mal sancionar criminalmente, por meio de crimes de perigo, aquele que viola infrações administrativas que se ocupam da prevenção. De fato, isto é importante e aspecto central. Entretanto, devem ser sancionar distintamente estas condutas em relação àquelas que efetivamente causam dano[589], e para isto houve o cuidado de editar diretrizes conhecidas como *"federal sentencing guidelines"*, publicadas pela *"United States Sentencing Commission"*, sob a autorização do Congresso. Estas sim têm foco no dano ambiental, o que implica maiores exi-

[588] SANCINETTI, Marcelo A. *¿Responsabilidad por acciones o responsabilidad por resultados?* Cuadernos de conferencias y artículos, n. 9. Bogotá: Universidad Externado de Colombia, Centro de Investigaciones de Derecho Penal y Filosofía del Derecho, p. 13, frases destacadas do autor. Levanta Sancinetti um questionamento aos partidários de uma responsabilidade por resultados: *"Es una explicación realmente curiosa: se exige que un objeto real de un bien jurídico esté afectado para legitimar la reacción penal, porque ésta está para proteger el bien jurídico; ahora; si el bien jurídico está afectado, ¿qué protección de éste podría cumplir realmente la sanción?"* (p. 14)

[589] Conforme MANDIBERG, ob. cit., p 1201: *"There is nothing wrong with the statutes criminalizing paperwork, discharge and emission violations, nor with the endangerment crimes. These are important – if not focal – in criminal enforcement of environmental regulations. However, someone approaching the field form a criminal law perspective might consider it advisable to complete the gradation hierarchy by including statutes punishing those who violate a regulatory provision and actually case environmental harm."*

gências probatórias, e onde são discutidos distintos níveis de ofensividade. Contudo, tais diretrizes foram entendidas pela Suprema Corte como recomendações, não obrigatórias, e não tiveram o efeito esperado[590].

De qualquer forma, sem abandonar a orientação de um Direito Penal de resultados, é necessário reconhecer que, quanto ao meio ambiente, em muitos casos de nada valerá se as normas penais não adotarem uma ótica preventiva, em especial pela irreversibilidade, na maioria das situações, do dano ambiental, além das extremamente negativas consequências que este pode acarretar. Neste sentido, a prevenção do dano ambiental através dos crimes de perigo abstrato ou pela criminalização de condutas omissivas, tal como examinado nos capítulos anteriores, é prioritária. Posteriormente, aí sim, em atenção à ótica de responsabilidade por resultados, deve-se apenar com mais vigor quem de fato causou um dano, e também exigir-lhe a reparação. Mas o foco, destaque-se, deve estar na prevenção, como exposto, razão pela qual devem-se conjugar uma responsabilidade por ações com uma responsabilidade por resultados no Direito Penal ambiental.

6.11 CONCLUSÃO

De todo o expuesto se infere que o processo penal vem modificando-se para a inclusão das vítimas, mais especificamente pela via da reparação, seja pelas virtudes que possui (contribui para a restauração do equilíbrio rompido pelo crime, para a resolução do conflito e para a pacificação social, fim da política criminal e dever do processo penal), seja pela singela razão de que a reparação contribui para descongestionar o Poder Judiciário, por meio da diminuição de processos em

[590] Sobre o assunto MANDIBERG, ob. cit., p. 1206-1222. E também O'HEAR, Michael M. "Bark and Bite: The Environmental Sentencing Guidelines After Booker." *Utah Law Review*, 2009, p. 1151-1175, onde critica a pouca contribuição das diretrizes à efetividade dos crimes ambientais.

sistemas judiciais que já não conseguem responder ao aumento de conflitos em uma crescente população e em um cenário de expansão, ou adequação a novos interesses, do Direito Penal, ou talvez por todas essas razões juntas.

Se a reparação é de fácil percepção nos crimes que protegem bens jurídicos individuais, é essencial discuti-la também nos crimes relativos a bens jurídicos coletivos ou universais. No caso específico dos crimes ambientais, a reparação do dano assume rol protagônico: de nada servirá um Direito Penal que pretenda proteger o ambiente e não se ocupe da reparação do dano ambiental. A reparação é imanente a qualquer discussão sobre a proteção do ambiente. Primeiro prevenir, e, em seu fracasso, imediatamente buscar a reparação.

A reparação do dano ambiental se encontra diretamente ligada aos fins das penas. Os danos ambientais originados de condutas delitivas, em especial os de grande magnitude, podem, além dos efeitos diretos e indiretos sobre os recursos naturais, a saúde e a vida das pessoas, abalar a confiança da sociedade nas instituições e romper o equilíbrio na comunidade afetada, razão pela qual a reparação do dano ambiental cumpre a função de restituir a confiança da sociedade na vigência das normas, que existe uma responsabilidade para as empresas e os empresários que descumprem as normas ambientais e geram danos.

É fundamental que os países que tenham em seu ordenamento a previsão de crimes ambientais também ofereçam mecanismos em seu processo penal para a reparação dos danos causados ao ambiente. Tal se pode verificar pela previsão de lei penal ambiental específica, como ocorre no Brasil, onde diversos dispositivos aqui examinados criticamente contemplam a reparação, em distintos momentos processuais, como a transação penal, a suspensão condicional do processo e a sentença, com diversas penas, aplicáveis à pessoa física ou à pessoa jurídica, que exigem a reparação, mas também pode efetivar-se pela aplicação dos mecanismos previstos nos respectivos códigos processuais, como os institutos do arquivamento condicionado, da suspensão condicional do processo, da suspensão da execução de pena, e na própria sentença condenatória penal.

Pari pasu à imperiosidade de existência de mecanismos que permitam a reparação do dano ambiental no processo penal dos países que reprimam criminalmente ofensas ao ambiente, é imprescindível a interlocução entre os órgãos da administração pública ambiental e os órgãos encarregados de aplicar a lei penal ambiental, bem como a existência de órgãos de investigação especializados, que permitam a atuação de um Ministério Público também especializado, o que permitirá a busca da reparação integral do dano ambiental, em que priorizada a recomposição: aí sim se evitarão as frequentes críticas de um Direito Penal simbólico, e este poderá contribuir à reparação do dano ambiental.

Conclusões

1) A expansão do Direito Penal à proteção do meio ambiente encerra acaloradas controvérsias, onde tudo é questionado, a começar por aquela que é a primeira grande polêmica do Direito Penal Ambiental: se este deve ou não proteger o ambiente. Discute-se, ainda, a opção legislativa de diretamente permitir algumas atividades que, apesar de excessivamente poluidoras, contribuem ao crescimento econômico, ou a proibição destas com auxílio de normas penais em branco. Tais discussões refletem uma controvérsia muito mais profunda, que é a discussão sobre o antagonismo entre crescimento econômico e a conservação do ambiente, acomodada sob a fórmula internacional, deliberadamente vaga, imprecisa e não questionada quanto a sua validez, do desenvolvimento sustentável, marco em que se levam a cabo os embates entre preservacionistas e crescimentistas por sua interpretação, disputa que se projeta nos mais diversos âmbitos, entre eles o jurídico-penal.

2) A fórmula do desenvolvimento sustentável mascara o antagonismo crescimento *vs.* proteção do ambiente, pois silencia sobre que se desenvolve, não estabelecendo limites nem metas. Ademais, a corrente vitoriosa em sua definição preconiza uma racionalidade econômica; neste sentido, o Banco Mundial, e não o PNUMA, goza da hegemonia na fixação dos parâme-

tros de financiamento e controle de projetos em escala planetária. Esta visão restabelece a confiança no paradigma cartesiano e no mercado, e acredita que o progresso, as soluções tecnológicas e os preços (como é exemplo a tradicional aplicação do princípio contaminador-pagador) resolverão tudo, impedindo uma efetiva proteção do ambiente.

3) Projetar-se-ão sobre o Direito Penal as contradições apontadas, o que esclarecerá em parte sua modesta eficácia na defesa do ambiente. Da mesma maneira que a racionalidade econômica não assimila facilmente os princípios de uma racionalidade ambiental, a racionalidade jurídica tem dificuldade em assimilar a proteção do meio ambiente. O discurso oficial do desenvolvimento sustentável penetra em várias áreas, entre elas a legislativa, e mascara os interesses diversos, com o foco no crescimento econômico. O que acontece com o Direito Penal não é distinto.

4) São exemplos de projeção sobre o Direito Penal de conflitos acomodados sob a fórmula do desenvolvimento sustentável:

a) A primeira grande polêmica, se o Direito Penal deve ou não proteger o ambiente, reproduz, especialmente no plano legislativo, a discussão se existe contradição entre crescimento econômico e proteção ambiental. Isto se manifestou durante os debates parlamentares da Lei de Crimes Ambientais. Em menor proporção, também no âmbito doutrinário se verifica o conflito. As posições que negam a extensão da proteção penal ao ambiente por não configurar a ferramenta adequada, por ser mais um caso de Direito Penal simbólico, por vezes encobrem ou manifestam veladamente a prevalência de uma racionalidade econômica, que implica a compreensão de não sancionar penalmente condutas que possam representar crescimento econômico.

b) A discussão do bem jurídico protegido pelo Direito Penal Ambiental, e a consequente divisão entre correntes antropocêntricas e ecocêntricas. Os antropocêntricos estão muito mais próximos da aceitação do conceito de desenvolvimento sustentável neoliberal e de uma visão economicista, os ecocêntricos estão mais próximos de uma ecologia profunda, conservacionista.

c) A opção legislativa de diretamente permitir algumas atividades que, apesar de excessivamente poluidoras contribuem ao crescimento econômico, ou a proibição destas com auxílio de normas penais em branco, que muitas vezes admitem níveis de poluição tão altos (como é o caso do artigo 54 da Lei 9.605/1998) que na prática sanção alguma é possível aplicar. A norma penal se vê desvirtuada e termina se constituindo em um estímulo à contaminação, em perversão do conceito de desenvolvimento sustentável.

d) Na prática forense: um magistrado que mais valorize o crescimento econômico terminará aceitando algumas condutas que um magistrado conservacionista não aceitaria, fazendo interpretações distintas de uma mesma lei, apoiando-se em concepções distintas de um desenvolvimento sustentável.

5) O exame dos debates parlamentares que originaram a Lei 9.605 de 1998, Lei de Crimes Ambientais, demonstra a cristalização de muitas dessas discussões. Ali se reproduziu o conflito crescimento econômico *vs.* conservação ambiental e a pergunta se existe contradição entre eles, superada com a invocação da fórmula de acomodação do desenvolvimento sustentável. Também se realçou a contradição do Estado, incumbido a um só tempo do crescimento econômico e da proteção ambiental, e o reconhecimento da hegemonia do Banco Mundial e de uma concepção econômica neoliberal de desenvolvimento sustentável.

6) Apesar destas dificuldades, o Direito Penal é convocado para contribuir na proteção do meio ambiente, pois os riscos que acompanharam as conquistas da Ciência e as novas tecnologias, consequência de decisões conscientes na aplicação do saber técnico e na busca de vantagens econômicas, geram uma sensação de insegurança, em uma sociedade etiquetada como sociedade do risco. Surge uma demanda social de maior proteção frente aos riscos manufaturados, que tem sua explica-

ção teórica nos postulados hobbesianos de segurança. Neste cenário é fundamental denunciar a inflação da preocupação por segurança, que se espraia em uma hipertrofia indesejável do Direito Penal. Em um aparente paradoxo, também é necessário afirmar a importância essencial da necessidade de proteções e a legitimidade da busca de proteção, entre elas a do Direito, o que permitirá compreender a existência de um Direito Penal do Risco.

7) A proteção do meio ambiente, antes de representar uma expansão do Direito Penal, em verdade constitui uma adequação, um autêntico *mea culpa* social, frente ao cenário de destruição crescente, reconhecido pela sociedade. Deve o Direito Penal ocupar-se da proteção ambiental, que será a proteção tanto da vida atual como das futuras gerações. Afirmar que é inadequado, que não significa nenhum obstáculo intransponível, é esquecer as próprias limitações do Direito Penal, dependente que é de seu entorno. O fato é que as posições extremas conduzem à ausência da mais grave das sanções para um tema vital.

8) Muitas das críticas que são dirigidas ao Direito Penal Ambiental são consequência de sua equivocada compreensão, no que pertine: a) à sua missão, que não é melhorar de imediato o estado atual do meio ambiente, e sim tão-somente sancionar os ilícitos mais graves, em proteção fragmentária, lacunosa e subsidiária de bens jurídico-penais coletivos como tais, modesta contribuição em um quadro de complexa estratégia de prevenção do dano ambiental, na qual se conjugam principalmente questões econômicas, e que, no âmbito do Direito, tem protagonismo o Direito Administrativo; b) ao bem jurídico protegido, tema em que é imprescindível a superação dos paradigmas antropocêntrico e ecocêntrico, para reconhecer os vínculos e limites que possui o ser humano com a natureza e em seguida projetar o que se espera dessa relação, em que o bem jurídico coletivo meio ambiente deve ser protegido como tal, o que terá reflexos positivos para as presentes e futuras gerações e c) à inevitável dependência em relação ao Direito Administrativo,

correspondendo à doutrina penalista abandonar a postura refratária e aprofundar seus conhecimentos desse Direito, pela sua larga influência nos crimes ambientais.

9) O dano ambiental se encontra no centro de qualquer discussão sobre meio ambiente, e a preocupação com sua prevenção atormenta o Direito Ambiental de tal maneira que se converte em sua obsessão. Não obstante, muitas dificuldades surgem em uma estratégia de proteção, já que tal dano apresenta características distintas do dano individual tradicional, o que desconcertará a legislação, doutrina e jurisprudência, estruturados em uma visão antropocêntrica.

10) O principio da prevenção do dano ambiental encontra terreno fértil em uma sociedade que reconhece os riscos para o meio ambiente, e exige a contribuição da mais grave das sanções. Contudo, para que o Direito Penal possa contribuir, devem estar presentes importantes requisitos. O primeiro, essencial, é que exista um forte compromisso político e econômico na conservação do ambiente. Enquanto o crescimento econômico prossiga dando as cartas na definição do que seja um desenvolvimento sustentável, muito pouco, ou quase nada, poderá contribuir o Direito Penal na prevenção do dano ambiental. Apenas mascarará as contradições de um Estado que busca o crescimento econômico a qualquer custo e é encarregado da proteção do ambiente, de que foram exemplo os elevados umbrais na definição do dano ambiental relevante, como no artigo 54 da Lei de Crimes Ambientais.

11) Outros fatores também se sobrepõem ao meio ambiente, como o militar, no exemplo do crime de guerra previsto no artigo 8, (2), (b), (iv) do Estatuto da Corte Penal Internacional. O fato de que seja o único artigo a fazer referência ao meio ambiente não significa maior proteção que nos outros crimes internacionais, especialmente se se examina o conceito de dano ambiental relevante adotado: além de extensos, permanentes e graves, os danos devem ser claramente excessivos em relação à vantagem militar pretendida com o ataque, o que subordina

o meio ambiente à lógica militar e limita a eficácia da lei internacional como instrumento de proteção ambiental, refletindo uma concepção de devastação do ambiente como estratégia militar que existe desde tempos imemoriais.

12) Apesar das dificuldades em lidar com as complexas características do dano ambiental, presente o compromisso acima mencionado, o Direito Penal poderá contribuir a sua prevenção, em reforço aos mecanismos protagônicos administrativos e civis, com algumas vantagens quanto aos ilícitos praticados no âmbito empresarial.

13) Não é raro que a doutrina penal confunda situações de prevenção catalogando-as como casos de precaução. Três são os elementos desta última: a incerteza científica, a avaliação científica do risco e a possibilidade de dano grave e irreversível. É mister que o elemento fundamental da incerteza esteja presente para que se possa falar de precaução, o que é absolutamente distinto de certas condutas em que o legislador, sabendo de antemão que podem causar dano ambiental, antecipa a proteção penal e emprega a técnica de crimes de perigo abstrato.A doutrina penal tem amplamente se equivocado etiquetando como de precaução situações que em verdade são de prevenção, e daí advêm errôneas críticas aos delitos de perigo abstrato. Não se pode confundir perigo abstrato com precaução. Nos crimes de perigo abstrato ambientais corretamente tipificados tem-se certeza que aquela conduta pode gerar dano ambiental, e como se quer evitá-lo, se proíbe penalmente aquele modo de atuar; não existe, portanto, nenhuma dúvida, incerteza científica, que atuar daquele modo pode causar dano. Se, quando atua, no caso concreto, o dano ocorre ou não, é outra questão, distinta da discussão a respeito da incerteza científica. Exemplo dessa confusão ocorre quando se identifica como caso de precaução o artigo 56 da Lei 9.605 no Brasil, quando em verdade se cuida de prevenção, pois se proíbe penalmente a exploração mineral sem licença. Não há neste caso nenhuma incerteza ou controvérsia científica sobre o dano, pressuposto

da precaução: a exploração mineral é necessariamente impactante, causa dano ambiental.

14) Se o Direito Penal pode contribuir, ainda que minimamente, com a prevenção, não poderá contribuir com outra demanda social, que é a precaução. Não será possível criar tipos penais em consequência de uma lógica de precaução, e daí advir condenações em virtude de situações em que predominava a incerteza quando atuou o acusado. Se o requisito fundamental do Direito Penal é a certeza e previsibilidade, e a precaução busca exatamente apartar tais exigências, não será o Direito Penal o instrumento adequado. O legislador não poderá reconhecer anteriormente o perigo como costumar fazer nos crimes de perigo abstrato, pelo simples fato de que desconhece se existe tal perigo, pois está presente a incerteza. Eventuais tipificações implicariam situações de responsabilidade objetiva, e inversão do ônus da prova, entre outros problemas, que impedem a atuação do Direito Penal.

15) Situação completamente distinta é a possibilidade de sancionar penalmente as condutas que impeçam o Estado de exercer a precaução, uma de suas mais importantes funções na sociedade moderna, de árbitro dos riscos. É possível criminalizar estas condutas, não em uma lógica de precaução, para punir os efeitos imprevisíveis e desconhecidos *ex ante*, e sim sancionando o fato de impossibilitar que o Estado exerça seu dever de controlar os riscos, como são exemplos os artigos 29 da Lei 11.105, de 2005, que trata dos organismos geneticamente modificados, e o artigo 54, parágrafo 3º, da Lei 9.605, de 1998.

16) Um dos esforços do Direito Penal na prevenção do dano ambiental se traduz na criminalização de condutas omissivas. Por meio deste instrumento se espera que aqueles que lidam com fontes de perigo atuem adequadamente, atendendo-se à expectativa social de não ver-se danificado o meio ambiente. Em uma sociedade do risco, a prevenção por meio dos crimes omissivos pode configurar-se: a) pela ampliação dos casos de omissão própria, com a previsão expressa e detalhada de

condutas esperadas na evitação de danos ao ambiente, como no artículo 54, parágrafo terceiro da Lei 9.605 de 1998, que tipifica como delito a omissão de medidas preventivas ou de precaução determinadas pela autoridade ambiental em casos de risco de dano grave ou irreversível, crime que evidencia a contribuição do Direito Penal à complexa estratégia de prevenção do dano ambiental, através do reforço à atuação das autoridades administrativas ambientais, ou b) combatendo a irresponsabilidade organizada, pela previsão de uma responsabilidade penal para cima, para os órgãos superiores de uma empresa, quanto aos crimes cometidos por seus subordinados.

17) A especial dificuldade de imputação no âmbito corporativo nada mais é que uma projeção muito específica, no âmbito penal, da irresponsabilidade organizada, conceito central no marco teórico da sociedade de risco, que traduz o círculo vicioso entre normalização simbólica e ameaça material, em que não se impõem limites efetivos aos danos ambientais: ainda que o Estado constate finalmente o descumprimento dos elásticos limites máximos de contaminação, a estrutura cerrada das empresas e suas múltiplas divisões costumam oferecer barreiras a que se alcance o responsável pela poluição. Se nos Estados Unidos se busca superar tal obstáculo mediante a aplicação da teoria do *responsible corporate officer*, na maioria dos países de tradição jurídica romano-germánica tenta-se sua superação pela responsabilidade em comissão por omissão dos superiores hierárquicos de uma empresa pelos crimes cometidos por seus subordinados, de que é exemplo o artigo 2º da Lei de Crimes Ambientais brasileira.

18) O artigo 2º da Lei 9.605/1998 reflete um instituto eminentemente preventivo, derivado imediato da expectativa social de que do exercício de uma atividade arriscada não advirão danos às pessoas e ao ambiente, pois somente se permitiu tal atividade porque se confia que aqueles que controlam a empresa, que possuem o direito de dirigir e dar ordens nesta estrutura cerrada, e que podem repelir as decisões de seus su-

bordinados, promovam, através da fiscalização e supervisão, o cumprimento pelos subordinados das normas ambientais, e adotem, assim como seus superiores, todas as medidas necessárias para a prevenção do dano ambiental, ainda que para tanto tenham que reorganizar a empresa.

19) O artigo 2º da Lei 9.605/1998 apresenta uma lista exemplificativa de pessoas responsáveis, que possui como denominador comum a posição de controle de uma fonte de perigos; não é necessário que o crime seja cometido no interesse da empresa, e sim que esteja relacionado com a atividade da empresa. A responsabilidade em comissão por omissão do superior hierárquico constitui um caso de autoria, e não de participação, pois sua omissão se verifica em um contexto distinto do agir do empregado. É um autor autônomo, apenado paralelamente ao subordinado. A lei brasileira exige o efetivo conhecimento da conduta delitiva do inferior hierárquico, não se contentando com a mera cognoscibilidade, posição preferível, *de lege ferenda*, conforme compreensão da doutrina internacional majoritária, em um espírito de prevenção do dano ambiental.

20) A prevenção do dano ambiental por meio dos crimes de perigo, em especial os crimes de perigo abstrato, constitui um dos mecanismos de gestão dos riscos adotado pela sociedade moderna. Deve ser este o último dos mecanismos, assumindo posição de destaque a análise do risco e a definição dos riscos permitidos, por meio de instrumentos como o licenciamento e as normas administrativas que definem os limites permitidos de poluição. Neste âmbito, uma das importantes funções que toca ao Direito Penal é sancionar os servidores que não cumprem adequadamente seus deveres no exercício de sua atividade de fiscalização ambiental, ou os particulares que manipulam o sistema de licenciamento, apresentando informações falsas em seus estudos de impacto ambiental. Daí a importância da tipificação de condutas como as previstas nos artigos 65 a 69-A da Lei 9.605 de 1998, no Brasil, capítulo específico sobre crimes contra a administração pública ambiental.

21) As discussões sobre o risco, é dizer, a opção entre permitir, incluso estimular, atividades de risco, ou adotar medidas para sua restrição, acentuam o paradoxo de uma sociedade que deseja desfrutar dos avanços da Ciência e do crescimento econômico, mas não quer sofrer certos efeitos negativos, recorrendo a fórmulas de acomodação para esta tensão, tal como a do desenvolvimento sustentável. Este paradoxo motivará uma reação de perplexidade no mundo jurídico-penal, que tem sua mais perfeita tradução nas acaloradas discussões teóricas sobre os crimes de perigo, que deveriam outorgar preponderância à prevenção dos danos.

22) A tradicional divisão tripartida, entre crimes de resultado, crimes de perigo abstrato e crimes de perigo concreto pode ser insuficiente para a compreensão dos tipos penais ambientais, frente a suas mui peculiares características, devendo ser investigadas suas estruturas delitivas. Apesar disso, quanto aos crimes de poluição da Lei 9.605/98, as profundas discussões teóricas sobre os crimes de perigo, muito embora importantes, perdem um pouco de seu sentido, quando constatadas as inúmeras situações de riscos excluídas pela definição dominante de um desenvolvimento sustentável. O exame da estrutura delitiva dos tipos penais brasileiros, especialmente seu crime de poluição do artigo 54 da Lei 9.605/98, desmitifica a ideia de que os crimes de perigo promovem um adiantamento da punibilidade, e com isso uma melhor proteção dos bens jurídicos.

23) Neste âmbito, colhem-se as seguintes conclusões a respeito dos tipos penais ambientais brasileiros:

a) O crime de poluição brasileiro, presente no artigo 54 da Lei 9.605 de 1998, é um crime de resultado quanto aos recursos naturais, pois exige uma poluição com resultado relativo à fauna e à flora, resultado este de mortandade ou destruição significativa. Por outro lado, é de perigo abstrato em relação à saúde humana, pois não reclama a produção de um perigo efetivo ou concreto ulterior à ação típica, contentando-se com a mera possibilidade deste perigo. É, portanto, um crime do gênero perigo abstrato quanto à saúde humana, da espécie crime de aptidão, de idoneidade, ou de perigosidade. Ainda assim, apresenta um elevado umbral de exigências para sua comprovação, e não previne o dano ambiental, senão o contrário, o exige, para sua caracterização. O tipo penal do artigo 54 é a síntese acabada do que se veio discutindo na presente obra, uma vez que espelha: 1) uma definição de desenvolvimento sustentável em que predomina uma visão de crescimento econômico sobre a conservação da natureza (discussão do capítulo primeiro), 2) os conflitos de uma sociedade que estimula o risco, mas não aceita conviver com os efeitos colaterais das condutas que estimula (análise do capítulo segundo), e 3), como resultado da conjugação de 1) e 2), uma concepção bastante restrita de um dano ambiental relevante.

b) O sistema penal ambiental previsto na Lei 9.605/98, em que abundam tipos penais abstratos, possui como objetivo central a reparação do dano ambiental, e em diversas passagens prevê sua concretização. Para conseguir tal objetivo, abranda muitas das exigências do sistema penal tradicional, com previsões de sanções mais baixas, que permitem, em sua maioria, a composição, em atenção ao princípio de oportunidade (transação penal), ou a suspensão condicional do processo). Superadas estas etapas, ainda assim será possível substituir a sanção privativa de liberdade por penas restritivas de direitos. Estas características conduzem a questionar-se até que ponto a lei penal ambiental brasileira, sabendo o que implicaria levar eventuais empresários às grades, sabendo das reações negativas do setor econômico à sanção penal ambiental e, mais especificamente, sabendo da dificuldade probatória que enfrentaria o Ministério Público não engendrou um sistema em que, se de um lado não leva ninguém à cadeia, tampouco oferece muitas garantias, ou, pelo menos, facilita a solução do caso, sem que seja necessário provar muito.

c) *De lege ferenda*, com o objetivo de sanar estes problemas, além da adequação para cima de algumas sanções, as exigências para alcançar a tábua de salvação da reparação deveriam crescer à medida que se superasse cada degrau em que possível sua concretização, evitando que o acusado procrastine, a seu talante, uma solução do processo penal que já poderia haver ocorrido anteriormente. Neste sentido, o projeto nº. 236/2012 do novo Código Penal brasileiro, que, em seu título XIV, capítulo I, de sua parte especial, incorpora os crimes ambientais e prevê, nos seus artigos 388 a 426, 36 tipos penais, a maioria com penas mais altas que as atuais, constitui, em alguma medida, uma reação a estas questões.

d) Os crimes de posse dos artigos 52 e 56 da Lei 9.605 de 1998, ao contrario do crime de poluição, previnem o dano ambiental, ao cuidar da posse de apetrechos de caça em unidades de conservação ou da inadequada posse de coisas cuja mera existência já é perigosa para o meio ambiente.

e) O artigo 60, para qualquer atividade, e o artigo 55, especificamente para a atividade mineira, da Lei 9.605 de 1998, ao sancionar a instalação ou operação de atividades potencialmente poluidoras sem licença, querem combater aqueles que impedem, com sua conduta, que o Estado cumpra um de seus principais papéis nos dias atuais, que é a definição e gestão dos riscos modernos. Esta tipificação fortalece o primeiro mecanismo de proteção, que é o controle administrativo dos riscos pelo licenciamento ambiental, e contribui para a prevenção do dano ambiental.

f) *De lege ferenda,* é necessário promover algumas mudanças nos artigos 55 e 60, a começar pela sanção, que é muito baixa, não tendo a capacidade de desestimular essas condutas, preocupação atendida no atual projeto de Código Penal. Outro aspecto que também contribuiria para a prevenção do dano ambiental seria a previsão expressa (ainda que já o seja possível por medidas cautelares) no tipo penal da sanção de confisco dos lucros e demais vantagens obtidas com a instalação da atividade sem licença, à semelhança da previsão, por exemplo, do artigo 17, parágrafo 4, da OWiG. Também em um plano *de lege ferenda*, a ausência de licenciamento deveria aumentar a pena de outros crimes, como prevê o artigo 326 do Código Penal espanhol para a poluição do artigo 325. Dessa forma, o atual artigo 54 da Lei 9.605 de 1998 deveria abranger um tipo qualificado, quando a poluição se verificasse em atividade realizada sem o devido licenciamento.

g) Deve conceder-se especial atenção, nos casos dos artigos 55 e 60, à aplicação da sanção de suspensão de atividades, ou de interdição temporária de obra ou atividade (esta nos casos em que ainda possível obter a licença, por exemplo), previstas no artigo 22, I e II (c/c artigo 21 e 11) da Lei 9.605/1998. Desenvolvendo-se uma atividade estabelecida sem a correspondente licença, sua suspensão, total ou parcial, ou a interdição da obra, é corolário inevitável que deve ser observado em eventual sentença condenatória. De qualquer forma, antes mesmo da sentença, o juiz penal deve estar atento para já suspender as atividades em medidas cautelares, evitando a criação de novos danos ou intensificação dos danos já causados.

h) Aquele que adquire produto de exploração ilegal dos recursos naturais comete o crime do artigo 180 do Código Penal, pois a atividade potencialmente poluidora sem licença constitui crime, cumprindo, assim, a exigência de um crime antecedente para a configuração do tipo penal de receptação.

24) Se a reparação é de fácil percepção nos crimes que protegem bens jurídicos individuais, é essencial discuti-la também nos crimes relativos a bens jurídicos coletivos ou universais. No caso específico dos crimes ambientais, a reparação do dano assume rol protagônico: de nada servirá um Direito Penal que pretenda proteger o ambiente e não se ocupe da reparação do dano ambiental. A reparação é imanente a qualquer discussão sobre a proteção do ambiente. Primeiro prevenir, e, em seu fracasso, imediatamente buscar a reparação. Por isso, é fundamental que os países que tenham em seu ordenamento a previsão de crimes ambientais também ofereçam mecanismos em seu processo penal para a reparação dos danos causados ao ambiente. Tal se pode verificar pela previsão de lei penal ambiental específica, como ocorre no Brasil, onde diversos dispo-

sitivos contemplam a reparação, em distintos momentos processuais, como a transação penal, a suspensão condicional do processo e a sentença, com diversas penas, aplicáveis à pessoa física ou à pessoa jurídica, que exigem a reparação, mas também pode efetivar-se pela aplicação dos mecanismos previstos nos respectivos códigos processuais, como os institutos do arquivamento condicionado, da suspensão condicional do processo, da suspensão da execução de pena, e na própria sentença condenatória penal.

25) A reparação do dano ambiental se encontra diretamente ligada aos fins das penas. Os danos ambientais advindos de condutas delitivas, em especial os de grande magnitude, podem, além dos efeitos diretos e indiretos sobre os recursos naturais, a saúde e a vida das pessoas, abalar a confiança da sociedade nas instituições e romper o equilíbrio na comunidade afetada, razão pela qual a reparação do dano ambiental cumpre a função de restituir a confiança da sociedade na vigência das normas, que existe uma responsabilidade para as empresas e os empresários que descumprem as normas ambientais e geram danos.

26) *Pari pasu* à imperiosidade de existência de mecanismos que permitam a reparação do dano ambiental no processo penal dos países que reprimam criminalmente ofensas ao ambiente, é imprescindível a interlocução entre os órgãos da administração pública ambiental e os órgãos encarregados de aplicar a lei penal ambiental, bem como a existência de órgãos de investigação especializados, que permitam a atuação de um Ministério Público também especializado, o que permitirá a busca da reparação integral do dano ambiental, em que priorizada a recomposição: aí sim se evitarão as frequentes críticas de um Direito Penal simbólico, e este poderá contribuir à reparação do dano ambiental.

Bibliografia

AAVV. *Barra Grande - A hidrelétrica que não viu a floresta*. Miriam Prochnow (org.). Rio do Sul - Santa Catarina: APREMAVI, 2005.

AAVV. *El principio de precaución ambiental. La práctica argentina*. Zlata Drnas de Clément (dir.). Córdoba: Lerner Editora, 2008.

AAVV. *Relatório Final da Comissão de Juristas para a elaboração de anteprojeto de Código Penal*. Disponível em *http://www12.senado.gov.br/noticias/Arquivos/2012/06/pdf-veja-aqui-o-anteprojeto-da-comissao-especial-de-juristas*, Acesso em 23 de junho de 2013.

AAVV. *Thomas Hobbes penalista*. Paulo César Busato (org.). Rio de Janeiro: Lumen Juris, 2010.

ABED, Sheila R; POLETTI, Alma. *El Derecho Ambiental en Paraguay*. Em: *O Direito Ambiental na América Latina e a atuação do Ministério Público*. Tomo I – América do Sul. LOUBET, Luciano Furtado; STEIGLEDER, Annelise Monteiro, coord.. Porto Alegre: Suliani, 2009.

ADEDE Y CASTRO, João Marcos. *Crimes ambientais: comentários à Lei n. 9.605/98*. Porto Alegre: Sergio Antonio Fabris, 2004.

AKAOUI, Fernando Reverendo. *Da ação e do processo penal (artigos 26 a 28).* Em: AAVV. *Crimes ambientais: comentários à lei 9.605/98.* Ana Maria Moreira Marchesan, Annelise Monteiro Steigleder (org.). Porto Alegre: Livraria do Advogado Editora, 2013.

ALBRECHT, H.J. "Environmental criminal laws and environmental crimes in Europe. Problems and prospects." *European Journal of Crime, Criminal Law and Criminal Justice,* 1994-2.

ALCÁCER GUIRAO, Rafael. *Los fines del Derecho Penal. Una aproximación desde la filosofía política.* Bogotá: Universidad Externado de Colombia, 2004.

ALEXY, Robert. *Teoría de los derechos fundamentales.,* 2ª ed., Madrid: Centro de Estudios políticos y constitucionales, 2007.

ALPHANDÉRY, Pierre; BITOUN, Pierre; DUPONT, Yves. *O equívoco ecológico.* Lisboa: Instituto Piaget, 1993.

AMARAL, Diogo Freitas do. *Análise preliminar da Lei de Bases do Ambiente.* Em: *Textos – Ambiente,* CEJ, 1994.

ANGELINO, Ricardo; CARABELLI, María Emilia. *Actualizadas formas de violencia y tortura en Argentina: los excluidos.* Em: II Seminario de la Red Latinoamericana y del Caribe *de Instituciones de Salud contra la tortura y otras violaciones a los derechos humanos,* outubro de 2000, disponível em *http://www.redsaludddhh.org/libros/2seminariolibro/Actualizadas%20formas.PDF,* acesso em 28 de março de 2011.

ARAÚJO, Suely Mara Vaz Guimarães de. *Registros sobre as propostas de consolidação da legislação ambiental brasileira.* Disponível em *http://www.almg.gov.br/publicacoes/consolidacaoleis/suely.pdf,* acesso em 26 de fevereiro de 2010.

BAHAMONDES, Santiago. *El art. 55 de la Ley 24.051 y el concepto de 'residuo peligroso"*. Em: AAVV. *Derecho penal empresario*. Guillermo Yacobucci (dir.). Buenos Aires: B de F, 2010.

BAIGÚN, David. "Política criminal y tutela del medio ambiente en la República Argentina." *Doctrina penal,* Buenos Aires: Depalma, ano 1, 1978.

BECCARIA, Cesare Bonesana, Marchesi di. *Dos delitos e das penas*. Tradução Flório De Angelis. Bauru: Edipro, 1993.

BECK, Ulrich. *La sociedad del riesgo mundial. En busca de la seguridad perdida*. Barcelona: Paidós, 2007.

BELLOF, Mary. *Lineamientos para uma política criminal ecológica*. Em: *Delitos no convencionales*. Compilador: Julio B. J. Maier. Buenos Aires: Editores del Puerto, 1994.

BENJAMIN, Antonio Hermann V. (Coord). *Dano ambiental: prevenção, reparação e repressão*. São Paulo: Editora Revista dos Tribunais, 1993.

______. *"¿Derechos de la naturaleza?"* Em: AAVV. *Obligaciones y contratos en los albores del siglo XXI*. Homenaje al profesor Dr. Roberto M. López Cabana. Buenos Aires: Abeledo-Perrot, 2001.

______. *Introdução ao Direito Ambiental Brasileiro*. Em: *Manual prático da Promotoria de Justiça de Meio Ambiente*. São Paulo: Imprensa Oficial do Estado de São Paulo, 2005.

______. *O meio ambiente na Constituição Federal de 1988*. BDJur, Brasília, DF. Disponível em: <http://bdjur.stj.gov.br/dspace/handle/2011/8643>. Acesso em 10 de junho de 2010.

BERISTAIN, Antonio. *Nuevo proceso penal desde las víctimas*. Em: AAVV. *Direito Criminal*. Coordenador José Henrique Pierangeli. Belo Horizonte: Del Rey, 2001.

BERNAL PULIDO, Carlos. *El derecho de los derechos. Escritos sobre la aplicación de los derechos fundamentales*. Bogotá: Universidad Externado de Colombia, 2005.

______. *El principio de proporcionalidad y los derechos fundamentales. El principio de proporcionalidad como criterio para determinar el contenido de los derechos fundamentales vinculante para el legislador.* 3ª ed., Madrid: Centro de Estudios políticos y constitucionales, 2007.

BERROS, Maria Valeria. "Principio precautorio como herramienta de gestión del riesgo ambiental, su funcionamiento a propósito del caso de los campos electromagnéticos." *Revista de Derecho Ambiental*, n. 13. Buenos Aires: Lexis Nexis, Argentina, 2008.

BESALÚ PARKINSON, Aurora V.S.. *Responsabilidad por daño ambiental.* Buenos Aires: Hammurabi, 2005.

BIANCHINI, Alice. *Direito penal: introdução e princípios fundamentais* / Alice BIANCHINI, Antonio GARCÍA-PABLOS DE MOLINA, Luiz Flávio GOMES. 2 ed. São Paulo: Editora Revista dos Tribunais, 2009.

BIDASECA, Karina; RUGGERO, Santiago. *Quilmes, o el ominoso retorno a la re-presentación hacia Occidente.* Em: VIII Reunión de Antropólogos del MERCOSUR RAM "Diversidad y Poder en América Latina", Buenos Aires 29 de setembro a 4 de outubro de 2009, disponível em *http://www.ram2009.unsam.edu.ar/GT/GT%2015%20%E2%80%93%20Patrimonio%20Mundial,%20Identidad%20y%20Derechos%20de%20las%20Comunidades%20Locales/GT15-Ponencia%5BBidaseca-Ruggero%5D.pdf*, acesso em 28 de março de 2011.

BLOCK, Joseph G.; VOISIN, Nancy A. "The responsible corporate officer doctrine – can you go to jail for what you don't know?" *Environmental Law Journal*, n. 22, 1992.

BÖSE, Martin. *Derechos fundamentales y derecho penal como 'derecho coactivo'.* Em: HEFENDHEL, Roland (ed.). *La teoría del bien jurídico. ¿Fundamento de legitimación del Derecho penal o juego de abalorios dogmático?* Madrid: Marcial Pons, 2007.

BOTTINI, Pierpaolo Cruz. *Crimes de perigo abstrato e princípio da precaução na sociedade de risco.* São Paulo: Revista dos Tribunais, 2007.

BOYD, Carrie C. "Expanding the arsenal for sentencing environmental crimes: would therapeutic jurisprudence and restorative justice work?" *Wm. & Mary Envtl. L. & Pol'y Review*, vol. 32, 2007-2008.

BRAILOVSKY, Antonio Elio. *Historia ecológica de Iberoamérica II. De la Independencia a la Globalización.* Buenos Aires: Capital Intelectual, 2009.

______. *Memoria verde.* Antonio Brailovsky y Dina Foguelman. 10 ed., Buenos Aires: Debolsillo, 2011.

BRICKEY, Kathleen. "Environmental crime at the crossroads: the intersection of environmental and criminal law theory". *Tulane Law Review*, 1996-1997, vol. 71.

BRUNO, José Luis. *Recopilación de estudios sobre la minería en Argentina.* Em: AAVV. *Minería y actuación del Ministerio Público en Latinoamérica.* Organizadores: Alex Fernandes Santiago e Luciano Furtado Loubet. Porto Alegre: Letra&Vida: Red Latinoamericana de Ministerio Público Ambiental, 2012.

BUGALHO, Nelson. *Proteção penal do ambiente.* Em: *A efetividade e a atuação do Ministério Público na proteção do meio ambiente.* Bonito, Mato Grosso do Sul, 26 a 28 de novembro de 2008: Associação Brasileira do Ministério Público de Meio Ambiente.

BUNZEL, Michael. *La fuerza del principio constitucional de proporcionalidad como límite de la protección de bienes jurídicos en la sociedad de la información.* Em: HEFENDHEL, Roland (ed.). *La teoría del bien jurídico. ¿Fundamento de legitimación del Derecho penal o juego de abalorios dogmático?* Madrid: Marcial Pons, 2007.

CAFFERATTA, Néstor. "El aporte del Derecho Penal a la protección ambiental." *Jurisprudencia Argentina*, 1993-I.

______. "Antijuridicidad, autoría y responsabilidad penal en la ley 24.051. Régimen probatorio." *Jurisprudencia Argentina,* Tomo 1995-II.

______. "El principio de prevención en el derecho ambiental", *Revista de Derecho Ambiental,* n. 0. Buenos Aires: Lexis Nexis, Argentina, 2004.

______. "Principio precautorio en el Derecho argentino y brasilero". *Revista de Derecho Ambiental,* n. 5. Buenos Aires: Lexis Nexis, Argentina, 2006.

______. *Daño ambiental.* Em: LORENZETTI, Ricardo Luis. *Derecho Ambiental y Daño.* Buenos Aires, La Ley 2009.

______. "Derecho a la salud y derecho ambiental". *Revista de Derecho Ambiental,* n. 18, abril/jun. 2009.

______. *Antijuridicidad, autoría y responsabilidad penal en la ley 24.051. Régimen probatorio.* Em: CAFFERATTA, Néstor (dir.). *Summa Ambiental. Doctrina – Legislación – Jurisprudencia.* Buenos Aires: Abeledo-Perrot, 2011, v. I.

______. *El artículo 84 del Código Procesal Penal de la Provincia de Buenos Aires.* Em: CAFFERATTA, Néstor (dir.). *Summa Ambiental. Doctrina – Legislación – Jurisprudencia.* Buenos Aires: Abeledo-Perrot, 2011, v. II.

______. *Perspectivas del Derecho Ambiental en Argentina.* Disponível em http://www.planetaverde.org/artigos/arq_12_38_12_11_01_10.pdf, acesso em 07 de setembro de 2011.

CÂMARA, Guilherme Costa. *Programa de política criminal: orientado para a vítima de crime.* São Paulo: Editora Revista dos Tribunais; Coimbra: Coimbra Editora, 2008.

CANCIO MELIÁ, Manuel. "La responsabilidad del funcionario por delitos contra el medio ambiente en el Código Penal español." *Anuario de derecho penal y ciencias penales.* Tomo LII, 1999.

CAPPELLI, Silvia. *Las fiscalías ambientales en Brasil.* Em: LOUBET, Luciano Furtado; STEIGLEDER, Annelise Monteiro, coord.. *O Direito Ambiental na América Latina e a atuação do Ministério Público - América do Sul.* Porto Alegre: Suliani, 2009, tomo I.

CARNEIRO, Eder Jurandir. *Política ambiental e a ideologia do desenvolvimento sustentável.* Em: ZHOURI, ANDRÉA e outros (org.) *A insustentável leveza da política ambiental – desenvolvimento e conflitos socioambientais.* Belo Horizonte: Autêntica, 2005.

CARVALHO FILHO, José dos Santos. *Ação civil pública.* Rio de Janeiro: Freitas Bastos, 1995.

CASTEL, Robert. *La inseguridad social.* Buenos Aires: Manantial, 2011.

CATTON JR., William R.. *Rebasados. Las bases ecológicas para un cambio revolucionario.* México D.F: Océano de México, 2010.

CEREZO MIR, José. *Curso de Derecho Penal Español. Parte General,* tomo I. 3 ed., Madrid: 1985.

CESANO, José Daniel. *Reparación y resolución del conflicto penal: su tratamiento en el Código Penal argentino.* Em: AAVV. *Nuevas formulaciones en las ciencias penales. Homenaje a Claus Roxin.* Córdoba: Universidad Nacional de Córdoba, Facultad de Derecho y Ciencias Sociales, 2001.

______. *Persona jurídica y criminalidad ambiental; algunas consideraciones dogmáticas y político-criminales con relación al art. 57 Ley 24.051.* Em: CAFFERATTA, Néstor (dir.). *Summa Ambiental. Doctrina – Legislación – Jurisprudencia.* Buenos Aires: Abeledo -Perrot, 2011, v. I.

CHARBONNEAU, Simon. *O principio de precaução ou os limites de um principio político?* Em: AAVV. *Desenvolvimento e meio ambiente. Riscos coletivos – ambiente e saúde.* Curitiba: Editora da UFPR, n. 5, 2002.

CIERCO SEIRA, César. "El principio de precaución: reflexiones sobre su contenido y alcance en los derechos comunitario y español." *Revista de Administración Pública, n. 163,* jan./abril de 2004, Madrid: Centro de Estudios Políticos y Constitucionales.

CONESA, Eduardo R. *Macroeconomía y Política Macroeconómica: Los Secretos del Desarrollo en la Economía Abierta.* 4ª ed. Buenos Aires: La Ley, 2008.

COSTA, Mario Gustavo. "Ambiente, Delito y Proceso Penal" em "Simposio de Jueces y Fiscales de América Latina – Aplicación y cumplimiento de la normativa Ambiental", FARN, Buenos Aires 2004.

______. "Efemérides imbricadas." *Revista de Derecho Ambiental,* Abeledo-Perrot, Buenos Aires, n. 23, 2010, p. 175-183.

______. "Las penas del ambiente - ¿superar el simbolismo?" *Revista Criminogénesis,* México D.F., nº 5 (X/2009).

______. *Ambiente, penas y recomposición. Una relación compleja.* Em: *Informe Ambiental Anual 2010: Premio de Monografía Adriana Schiffrin,* octava convocatoria / Martha Alonso de Vidal ...[et al.] Buenos Aires: Fundación Ambiente y Recursos Naturales, 2010.

______. "Las penas del ambiente y la 'reserva de código'", disponível em elDial.com – DC1A93, publicado em 04 de junho de 2013.

CRAWFORD, Colin. *La promesa y el peligro del derecho medioambiental: los retos, los objetivos en conflicto y la búsqueda de soluciones.* Em: CRAWFORD, Colin (comp.). *Derecho ambiental y justicia social.* Bogotá: Siglo del Hombre Editores, Universidad de los Andes, Pontificia Universidad Javeriana, 2009.

CRUZ, Ana Paula Fernandes Nogueira da. *A culpabilidade nos crimes ambientais.* São Paulo: Editora Revista dos Tribunais, 2008.

CUESTA AGUADO, Paz M. de La. "Tipificación del riesgo y delitos de peligro." *Revista de Derecho Penal 2007-2: delitos de peligro*. Dirigido por Edgardo Alberto Donna. Santa Fe: Rubinzal Culzoni, 2007.

D'ÁVILA, Fábio Roberto. "O ilícito penal nos crimes ambientais. Algumas reflexões sobre a ofensa a bens jurídicos e os crimes de perigo abstrato no âmbito do direito penal ambiental." *Revista Brasileira de Ciências Criminais*, vol. 15, n. 67, julho/agosto de 2007.

DE LOS RÍOS, Raúl Mauricio. *La minería y el Ministerio Público en Latinoamérica: la minería artesanal en Perú – experiencia en la región de Madre de Dios*. Em: AAVV. *Minería y actuación del Ministerio Público en Latinoamérica*. Organizadores: Alex Fernandes Santiago e Luciano Furtado Loubet. Porto Alegre: Letra&Vida: Red Latinoamericana de Ministerio Público Ambiental, 2012.

DÉSCARTES, René. *Discurso del método*, p. 29. Disponível em <http:// http://www.weblioteca.com.ar/occidental/delmetodo.pdf>. Acesso em 03 de outubro de 2011.

DINO NETO, Nicolao. *Crimes e infrações administrativas ambientais*. Nicolao Dino Neto, Ney Bello Filho e Flávio Dino. 3ª ed., Belo Horizonte: Del Rey, 2011.

DOBÓN, Maria Carmen Alastuey. *Consideraciones sobre el objeto de protección en el Derecho Penal del Medio Ambiente*. Em: *Direito Penal Contemporâneo. Estudos em homenagem ao Professor José Cerezo Mir*. Coord. Luiz Regis Prado. São Paulo: Revista dos Tribunais, 2007.

DRUMBL, Marc A.. "Waging war against the world: the need to move from war crimes to environmental crimes." *Fordham International Law Journal*, vol. 22, 1998-1999.

DUTHEIL DE LA ROCHÈRE, Jacqueline. *Le príncipe de précaution*. Em: AAVV. *Droit administratif européen*. Jean-Bernard Auby y Jacqueline Dutheil de la Rochère (dir.), Bruselas: Bruylant, 2007.

ESAÍN, José, GARCÍA MINELLA, Gabriela, JIMÉNEZ, Eduardo Pablo, *La cuestión de la tutela ambiental antes y después de la reforma constitucional de 1994. Un análisis crítico del art. 41 de la Constitución Nacional*. Em: GARGARELLA, Roberto; (coord.), *Teoría y crítica del Derecho Constitucional*. Buenos Aires: Abeledo -Perrot, 2008, Volume: 2.

ESER, Albin. *Sobre la exaltación del bien jurídico a costa de la víctima.* Cuadernos de conferencias y artículos, n. 18. Bogotá: Universidad Externado de Colombia, 1998.

EWALD, François. "Risk in contemporary society." *Connecticut Insurance Law Journal*, vol. 6, 1999-2000.

______. "The return of the crafty genius: an outline of a philosophy of precaution". *Connecticut Insurance Law Journal*, vol. 6, 1999-2000.

FALLAS, Sergio Valdelomar; HERNÁNDEZ ARAYA, Luis Diego. *La fiscalía ambiental de Costa Rica y la persecución penal de los delitos contra el medio ambiente.* Em: *El Derecho Ambiental en Latinoamérica y la actuación del Ministerio Público.* Tomo II – Centroamérica, México y República Dominicana. Organizadores: Annelise Monteiro Steigleder, Luciano Furtado Loubet. Porto Alegre: Suliani Letra & Vida, 2010.

FARALDO CABANA, Patricia. *Posibilidades de aplicación de la autoría mediata con aparatos organizados de poder en la empresa.* Em: *Derecho penal de la empresa: del derecho penal económico del estado social al derecho penal de la empresa globalizado / dirigido por Luis Arroyo Zapatero; Carlos Lascano; Martín Adan Nieto.* Buenos Aires: Ediar, 2012.

FARIA, Ivan Dutra. *"A 'síndrome de Genelício'. Sobre a participação da sociedade no licenciamento ambiental."* Brasília: Senado Federal, Consultoria Legislativa, Núcleo de Estudos e Pesquisa do Senado Federal. Texto para discussão n. 31, outubro de 2006, disponível em *http://www12.senado.gov.br/publicacoes/estudos-legislativos/tipos-de-estudos/textos-para-discussao/td-31-a-sindrome-do-genelicio-sobre-a-participacao-da-sociedade-no-licenciamento-ambiental*, acesso em 09 de junho de 2013.

FARIA COSTA, José Francisco de. *O perigo em Direito Penal (contributo para a sua fundamentação e compreensão dogmáticas)*. Coimbra: Coimbra Editora, 2000.

FAURÉ, Michael G.; KOOPMANS, Ingeborg M; OUDIJK, Johannes C. "Imposing Criminal Liability on Government Officials Under Environmental Law: a Legal and Economic Analysis." *Loy. L.A. Int'l & Comp. L.J.*, vol. 18, 1995-1996.

FAURE, M.; VISSER, M. "How to Punish Environmental Pollution? Some Reflections on Various Models of Criminalization of Environmental Harm." *European Journal of Crime, Criminal Law and Criminal Justice*, 1995-4.

FEIJÓO SÁNCHEZ, Bernardo. "Sobre la 'administrativización' del derecho penal en la 'sociedad del riesgo'." *Derecho penal contemporáneo. Revista Internacional,* Bogotá: julho-setembro 2003, n. 4.

______. *Retribución y prevención general.* Buenos Aires: Bdef, 2007.

______. "Autoria e participação em organizações empresarias complexas". *Revista Liberdades, Instituto Brasileiro de Ciências Criminais,* n. 9, janeiro- abril de 2012.

FEINBERG, Joel. *The Moral Limits of the Criminal Law. Harm to Others* (1984), *Offense to Others* (1987), *Harm to Self* (1986), *Harmless Wrongdoing* (1988), New York: Oxford University Press.

FERNÁNDEZ TARDÍO, Jorge. *La minería y la problemática medioambiental en Bolivia.* Em: AAVV. *Minería y actuación del Ministerio Público en Latinoamérica.* Organizadores: Alex Fernandes

Santiago e Luciano Furtado Loubet. Porto Alegre: Letra&Vida: Red Latinoamericana de Ministerio Público Ambiental, 2012.

FIGUEIREDO DIAS, Jorge de. "O direito penal entre a "sociedade industrial' e a "sociedade de risco". *Revista Brasileira de ciências criminais*, ano 3, n. 11, 1995.

______. *"O papel do Direito Penal na protecção das gerações futuras." Boletim da Faculdade de Direito*. Volume comemorativo do 75º Tomo do Boletim da Faculdade de Direito, Coimbra, 2003.

______. *Sobre a tutela jurídico-penal do ambiente: um ponto de vista português*. Em: *A tutela jurídica do meio ambiente: presente e futuro*. Coimbra: Coimbra Editora, 2005.

______. *Direito Penal: parte geral. Tomo I: questões fundamentais: a doutrina geral do crime*. São Paulo: Editora Revista dos Tribunais; Portugal: Coimbra Editora, 2007.

FOUCAULT, Michel. *Vigiar e punir: nascimento da prisão*. Petrópolis: Vozes, 1987.

FREELAND, Alejandro. "¿Permiso para contaminar, permiso para matar? Las autorizaciones administrativas y el delito ambiental." *Cuadernos de doctrina y jurisprudencia penal*. Año VII, n. 12, 2001.

FREELAND, Steven. "Human rights, the environment and conflict: addressing crimes against the environment". *2 SUR, International Journal on Human Rights*, ano 2, n. 2, 2005.

FREITAS, Gilberto Passos de. *ilícito penal ambiental e reparação do dano*. São Paulo: Editora Revista dos Tribunais, 2005.

FREITAS, Vladimir Passos de. *Crimes contra a natureza*. Vladimir Passos de Freitas, Gilberto Passos de Freitas. 9 ed., São Paulo: Editora Revista dos Tribunais, 2012.

FRISCH, Wolfgang. *Bien jurídico, derecho, estructura del delito e imputación en el contexto de la legitimación de la pena estatal*. Em: HEFENDHEL, Roland (ed.). *La teoría del bien jurídico. ¿Funda-*

mento de legitimación del Derecho penal o juego de abalorios dogmático? Madrid: Marcial Pons, 2007.

FRISTER, Helmut. *Derecho penal. Parte general.* Buenos Aires: Hammurabi, 2011.

FURLANETTO, Tiago. *Estudo de alternativas locacionais para a viabilidade ambiental de empreendimentos: o caso do aeroporto de Ribeirão Preto – SP.* Tiago Furlanetto; orientador Marcelo Pereira de Souza. São Carlos, 2012.

GALAIN PALERMO, Pablo. *La reparación del daño a la víctima del delito.* Valencia: Tirant lo Blanch, 2010.

GARCÍA RIVAS, Nicolas. "Influencia del principio de precaución sobre los delitos contra la seguridad." *El Derecho Penal. Doctrina y jurisprudencia,* janeiro de 2005.

GIDDENS, Anthony. "Risk and responsibility." *The modern law review.* Vol. 62, n. 1, enero 1999.

GIMBERNAT ORDEIG, Enrique. "Omisión impropia e incremento del riesgo en el Derecho penal de empresa." *Anuario de Derecho y Ciencias Penales.* Madrid: v. 54, 2001.

______. *Modernas tendencias en la Ciencia del Derecho Penal y en la Criminología.* Madrid: UNED, 2001.

GOMES, Carla Amado; ANTUNES, Tiago. "O ambiente no Tratado de Lisboa. Uma relação sustentada." *Revista de Direito Ambiental.* Ano 15, n. 60, out.-dez. 2010.

GOMES, Luiz Flávio. *Crimes ambientais: comentários à Lei 9.605/98 (arts. 1º a 69-A e 77 a 82)*/ Luiz Flávio Gomes, Silvio Maciel. São Paulo: Editora Revista dos Tribunais, 2011.

GRACIA MARTÍN, Luis. *Estudios de Derecho Penal.* Lima: Idemsa, 2004.

GRECO, Luís. *Modernização do direito penal, bens jurídicos coletivos e crimes de perigo abstrato (com um adendo: princípio da ofen-*

sividade e crimes de perigo abstrato). Rio de Janeiro: Lumen Juris, 2011.

HALSEY, Mark. "Environmental crime: towards an eco-human approach". *Current Issues Crim. Just.*, 1996-1997.

HANNIGAN, John. *Sociologia ambiental.* Petrópolis: Vozes, 2009.

HASSEMER, Winfried. *A preservação do meio ambiente através do Direito Penal.* Lusíada – Revista de Ciência e Cultura. Actas do I Congresso Internacional de Direito do Ambiente da Universidade Lusíada Porto, número especial, Porto, Universíada Editora, 1996.

______. *¿Puede haber delitos que no afecten a un bien jurídico penal?* Em: HEFENDHEL, Roland (ed.). *La teoría del bien jurídico. ¿Fundamento de legitimación del Derecho penal o juego de abalorios dogmático?* Madrid: Marcial Pons, 2007.

HEFENDEHL, Roland. *El bien jurídico como eje material de la norma penal.* Em: HEFENDHEL, Roland (ed.). *La teoría del bien jurídico. ¿Fundamento de legitimación del Derecho penal o juego de abalorios dogmático?* Madrid: Marcial Pons, 2007.

HENDLER, Edmundo S. *La comparación de sistemas penales. Una propuesta.* Em: ZAFFARONNI, Eugenio Raúl ... (et. al.) *Criminalidad, evolución del derecho penal y crítica al derecho penal en la actualidad.* Buenos Aires: Del Puerto, 2009.

HERRERA MORENO, Myriam. *La hora de la víctima. Compendio de Victimología,* Madrid: Edersa, 1996.

HERRERO de la FUENTE, Alberto A. *El derecho a la protección del medio ambiente. A propósito de la Carta de Derechos Fundamentales de la Unión Europea.* Em: DRNAS DE CLÈMENT, Z. (coord.), *Estudios de Derecho Internacional en homenaje al profesor*

Ernesto J. Rey Caro, 2 vols.., Córdoba (Argentina): Drnas-Lerner Editores, 2002, t. II.

HERZOG, Felix. "Límites al control penal de los riesgos sociales (Una perspectiva crítica ante el derecho penal en peligro)". *Anuario de derecho penal y ciencias penales.* Tomo LII, 2002.

______. *Sociedad del riesgo, derecho penal del riesgo, regulación del riesgo. Perspectivas más allá del derecho penal.* Em: *Crítica y justificación del derecho penal en el cambio de siglo: el análisis crítico de la escuela de Frankfurt/* coordenadores: Luis Arroyo Zapatero, Ulfrid Neumann, Adán Nieto Martín. Cuenca: Universidad de Castilla-la Mancha, 2003.

HIRSCH, Hans Joachim. "Sistemática y límites de los delitos de peligro." *Revista Latinoamericana de Derecho,* año V, n. 9-10, enero-diciembre de 2008.

HOBBES, Thomas. *El leviatán.* Biblioteca del político, INEP AC. Disponível em <http://isaiasgarde.myfil.es/get_file/hobbes-leviat-n.pdf>. Acesso em 03 de outubro de 2011.

HOMERO. *La Odisea.* Barcelona: Combel Editorial, 2008.

HOURCLE, Laurent R. "Environmental law of war". *Vermont Law Review,* vol. 25, 2000-2001.

HUNGRIA, Nelson; FRAGOSO, Heleno. *Comentários ao Código Penal.* 4 ed., São Paulo: Forense, 1980, v. 7.

HUTCHINSON, Tomás. *La responsabilidad estatal por omisión en cuestiones ambientales.* Em: AAVV. *Daño ambiental.* Tomo I. Bogotá: Universidad Externado de Colombia, 2007.

JACOBO, Gabriel; ROUGES, Carlos; BAS, Pedro F. *Régimen legal de los residuos peligrosos (ley 24.051).* Buenos Aires: Depalma, 1993.

JACOMINO, Vanusa Maria Feliciano *et. alli. Controle ambiental das indústrias de ferro-gusa em altos-fornos a carvão vegetal.* Belo Horizonte: Projeto Minas Ambiente, 2.002.

JAKOBS, Günther. *Derecho penal. Parte general. Fundamentos y teoría de la imputación.* Traducción: Joaquin Cuello Contreras. José Luis Serrano Gonzalez de Murillo. 2 ed., corrigida. Madrid: Marcial Pons, 2010.

______. *La competencia por organización en el delito omisivo.* Bogotá: Universidad Externado de Colombia, 1994.

JELINEK, Rochelle. *Compromisso de ajustamento ambiental: análise e sugestões para aprimoramento.* São Paulo: Instituto O Direito por um Planeta Verde, 2011.

JONAS, Hans. *El principio de responsabilidad. Ensayo de una ética para la civilización tecnológica.* Barcelona: Herder, 1995.

JUSTE RUIZ, José. *Derecho internacional del medio ambiente.* Madrid: McGraw-Hill, 1999.

______. *Derecho de los conflictos armados y protección del medio ambiente.* Em: DRNAS DE CLÈMENT, *Estudios de Derecho Internacional en homenaje al profesor Ernesto J. Rey Caro,* 2 vols.., Córdoba (Argentina): Drnas-Lerner Editores, 2002, t. II.

KAHLO, Michael. *Sobre la relación entre el concepto de bien jurídico y la imputación objetiva en Derecho Penal.* HEFENDHEL, Roland (ed.). *La teoría del bien jurídico. ¿Fundamento de legitimación del Derecho penal o juego de abalorios dogmático?* Madrid: Marcial Pons, 2007.

KAUFMANN, Armin. *Dogmática de los delitos de omisión.* Madrid: Marcial Pons, 2006.

KINDHÄUSER, Urs. *Derecho penal de la culpabilidad y conducta peligrosa.* Bogotá: Universidad Externado de Colombia, Centro de Investigaciones de Derecho Penal y Filosofía del Derecho, Colección de Estudios n. 9, 1996.

KISS, Alejandro. *El delito de peligro abstracto.* Buenos Aires: Ad -Hoc, 2011.

KOURILSKY, Philippe; VINEY, Geneviève. *Le príncipe de précaution. Rapport au Premier ministre.* Paris: Odile Jacob, La documentation française, 2000.

KUFFLER, Alfred J. "Prosecution of marine environmental crimes versus OPA-90's priority for response and spill prevention; a collision avoidance proposal." *Tulane Law Review,* vol. 75, 2001.

KUHLEN, Lothar. *El derecho penal del futuro.* Em: *Crítica y justificación del derecho penal en el cambio de siglo: el análisis crítico de la escuela de Frankfurt/* coordenadores: Luis Arroyo Zapatero, Ulfrid Neumann, Adán Nieto Martín. Cuenca: Universidad de Castilla-la Mancha, 2003.

LARCHER, Marta Alves. "A responsabilidade civil decorrente de acidentes ambientais deflagrados por eventos da natureza: o caso do rompimento da barragem de rejeitos em Miraí". *MPMG Jurídico,* Belo Horizonte: Ministério Público do Estado de Minas Gerais, 2012.

LAZARUS, Richard J. "Meeting the demands of integration in the evolution of environmental law: reforming environmental criminal law." *The Georgetown Law Journal.* 1994-1995, vol. 83.

LECEY, Eládio. "Direito ambiental penal reparador". *Revista de Direito Ambiental,* n. 45, 2007.

LEFF, Enrique. *Saber ambiental. Sustentabilidad, racionalidad, complejidad, poder.* 5 ed., México: D.F.: Siglo Veintiuno Editores, en coedición con el Centro de Investigaciones Interdisciplinarias en Ciencias y Humanidades, UNAM, y con el Programa de Naciones Unidas para el Medio Ambiente, PNUMA, 2007.

LEITE, José Rubens Morato. *Dano Ambiental: do individual ao coletivo extrapatrimonial.* José Rubens Morato Leite, Patryck de

Araújo Ayala. 3 ed., São Paulo: Editora Revista dos Tribunais, 2010.

LEMOS JÚNIOR, Arthur Pinto de. "O tratamento jurídico-penal da autoria e participação no Direito Penal europeu." *Revista da Escola Paulista da Magistratura,* ano 5, n. 1, janeiro-junho de 2004.

LIN, Albert C. "The unifying role of harm in environmental law." *Wisconsin Law Review,* 2006.

LÍSIAS. *Contra Eratóstenes.* Em: *Eloquência grega e latina.* Tradução de Jaime Bruna. Rio de Janeiro: Ediouro, sem data.

LORENZETTI, Ricardo Luis. *Teoría del derecho ambiental.* Buenos Aires: La Ley, 2009.

______. *Justicia colectiva.* Santa Fe: Rubinzal Culzoni, 2010.

LUGONES, Narciso J. *Programa para el estudio del delito ambiental: la esquematización de sus lugares comunes.* Em: CAFFERATTA, Néstor (dir.). *Summa Ambiental. Doctrina – Legislación – Jurisprudencia.* Buenos Aires: Abeledo-Perrot, 2011, v. I

LUHMANN, Niklas. *Sociología del riesgo.* 3 ed., México, DF: Universidad Iberoamericana, 2006.

______. *El derecho como sistema social.* Em: *Teoría de sistemas y Derecho Penal. Fundamentos y posibilidad de aplicación.* Organizador Carlos Gómez-Jara Díez. Lima: Ara Editores, 2007.

MACHADO, Paulo Affonso Leme. *Direito ambiental brasileiro.* 7 ed., São Paulo: Malheiros Editores, 1998.

MAIER, Julio B. J. *La víctima y el sistema penal.* Em: AAVV. *De los delitos y de las víctimas.* Comp. por Julio B.J. Maier. Buenos Aires: Ad-Hoc, 2008.

MALAMUD GOTI, Jaime. *Política criminal de la empresa. Cuestiones alternativas.* Buenos Aires: Hammurabi, 1983.

MANDIBERG, Susan. "Locating the environmental harms in environmental crimes." *Utah Law Review*, 2009.

MARCÃO, Renato. *Crimes ambientais (anotações e interpretação jurisprudencial da parte criminal da Lei n. 9.605, de 12-2-1998)*. São Paulo: Saraiva, 2011.

MARCUSE, Herbert. *El hombre unidimensional*. Barcelona: Planeta, 1985.

MARTÍNEZ ALIER, Joan; ROCA JUSMET, Jordi. *Economía ecológica y política ambiental*. 2 ed., México: FCE, 2001.

______. *Cuantificación de la deuda ecológica. Gestión y Ambiente*, vol. 10, número 3, diciembre, 20

MAZZILLI, Hugo Nigro. *A defesa dos interesses difusos em juízo*. 11a. ed.. São Paulo: Saraiva, 1999.

______. *Inquérito civil*. 3ª ed.. São Paulo: Saraiva, 2008.

MENDOZA BUERGO, Blanca. "Exigencias de la moderna política criminal y principios limitadores del Derecho Penal". *Anuario de derecho penal y ciencias penales*. Tomo LII, 2002.

MERLO FAELLA, Ricardo; SOSA GARCIA, Jorge A.; LEVEDICH, Jorge. *La fiscalía ambiental en Paraguay*. Em: *O Direito Ambiental na América Latina e a atuação do Ministério Pùblico*. Tomo I – América do Sul. Centroamérica, México y República Dominicana. Organizadores: Annelise Monteiro Steigleder, Luciano Furtado Loubet. Porto Alegre: Suliani Letra & Vida, 2009.

MESA CUADROS, Gregorio. *Derechos ambientales en perspectiva de integralidad: concepto y fundamentación de nuevas demandas y resistencias actuales hacia el "Estado ambiental de derecho"*. 2 ed., Bogotá: Universidad Nacional de Colombia, Facultad de Derecho, Ciencias Políticas y Sociales, 2010.

MILARÉ, Édis. *Direito penal ambiental* / Édis Milaré, Paulo José da Costa Jr, Fernando José da Costa, 2 ed., São Paulo: Revista dos Tribunais, 2012.

MILL, John Stuart. *On Liberty*. Yale: Yale Univ. Press, 2003, (1859).

MIRANDA, Marcos Paulo de Souza. *Tutela do patrimônio cultural brasileiro: doutrina, jurisprudência, legislação*. Belo Horizonte: Del Rey, 2006.

MIRRA, Álvaro Luiz Valery. *Ação civil pública e a reparação do dano ao meio ambiente*. São Paulo: Juarez de Oliveira, 2002.

______. "Responsabilidade civil pelo dano ambiental e o princípio da reparação integral do dano." *Revista de Direito Ambiental*, out-dez. 2.003

MORAES, Maria Elayne Berbich de Moraes *A (in)eficiência do Direito Penal moderno para a tutela do meio ambiente na sociedade do* risco *(Lei 9605/98)*. Rio de Janeiro, Lumen Juris, 2004.

MORALES PRATS, Fermín. *La estructura del delito de contaminación ambiental. Dos cuestiones básicas: Ley Penal en blanco y concepto de peligro*. Em: VALLE MUÑIZ, J. M. *La protección jurídica del medio ambiente*. Pamplona: Aranzadi, 1997.

MORELLO, Augusto M.; CAFFERATTA, Néstor A. *Visión procesal de cuestiones ambientales*. Buenos Aires: Rubinzal-Culzoni, 2004.

MOSSET ITURRASPE, Jorge; HUTCHINSON, Tomás; DONNA, Edgardo A; *Daño ambiental*. 2 t., 2 ed., Buenos Aires: Rubinzal Culzoni, 2012.

MOURA, Bruno. "Autoria e participação nos crimes desde a empresa: bases para um modelo de imputação individual." *Revista CEPPG - CESUC - Centro de Ensino Superior de Catalão*, Ano XIV, n. 25 - 2º Semestre/2011.

MOURULLO, Gonzalo Rodríguez. *Limitaciones del Derecho Penal del medio ambiente: alternativas político-criminales*. Em: *A tutela jurídica do meio ambiente: presente e futuro*. Coimbra: Coimbra Editora, 2005.

MÜLLER-TUCKFELD, J. C. "*Ensayo para la abolición del Derecho Penal del medio ambiente.*" Em: *La insostenible situación del Derecho Penal*, Área de Derecho Penal de la Universidad Pompeu Fabra.

MUÑOZ CONDE, Francisco. "¿Cómo imputar a título de autores a las personas que, sin realizar acciones ejecutivas, deciden la realización de un delito en el ámbito de la delincuencia organizada y empresarial?" *Revista La Ley Penal*. Madrid: n. 9, janeiro de 2002.

MURNANE, Colleen C. "Criminal sanctions for deterrence are a needed weapon, but self-initiated auditing is even better: keeping the environment clean and responsible corporate officers out of jail." *Ohio State Law Journal*, vol. 55, 1994.

NACIONES UNIDAS, COMISIÓN MUNDIAL DEL MEDIO AMBIENTE Y DEL DESARROLLO. *Nuestro futuro común*, Madrid: 1988.

______. *Perspectivas para el medio ambiente mundial 2002*, Madrid: Mundi-Prensa Libros, 2002.

NAREDO, José Manuel. *Raíces económicas del deterioro ecológico y social. Más allá de los dogmas*. Madrid: Siglo XXI, 2010.

______. "Sobre el origen, el uso y el contenido del término sostenible." *Boletín informativo – Red Solidaria de Revistas. Correspondencia de Prensa. Año IV, 12 de noviembre de 2006.*

NAVARRO CARDOSO, Fernando. "El derecho penal del riesgo y la idea de seguridad." *Pensamiento penal y criminológico. Revista de Derecho Penal Integrado*, año VI, n. 10, 2005.

NOBRE, Marcos; AMAZONAS, Maurício de Carvalho, org. *Desenvolvimento sustentável: a institucionalização de um conceito.* Brasília: IBAMA, 2002.

NONNA, Silvia. *Presupuestos mínimos de protección ambiental: residuos peligrosos.* Buenos Aires: Estudio, 2008.

NUCCI, Guilherme de Souza. *Leis penais e processuais penais comentadas*. São Paulo: Editora Revista dos Tribunais, 2006.

O'CONNOR, James. *Causas naturales. Ensayos de marxismo ecológico.* México, D.F.: Siglo Veintiuno Editores, 2001.

O'HEAR, Michael M. "Bark and Bite: The Environmental Sentencing Guidelines After Booker." *Utah Law Review*, 2009.

ORELLANA, Marcos A. "Criminal punishment for environmental damage: individual and state responsibility at a crossroad." *The Georgetown International Law Review*, vol. 17, 2004-2005.

OST, François. *A natureza à margem da lei: a ecologia á prova do Direito.* Lisboa, Instituto Piaget, 1995.

OST, François ; KERCHOVE, M. van de. "*De la 'bipolarité dês erreurs'.*" *Archives de philosophie du droit,* Paris: Sirey, t. 33, 1988.

PAGLIARO, Antonio. *Dos crimes contra a administração pública.* Antonio Pagliaro, Paulo José da Costa Jr., 4 ed., São Paulo: Atlas, 2009.

PAREDES CASTAÑON, José Manuel. "Sobre el concepto de derecho penal del riesgo: algunas notas." *Derecho penal contemporáneo. Revista Internacional,* Bogotá: julio-septiembre 2003, n. 4.

PAULA, Luciana Imaculada de. *Cenários ambientais de produção de ferro-gusa no contexto legal: o setor siderúgico não-integrado a carvão vegetal de Sete Lagoas – Minas Gerais.* Luciana Imaculada de Paula; orientadora Auxiliadora Maria Moura Santi. Ouro Preto: Universidade Federal de Ouro Preto, 2010.

PERDOMO TORRES, Jorge Fernando. *La problemática de la posición de garante en los delitos de comisión por omisión.* Bogotá: Universidad Externado de Colombia, 2001.

PÉREZ ALONSO, Esteban Juan. *Expansión, riesgo y principio de precaución en el Derecho Penal,* en: AAVV. *Derecho, globalización, riesgo y medio ambiente.* Valencia: Tirant lo Blanch, 2012, texto disponível em *http://www.tirantonline.com/printDocument.do?docid=2671901&version=*, acesso em 22 de fevereiro de 2013.

PÉREZ LUÑO, Antonio Enrique. *La seguridad jurídica.* Barcelona: Ariel, 1991.

PIGRETTI, Eduardo A. *Derecho Ambiental.* Buenos Aires: Depalma, 1993.

PINHO, Hortênsia Gomes. *Prevenção e reparação dos danos ambientais: as medidas de reposição natural, compensatórias e preventivas e a indenização pecuniária.* Rio de Janeiro: GZ Ed., 2010.

PINTO, Carlos Eduardo Ferreira; MIRANDA, Marcos Paulo de Souza; PIMENTA, Reinaldo Paulino. *Atividades minerárias e proteção ao meio ambiente no Brasil.* Em: *La minería y la problemática medioambiental en Bolivia.* Em: AAVV. *Minería y actuación del Ministerio Público en Latinoamérica.* Organizadores: Alex Fernandes Santiago e Luciano Furtado Loubet. Porto Alegre: Letra&Vida: Red Latinoamericana de Ministerio Público Ambiental, 2012.

POTES, Veronica. *Análisis de la aplicación del Derecho Ambiental en la Amazonia Ecuatoriana y el rol de las Fiscalías Ambientales.* Quito: CEDA, 2010.

PRABHU, Mohan. "General Report." *International Review of Penal Law.* 65, 3º e 4º trimestres de 1994, Toulouse: Editions Erès.

PRADO, Luiz Regis. *Direito penal do ambiente.* 2 ed., São Paulo: Editora Revista dos Tribunais, 2009.

PRITTWITZ, Cornelius. *Sociedad de riesgo y derecho penal.* Em: *Crítica y justificación del derecho penal en el cambio de siglo: el análisis crítico de la escuela de Frankfurt/* coordenadores: Luis Arroyo Zapatero, Ulfrid Neumann, Adán Nieto Martín. Cuenca: Universidad de Castilla-la Mancha, 2003.

QUINTERO OLIVARES, Gonzalo. *Sociedad del riesgo, derecho penal del riesgo, regulación del riesgo. Perspectivas más allá del derecho penal.* Em: *Crítica y justificación del derecho penal en el cambio de siglo: el análisis crítico de la escuela de Frankfurt/* coordenadores: Luis Arroyo Zapatero, Ulfrid Neumann, Adán Nieto Martín. Cuenca: Universidad de Castilla-la Mancha, 2003.

RABBI-BALDI CABANILLAS, Renato. *Génesis y sentido del artículo 41 de la Constitución Nacional*. Em: *Perspectivas sobre Derecho Ambiental y de la Sutentabilidad.* Recopilado por Juan Sebastián Lloret e María Cristina Garros Martínez. Salta: Univ. Católica de Salta, 2007, t. I.

REALE JÚNIOR, Miguel."A Lei de Crimes Ambientais". *Revista Forense,* Rio de Janeiro, v. 95, janeiro-março 1999.

______. "Meio ambiente e direito penal brasileiro." *Revista da Associação Brasileira de Professores de Ciências Penais.* Ano 2, n. 2, janeiro-julho 2005.

REXACH, Angel Menéndez. *Protagonismo del Derecho Administrativo en la prevención y tutela del medio ambiente.* Em: *A tutela jurídica do meio ambiente: presente e futuro.* Coimbra: Coimbra Editora, 2005.

RIBEIRO, João Luiz. *No meio das galinhas as baratas não têm razão.* Rio de Janeiro: Renovar, 2005.

RIEGER, Renata Jardim da Cunha. *A posição de garantia no direito penal ambiental: o dever de tutela do meio ambiente na criminalidade de empresa.* Porto Alegre: Livraria do Advogado, 2011.

RODRIGUES, Marcelo Abelha. *Instituições de Direito Ambiental, vol. 1, Parte Geral.* São Paulo: Max Limonad, 2002.

______. *Ação civil pública e meio ambiente.* Rio de Janeiro: Forense Universitária, 2003.

RODRÍGUEZ MONTAÑÉS, Teresa. *Delitos de peligro, dolo e imprudencia.* Colección autores de Derecho Penal, dirigida por Edgardo Alberto Donna. Buenos Aires: Rubinzal-Culzoni, 2004.

ROMEO CASABONA, Carlos María. "El principio de precaución en las actividades de riesgo" *La responsabilidad penal de las actividades de riesgo. Cuadernos de Derecho Judicial, 2002, III.*

ROSATTI, Horacio D. *Derecho ambiental constitucional.* Santa Fe: Rubinzal Culzoni, 2010.

ROXIN, Claus. *Autoría y dominio del hecho en derecho penal.* Traducción de la séptima edición alemana por Joaquín Cuello Contreras y José Luis Serrano González de Murillo. Madrid: Marcial Pons, 2000.

______. *Informe final.* Em: *Crítica y justificación del derecho penal en el cambio de siglo: el análisis crítico de la escuela de Frankfurt/* coordenadores: Luis Arroyo Zapatero, Ulfrid Neumann, Adán Nieto Martín. Cuenca: Universidad de Castilla-la Mancha, 2003.

______. *Fundamentos político-criminales del Derecho penal.* Buenos Aires: Hammurabi, 2008.

RUIZ LÓPEZ, Carmen. *Protección penal del medio ambiente. Estado de la cuestión y acción civil dentro del proceso penal.* Em: AAVV. *Daño ambiental.* Bogotá: Universidad Externado de Colombia, 2007.

RUSCICA, Gabriel A. "La legitimación activa en el derecho penal ambiental." Disponível em elDial.com, DC 356.

RUSCONI, Maximiliano. *Algunas cuestiones referidas a la técnica legislativa del delito ecológico.* Em: *Delitos no convencionales.* Compilador: Julio B. J. Maier. Buenos Aires: Editores del Puerto, 1994.

______. *Derecho Penal: Parte General.* 2 ed., Buenos Aires: Ad -Hoc, 2009.

SACHS, Ignacy. *Caminhos para o desenvolvimento sustentável.* Org. Paula Yvone Stroh. Rio de Janeiro: Garamond, 2002.

SALTZ, Alexandre Sikinowski. *Fixação do valor mínimo para reparação dos danos ambientais.* Em: AAVV. *Crimes ambientais:*

comentários à lei 9.605/98. Ana Maria Moreira Marchesan, Annelise Monteiro Steigleder (org.). Porto Alegre: Livraria do Advogado Editora, 2013.

SALVADOR NETTO, Alamiro Velludo; SOUZA, Luciano Anderson de (coord..) *Comentários à Lei de Crimes Ambientais – Lei n. 9.605/1998*. São Paulo: Quartier Latin, 2009.

SÁNCHEZ-VERA GÓMEZ-TRELLES; Javier. *Intervención omisiva, posición de garante y prohibición de sobrevaloración del aporte.* Bogotá: Universidad Externado de Colombia, 1995.

SANCINETTI, Marcelo A. *¿Responsabilidad por acciones o responsabilidad por resultados?* Cuadernos de conferencias y artículos, n. 9. Bogotá: Universidad Externado de Colombia, Centro de Investigaciones de Derecho Penal y Filosofía del Derecho.

SANTIAGO, Alex Fernandes. *A atuação ambiental do Ministério Público na esfera cível e a destinação de recursos*. Em: *XVI Congresso Nacional do Ministério Público, 2005, Belo Horizonte. Anais do XVI Congresso Nacional do Ministério Público*. Brasília: CONAMP - Associação Nacional dos Membros do Ministério Público, 2005.

______. *A atuação ambiental do Ministério Público na esfera penal e a destinação de recursos*. Em: *XVI Congresso Nacional do Ministério Público, 2005, Belo Horizonte. Anais do XVI Congresso Nacional do Ministério Público*. Brasília: CONAMP - Associação Nacional dos Membros do Ministério Público, 2005.

______. "A efetividade do artigo 225, § 3o, da Constituição Federal e o dever de o servidor público comunicar ao Ministério Público a ocorrência de conduta ou atividade lesiva ao meio ambiente". *Revista de Direito Ambiental*, n. 46, abr.-jun. 2007.

______. *Áreas de preservação permanente e reserva legal. Aspectos jurídicos e ecológicos*. Em: *Ciências ambientais: uma abordagem multidisciplinar*. Belo Horizonte: Gráfica Silveira, 2007.

______. "Impactos ambientais e siderurgia: as unidades independentes de produção de ferro-gusa em alto-forno a carvão vegetal em Minas Gerais." *Revista de Direito Ambiental*, n. 48, ano 12, out.-dez. 2007.

______. *Reserva legal*. Em: *Manual de atuação funcional do Ministério Público*. Belo Horizonte: Centro de Estudos e Aperfeiçoamento Funcional do Ministério Público do Estado de Minas Gerais, 2008.

______. *O Ministério Público do Estado de Minas Gerais e a atuação por bacia hidrográfica*. Em: O Direito Ambiental na América Latina e a Atuação do Ministério Público. Tomo I – América do Sul. Organizadores Annelise Monteiro Steigleder e Luciano Furtado Loubet. Porto Alegre: Rede Latino-Americana de Ministério Público Ambiental, 2009.

______. *"O dever legal de adquirir matéria-prima mineral de atividade licenciada." Revista de Direito Ambiental*, n. 55, jul.-set. de 2009.

______. *A reserva florestal legal e o Superior Tribunal de Justiça: levando um direito a sério*. Em: SOARES JÚNIOR, Jarbas; ALVARENGA, Luciano José (org.). *Direito ambiental no STJ*, Belo Horizonte: Del Rey, 2010.

______. "Compreendendo o papel do Direito Penal na defesa do meio ambiente." *Revista de Direito Ambiental*, n. 61, jan.-mar. de 2011.

SARRABAYROUSE, Eugenio C. *Responsabilidad penal por el producto*. Buenos Aires: Ad-Hoc, 2007.

______. *Medio ambiente y derecho penal*. Buenos Aires: Ad-Hoc, 2008.

______. "Algunas soluciones a los problemas que plantea la responsabilidad por el producto en el derecho penal argentino." *Revista Brasileira de Ciências Criminais*, n. 83, 2010.

______. *La posición de garante y la responsabilidad penal de los directivos de empresas. El caso de la responsabilidad por el producto.* Em: RUBINSKA, Ramiro M; SHCURJIN ALMENAR, Daniel (coord..). *Derecho Penal Económico.* Tomo I, Buenos Aires: Marcial Pons, 2010.

SAUX, Edgardo Ignacio; MÜLLER, Enrique Carlos. *El daño ambiental. Requisitos.* En: LORENZETTI, Ricardo Luis. *Derecho Ambiental y Daño.* Buenos Aires: La Ley 2009.

SCHMITT, Michael N. "The environmental law of war: an invitation to critical reexamination." *36 Mil. L. & L. War Rev.* 11 1997.

SCHULENBURG, Johanna. *Relaciones dogmáticas entre bien jurídico, estructura del delito e imputación objetiva.* Em: HEFENDHEL, Roland (ed.). *La teoría del bien jurídico. ¿Fundamento de legitimación del Derecho penal o juego de abalorios dogmático?* Madrid: Marcial Pons, 2007.

SCHÜNEMANN, Bernd. "Principles of Criminal Legislation in Postmodern Society: The Case of Environmental Law". *Buffulo Criminal Law Review*, 1997/1998, vol. 1.

______. *Fundamento y límites de los delitos de omisión impropia. Con una aportación a la metodología del Derecho penal.* Madrid: Marcial Pons, 2009.

SEGUÍ, Adela. *"Prevención de los daños y tutela inhibitoria en material ambiental.* Em: LORENZETTI, Ricardo Luis. *Derecho Ambiental y Daño.* Buenos Aires: La Ley 2009.

SEHER, Gerhard. *La legitimación de normas penales basada en principios y el concepto de bien jurídico.* Em: HEFENDHEL, Roland (ed.). *La teoría del bien jurídico. ¿Fundamento de legitimación del Derecho penal o juego de abalorios dogmático?* Madrid: Marcial Pons, 2007.

SEN, Amartya K. "Por que é necessário preservar a coruja-pintada?" *Folha de S. Paulo,* 14 de março de 2004, caderno *Mais!.*

SHAW, Malcolm N. *International law.* 6 ed., New York: Cambridge University Press, 2008.

SHOVER, Neal; ROUTHE, Aaron. "Environmental crime". *Crime & Justice.* Vol. 32, 2005.

SILVA, Ângelo Roberto Ilha da. *Dos crimes de perigo abstrato em face da constituição.* São Paulo: Editora Revista dos Tribunais, 2003.

SILVA SÁNCHEZ, Jesús M. *Responsabilidad penal de las empresas y de sus órganos en el derecho español.* Em: SILVA SÁNCHEZ, B. Schünemann e FIGUEIREDO DIAS – coordenadores. *Fundamentos de un sistema europeo de derecho penal.* Barcelona: J. M. Bosch, 1995.

______. *Delitos contra el medio ambiente.* Valencia: Tirant lo Blanch, 1999.

______. *¿Crisis del sistema dogmático del delito.* Bogotá, Universidad Externado de Colombia, Centro de Investigación en Filosofía y Derecho, 2007.

______. *La expansión del Derecho penal. Aspectos de la política criminal en las sociedades postindustriales.* Reimpressão da 2ª ed., ampliada. Buenos Aires, B de f, 2008.

SIRVINSKAS, Luís Paulo. *Tutela penal do meio ambiente.* 4 ed. São Paulo: Saraiva, 2011.

STARR, Judson W.; FLACK, Brian L.; FOLEY, Allison D.. "A New Intersection: Environmental Crimes and Victim's Rights." *Nat. Resources & Env't,* 2008-2009.

STEIGLEDER, Annelise Monteiro. *Responsabilidade civil ambiental: as dimensões do dano ambiental no direito brasileiro.* 2 ed., Porto Alegre: Livraria do Advogado, 2011.

STERNBERG-LIEBEN, Detlev. *Bien jurídico, proporcionalidad y libertad del legislador penal.* Em: HEFENDHEL, Roland (ed.). *La teoría del bien jurídico. ¿Fundamento de legitimación del Derecho penal o juego de abalorios dogmático?* Madrid: Marcial Pons, 2007.

STIFELMAN, Anelise Grehs. "Direcionamento dos recursos oriundos das transações penais em crimes ambientais". *Revista de Direito Ambiental,* n. 32, out.-dez. 2.003.

STRASSER, Kurt A. "Cleaner technology, pollution prevention and environmental regulation." *Fordham Environmental Law Journal,* vol. IX, 1997-1998.

STRATENWERTH, Günther. *Derecho penal. Parte general I. El hecho punible.* Buenos Aires, Hammurabi, 2005.

SUÁREZ GONZÁLEZ, Carlos J. *Derecho penal y riesgos tecnológicos.* Em: *Crítica y justificación del derecho penal en el cambio de siglo: el análisis crítico de la escuela de Frankfurt/* coordenadores: Luis Arroyo Zapatero, Ulfrid Neumann, Adán Nieto Martín. Cuenca: Universidad de Castilla-la Mancha, 2003.

TELLENBACH, S. "La responsabilité pénale des fonctionnaires publics dans le domaine des atteintes a l'environnement." *Revue Internationale de Droit Penal. Le Droit Pénal de L'environnement. Colloques organisés par l'Association tunisiense de Droit Pénal. Tunis, 1985-1986.* Vol. 58, 1º e 2º trimestres de 1987.

TERRADILLAS BASOCO, Juan. "Función simbólica y objeto de protección del Derecho Penal." *Pena y Estado,* n. 1, 1991.

______. *Derecho Penal del Ambiente.* Madrid: Trotta, 1997,

TIEDEMANN, Klaus. *Derecho penal económico. Introducción y parte general.* Lima: Grijley, 2009.

TOLEDO, Francisco de Assis. *Princípios básicos de direito penal.* 5ª ed. São Paulo: Saraiva, 1994.

TOMMASI DI LAMPEDUSA, Giuseppe. *El gatopardo.* Traducción de Fernando Gutiérrez. Barcelona: Argos Vergara, 1980.

TOSCANO, Leandro Emilio. *Régimen de responsabilidad civil por residuos peligrosos*, elDIal.com, DC 326, publicado em novembro de 2003.

TROUWBORST, Arie. "Prevention, precaution, logic and law. The relationship between the precautionary principle and the preventative principle in international law and associated questions." *Erasmus Law Review*, volume 2, 2009.

URBINA GÓMEZ, Bruno; LISETTE RIVERA, Susy. *La fiscalía ambiental de la República de El Salvador*. En: *El Derecho Ambiental en Latinoamérica y la actuación del Ministerio Público*. Tomo II – Centroamérica, México y República Dominicana. Organizadores: Annelise Monteiro Steigleder, Luciano Furtado Loubet. Porto Alegre: Suliani Letra & Vida, 2010.

VALLS, Mario. *Derecho Ambiental*. Buenos Aires: Abeledo-Perrot, 2008.

VEIGA, José Eli da. *Desenvolvimento sustentável: o desafio do século XXI*. Rio de Janeiro: Garamond, 2010.

VESSEY, Jonathan. "The principle of prevention in international law." *Austrian Review of International & European Law*.

VIRGILIO. *Eneida*. Madrid: Edimat, 2009.

VON HIRSCH; Andrew; WOHLERS, Wolfgang. *Teoría del bien jurídico y estructura del delito. Sobre los criterios de una imputación justa*. Em: HEFENDHEL, Roland (ed.). *La teoría del bien jurídico. ¿Fundamento de legitimación del Derecho penal o juego de abalorios dogmático?* Madrid: Marcial Pons, 2007.

VON HIRSCH, Andrew. *El concepto de bien jurídico y el "principio del daño"*. Em: HEFENDHEL, Roland (ed.). *La teoría del bien jurídico. ¿Fundamento de legitimación del Derecho penal o juego de abalorios dogmático?* Madrid: Marcial Pons, 2007.

WAINER, Ann Helen. *Legislação ambiental brasileira: subsídios para a história do direito ambiental*. 2. ed., Rio de Janeiro: Forense, 1999.

WEINBERG, Philip. "Environmental protection in the next decades: moving from clean up to prevention". *Loyola of Los Angeles Law Review*, vol. 27, 1994.

WEINSTEIN, Tara. "Prosecuting attacks that destroy the environment: Environmental crimes or humanitarian atrocities?" *The Georgetown International Law Review*, vol. 17, 2004-2005.

WHITE, Rob. "Criminality, risk and environmental harm." *Griffith Law Review*, 1999, vol. 8, n. 2.

ZAFFARONI, Eugenio R.; ALAGIA, Alejandro; e SLOKAR, Alejandro. *Derecho Penal. Parte General*. Buenos Aires: Ediar, 2000.

______. *Manual de Derecho Penal, Parte general*. Buenos Aires: Ediar, 2005.

______. Prólogo ao livro de MESSUTTI, Ana. *El tiempo como pena*. Buenos Aires: Campomanes Libros, 2001.

______. *Reflexiones sobre el derecho penal ambiental*. Em: AAVV. *Estudios sobre la justicia penal: homenaje al profesor Julio B. J. Mayer*. Buenos Aires: Del Puerto, 2005.